"知中国·服务中国"南开智库系列报告

2024

China Corporate Governance
Evaluation Report

中国上市公司治理评价研究报告

李维安 ◎ 等著

南开大学出版社
天津

图书在版编目(CIP)数据

2024 中国上市公司治理评价研究报告 / 李维安等著. 天津：南开大学出版社，2025.7. --("知中国·服务中国"南开智库系列报告). -- ISBN 978-7-310-06741-1

Ⅰ. F279.246

中国国家版本馆 CIP 数据核字第 2025WE9366 号

版权所有　侵权必究

2024 中国上市公司治理评价研究报告
2024 ZHONGGUO SHANGSHI GONGSI ZHILI PINGJIA YANJIU BAOGAO

南开大学出版社出版发行

出版人：王　康

地址：天津市南开区卫津路 94 号　邮政编码：300071

营销部电话：(022)23508339　营销部传真：(022)23508542

https://nkup.nankai.edu.cn

天津创先河普业印刷有限公司印刷　全国各地新华书店经销

2025 年 7 月第 1 版　　2025 年 7 月第 1 次印刷

260×185 毫米　16 开本　20.75 印张　3 插页　418 千字

定价：118.00 元

如遇图书印装质量问题，请与本社营销部联系调换，电话：(022)23508339

本项研究获得国家社科重大招标项目（24&ZD084）、教育部人文社会科学重点研究基地重大研究课题（63242331）、中央高校基本科研业务费专项资金项目、南开大学"双一流"建设项目等项目的资助，在此表示衷心的感谢。

中国公司治理研究院公司治理评价课题组

课题组负责人：李维安

课题组协调人：程新生　郝　臣

课题组主要成员：张国萍　张耀伟　吴德胜　郑敏娜　牛建波
　　　　　　　　刘振杰　李浩波　张可欣　李侠男　曹甜甜
　　　　　　　　陈兴晔　李晓菲　田凌宇　谢承轩　王泽瑶
　　　　　　　　殷　越

内容简介

本报告运用南开大学中国公司治理研究院公司治理评价课题组研发的中国上市公司治理评价系统，基于中国上市公司的公开数据，从股东治理、董事会治理、监事会治理、经理层治理、信息披露、利益相关者治理六个治理维度对我国 2023 年上市公司治理状况进行总体、分维度、分行业、分地区、分板块的分析与研究，篇幅总计五篇、二十一章内容。本报告为监管机构、机构投资者、证券交易所、上市公司等掌握我国上市公司治理的质量提供依据，也为国内外从事经济学、管理学教学与研究的广大学者及研究生了解我国上市公司治理状况提供参考。本报告的出版为促进我国上市公司治理体系和治理能力的现代化、实现我国上市公司的高质量发展提供智力支持。

作者简介

李维安教授现任南开大学讲席教授,中国公司治理研究院院长,《中国大百科全书·工商管理卷》主编。兼任中国管理现代化研究会联职理事长、中国企业管理研究会常务副会长、教育部工商管理教学指导委员会副主任委员、中国上市公司协会专家顾问委员会副主任委员等。曾任国务院学位委员会第六届学科评议组(工商管理)召集人、东北财经大学校长、天津财经大学校长、中国管理科学与工程学会副会长、南开大学商学院院长、《南开管理评论》主编等。李维安教授是中国公司治理领域的开拓者,在国内较早并长期从事公司治理、绿色治理等研究,于 2001 年带领团队率先组织制定《中国公司治理原则》。首次研制出被称为上市公司治理状况"晴雨表"的中国公司治理评价指标体系,并连续 20 余年发布中国公司治理指数(CCGI^{NK})及评价报告至今,衍生和支撑了央视 50 指数、央视治理领先指数、深圳市上市公司治理指数等的开发与研制;带领团队发布了首份《绿色治理准则》,并研制中国上市公司绿色治理评价指标体系,于 2018 年 9 月发布中国上市公司绿色治理指数(CGGI^{NK})。在此基础上,2020 年 9 月又在深交所发布上线了全国首个绿色治理股价指数,被称为 ESG 的升级版。相关研究成果分获第十届孙冶方经济科学著作奖、第二届蒋一苇企业改革与发展基金优秀著作奖、第六届中国管理科学奖、教育部人文社会科学优秀成果一等奖、国家级优秀教学成果奖等,并获得全国教学名师、全国五一劳动奖章等荣誉称号,入选复旦管理学杰出贡献奖。

目 录

第一篇　公司治理评价及其相关研究

第一章　公司治理评价与治理指数 3
第一节　公司治理评价的研究意义 3
第二节　公司治理评价的国内外研究 5
第三节　中国上市公司治理指数研发历程与构成 9
第四节　中国上市公司治理评价指标体系 12

第二章　基于公司治理指数开展的相关研究 29
第一节　国内基于公司治理指数开展的相关研究 29
第二节　国外基于公司治理指数开展的相关研究 33
第三节　基于公司治理指数研究小结 37

第二篇　中国上市公司治理评价

第三章　中国上市公司治理总体评价 43
第一节　中国上市公司治理评价样本情况 43
第二节　中国上市公司治理总体分析 49
第三节　中国上市公司治理100佳评价 58
第四节　中国上市公司治理总体评价主要结论 63

第四章　中国上市公司股东治理评价 65
第一节　中国上市公司股东治理总体分析 65
第二节　中国上市公司股东治理分行业评价 66
第三节　中国上市公司股东治理分控股股东性质评价 70
第四节　中国上市公司股东治理分地区评价 72
第五节　中国上市公司股东治理100佳评价 75
第六节　中国上市公司股东治理评价主要结论 78

第五章 中国上市公司董事会治理评价 ·················· 80
第一节 中国上市公司董事会治理总体分析 ·················· 80
第二节 中国上市公司董事会治理分行业评价 ·················· 82
第三节 中国上市公司董事会治理分控股股东性质评价 ·················· 85
第四节 中国上市公司董事会治理分地区评价 ·················· 87
第五节 中国上市公司董事会治理 100 佳评价 ·················· 90
第六节 中国上市公司董事会治理评价主要结论 ·················· 93

第六章 中国上市公司监事会治理评价 ·················· 95
第一节 中国上市公司监事会治理总体分析 ·················· 95
第二节 中国上市公司监事会治理分行业评价 ·················· 96
第三节 中国上市公司监事会治理分控股股东性质评价 ·················· 99
第四节 中国上市公司监事会治理分地区评价 ·················· 101
第五节 中国上市公司监事会治理 100 佳评价 ·················· 103
第六节 中国上市公司监事会治理评价主要结论 ·················· 107

第七章 中国上市公司经理层治理评价 ·················· 108
第一节 中国上市公司经理层治理总体分析 ·················· 108
第二节 中国上市公司经理层治理分行业评价 ·················· 109
第三节 中国上市公司经理层治理分控股股东性质评价 ·················· 113
第四节 中国上市公司经理层治理分地区评价 ·················· 115
第五节 中国上市公司经理层治理 100 佳评价 ·················· 118
第六节 中国上市公司经理层治理评价主要结论 ·················· 121

第八章 中国上市公司信息披露评价 ·················· 125
第一节 中国上市公司信息披露总体分析 ·················· 125
第二节 中国上市公司信息披露分行业评价 ·················· 126
第三节 中国上市公司信息披露分控股股东性质评价 ·················· 129
第四节 中国上市公司信息披露分地区评价 ·················· 132
第五节 中国上市公司信息披露 100 佳评价 ·················· 135
第六节 中国上市公司信息披露评价主要结论 ·················· 139

第九章 中国上市公司利益相关者治理评价 ·················· 141
第一节 中国上市公司利益相关者治理总体分析 ·················· 141
第二节 中国上市公司分行业利益相关者治理评价 ·················· 142

第三节　中国上市公司利益相关者分控股股东性质治理评价…………… 146
第四节　中国上市公司利益相关者治理分地区评价…………………………… 147
第五节　中国上市公司利益相关者治理100佳评价…………………………… 150
第六节　中国上市公司利益相关者治理评价主要结论………………………… 154

第三篇　主板上市公司治理评价

第十章　主板上市公司治理总体评价……………………………………… 159
第一节　主板上市公司治理总体分析…………………………………………… 159
第二节　主板上市公司治理分行业评价………………………………………… 165
第三节　主板上市公司治理分控股股东性质评价……………………………… 167
第四节　主板上市公司治理分地区评价………………………………………… 169
第五节　主板上市公司治理100佳评价………………………………………… 172
第六节　主板上市公司治理总体评价主要结论………………………………… 176

第十一章　主板上市公司股东治理评价…………………………………… 178
第一节　主板上市公司股东治理总体分析……………………………………… 178
第二节　主板上市公司股东治理分行业评价…………………………………… 179
第三节　主板上市公司股东治理分控股股东性质评价………………………… 182
第四节　主板上市公司股东治理分地区评价…………………………………… 185
第五节　主板上市公司股东治理100佳评价…………………………………… 187
第六节　主板上市公司股东治理评价主要结论………………………………… 191

第十二章　主板上市公司董事会治理评价………………………………… 193
第一节　主板上市公司董事会治理总体分析…………………………………… 193
第二节　主板上市公司董事会治理分行业评价………………………………… 195
第三节　主板上市公司董事会治理分控股股东性质评价……………………… 197
第四节　主板上市公司董事会治理分地区评价………………………………… 199
第五节　主板上市公司董事会治理100佳评价………………………………… 202
第六节　主板上市公司董事会治理评价主要结论……………………………… 205

第十三章　主板上市公司监事会治理评价………………………………… 207
第一节　主板上市公司监事会治理总体分析…………………………………… 207
第二节　主板上市公司监事会治理分行业评价………………………………… 208
第三节　主板上市公司监事会治理分控股股东性质评价……………………… 211

第四节　主板上市公司监事会治理分地区评价……………………… 213
　　第五节　主板上市公司监事会治理 100 佳评价……………………… 215
　　第六节　主板上市公司监事会治理评价主要结论……………………… 218

第十四章　主板上市公司经理层治理评价……………………………… 220
　　第一节　主板上市公司经理层治理总体分析………………………… 220
　　第二节　主板上市公司经理层治理分行业评价……………………… 221
　　第三节　主板上市公司经理层治理分控股股东性质评价…………… 224
　　第四节　主板上市公司经理层治理分地区评价……………………… 226
　　第五节　主板上市公司经理层治理 100 佳评价……………………… 229
　　第六节　主板上市公司经理层治理评价主要结论…………………… 232

第十五章　主板上市公司信息披露评价………………………………… 235
　　第一节　主板上市公司信息披露总体分析…………………………… 235
　　第二节　主板上市公司信息披露分行业评价………………………… 237
　　第三节　主板上市公司信息披露分控股股东性质评价……………… 240
　　第四节　主板上市公司信息披露分地区评价………………………… 242
　　第五节　主板上市公司信息披露 100 佳评价………………………… 244
　　第六节　主板上市公司信息披露评价主要结论……………………… 248

第十六章　主板上市公司利益相关者治理评价………………………… 250
　　第一节　主板上市公司利益相关者治理总体分析…………………… 250
　　第二节　主板上市公司分行业利益相关者治理评价………………… 252
　　第三节　主板上市公司分控股股东性质利益相关者治理评价……… 255
　　第四节　主板上市公司利益相关者治理分地区评价………………… 257
　　第五节　主板上市公司利益相关者治理 100 佳评价………………… 259
　　第六节　主板上市公司利益相关者治理评价主要结论……………… 263

第四篇　其他板块治理评价

第十七章　创业板上市公司治理评价…………………………………… 267
　　第一节　创业板上市公司治理评价总体分析………………………… 267
　　第二节　创业板上市公司治理评价分组比较………………………… 271
　　第三节　创业板上市公司治理评价主要结论………………………… 274

第十八章　科创板上市公司治理评价 ··· 276
第一节　科创板上市公司治理评价总体分析 ··· 276
第二节　科创板上市公司治理评价分组比较 ··· 281
第三节　科创板上市公司治理评价主要结论 ··· 283

第十九章　北交所上市公司治理评价 ··· 285
第一节　北交所上市公司治理评价总体分析 ··· 285
第二节　北交所上市公司治理评价分维度分析 ··· 286
第三节　北交所上市公司治理评价分组比较 ··· 289
第四节　北交所上市公司治理评价主要结论 ··· 291

第二十章　金融业上市公司治理评价 ··· 293
第一节　金融业上市公司治理评价总体分析 ··· 293
第二节　金融业上市公司治理评价分组比较 ··· 297
第三节　金融业上市公司治理年度比较 ··· 298
第四节　金融业上市公司治理评价主要结论 ··· 305

第五篇　公司治理评价结论与展望

第二十一章　上市公司治理评价结论与建议 ··· 309
第一节　中国上市公司治理评价研究总体结论 ··· 309
第二节　提升我国上市公司治理水平政策建议 ··· 310

参考文献 ··· 311

$CCGI^{NK}$

第一篇

公司治理评价及其相关研究

第一章 公司治理评价与治理指数

第一节 公司治理评价的研究意义

一、公司治理改革与治理评价问题提出

公司治理改革已经成为全球性的焦点问题，作为在全球市场上的一种竞争优势以及可持续发展的重要组成部分，完善的公司治理机制对于保证市场秩序具有十分重要的作用。近二十年来，全球公司治理研究的关注主体由以美国为主逐步扩展到英美日德等主要发达国家，近年来已扩展到转轨和新兴市场国家。研究内容也随之从治理结构与机制的理论研究，扩展到治理模式与原则的实务研究。目前治理质量与治理环境备受关注，研究重心转移到公司治理评价和治理指数。中国的公司治理也大致经历了这些阶段，制度建设与企业改革经过了独特的由破到立的过程。从《中国公司治理原则》（2001年）、《独立董事制度指导意见》（2001年8月）与《中国上市公司治理准则》（2002年1月）、《上市公司治理准则》（2018年9月）的颁布，到新《公司法》《证券法》（2005年10月）和新《证券法》（2020年3月1日起施行）的出台，以及国务院批准证监会《关于提高上市公司质量的意见》（2005年10月）、《关于进一步提高上市公司质量的意见》（2020年10月）的发布、新《公司法》（2024年7月1日起施行）的修订，在股权分置全流通、高级管理人员持股等大背景下，中国的公司治理改革进入了一个新的阶段。

公司治理研究的重要任务之一就是探讨如何建立一套科学完善的公司治理评价系统。通过系统的运行，一方面为投资者提供投资信息，另一方面可以掌握公司治理的现状，观察与分析公司在对利益相关者权益保护、公司治理结构与治理机制建设等方面的现状与问题，促进提高公司治理质量及公司价值。公司治理理论界以及实务界迫切需要了解以下问题：中国公司治理的质量如何？如何规范股东大会以及怎样才能确保公司的独立性？董事会如何运作才能形成完善的决策与监督机制？采用何种激励与约束机制才能有效降低代理成本并促使代理人为公司长期发展而努力？决定公司治理质量的主要因素有哪些？公司治理存在哪些风险，其程度如何，对投资者及其他利益相关者的利益有何影响？公司治理机制的建立与完善会如何影响公司绩效？

解决上述问题的核心是建立一套适应中国公司治理环境的公司治理评价系统和

评价指数，用以掌握我国公司的治理结构与治理机制完善状况，公司治理风险的来源、程度与控制，并进一步观察与分析中国公司在控股股东行为、董事会运作、经营层激励约束、监事会监督以及信息披露等方面的现状、存在的风险、治理绩效等。通过该系统可以探索中国公司治理的模式，以规范公司治理结构及董事会的治理行为，建立良好的高管层激励与约束机制，完善公司的信息披露制度，保护股东及其他利益相关者的权益，最终实现良好的经营业绩。

二、公司治理评价的应用价值

第一，有利于政府监管、促进资本市场的完善与发展。

公司治理指数反映了公司治理水平，详细编制并定期公布公司治理指数，能够使监管部门及时掌握其监管对象的公司治理结构与治理机制的运行状况，从而在信息反馈方面确保其监管有的放矢。同时，有利于证券监管部门及时掌握中国公司治理状况以及相关的准则、制度等的执行情况。利用该系统，证券监管部门可以及时了解其监管对象在控股股东行为、董事会、监事会、高管人员的人选与激励约束机制、信息披露与内部控制等方面的建立与完善程度，以及可能存在的公司治理风险等，有利于有效发挥监管部门对于公司的监管作用。

第二，有利于形成公司强有力的声誉制约并促进证券市场质量的提高。

基于融资以及公司持续发展的考虑，公司必须注重其在证券市场以及投资者中的形象。公司治理评价系统的建立，可以对公司治理的状况进行全面、系统、及时地跟踪，定期将评价的结果公布，弥补了我国企业外部环境约束较弱的缺陷。由于及时公布公司治理评价状况而产生的信誉约束，将促使公司不断改善公司治理状况，最大限度地降低公司治理风险，因而有利于证券市场质量的提高，强化信用。公司的信用是建立在良好的公司治理结构与治理机制的基础之上的，一个治理状况良好的公司必然具有良好的企业信用。公司治理指数的编制与定期公布，能够对公司治理的状况实施全面、系统、及时的跟踪，从而形成强有力的声誉制约并促进证券市场质量的提高。不同时期公司治理指数的动态比较，反映了公司治理质量的变动状况，因而有利于形成动态声誉制约。

第三，有利于公司科学决策与监控机制的完善和诊断控制。

公司治理指数使公司（被评价对象）能够及时掌握本公司治理的总体运行状况以及公司在控股股东行为、董事会、监事会、经理层等方面的治理状况以及信息披露、内部控制状况，及时对可能出现的问题进行诊断，有针对性地采取措施，从而确保公司治理结构与治理机制处于良好的状态中，进而提高公司决策水平和公司竞争力。定期的公司治理评价信息，将使管理当局及时地掌握公司治理潜在的风险，并采取积极的措施降低与规避监控风险；投资者利用公司治理评价所提供的公司治理质量、公司治理风险的全面信息，可以了解其投资对象，为科学决策提供信息资源。例如，公司治理计分卡的应用有助于指导公司科学决策。

第四，为投资者提供鉴别工具并指导投资。

及时量化的公司治理指数，能够使投资者对不同公司的治理水平与风险进行比较，掌握拟投资对象在公司治理方面的现状与可能存在的风险。同时，根据公司治理指数、风险预警与公司治理成本以及公司治理绩效的动态数列，可以判断投资对象公司治理状况与风险的走势及其潜在投资价值，从而提高决策水平。传统上，投资者主要分析投资对象的财务指标，但财务指标具有局限性。建立并定期公布公司治理指数，将促进信息的公开，降低信息不对称性，提高决策科学性。例如，成立于 1992 年的蓝思（LENS）投资管理公司的投资选择原则是从财务评价和公司治理评价两个角度找出价值被低估以及可以通过公司治理提高价值的公司。美国机构投资者服务公司与英国富时建立了公司治理股价指数，为其会员提供公司治理咨询服务。韩国也建立了公司治理股价指数。

第五，有利于建立公司治理实证研究平台、提高公司治理研究水平。

中国公司治理指数报告使公司治理的研究由理论层面的研究具体到量化研究和实务研究，有利于解决公司治理质量、公司治理风险、公司治理成本与公司治理绩效度量这些科学问题。公司治理评价过程中的一系列调查研究的成果是顺利开展公司治理实证研究的重要数据资源。这一平台的建立，将使公司治理理论研究与公司治理实践得以有机结合，进一步提高公司治理理论研究对公司治理实践的指导作用。

第二节 公司治理评价的国内外研究

一、国内外主要的公司治理评价系统

国内外对公司治理评价与指数的研究经历了公司治理的基础理论研究、公司治理原则与应用研究、公司治理评价系统与治理指数研究的过程，并由商业性机构的公司治理评价发展到非商业性机构的公司治理评价。中外学者对公司治理评价的关注是基于满足公司治理实务发展的需要，尤其是机构投资者的需要。

公司治理评价萌芽于 1950 年杰克逊·马丁德尔提出的董事会绩效分析，随后一些商业性的组织也推出了公司治理状况的评价系统。最早的、规范的公司治理评价研究是由美国机构投资者协会在 1952 年设计的正式评价董事会的程序，随后出现了公司治理诊断与评价的系列研究成果，如萨尔蒙于 1993 年提出诊断董事会的 22 个问题。1998 年标准普尔公司（S&P Co.）创立公司治理服务系统，并于 2000 年将公司治理评分拓展为商业化服务项目，对俄罗斯五家上市公司进行评价。该评价系统于 2004 年进行了修订，自此面向全球上市公司，并分别从国家评价和公司评价两方

面建立公司治理评分体系。1999年欧洲戴米诺针对欧洲公司的治理情况推出戴米诺公司治理评价系统，与标准普尔公司的公司治理评价系统相似，戴米诺同时以宏观环境和微观视角评价公司治理情况。2000年亚洲里昂证券面向新兴市场推出里昂公司治理评价系统，以设置调查问卷的方式评价公司治理的情况。然而，多数指标因商业化导向，选取的公司治理指标有限，仅考察了公司治理的某些维度而未形成体系，缺乏持续性研究。由此，2003年南开大学中国公司治理研究院（原南开大学公司治理研究中心）院长、南开大学讲席教授李维安率领的南开大学中国公司治理研究院公司治理评价课题组等推出"中国上市公司治理评价系统"（中国第一个全面系统的公司治理评价系统），2004年公布《中国公司治理评价报告》，同时发布中国上市公司治理指数（CCGI^{NK}），第一次对中国上市公司治理情况进行大样本全面量化评价分析并延续至今，标志着中国首个非商业化、大样本、连续性治理评价系统的诞生。此外，美国机构投资者服务公司（Institutional Shareholder Services）还建立了全球性的公司治理状况数据库，为其会员提供公司治理服务；另外还有布朗斯威克（Brunswick Warburg）、ICLCG（Institute of Corporate Law and Corporate Governance）、ICRA（Information and Credit Rating Agency）、世界银行公司评价系统、泰国公司治理评价系统、韩国公司治理评价系统、日本公司治理评价系统（CGS、JCGIndex）以及我国台湾公司治理与评等系统等。详细情况见表1-1。

表1-1 国内外主要公司治理评价系统

公司治理评价机构或个人	评价内容	评价情况
杰克逊·马丁德尔（Jackson Martindell）	社会贡献、对股东的服务、董事会绩效分析、公司财务政策	1950年提出董事会业绩分析
标准普尔（S&P）	所有权结构、利益相关者的权利和相互关系、财务透明度和信息披露、董事会结构和程序	1998年设立公司治理评价体系，2004年起对全球上市公司治理情况进行评价
戴米诺（Deminor）	股东权利与义务、接管防御的范围、信息披露透明度、董事会结构	1999年起推出公司治理评级系统，用以评价欧洲上市公司治理标准和实践
里昂证券（CLSA）	管理层的约束、透明度、小股东保护、独立性、公平性、问责性、股东现金回报以及公司社会责任	2000年起以调查问卷的方式面向新兴市场推出里昂公司治理评价系统
美国机构投资者服务公司（ISS）	董事会及其主要委员会的结构和组成、公司章程和制度、公司所属州的法律、管理层和董事会成员的薪酬、相关财务业绩、"超前的"治理实践、高管人员持股比例、董事的受教育状况	2002年起建立全球性的上市公司评价系统

续表

公司治理评价机构或个人	评价内容	评价情况
戴维斯和海德里克（DVFA）	股东权利、治理委员会、透明度、公司管理以及审计	2000年建立的公司治理评价系统
布朗斯威克（Brunswick Warburg）	透明度、股权分散程度、转移资产/价格、兼并/重组、破产、所有权与投标限制、对外部人员的管理态度、注册性质	2000年以惩罚性得分评价公司治理情况
公司法与公司治理机构（ICLCG）	信息披露、所有权结构、董事会和管理层结构、股东权利、公司的治理历史、侵吞（expropriation）风险	2004年建立的公司治理评价系统
信息和信用评级代理机构（ICRA）	所有权结构、管理层结构（含各董事委员会的结构）、财务报告和其他披露的质量、股东利益的满足程度	2001年建立的印度公司治理评级系统
宫岛英昭、原村健二、稻垣健一等日本公司治理评价体系（CGS）	股东权利、董事会、信息披露及其透明性三方面，考察内部治理结构改革对企业绩效的影响	2003年建立的日本本土非商业性公司治理评价系统
日本公司治理研究所公司治理评价指标体系（JCGIndex）	以股东主权为核心，从绩效目标和经营者责任体制、董事会的机能和构成、最高经营者的经营执行体制以及股东间的交流和透明性四方面评价	2002年起对东京证券交易所主板上市的企业进行问卷调查，并依据结果编成非商业性的评价指数
泰国公司治理评价系统	股东权利、董事品质、公司内部控制的有效性	2001年依据OECD准则建立的泰国公司治理评价标准
韩国公司治理评价系统	股东权利、董事会和委员会结构、董事会和委员会程序、向投资者披露和所有权的平等性	2006年建立的非商业性公司治理评价体系
香港城市大学公司治理评价系统	董事会结构、独立性或责任，对小股东的公平性，透明度及披露，利益相关者角色、权利及关系，股东权利	2000年针对中国上市公司推出衡量公司治理水平的非商业性指标
台湾辅仁大学公司治理与评价等系统	董（监）事会组成、股权结构、参与管理与次大股东、超额关系人交易、大股东介入股市的程度	2003年推出的非商业性公司治理评价系统，用以考核台湾地区上市公司治理状况
GMI（Governance Metrics International）治理评价系统	透明度与披露（含内部监控）、董事会问责性、社会责任、股权结构与集中度、股东权利、管理人员薪酬、企业行为	2004年以OECD等发布的全球公司治理规范作为评级标准，确立20家在公司治理上得分最高的公司，以此建立公司治理评价系统

续表

公司治理评价机构或个人	评价内容	评价情况
世界银行治理评价系统	公司治理的承诺、董事会的结构和职能、控制环境和程序、信息披露与透明度、小股东的待遇	针对五大洲不同国家建立的非商业性公司治理评价系统
中国社会科学院世界经济与政治研究所公司治理研究中心	股东权利、对股东的平等待遇、公司治理中利益相关者的作用、信息披露和透明度、董事会职责、监事会职责	2005年起发布中国上市公司100强公司治理评价
南开大学推出的中国上市公司治理指数	控股股东、董事会、监事会、经理层、信息披露、利益相关者	2003年起建立中国上市公司治理评价系统，并持续推出中国上市公司治理指数

二、已有公司治理评价系统共性与差异

一般而言，公司治理评价系统具有以下四个共同特征：一是评价系统均是由一系列详细指标组成，且每个评价系统均包括三个因素：股东权利、董事会结构及信息披露。二是在所有的评价系统中，评分特点是相同的。总体而言，较低的分值意味着较差的治理水平，反之意味着较好的治理状况。但也有两个例外，一是ICRA评价系统，它使用相反的评分方法，公司治理评级CGR1意味着最好的治理状况，公司治理评级CGR6意味着最低的治理水平；二是布朗斯威克的治理风险分析，它是以惩罚得分的形式来计算，得分越高，公司的治理风险越大。三是绝大多数评价系统都使用了权重评级方法，根据治理各要素重要程度的不同赋予不同的权重，从而计算出公司治理评价值。四是获取评价所需信息的方法是一致的，主要来自公开可获得信息，其他信息通过与公司关键员工的访谈而获得。

不同评价系统的主要区别在于两个方面：

第一，一些评价系统是用来评价某一个别国家公司的治理状况（例如DVFA、布朗斯威克等），另一些评价系统则涉及多个国家的公司治理评价，如标准普尔、戴米诺和里昂证券评价系统包含了国家层次的分析。这些评价中使用的标准都很相似。标准普尔提供了一个关于法律、管制和信息基础的有效程度的评估；戴米诺评级服务包括一个由法律分析和特定国家范围内的公司治理实务组成的国家分析报告，其服务范围涵盖了欧洲17个国家；里昂证券主要利用与管制和制度环境有关的六个宏观公司治理因素来对各个市场进行评级，涉及20—25个新兴市场；世界银行的研究也基于与公司治理有关的六个综合指标进行了国家层次上的比较；戴维斯和海德里克（DVFA，2002）比较了公司治理的国别差异，但采用了不同的方法，他们主要考虑了基于公司治理实务和单个公司治理状况的国家层次平均水平。

第二，各评价系统关注的重点、采用的标准以及评价指标体系的构成呈现出较

大差别。如标准普尔以经济合作与发展组织（Organization for Economic Cooperation and Development，以下简称 OECD）公司治理准则、美国加州基金（California Public Employee Retirement System，CalPERS）等提出的公司治理原则以及国际上公认的对公司治理要求较高的指引、规则等制定评价指标体系，把公司治理评价分为国家评分与公司评分两部分。前者从法律基础、监管、信息披露制度以及市场基础四个方面予以考核；后者包括所有权结构及其影响、利益相关者关系、财务透明与信息披露、董事会的结构与运作四个维度的评价内容，关注的是宏观层面上的外部力量以及公司内部治理结构与运作对于公司治理质量的影响。戴米诺则以 OECD 公司治理准则以及世界银行的公司治理指引为依据制定指标体系，从股东权利与义务、接管防御范围、公司治理披露以及董事会结构与功能三个维度衡量公司治理状况，重视公司治理环境对公司治理质量的影响，特别强调接管防御措施对公司治理的影响。里昂证券评价系统则从公司透明度、管理层约束、董事会的独立性与问责性、小股东保护、核心业务、债务控制、股东的现金回报以及公司的社会责任等八个方面评价公司治理的状况，注重公司透明度、董事会的独立性以及对小股东的保护，强调公司的社会责任。

公司治理评价的研究与应用，对公司治理实践具有指导意义。正如上述对不同评价系统的对比所看到的，不同的评价系统有不同的适用条件，中国公司的治理环境、治理结构和机制与国外有很大的差别，直接将国外评价系统移植到国内必将产生水土不服现象。只有借鉴国际经验，结合中国公司所处的法律环境、政治制度、市场条件以及公司本身的发展状况，设置具有中国特色的公司评价指标体系，并采用科学的方法对公司治理状况做出评价，才能正确反映中国公司治理状况。中国上市公司治理指数充分考虑了中国公司治理环境的特殊性。

第三节 中国上市公司治理指数研发历程与构成

进入 21 世纪以来，由于对公司治理质量和治理环境的格外关注，如何识别公司治理的优劣便成为需要解决的问题，这就迫切需要建立一套适应中国上市公司治理环境的公司治理评价系统。通过该系统的运行，我们能够掌握公司治理的状况，观察与分析中国上市公司在股权结构、董事会运作、经理层激励约束、监事会监督、信息披露以及利益相关者参与治理等方面的现状与问题，从而能够从整体上提高公司治理质量，保证公司运营的质量和良好的经营业绩。

一、中国上市公司治理指数研发历程

中国公司治理的研究从公司治理理论研究深入到公司治理原则与应用研究，之

后从公司治理原则研究进一步发展到公司治理指数的研究。中国上市公司治理指数的研究发展呈现为渐进式的动态优化过程。具体来说，中国上市公司治理指数的形成经历了四个阶段。

第一阶段：研究并组织制定《中国公司治理原则》。在中国经济体制改革研究会的支持下，于 2001 年推出的《中国公司治理原则》被中国证监会《中国上市公司治理准则》以及太平洋经济合作理事会（Pacific Economic Cooperation Council，PECC）组织制定的《东亚地区治理原则》吸收借鉴，为建立公司治理评价指标体系提供了参考标准。

第二阶段：构建"中国上市公司治理评价指标体系"。历时两年调研，2001 年 11 月第一届公司治理国际研讨会提出《在华三资企业公司治理研究报告》。2003 年 4 月，经反复修正，提出"中国上市公司治理评价指标体系"，围绕公司治理评价指标体系，2003 年 11 月第二届公司治理国际研讨会征求国内外专家意见。根据前期的研究结果和公司治理专家的建议，最终将公司治理指标体系确定为 6 个维度，具体包括股东治理指数、董事会治理指数、监事会治理指数、经理层治理指数、信息披露指数和利益相关者治理指数，合计 80 多个评价指标。

第三阶段：正式推出中国上市公司治理指数和《中国公司治理评价报告》，基于评价指标体系与评价标准，构筑中国上市公司治理指数，2004 年首次发布《中国公司治理评价报告》，报告应用中国上市公司治理指数第一次对中国上市公司（2002 年的数据）进行大样本全面量化评价分析，之后逐年发布年度公司治理报告。

第四阶段：中国上市公司治理评价系统应用阶段。在学术上，公司治理评价为课题、著作、文章等系列成果的研究提供了平台，获得国家自然科学基金重点项目和国家社科重大招标项目支持，公司治理报告在商务印书馆、高等教育出版社以及北京大学出版社等国内出版社出版，并在国内出版社出版英文版。此外，还为监管部门治理监管工作提供支持，为企业提升治理水平提供指导。中国上市公司治理指数连续应用于"CCTV 中国最具价值上市公司年度评选"；应用于联合国贸发会议对中国企业的公司治理状况抽样评价和世界银行招标项目，2007 年 10 月 30 日至 11 月 1 日，应联合国贸发会议邀请，李维安教授参加了在瑞士日内瓦召开的 ISAR 专家组第 24 届会议，并就《中国公司治理信息披露项目》做大会报告；应用于国务院国资委国有独资企业董事会建设与评价等以及国家发展改革委委托项目推出的"中国中小企业经济发展指数"研究；2007 年接受保监会委托，设计保险公司治理评价标准体系；2008 年接受国务院国资委委托，对央企控股公司治理状况进行评价；开发中国公司治理指数数据库；研发中国公司治理股价指数；设计中国公司治理计分卡。

二、中国上市公司治理指数构成

基于中国上市公司面临的治理环境特点，南开大学中国公司治理研究院公司治理评价课题组总结了公司治理理论研究、公司治理原则、各类公司治理评价系统以及大量实证研究、案例研究成果，于 2003 年设计出中国上市公司治理评价系统，2004 年公布《中国公司治理评价报告》，同时发布中国上市公司治理指数。随后，于 2004 年、2005 年加以优化，广泛征求各方面的意见，对 6 个维度评价指标进行适度调整。通过对上市公司治理评价的实证研究，对部分不显著性指标进行调整；通过对公司实施公司治理评价，不断检验系统的有效性并进行优化；引入新的公司治理研究思想，例如利益相关者；听取各方面的意见，广泛研讨；紧密关注治理环境变化，并及时反映到评价系统中，例如法律法规变化。中国上市公司治理指数评价指标体系见表 1-2。

表 1-2 中国上市公司治理指数评价指标体系

指数（目标层）	公司治理评价 6 个维度（准则层）	公司治理评价各要素（要素层）
中国上市公司治理指数 $CCGI^{NK}$	股东治理（$CCGI_{SH}^{NK}$）	上市公司独立性
		上市公司关联交易
		中小股东权益保护
	董事会治理（$CCGI_{BOD}^{NK}$）	董事权利与义务
		董事会运作效率
		董事会组织结构
		董事薪酬
		独立董事制度
	监事会治理（$CCGI_{BOS}^{NK}$）	监事会运行状况
		监事会规模结构
		监事会胜任能力
	经理层治理（$CCGI_{TOP}^{NK}$）	经理层任免制度
		经理层执行保障
		经理层激励约束
	信息披露（$CCGI_{ID}^{NK}$）	信息披露真实性
		信息披露相关性
		信息披露及时性
	利益相关者治理（$CCGI_{STH}^{NK}$）	利益相关者参与程度
		利益相关者协调程度

资料来源：南开大学中国公司治理研究院"中国上市公司治理评价系统"。

指标体系是公司治理指数的根本，不同环境需要不同的公司治理评价指标体系，中国上市公司治理指数反映了中国市场的诸多重要特征。此评价指标体系基于中国上市公司面临的治理环境特点，侧重于公司内部治理机制，强调公司治理的信息披露、中小股东的利益保护、上市公司独立性、董事会的独立性以及监事会参与治理等，从股东治理、董事会治理、监事会治理、经理层治理、信息披露和利益相关者治理 6 个维度，设置 19 个二级指标，具体有 80 多个评价指标，对中国上市公司治理的状况做出全面、系统的评价。

第四节　中国上市公司治理评价指标体系

一、中国上市公司股东治理评价指标体系

中国转轨时期经济的复杂性决定了上市公司控股股东行为的复杂性，控股股东的目标选择不再局限于对上市公司控制收益与成本的比较，更多的是考虑集团整体利益。对于中国上市公司控股股东行为外部性的分析，控制权的范围要从上市子公司拓展到包括上市子公司、控股股东及其他关联公司甚至整个集团，体现为控股股东对集团资源的控制程度。

（一）股东治理评价相关研究

上市公司与其控股股东之间存在着种种关联，控股股东对上市公司的行为往往超越了上市公司的法人边界。从保护中小股东利益的视角来看，我们可以从四个层次来反映控股股东行为与股东治理状况。

1. 股东的平等待遇

遵循"资本多数"的原则，控股股东往往能够对股东大会加以控制。控股股东通过制定股东大会程序、股东参与条件来提高中小股东参加股东大会的成本，限制了中小股东的参与程度，难以保障所有股东得到足够和及时的信息。通过衡量股东大会投票制度、股东的参与度，可以对控股股东是否存在影响股东大会的行为加以判断。

2. 引发控股股东行为负外部性的体制性诱因

在我国国有企业股份制改革过程中，上市公司与其控股股东之间往往存在着"资产混同"，模糊了上市公司的法人财产边界，为控股股东滥用上市公司资源、损害中小股东等其他利益相关者的利益创造了条件。上市公司相对于控股股东独立与否，可以反映出引发控股股东侵害小股东行为的体制性诱因程度。

3. 控股股东行为负外部性的制约机制

各国对中小股东权益的保护，主要是通过在股东大会上强化中小股东对股东大会召集、提议等的影响力，来限制控股股东的权利。2002 年中国证监会和国家经贸委联合颁布的《中国上市公司治理准则》在保护股东权益、平等对待所有股东方面，做出了一些原则性的规定，成为《公司法》的有益补充。保护中小股东的制度是否健全、是否得到有效实施，可以衡量在上市公司中是否形成制约控股股东行为、降

低负外部性的有效机制。

4. 控股股东行为负外部性的现实表现

上市公司的控股股东通过调动各子公司、关联公司的资源，可以实现集团整体利益的最大化，各公司间的有机协调、资源的互补，也可以发挥整个集团的"联合经济效应"；增强集团整体的竞争能力。但是，目前中国上市公司的控股股东存在着集团资源滥用的行为，体现在运营层面上时具有较强的负外部性，损害了中小股东的利益。

（二）中国上市公司股东治理评价指标体系设计思路

基于对股东行为特征的分析，南开大学中国公司治理研究院公司治理评价课题组构建了中国上市公司控股股东行为评价指标体系，主要包括三个方面：

1. 独立性

由于法律法规的推出、监管的强化，以及上市公司自主治理水平的提高，上市公司在人员、业务、财务、资产、机构等方面的独立性得到了加强，但这种独立性大都停留在表面层次，上市公司相对股东单位的独立性仍需加强。南开大学中国公司治理研究院公司治理评价课题组对以下几个方面进行评价。第一，通过上市公司董事是否在控股股东处兼职来反映人员独立性情况。第二，通过主营业务是否重叠交叉来度量同业竞争，判断业务独立性情况。第三，通过计算从最终控制人到上市公司的控制链条层级的长度来判断现金流权与控制权分离程度；控制层级越长，最终控制人就越有可能通过金字塔式持股结构侵害中小股东利益。第四，通过观察控股股东是否将主业资产装入上市公司实现整体上市来进一步判断上市公司在人员、财务、经营上的独立性。

2. 中小股东权益保护

本部分重点判断上市公司对中小股东保护相关法律、法规及原则的实施情况，是否根据法律法规建立了相应的实施细则，并是否通过实际行动有效维护中小股东的权益。通过上市公司是否建立了累积投票权制度，制定了相关实施细则，股东大会是否提供了网络投票渠道，来衡量中小股东能否以较低的成本参与公司重大决策；通过股东大会出席股份比例来衡量股东参与公司治理的积极性；通过募集资金是否变更、变更程序是否经股东大会批准、是否说明变更原因来度量上市公司使用募集资金的规范性；大股东股权质押会造成现金流权和控制权的分离，增加了上市公司控制权变更和被"掏空"的概率，放大了上市公司的违规风险，通过大股东股权质押或冻结来衡量上市公司潜在的风险；通过公司章程是否对中小股东提名选举董事施加严格的持股比例和持股时间限制，是否设置董事轮换制（Staggered Board Election）来度量中小股东投票选举董事的权利；通过公司章程中现金分红政策是否清晰，是否制定了差异化的分红政策，实际分红是否与承诺一致，来度量现金分红政策的清晰性和一致性；通过现金股利派发的规模和连续性来度量上市公司是否为股东提供长期稳定的回报。

3. 关联交易

本部分通过控股股东是否无偿占用上市公司资金、上市公司是否为控股股东及其他关联方提供贷款担保、控股股东与上市公司间关联交易的规模等三个指标反映控股股东滥用关联交易的情况。中国上市公司控股股东评价指标体系见表 1-3。

表 1-3 中国上市公司控股股东评价指标体系

主因素层	子因素层	说明
独立性	高管独立性	考察董事在股东单位兼职比例,分析上市公司决策层和管理层相对于控股股东的独立性,其在处理股东利益冲突时能否保持平衡
	同业竞争	考察上市公司与控股股东公司在主营业务上是否存在重叠交叉
	控制层级	考察从最终控制人到上市公司的控制链条层级的长度,控制层级越长,导致现金流权与控制权分离,最终控制人就越有可能通过金字塔式持股结构侵害中小股东利益
	整体上市	考察上市公司控股股东是否实行了整体上市,可以起到避免同业竞争、理顺上市公司上下游产业关系、大量减少关联交易的积极效应
中小股东权益保护	股东大会参与积极性	考察股东参与公司治理的积极性,上市公司是否让尽可能多的股东参加大会,剔除了第一大股东持股比例
	股东大会投票制度	考察上市公司是否建立了累积投票权制度,制定了实施细则;是否提供了网络投票渠道
	中小股东投票选举董事权利	公司章程是否对中小股东提名选举董事施加严格的持股比例和持股时间限制,是否限制一次性更换所有董事
	募集资金使用情况	考察募集资金是否变更,变更程序是否经股东大会批准,是否说明原因
	大股东股权冻结和质押	设置通过大股东股权质押或股权被冻结来衡量上市公司潜在的违规和掏空风险
	现金分红政策的清晰性	考察公司章程中现金分红政策是否清晰,是否制定了差异化的分红政策;实际分红是否与承诺一致
	现金股利分配规模和连续性	考察上市公司通过现金股利对投资者回报的规模及长期连续性

续表

主因素层	子因素层	说明
关联交易	关联方资金占用	考察关联方是否通过占用上市公司货币资金、欠付上市公司应收货款等手段损害中小股东利益
	关联担保	考察上市公司是否为大股东或其附属企业解决债务融资问题，以上市公司的名义为其贷款提供担保
	经营类和资产类关联交易	考察上市公司及控股股东是否通过日常经营类、股权类和资产类关联交易进行利润操作，获取控制权收益

资料来源：南开大学中国公司治理研究院"中国上市公司治理评价系统"。

二、中国上市公司董事会治理评价指标体系

董事会是公司治理的核心。作为股东和经理之间的连接纽带，董事会既是股东的代理人，又是经理人员的委托人和监督者，在公司的战略发展、重大决策方面发挥着至关重要的作用，是完善治理结构、优化治理机制的关键环节。董事会治理水平直接决定着公司潜在的治理风险以及长远发展。国内外相继爆发的安然、世通、德隆、创维等公司治理丑闻也验证了这一点。因此，董事会一方面要积极领导公司为投资者创造更多的财富，在资本市场上争取到充足的资本，服务好投资者这个"上帝"；另一方面还要关注消费者的利益和需求，在产品市场上获取消费者的支持和信任，服务好消费者这个"上帝"，从而实现公司的持续发展。通过对上市公司的董事会治理进行评价，无疑会推动中国上市公司董事会治理的改善与优化，从而为董事会建设提供系统性的制度保障。

（一）董事会治理评价相关研究

董事会治理评价研究的开展可以从董事会履职基础层面，延伸至董事会结构完善及机制优化层面，最终体现在董事会在公司行为以及治理风险防范中发挥的重要作用。

1. 董事会职能边界及权利配属研究

在现代公司的双重委托代理问题方面，董事会是否能够抑制管理层对股东利益偏离的机会主义行为，是否能够克制控股股东的利益攫取行为而实现全部股东的财富最大化，在一定程度上取决于董事会职能边界及权利配属等基本理论问题的明晰化。在实践层面，董事会的薪酬制定权利、提名权利、针对董事会议案的异议权利等在很多情况下也被"剥夺"，造成董事职能的虚化问题。董事会的履职基础需进一步夯实。

2. 董事会结构建设向董事会机制优化的转型研究

董事会结构建设是董事会治理提升的基础，但仅具有完善的董事会治理结构还远不能实现董事会的高效运作，结构建设向机制优化的转型是提升现阶段我国上市公司董事会治理质量的关键环节。从关注董事会规模、董事会会议次数、董事会专业委员会设立情况、董事的专业背景等转向董事会议案决议、独立董事意见内容、董事会会议质量、董事团队氛围、董事会专业委员会履职状况等是现有研究面临的较大挑战。

3. 董事会治理与公司行为研究

科学决策是董事会治理的重要目标。董事会在对公司行为的影响中扮演了重要角色。完善的董事会治理结构、高效的董事会治理机制推动了公司科学的投融资决策和生产经营决策，并保证了公司财务质量的高水平。

4. 嵌入治理风险的董事会治理研究

董事会作为公司治理的核心，其关键职责在于防范各种可能的治理风险。董事会应以治理风险防范为导向，建立适当的风险控制结构和机制，有效识别和控制公司运营中面临的各种治理风险，防止治理风险的累积和爆发。探讨治理风险导向的董事会治理机制和风险防控机制，搭建嵌入治理风险的董事会治理分析框架对于董事会治理研究具有重要的意义。

（二）董事会治理评价指标体系设计思路

在已有评价指标体系和有关评价研究成果的基础上，结合我国上市公司董事会治理现状，以董事诚信、勤勉义务为核心，董事会治理评价指标体系从董事权利与义务、董事会运作效率、董事会组织结构、董事薪酬、独立董事制度五个维度，构筑了一套董事会治理评价指标体系，并以此为标准对上市公司董事会治理状况进行评价分析。

1. 董事权利与义务

董事在公司的权利结构中具有特定的法律地位，同时还需承担特定的法律责任和义务。董事的来源、履职状况等会对董事权利与义务的履行状况产生重要影响，从而在一定程度上决定了董事会治理水平。对董事权利与义务状况进行的评价有助于提升董事会治理质量。

董事权利与义务主要考察董事来源、履职的诚信勤勉情况等。董事权利与义务的评价指标主要包括：董事权利与义务状态、董事损害赔偿责任制度、股东董事比例、董事年龄构成、董事专业背景、董事在外单位的任职情况等。

2. 董事会运作效率

董事会作为公司的核心决策机构，承担着制定公司战略并对经理层实施有效监督的责任。董事会的运作效率直接决定着董事会职责的履行状况以及公司目标的实现程度。高效率的董事会运作有助于董事会更好地履行职责，制定更科学的公司发展规划,更有效率地监督管理人员,从而提升公司的持续价值创造能力。

董事会运作效率主要考察董事会运作状况,以反映董事会功能与作用的实现状态。董事会运作效率的评价指标主要包括:董事会规模、董事长与总经理的两权分离状态、董事与高管的职位重合情况、董事会成员的性别构成、董事会会议情况等。

3. 董事会组织结构

董事会组织结构界定了董事会内部分工与协作的方式、途径等。董事会专业委员会的设立情况会影响到董事会的运作。只有董事会内部权责分明、组织健全,才能保证董事会职责的履行。合理的董事会组织结构是董事会高效运转的前提。

董事会组织结构主要考察董事会专业委员会运行状况。董事会组织结构的评价指标主要包括:董事会战略委员会、审计委员会、薪酬与考核委员会、提名委员会、其他专业委员会的设置情况等。

4. 董事薪酬

公司的董事承担着制定公司战略决策和监督管理人员的责任,并且要履行勤勉义务和诚信义务。在赋予董事责任和义务的同时,给予董事合适的薪酬至关重要。具有激励效果的薪酬组合能够促进董事提高自身的努力程度,提高董事履职的积极性,促使董事与股东利益的趋同,并最终提升公司的核心竞争力。

董事薪酬主要考察董事激励约束状况,包括短期激励和长期激励。董事薪酬的评价指标主要包括:董事在公司的领薪状况、董事的现金薪酬状况、董事持股情况、董事股权激励计划的制定及实施等。

5. 独立董事制度

独立董事制度为上市公司的董事会引入了具有客观立场的独立董事。这些独立董事独立于上市公司,与上市公司之间没有利益关联,在一定程度上能够客观地发表见解,从而保护公司投资者的利益。在中国"一股独大"的股权结构下,需要建立独立董事制度来保证董事会的独立性与决策的科学性。

独立董事制度主要考察公司董事会的独立性及独立董事的职能发挥状况。独立董事制度的评价指标主要包括:独立董事比例、独立董事的专业背景、独立董事在外单位的任职状况、独立董事参会情况、独立董事津贴等。中国上市公司董事会治理评价指标体系见表1-4。

表1-4 中国上市公司董事会治理评价指标体系

主因素层	子因素层	说明
董事权利与义务	董事权利与义务状态	评价董事权利与义务的清晰界定程度
	董事损害赔偿责任制度	考核董事的责任履行
	股东董事比例	考核具有股东背景的董事比例
	董事年龄构成	考核董事年龄情况,尤其是大龄董事
	董事专业背景	考核董事的专业背景
	董事在外单位的任职情况	考核董事义务履行的时间保障

续表

主因素层	子因素层	说明
董事会运作效率	董事会规模	考核董事会人数情况
	董事长与总经理的两权分离状态	考核董事长与总经理的兼任情况
	董事与高管的职位重合情况	考核董事与高管的兼任情况
	董事会性别构成	考核董事会中女性董事的比例情况
	董事会会议情况	考核董事会会议及工作效率
董事会组织结构	战略委员会的设置	考核战略委员会的设置
	审计委员会的设置	考核审计委员会的设置
	薪酬与考核委员会的设置	评价薪酬与考核委员会的设置
	提名委员会的设置	考核提名委员会的设置
	其他专业委员会的设置	考核其他专业委员会的设置
董事薪酬	董事薪酬水平	衡量董事报酬水平以及报酬结构的激励约束状况
	董事薪酬形式	
	董事绩效评价标准的建立情况	衡量董事的绩效标准设立
独立董事制度	独立董事专业背景	考核独立董事的专业背景
	独立董事兼任情况	考核独立董事在外单位的任职情况
	独立董事比例	考核董事会独立性
	独立董事激励	考核独立董事激励约束状况
	独立董事履职情况	考核独立董事参加会议情况

资料来源：南开大学中国公司治理研究院"中国上市公司治理评价系统"。

三、中国上市公司监事会治理评价指标体系

监事会是上市公司的专设监督机关，完善监事会的监督机制是提高公司治理质量，降低治理风险的关键。从各国公司立法来看，尽管对监事会这一履行监督职责的机构称谓不同，有的称为监察人，也有的称为监察役等，但在本质和功能上并无大的差别。我国《公司法》规定，监事会是由股东会选举产生的，履行监督公司业务执行状况以及检查公司财务状况的权力机关。监事会主要职权包括：监督权，监事会有权检查公司业务执行状况以及公司财务状况；弹劾权，监事会有权对违反法律、行政法规、公司章程或者股东大会决议的董事、高级管理人员提出罢免的建议；股东大会的召集权与主持权，监事会有权提议召开临时股东大会会议，在董事会不履行本法规定的召集和主持股东大会会议职责时召集和主持股东大会会议；提案权，监事会有权向股东大会会议提出提案；起诉权，监事会有权对违反诚信义务的董事、高级管理人员提起诉讼。监事会作为公司内部专门行使监督权的常设监督机构，是公司内部治理结构与机制的一个重要组成部分。监事会监督权的合理安排及有效行使，是防止董事和高管独断专行、保护股东投资权益和公司债权人权益的重要措施。

但目前我国上市公司现状是监事会功能不彰，效力不显，监事不独立，未能发挥应有的监督作用，致使监事会在现实中成为花瓶一只。因此，有必要对上市公司的监事会治理状况进行评价，使我国监事会逐步趋于健全与完善。基于此，南开大学中国公司治理研究院公司治理评价课题组从监事会运行状况、监事会规模结构和监事胜任能力三个方面对我国上市公司监事会参与治理的状况进行了评价并对监事会治理与公司绩效的关系进行了实证研究。

（一）监事会治理评价相关研究

对于监事会治理评价问题的研究，目前国内外基本上处于空白阶段，造成这种现状的原因是多方面的。

1. 在英美为代表的公司治理模式中没有监事会

在以处于国际主流地位的英美为代表的"一元模式"的公司治理结构中，没有设置监事会，但这并不意味着没有监督机制，其监控主要是通过董事会中下设相关委员会和其中的外部独立董事以及外部市场来实现的。这是与英美国家公众持股公司的股东人数众多、股权高度分散的现状相适应的，由于不可能由各个股东分别或共同监督，大量股东使得代理成本成为一个严重的问题，而且由于"搭便车"问题的存在，单个股东进行监督的动力不足。因此借助"外脑"力量，即引入外部独立董事对于克服内部利益掣肘不失为明智选择。同时，英美两个国家的经理人市场也比较发达，能够对经营者实施较强的外部监督。因此，尽管国际上一些知名公司治理评价公司，如标准普尔、戴米诺、里昂证券等都已推出了自身的公司治理评价体系，但其中均未单独涉及监事会评价问题。

2. 我国上市公司治理模式的现实状况

从公司治理结构的角度看，我国公司治理模式更接近于大陆法系的"二元模式"，即在股东大会之下设立与董事会相独立的监事会。在国际上以"二元模式"为典型代表的德日等国的监事会与两国证券市场不是很发达、管理层在企业中居于支配性地位为基本特征的公司治理状况相适应。德国实行董事会和监事会分设的双层制，其中监事会具有较强的监督职能。德国《股份法》规定，公司必须有双层制的董事会结构，即管理委员会和监事会，前者负责公司的日常事务，由担任公司实际职务的经理人员组成；后者是公司的控制主体，负责任命管理委员会的成员并且审批公司的重大决策，并监督其行为，但不履行具体的管理职能。日本的监事会制度既不同于英美的单层制，也与德国的双层制有些许不同。在日本，董事会与监事会是并列的机构，二者均由股东大会选举产生，后者对前者进行监督。这些与我国监事会在性质和职权上有着诸多差异，使得来自"二元模式"国家的监事会评价的参考价值也极为有限。

3. 监事会治理评价没有受到足够重视

国内一些证券机构（如海通证券、大鹏证券）在进行中国上市公司治理评价体系研究过程中，主要集中在股东大会治理评价研究（反映在股权结构、股权集中度和股东大会召开情况等方面）、董事会治理评价研究（反映在董事会规模、董事会运作和董事的激励约束等方面）以及信息披露状况方面的评价研究（反映在信息披露的完整性、准确性和有效性），对监事会的评价几乎没有涉及。

对于监事会运行状况评价研究的欠缺，使我们难以判断作为上市公司治理架构三会之一的监事会在公司治理中是否发挥了应有的作用，其治理状况的改进与完善对于提高上市公司治理水平是否发挥着重要的作用，是否如有些专家认为的那样，在嫁接了国外的独立董事制度后，监事会已不再重要甚至是多余的。源于此，考虑监事会在我国公司治理结构中的特殊地位，充分借鉴国际上不同公司治理模式中内部监督经验，结合中国上市公司自身环境条件及改革进程，设计出一套能够客观评价上市公司监事会治理状况的指标体系具有重要的理论与现实意义。

（二）中国上市公司监事会治理评价指标体系的设计思路

在我国上市公司中，监事会作为公司内部的专职监督机构，以出资人代表的身份行使监督权力，对股东大会负责。公司监事会的性质决定了它不得进行公司业务活动，对外也不代表公司开展业务。例如，德国《股份法》规定：监事会成员不得"同时隶属于董事会和监事会"。我国《公司法》规定董事、经理和财务负责人不得兼任监事，也是为了实现公司权责明确、管理科学、激励和约束相结合的内部管理体制。这种规定是为了保证监事会行使监督权的专一目标。监事会的基本职能是以董事会和总经理为主要监督对象，监督公司的一切经营活动以及财务状况，在监督过程中，随时要求董事会和经理人员纠正违反公司章程的越权行为。对监事会治理的评价，南开大学中国公司治理研究院公司治理评价课题组以"有效监督"为目标，遵循科学性、可行性和全面性的原则，从监事会运行状况、监事会规模结构和监事胜任能力三个方面，设计了导入独立董事制度补充后的包括 11 个指标的中国上市公司监事会治理评价指标体系。

1. 运行状况

监事会是否真正发挥作用以及发挥作用的程度是各方关注的焦点，即监事会是否召开过监事会会议，召开过多少次，其次数高于、等于还是低于我国《公司法》所规定的召开次数。据此，南开大学中国公司治理研究院公司治理评价课题组设计了监事会会议次数来衡量监事会运行状况。

2. 规模结构

良好的监事会规模与结构是监事会有效运行的前提条件，为了保证监事会行使监督权的有效性，首先监事会在规模上应该是有效的，其次监事会成员的构成也应该是有效的。为此，南开大学中国公司治理研究院公司治理评价课题组设计了监事会人数和职工监事设置情况来反映监事会规模与结构状况。

3. 胜任能力

有了结构与机制后，没有具体的要素，整个监事会系统也无法正常运转。监事胜任能力包括监事会主席胜任能力和其他监事胜任能力两个方面。由于上市公司是一个占有庞大经济资源的复杂利益集团，要求监事应具有法律、财务、会计等方面的专业知识或工作经验，具有与股东、职工和其他利益相关者进行广泛交流的能力。监事的学历和年龄等对其开展相应工作的胜任能力也具有重要的影响。监事持股有利于调动其履职的积极性。依据上述思路，南开大学中国公司治理研究院公司治理评价课题组设置了监事会主席职业背景、监事会主席学历、监事会主席年龄、监事会主席持股状况来评价监事会主席胜任能力；设置了其他监事职业背景、其他监事年龄、其他监事学历以及其他监事持股状况指标来评价其他监事胜任能力。中国上市公司监事会治理评价指标体系见表 1-5。

表 1-5　中国上市公司监事会治理评价指标体系

主因素层	子因素层	说明
运行状况	监事会会议次数	考核监事会履行工作职能的基本状况
规模结构	监事会人数	考核监事会履行监督职能的人员基础
	职工监事设置情况	考核监事会代表职工行使监督权利的情况
胜任能力	监事会主席职业背景	考核监事会主席职业背景对其胜任能力的影响
	监事会主席学历	考核监事会主席学历对其胜任能力的影响
	监事会主席年龄	考核监事会主席年龄对其胜任能力的影响
	监事会主席持股状况	考核监事会主席持股状况对其胜任能力的影响
	其他监事职业背景	考核监事职业背景对其胜任能力的影响
	其他监事学历	考核监事学历对其胜任能力的影响
	其他监事年龄	考核监事年龄对其胜任能力的影响

资料来源：南开大学中国公司治理研究院"中国上市公司治理评价系统"。

四、中国上市公司经理层治理评价指标体系

经理层治理是从客体视角对上市公司治理状况进行的评价。本部分从经理层的任免制度、执行保障以及激励约束机制三个方面，从不同行业、第一大股东的性质等视角对中国上市公司经理层的治理状况进行评价。

（一）经理层治理评价相关研究

国际上大多数公司治理评价系统中都将经理层治理方面的评价指标分列于不同的评价结构中。标准普尔公司治理服务系统（2004）将管理层成员的任命、薪酬结构及人员更换状况作为董事会治理状况进行了反映。公司法与公司治理机构（ICLG）、信息和信用评级代理机构（ICRA）、美国机构投资者服务（ISS）在对跨国公司全球评价标度与内部评价标度上分别有专门的高管层结构及管理层薪酬与股权

状况的评价，经理层的薪酬也一直作为国际管理评级机构（GMI）对公司治理考察的核心因素。戴米诺公司治理评价系统则注重公司期权和董事长与首席执行官（CEO）两职关系情况的测评。里昂证券公司治理评估系统（CLSA）将管理者的高股份激励及股东现金流分配等列入重要的评价范畴。南开大学中国公司治理研究院在设置上市公司治理评价指标系统的初期，将经理层评价作为一个重要维度，中国上市公司治理指数主要从任免制度、执行保障和激励机制三个维度评价中国上市公司高管层治理状况，进行经理层治理指数与绩效指数的回归分析（李维安、张国萍，2003；张国萍、徐碧琳，2003；李维安、张国萍，2005）。随着公司治理评价的深入与优化，公司高管层的监督、约束、变更及效率保障逐渐成为研究重点。

（二）中国上市公司经理层治理评价指标体系设计思路

经理层治理评价指数由三个维度构成。

1. 任免制度

在经理层治理评价系统中，南开大学中国公司治理研究院公司治理评价课题组选择总经理的选聘方式、其他高管人员的选聘方式、高管人员的行政度、董事长与总经理的两职设置状况及高管稳定性构建了评价公司经理层任免制度的指标。随着上市公司高管人员选聘制度化程度提高以及高管变更频度的加大，南开大学中国公司治理研究院公司治理评价课题组强化了高管稳定性的指标评价。

2. 执行保障

经理层的执行保障评价包括总经理及其他高管人员学历指标对经理层的支持保障、学识胜任能力、经理层对日常经营的控制程序、经理层内部控制程度，以及高层经理人员在股东单位或股东单位的关联单位兼职情况等内容，特别地，高层经理人员的兼职情况受到重视。

3. 激励约束

南开大学中国公司治理研究院公司治理评价课题组从经理层薪酬与股权总量、结构、薪酬及股权与公司业绩的关系等多角度设计指标，从强度和动态性两个角度评测激励与约束程度。中国上市公司经理层治理评价指标体系见表1-6。

表1-6　中国上市公司经理层治理评价指标体系

主因素层	子因素层	说明
任免制度	高管层行政度	考察经理层任免行政程度
	两职设置	考察总经理与董事长的兼职状况
	高管稳定性	考察经理层的变更状况
执行保障	高管构成	考察经理层的学历状况
	双重任职	考察经理层成员的兼职状况
	CEO设置	考察经理层中CEO设置状况

续表

主因素层	子因素层	说明
激励约束	薪酬水平	考察经理层薪酬激励水平
	薪酬结构	考察经理层激励的动态性
	持股比例	考察经理层长期激励状况

资料来源：南开大学中国公司治理研究院"中国上市公司治理评价系统"。

五、中国上市公司信息披露评价指标体系

（一）信息披露相关研究

"阳光是最好的消毒剂，灯光是最好的警察"。一个资本市场的信息透明度越高，资本市场的有效性就越强，投资者就越容易做出有效的投资决策。如果信息是透明的，投资者就可以在事前进行合理的判断，事后进行更好的监督，可以选择到合适的投资或者融资项目，而管理人员也可以得到他们所需的资金。但如果投资者和经理人之间的信息不对称，则会使投资者的闲置资金与投资机会之间的配置无法实现，使资本市场的配置功能失效。

由于信息的不完备，投资者往往根据市场的平均水平估计公司投资项目的投资收益，对于优质项目来说，融资成本过高，这将造成公司的融资约束。梅耶斯和梅吉拉夫（Myers and Majluf，1984）认为当投资者低估企业的融资证券价值，而管理者无法将一个好的投资机会正确传递给外部投资者时，投资项目将会被搁置。在更为极端的情况下，债券市场上还会出现"信贷配给"，即借款人愿意以市场平均利率支付利息，但仍然无法筹集到所需要的全部资金（Stiglitz and Weiss，1981；Gale and Hellwig，1985）。通过信息披露缓解了信息不对称，投资者能够更加准确地估计证券价值和项目的风险，对于有良好的投资机会的公司，投资者在购买证券时会要求一个较低的风险溢价，从而降低公司的融资成本；而对于项目风险较高的公司来说，投资者在购买证券时会要求一个较高的风险溢价来弥补其可能遭受的损失，从而提高公司的融资成本。

信息的披露还有利于投资者在投资后对管理层进行监督。投资者所处的信息劣势使得一般投资者难以掌握企业内部充分且真实的信息或者无力支付了解这些信息所需的成本而难以实现对代理问题的有效监督。于是，当投资者不能对自己的投资做到完全的监督，而他们又意识到经理人员会有代理问题时，他们对投资将保持谨慎的态度。这也会导致资本市场运行低效。

（二）信息披露的评价

南开大学公司治理评价系统中的信息披露评价体系针对信息披露真实性、相关性、及时性进行评价，在借鉴相关研究成果的基础上，以科学性、系统性和信息披

露评价的可行性等原则为指导，以国际公认的公司治理原则、准则为基础，借鉴、综合考虑我国《公司法》《证券法》《上市公司治理指引》，比照《公开发行证券的公司信息披露内容与格式准则第 2 号（2015 年修订）》《企业会计准则》《公开发行股票公司信息披露实施细则》《公开发行证券的公司信息披露编报规则》《上市公司信息披露管理办法》等有关上市公司的法律法规设计评价指标体系。

1. 真实性

真实性是指一项计量或叙述与其所要表达的现象或状况的一致性。真实性是信息的生命，要求公司所公开的信息能够准确反映客观事实或经济活动的发展趋势，而且能够按照一定标准予以检验。但信息的真实性具有相对性和动态性，相对真实性体现了历史性，而且相对真实性向绝对真实性接近。一般情况下，作为外部人仅通过公开信息是无法完全判断上市公司资料真实性的，但是可以借助上市公司及其相关人员违规历史记录等评价信息的披露判断真实性。从信息传递角度讲，监管机构和中介组织搜集、分析信息，并验证信息真实性，这种检验结果用于评价信息披露真实性是可行的、合理的。信息披露真实性的评价指标主要包括：年度财务报告是否被出具非标准无保留意见、近三年公司是否有违规行为、公司是否有负面报道、近一年是否有关于当期及前期的财务重述、当年是否因虚假陈述被处罚、内部控制的有效性鉴证情况等。

2. 相关性

信息披露相关性则要求上市公司必须公开所有法定项目的信息，不得忽略、隐瞒重要信息，使信息使用者了解公司治理结构、财务状况、经营成果、现金流量、经营风险及风险程度等，从而了解公司全貌、事项的实质和结果。信息披露的相关性包括形式上的完整和内容上的齐全。信息披露相关性的评价指标主要包括：公司战略是否充分披露、竞争环境是否充分披露、产品和服务市场特征是否充分披露、研发信息是否充分披露、经营风险和财务风险是否充分披露、公司社会责任方面是否充分披露、对外投资项目是否充分披露、取得或处置子公司情况是否充分披露、控股公司及参股公司经营情况是否充分披露、关联交易是否充分披露、内部控制缺陷是否充分披露等。

3. 及时性

信息披露的及时性是指信息失去影响决策的功能之前提供给决策者。信息除了具备真实完整特征之外，还要有时效性。由于投资者、监管机构和社会公众与公司内部管理人员在掌握信息的时间上存在差异，为解决获取信息的时间不对称性可能产生的弊端，信息披露制度要求公司管理当局在规定的时期内依法披露信息，减少有关人员利用内幕信息进行内幕交易的可能性，增强公司透明度，降低监管难度，有利于规范公司管理层经营行为，保护投资者利益；从公众投资者来看，及时披露的信息可以使投资者做出理性的价值判断和投资决策；从上市公司本身来看，及时披露信息使公司股价及时调整，保证交易的连续和有效，减少市场盲动。信息披露及时性评价指标主要通过上市公司年度报告获得，包括年度报告公布的时滞、当年是否有延迟披露处罚等。中国上市公司信息披露评价指标见表1-7。

表1-7 中国上市公司信息披露评价指标体系

主因素层	子因素层	说明
真实性	年度财务报告是否被出具非标准无保留意见	考察公司财务报告的合法性和公允性
	违规行为	考察公司在近三年是否有违规行为
	有无负面报道	考察是否有媒体对公司进行负面报道
	有无财务重述	考察公司近一年是否有关于当期及前期的财务重述
	虚假陈述被处罚	考察公司当年是否有虚假陈述被处罚
	内控有效性情况	考察公司内部控制的有效性
相关性	公司战略	考察公司是否充分披露了有关公司战略的信息
	公司竞争环境分析	考察公司是否充分披露了有关公司竞争环境的信息
	产品和服务市场特征	考察公司是否充分披露了有关产品和服务市场特征的信息
	公司风险	考察公司是否充分披露了有关公司的经营风险和财务风险的信息
	公司社会责任	考察公司是否充分披露了有关公司社会责任的信息
	对外投资项目	考察公司是否充分披露了有关对外投资项目的信息
	子公司取得或处置情况	考察公司是否充分披露了有关取得或处置子公司情况是否充分披露的信息
	控股及参股公司经营情况	考察公司是否充分披露了有关控股及参股公司经营情况的信息
	关联交易	考察公司是否充分披露了有关关联交易的信息
	内部控制缺陷披露	考察公司是否充分披露了有关内部控制缺陷的信息
及时性	年度报告公布的时滞	反映信息披露是否及时
	延迟披露处罚	考察公司是否有延迟披露

资料来源：南开大学中国公司治理研究院"中国上市公司治理评价系统"。

六、中国上市公司利益相关者治理评价指标体系

20世纪80年代之前，企业的经营宗旨是股东利益最大化，公司治理研究的问题主要是围绕如何建立合理的激励和约束机制，将代理人的道德风险问题降至最低限度，最终达到公司价值最大化。80年代以来，随着企业经营环境的变化，股东、债权人、雇员、消费者、供应商、政府、社区居民等利益相关者的权益受到企业经营者的关注，公司治理也转变为利益相关者的"共同治理"（Blair and Kruse, 1999）

模式。李维安指出,所谓公司治理是指通过一套包括正式或非正式的、内部或外部的制度或机制来协调公司与所有利益相关者之间的利益关系,以保证公司决策的科学化,从而最终维护公司各方面的利益的一种制度安排。公司治理的主体不仅局限于股东,而是包括股东、债权人、雇员、顾客、供应商、政府、社区等在内的广大公司利益相关者。对利益相关者治理的评价有利于我们了解目前中国上市公司利益相关者参与治理的状况以及公司与利益相关者的协调状况。根据利益相关者在公司治理中的地位与作用,并且考虑到评价指标的科学性、可行性,南开大学中国公司治理研究院公司治理评价课题组设置了利益相关者评价指标体系,主要考察利益相关者参与公司治理程度和公司与利益相关者之间的协调程度。

（一）利益相关者治理评价相关研究

目前,在公司治理中充分考虑利益相关者的权益,鼓励利益相关者适当参与公司治理已经成为广为接受的观点。1963 年,斯坦福大学一个研究小组（SRI）提出了"利益相关者"（Stakeholder）,指那些没有其支持,组织就无法生存的群体（Freeman and Reed, 1983）。但在当时管理学界并未引起足够的重视。20 世纪 80 年代以后,随着企业经营环境的变化,股东、债权人、员工、消费者、供应商、政府、社区居民等利益相关者的权益受到企业经营者的关注,公司在经营管理中对利益相关者的关注日益提高,消费者维权运动、环境保护主义及其他社会活动取得了很大的影响,公司对员工、社区及公共事业关注力度大大提高,公司治理也由传统的股东至上的"单边治理"模式演化为利益相关者"共同治理"模式。布莱尔（Blair, 1995）认为,公司应是一个社会责任的组织,公司的存在是为社会创造财富。公司治理改革的要点在于:不应把更多的权利和控制权交给股东,"公司管理层应从股东的压力中分离出来,将更多的权利交给其他的利益相关者"。

英国的《哈姆佩报告》（Hampel Report, 1998）、经济合作与发展组织（OECD）于 1999 年 6 月推出的《OECD 公司治理原则》（OECD Principles of Corporate Governance）、美国商业圆桌会议（The Business Roundtable）公司治理声明等重要的公司治理原则都把利益相关者放在相当重要的位置。2006 年 3 月,欧盟委员会在布鲁塞尔发起"欧洲企业社会责任联盟"的倡议,联盟由企业主导,对所有欧洲企业开放,旨在促进和鼓励企业社会责任实践,并为企业的社会责任行为提供相关支持。2006 年 4 月 27 日,联合国全球契约（UN Global Compact）在纽约发布了"责任投资原则"（Principles for Responsible Investment）。来自 16 个国家,代表着世界领先的、拥有超过 2 万亿美元资产的投资机构的领导者在纽约证券交易所正式签署了该项原则。依据该原则,机构投资者承诺,在受托人职责范围内,将把环境、社会和公司治理（ESG）因素引入投资分析和决策过程中,促进本原则在投资领域的认同和应用,共同努力提高本原则的有效性,各自报告履行本原则所采取的行动和有关进展报告。2004 年 6 月,ISO 在瑞典召开会议研究制定 ISO26000,它是适用于包括政府在内的所有社会组织的"社会责任"指导性文件（标准），标准包括社会责任的7个方面内容，即组织治理、人权、劳工权益保护、环境保护、公平经营、消费者权益保护以及参与社区发展。

虽然目前利益相关者问题在公司治理研究中居于重要地位，但国内外涉及并强调利益相关者的公司治理评价体系并不多。标准普尔公司治理评价指标体系（Standards and Poor's Company，1998）中涉及了"金融相关者"，但仅仅指股东，并未涉及其他利益相关者。里昂证券（亚洲）公司的评价体系主要关注公司透明度、对管理层的约束、董事会的独立性和问责、对中小股东的保护等方面，涉及债务规模的合理控制以及公司的社会责任，一定程度上注意到了利益相关者问题。而戴米诺公司和国内海通证券的公司治理评价体系则没有具体涉及利益相关者问题。南开大学中国公司治理原则研究课题组于2001年《〈中国公司治理原则（草案）〉及其解说》一文中指出，中国公司必须构筑以股东、经营者、职工、债权人、供应商、客户、社区等利益相关者为主体的共同治理机制，保证各利益相关者作为平等的权利主体享受平等待遇，并在构建中国公司治理评价体系中，将利益相关者治理纳入进来。利益相关者治理这一维度包括利益相关者参与公司治理的程度和公司与利益相关者的协调程度，它为我们研究公司治理问题提供了坚实的基础。

（二）中国上市公司利益相关者治理评价指标体系设计思路

根据利益相关者在公司治理中的地位与作用，并且考虑到评价指标的科学性、可行性、完整性，南开大学中国公司治理研究院公司治理评价课题组设置包括利益相关者参与程度指标和协调程度指标两大部分的利益相关者评价指标体系。其中利益相关者参与程度指标分为员工参与程度和投资者关系管理。利益相关者协调程度指标分为社会责任履行、违规和处罚、诉讼与仲裁。下面具体介绍一下各指标的含义。

1. 参与程度

利益相关者参与程度指标主要评价利益相关者参与公司治理的程度和能力，较高的利益相关者参与程度和能力意味着公司对利益相关者权益保护程度和决策科学化程度的提高。员工参与程度：员工是公司极其重要的利益相关者，在如今人力资本日益受到关注的情况下，为员工提供参与公司重大决策和日常经营管理的有效途径有利于增强员工的归属感，提高员工忠诚度并激励员工不断实现更高的个人目标和企业目标。南开大学中国公司治理研究院公司治理评价课题组用员工持股计划这个指标来考察职工的持股情况，这是公司员工参与公司治理的货币资本和产权基础，也是对员工进行产权激励的重要举措。我国《公司法》明确规定，监事会应当包括股东代表和适当比例的职工代表，其中职工代表的比例不得低于三分之一。职工监事有利于强化对公司董事及高管的权力约束，维护职工权益。南开大学中国公司治理研究院公司治理评价课题组通过员工持股计划和职工监事比例来考察公司员工参与公司治理的程度。投资者关系管理：投资者关系管理是指公司通过及时的信息披露，加强与投资者之间的沟通与交流，从而形成公司与投资者之间良好的关系，实现公司价值最大化。在我国，上市公司投资者关系管理体系还处于发展阶段。南开大学中国公司治理研究院公司治理评价课题组设置如下指标考察上市公司的投资者关系管理状况：公司网站的建立与更新，考察公司投资者关系管理信息的披露与交流渠道的建立与通畅状况；投资者关系管理制度及其执行，考察公司投资者关系管理制度建设情况以及是否由专人或专门的部门负责投资者关系管理。设有专门的投资者关系管理制度和投资者关系管理部门有利于促进投资者关系管理工作的持续有效开展。

2. 协调程度

利益相关者协调程度指标考察公司与由各利益相关者构成的企业生存和成长环境的关系状况和协调程度，它包括社会责任履行、违规与处罚、诉讼与仲裁三个分指标。社会责任履行：重视企业社会责任，关注自然环境的保护和正确处理与上下游合作方的关系，是企业追求长远发展的必备条件。在此，主要通过如下七个指标考察公司社会责任的履行状况：公益性捐赠支出，可以考察上市公司对社会及所处社区的贡献；是否披露社会责任报告，可以考察公司社会责任工作重视程度和履行成效；社会责任报告是否经第三方机构审验，反映社会责任报告披露真实性；债权人权益保护，考察公司对于债权人权益保护程度；供应商权益保护，考察公司对于供应商权益保护程度；客户及消费者权益保护，考察公司对于客户及消费者权益保护程度；环境保护措施，反映上市公司对所处自然环境的关注与保护状况。违规与处罚：企业从事合法经营，必须履行相应的法律责任，因此协调并正确处理公司和监管部门的关系至关重要。南开大学中国公司治理研究院公司治理评价课题组通过公司受到沪深证券交易所、证监会、财政部等监管部门的违规和处罚情况，考察上市公司和其所处的监督管理环境的和谐程度。诉讼与仲裁：通过考察公司诉讼、仲裁事项的数量及其性质，可从一定程度上考察上市公司与特定利益相关者之间的关系紧张程度。中国上市公司利益相关者治理评价指标体系见表1-8。

表1-8 中国上市公司利益相关者治理评价指标体系

主因素层	子因素层	说 明
参与程度	员工参与程度	考察职工持股计划与职工监事配置情况
	投资者关系管理	考察公司网站的建立与更新状况和投资者关系管理制度建设与执行情况
协调程度	社会责任履行	考察公司社会责任的履行与披露情况，考察公司对主要利益相关者的关注与保护情况
	违规与处罚	考察公司与其所处监管环境的和谐程度
	诉讼与仲裁	考察公司与特定利益相关者之间的关系紧张程度

资料来源：南开大学中国公司治理研究院"中国上市公司治理评价系统"。

第二章　基于公司治理指数开展的相关研究

公司治理评价的最终目的在于为公司治理研究和实践提供参考和指导。在理论界，国内外的学者应用不同的方法构建公司治理指数，并在此基础上对公司治理不同维度的指标及其影响进行了富有实际意义的描述和研究。

第一节　国内基于公司治理指数开展的相关研究

一、基于公司治理总体评价指数的相关研究

南开大学中国公司治理研究院公司治理评价课题组（2003）的研究从公司治理实务需求的角度出发，追溯公司治理实务与理论研究发展历程，在此基础上对国际著名公司治理评价系统进行了比较，并提出了适合中国公司治理环境的公司治理评价指标体系，该体系的评价结果为中国上市公司治理指数（CCGI^{NK}）。中国上市公司治理指数以指数的形式，通过对公司治理影响因素的科学量化，全面、系统、连续地反映上市公司治理状况。在借鉴了国外一流公司治理评价指标体系、充分考虑中国公司治理特殊环境的基础上，中国上市公司治理指数从股东权益、董事会、监事会、经理层、信息披露、利益相关者6个维度，构建了包括6个一级指标、20个二级指标、80余个三级指标的评价体系。

在中国上市公司治理指数的基础上，学者展开了各种富有实际意义的研究。例如，南开大学中国公司治理研究院公司治理评价课题组（2004）在对模型的稳定性与可靠性检验的基础上，对中国上市公司治理状况进行了实证分析。研究结果表明：股权结构是决定公司治理质量的关键因素，国有股一股独大不利于公司治理机制的完善；良好的公司治理将使公司在未来具有较高的财务安全性，有利于公司盈利能力的提高，投资者愿意为治理状况好的公司支付溢价。

基于2003年的评价样本，李维安和唐跃军（2006）发现，上市公司治理指数对总资产收益率、每股净资产、加权每股收益、每股经营性现金流量、总资产周转率、总资产年度增长率、财务预警值均有显著的正面影响，这表明拥有良好的公司治理机制有助于提升企业的盈利能力、股本扩张能力、运营效率、成长能力，有助于增强财务弹性和财务安全性。公司治理中所涉及的控股股东治理、董事会治理、经理层治理、信息披露、利益相关者治理、监事会治理机制，在很大程度上决定了上市

公司是否能够拥有一套科学的决策制定机制与决策执行机制，而这将对公司业绩和公司价值产生直接而深远的影响。李维安、张立党和张苏（2012）利用中国上市公司治理指数的评价结果，通过实证分析发现，高水平的公司治理能够降低投资者的异质信念程度，从而降低股票的投资风险。郝臣等（2016）利用中国上市公司治理指数的评价结果对我国上市金融机构进行了实证研究，他们发现公司治理质量的提升对上市金融机构财务绩效的提升和风险承担的控制均有显著作用，但仅董事会治理分维度的指标体现出显著影响。

除了南开大学中国公司治理研究院的中国上市公司治理指数之外，国内其他学者也在公司治理指数构建和相关研究方面做出了有益的尝试。例如，白重恩、刘俏和陆洲等（2005）综合考虑了公司治理内、外部机制，运用主元因素分析法集合8个指标构建了公司治理指数（G指数）。通过实证研究发现，治理水平高的企业其市场价值也高；投资者愿为治理良好的公司付出相当可观的溢价。郝臣（2006，2009）聚焦于公司的股东、董事会、监事会、经理层的治理特征，分别构建了公司治理指标，并分别对民营控股上市公司样本和上市公司总体样本进行了实证分析。结果表明，民营控股上市公司治理指数与公司绩效指标之间存在显著的正相关关系，并且治理指数对公司绩效指标有显著的解释力。对于总体样本来说，当期公司治理具有相对价值相关性和较低的增量价值相关性，而前期公司治理只具有相对价值相关性。ST公司的治理价值相关性原理与一般上市公司存在差异。

上述结论说明我国投资者在投资决策时已经开始考虑公司治理因素。方红星和金玉娜（2013）则从监督和激励两个角度选取公司治理成分指标，发现公司治理对公司非效率投资具有明显的抑制作用，特别是对意愿性非效率投资的抑制效果更为显著。鲁桐等（2014）聚焦于中小板和创业板上市公司，综合股权结构与股东权利、董事会和监事会运作、信息披露与合规性以及激励机制四个方面对上市公司治理水平进行系统评估，他们发现公司治理与公司业绩存在正相关关系，其中激励约束机制特别是高管与核心技术人员的股权激励是影响上市公司绩效的重要因素（鲁桐、吴国鼎，2015）。韩少真、潘颖和张晓明（2015）构建了包括董事会治理、管理层治理、股东治理、会议治理四个维度的公司治理指标体系，并发现公司治理对公司绩效具有正向影响，这一影响在民营企业中更加显著。韩少真和潘颖（2016）的研究进一步表明，较高的治理水平不仅能显著提高公司的债务可得性和长期债务比例，还能显著降低公司的债务成本。傅传锐（2016）构建了包括股权治理、董事会治理和高管激励在内的公司治理综合指数，证明了公司治理机制对公司智力资本价值创造的积极作用。

二、基于公司治理不同维度评价指数的相关研究

除公司治理总体指标外，国内学者对于国内公司的董事会、监事会、经理层、

股权结构和利益相关者等有关治理指标进行了专门的研究。

李维安和王世权（2005）在对现有监事会评价理论与实践回顾基础上，结合中国自身环境条件及改革进程，设计了中国上市公司监事会治理绩效评价指标体系，并且利用调研数据，对上市公司监事会治理水平进行了评价与实证研究。结果显示，监事会治理总体水平较低，不同行业、不同企业性质之间的治理水平存在着很大差别，大股东的持股比例亦对监事会治理的有效性具有显著影响。

李维安和唐跃军（2005）设置了利益相关者治理评价指标考察中国上市公司利益相关者参与公司治理和利益相关者权益的保护状况，并构建了利益相关者治理指数。进一步的实证研究表明，利益相关者治理指数对每股收益（EPS）、净资产收益率（ROE）、股本扩张能力（NAPS）均有显著的正面影响，这表明上市公司良好的利益相关者治理机制和较高的利益相关者治理水平有助于增强公司的盈利能力，进而提升包括股本扩张能力在内的企业成长与发展潜力。同时，利益相关者治理机制所涉及的五个方面对企业业绩和企业价值也存在重要影响。因此，他们建议在公司治理中考虑利益相关者的权益，鼓励利益相关者适当而有效地参与公司治理和管理。

沈艺峰、肖珉和林涛（2009）基于1432家上市公司2007年公布的"自查报告和整改计划"从大股东、董事会监事会、经理层以及投资者法律保护四个方面对上市公司治理情况进行归纳和整理，从中提取出有用信息，综合反映目前我国上市公司治理情况和问题。

王福胜和刘仕煜（2009）对上市公司的股权结构、集中度、资本结构、董事会独立性等公司治理要素与公司成长、盈利能力之间关系的综合考量基础上，通过引入DEA模型来描述公司治理效率，进而构建了有关公司治理效率评价的指标体系。

安占强（2009）基于构建上市公司的经理层激励机制、股权结构、股权集中度、董事会及股东大会这四个治理维度，利用因子分析法和旋转矩阵分析的方式，构建了一个包含十个治理变量的综合指数。

魏明海、柳建华和刘峰（2010）从法律与证券市场监管、地区治理环境和公司治理三个层次综合衡量上市公司质量。在法律与证券市场监管方面，分别从证券市场立法、证券市场监管以及法律和监管制度执行三个角度构建了17项指标衡量；在地区治理环境上，分别从地方政府治理和中介组织发展两个角度构建了6项指标衡量。

程新生、谭有超和刘建梅（2012）通过构建对公司非财务信息披露质量的评价指标，探究了其与公司外部融资和投资效率的关系。他们发现，外部融资是非财务信息和投资效率之间的中介变量，但同时又受到了外部制度约束的影响。

高明华、苏然和方芳（2014）构建了包含董事会结构、独立董事独立性、董事会行为和董事激励与约束4个一级指标和37个二级指标的中国上市公司董事会治理评价指标体系，发现董事会治理对公司绩效、公司合规性、代理成本和盈余市场反应具有显著的正向影响，且非国有优于国有。高明华和谭玥宁（2014）利用上述指标进一步讨论了董事会治理与代理成本的关系，他们发现董事激励与约束是降低代理成本的关键因素，但是在国有控股公司中这一效应并不显著，且国有公司董事会结构的完善反而会提高代理成本。

王鹏程和李建标（2014）检验了利益相关者治理与企业融资约束的关系。他们发现企业利益相关者治理能够有效缓解企业融资约束，不同利益相关者治理行为对融资约束的影响存在差异，而且对国有企业和民营企业的影响也不同。

傅传锐和洪运超（2018）检验了公司治理水平与智力资本信息披露间的相关性以及产品市场竞争对这种关系的调节效应。他们发现，无论是整体公司治理水平的提高，还是股权治理、董事会与监事会治理、管理层激励等分维度治理水平的提高，都能够显著提升企业智力资本自愿信息披露水平，但不同维度公司治理机制与产品市场竞争间的关系存在异质性，即产品市场竞争与股权治理、管理层激励存在互补关系，和董事会与监事会治理存在替代关系。

王曙光、冯璐和徐余江（2019）检验了混合所有制改革背景下，企业不同股权占比与公司治理水平的关系。他们发现，国有股权占比与公司治理指数呈 U 型关系，私营化或国有化程度与公司治理水平呈正相关关系，在计算公司治理指数时，只考虑反映内部机制的三个主要方面：股权结构治理水平、董事会治理水平与高管薪酬治理水平，并采用主成分分析法将这三个方面进行拟合。

张宁和才国伟（2021）探究了沪深两地国资委与国有资本投资运营公司及其投资企业三层监管架构之双向治理路径。其结论表明，在自上而下的治理路径中，监管系统和战略系统的构建与层层传导是核心作用机制；而在自下而上的治理路径中，国有资本投资运营公司会在内外部系统的动态平衡中建构自身的监管和战略系统，并将体制机制改革诉求与业务战略调整方向以向上反馈影响的方式参与治理。

祝继高等（2021）利用上市公司董事投票数据对非控股股东董事的监督动机和监督效果进行分析。他们通过检验非控股股东董事投非赞成票的监督效果发现非控股股东董事投非赞成票能降低上市公司的代理成本、提高上市公司的经营效率和企业价值。同时非控股股东董事的监督对独立董事履行监督职能具有溢出效应，且这一效应在经营风险较高的公司中，以及当独立董事和非控股股东董事的职业背景相似时更显著。

薛有志和西贝天雨（2022）将企业社会责任（CSR）纳入公司治理中，以促进企业的可持续发展。企业社会责任委员会的成立与发展异常重要，是 CSR 与公司治理活动在利益相关者纽带作用下相互融合的实践产物，是由企业高层设立并领导的、触及公司内部治理结构且具有外部治理职能的组织机构。CSR 的提出，揭示了企业与利益相关者的互动活动在公司治理中的制度形式，强化了企业和研究者对企业中相关组织机构的理解与认知。

陈德球和胡晴（2022）拓展传统公司治理的研究概念和研究范式，从大数据赋能资本市场治理、大数据驱动产品竞争市场治理和大数据重构控制权市场治理等维度深入分析新时代下公司治理研究的新机制和新路径，推动新型治理生态模式构建，从内部公司治理结构和外部公司治理机制等方面提供切实可行的视角拓展和思路启发，创造性探索公司治理研究新范式。

陈德球和张雯宇（2023）进一步探究了企业数字化转型和管理层激励的关系，研究发现，企业数字化转型发挥了资源赋能作用，显著增加了管理层股权和薪酬激励，这一效果主要是通过缓解公司面临的融资约束和提高公司的信息透明度来实现的。并且，企业数字化转型通过增加管理层股权激励显著促进了公司创新投入，提高了公司的投资效率，即有效缓解了股东与管理层的代理冲突。

第二节　国外基于公司治理指数开展的相关研究

一、基于学者构建的公司治理指数的相关研究

国外最早的公司治理评价研究可追溯到 20 世纪 50 年代。1950 年，杰克逊·马丁德尔提出了董事会绩效分析。1952 年，美国机构投资者协会设计出了第一套正式评价董事会的程序。但直到 20 世纪 90 年代末，公司治理评价研究才真正引起学术界和实务界的关注。

冈珀斯、石井和梅特里克（Gompers, Ishii and Metrick, 2003）构建的 G 指数被认为在公司治理评价研究领域具有里程碑的意义。他们把美国投资者责任研究中心（Investor Responsibility Research Center，IRRC）提出的 24 项公司治理条款从延缓敌意收购的战术、投票权、董事/管理层保护、其他接管防御措施以及国家法律五个维度加以区分，并根据公司的实际情况对这些条款进行赋值，然后把每项条款的得分进行加总从而形成 G 指数。G 指数越高表示股东权利越小。他们依据 G 指标对样本公司分组并进行了对比。实证结果表明，股东权利与公司价值呈现正相关关系。廖和林（Liao and Lin, 2016）的研究采用了相同的 G 指数，他们发现在股东权利保护好的公司中，研发投资计划的公布会带来更高的财富效应。

别布互克、科恩和费雷尔（Bebchuk, Cohen and Ferrell, 2004, 2009）在深入分析 G 指数中 24 项公司治理条款的基础上，选出了能够充分反映股东投票权限制以及敌意收购防御的六项重要条款，并进行 0 或 1 的赋值，构建了壕沟指数（Entrenchment Index，简称 E 指数）。E 指数主要涵盖交错选举董事条款（Staggered Board Provision）、股东修订公司章程的限制、毒丸计划、金色降落伞计划以及兼并和修订公司章程遵循绝对多数原则的规定等要素。他们利用 IRRC 的数据，证实了

E 指数与股票收益、公司价值（以托宾 Q 值来衡量）正相关。

克雷默斯和费雷尔（Cremers and Ferrell，2009）利用 G 指数和 E 指数，以 IRRC 等提供的数据检验了公司治理对公司价值以及股票收益率的影响，他们在控制公司固定效应和年度固定效应之后研究发现，G 指数和 E 指数与公司价值之间存在显著的负相关性，也就是说良好的公司治理与股票收益率之间存在显著的正相关性。同时，随着市场对良好公司治理重要性认知的增强，股票收益率有所下降。

别布互克、科恩和王（Bebchuk，Cohen and Wang，2010）的实证研究则显示，1991—1999 年 G 指数和 E 指数与异常股票收益正相关，而 2001—2008 年两者并没有表现出直接的显著关系，最后他们提出"学习假说"（Learning Hypothesis）来解释相关性消失现象。

阿曼、奥施和施密德（Ammann，Oesch and Schmid，2011）利用 GMI 编制的 64 个公司治理特征，采用相加指数法和主成分分析法分别构建了公司治理指数，并在此基础上开展公司治理评价的跨国实证研究。

布莱克、德卡瓦略和桑帕约（Black，De Carvalho and Sampaio，2014）构建了巴西公司治理指数（BCGI），并以之对 2004 年、2006 年和 2009 年巴西上市公司的治理质量进行了评价。他们的指标包括了董事会结构、所有权结构、董事会运作、小股东权益保护、关联交易和信息披露 6 个维度的指标。通过实证研究发现，他们的指标中与上市要求相同的部分会提升公司价值，上市要求中没有提及的则不会提升公司价值。

范和于（Fan and Yu，2011）构建了公司治理偏离指数（CGD），他们通过观察一家公司在董事会特征、审计、反并购和高管薪酬与股权等方面与公司所在国其他公司相比所偏离的程度来评价公司治理的质量。他们发现，与传统公司治理评价方法相比，CGD 更加适用于大陆法国家公司治理水平的评价。

达斯（Das，2012）针对印度公司的特点构建了公司治理指标，包括股权结构、董事会、经理层薪酬、监事会公司控制权市场、信息披露等相关指标，并将印度公司的数据与发达国家公司的数据进行了国际比较。

法拉塔和迪金斯（Fallatah and Dickins，2012）综合了董事会结构、高管激励等指标，构建了针对沙特阿拉伯上市公司的公司治理指数，并发现公司治理水平对公司绩效和公司价值具有显著的提升作用。

马尔卡维、皮莱和巴蒂（Al-Malkawi，Pillai and Bhatti，2014）通过构建公司治理指数（CGI）评价和分析了海湾阿拉伯国家合作委员会（GCC）国家上市公司的治理质量。他们的指标包括了信息披露、董事会有效性和股东权利 3 个维度 30 个指标的内容。

纳塔拉加、阿里和刘等（Nadarajah，Ali and Liu et al.，2016）构建了包括 17 个指标在内的公司治理指数，并通过实证研究发现，公司治理质量与财务杠杆之间呈现负相关关系，并且只有在股票流动性高的公司中，这一关系才是显著的。

阿拉拉特、布莱克和尤尔托卢（Ararat，Black and Yurtoglu，2016）构建了土耳其公司治理指数。他们的指数包括了董事会结构、董事会程序、信息披露、股权结构和股东权利五个维度的指标。他们发现，公司治理指数高的土耳其上市公司具有更高的市场价值和盈利水平，而信息披露指数在其中占主导作用。

李、杨和于（Li，Yang and Yu，2017）的研究构建了包括董事会责任、财务披露与内控、股东权利、高管薪酬和公司行为5个维度、43个指标在内的公司治理指数，并通过研究发现，在中国上市公司中，好的公司治理会提升竞争性行业公司的价值。

利奥波德、布劳内和希尔科诺瓦（Leopold，Braune and Hikkerova，2018）对2002—2014年355家总部设在欧洲的公司进行了抽样，评估了公司治理所涉及的各种指数与这些公司所支持的系统性风险之间的关系，探讨公司治理机制对公司财务盈利能力波动的影响。研究结果表明，他们建立的综合治理指标仅在10%的阈值上有显著性。该变量对公司系统风险的影响为十分之一。将这一指数分解为五个变量表明，管理层对股东的承诺以及董事会在执行其监督任务方面的有效性很可能会减少（但在一定程度上）公司承担的风险。

科斯玛、马斯特罗莱奥和施魏策尔（Cosma，Mastroleo and Schwizer，2018）提出了一种不同的评价公司治理质量的方法，以克服以往评级体系在概念和方法上的局限性为监测和决策提供一个简明的索引。该模型强调了行为特征和群体动态在公司治理中的重要性，并综合体现了与其他结构和组织要素的结合。该模型在实际和客观的决策过程中，代表了影响公司治理质量的所有因素（结构和行为）；是支持"董事会审查"和评估与特定决定相关的公司治理质量增加的灵活和有用的管理工具；主管人员可以用董事和经理填写的访谈/问卷取代或综合专家的意见，或通过直接观察来评估公司治理是否适当。

埃尔维斯、伊尔马兹和克劳迪奥（Elvis，Yilmaz and Claudio，2019）引入了系统可靠性理论，恰当地模拟企业在公司治理方面的行为。他们对公司治理框架进行评估，通过将其输入作为组件（无论是处于运行状态还是失败状态）与公司特征进行映射，以确定一个近似的结构函数，该函数能够交替地对系统的功能进行建模，量化其可靠性并检测关键组件。以2002—2014年1109家美国上市公司为样本，将财务和非财务信息作为公司治理体系的组成部分，并将资产收益率作为系统输出，研究结果印证了该映射方法的优势，此文所提议的方法也适用于其他非工程子系统的建模。

纳苏尔和阿尔-拉乔布（Nsour and Al-Rjoub，2021）利用董事会结构、董事会程序、董事会披露、所有权结构以及少数股东权利5个要素及60个分项指数构建了较为全面的公司治理指数，以约旦上市公司为例，研究发现，企业的董事会程序和董事会披露要素的治理最薄弱，所有权结构要素的治理最强。

侯赛因、济托尼和西亚尼（Houcine、Zitouni and Srairi，2022）通过二分类方法构建了包含董事会成员、股东权利、信息披露和透明度相关的30个项目的公司治理指数，利用2008－2017年法国上市公司的样本研究发现，更好的公司治理水平有助于缓解信息不对称问题，提高投资决策效率。

纳兹、阿里和雷曼等（Naz，Ali and Rehman et al.，2022）利用董事会会议、董事会独立性等要素构建了相关的公司治理指数，并将其应用到研究中，通过对2009－2018年巴基斯坦非金融上市公司的样本研究发现，良好的公司治理水平有助于提升公司的绩效。

二、基于评价机构构建的公司治理指数的相关研究

国外的许多评价机构也构建和发布了各自的公司治理指数。例如，美国机构投资者服务公司（ISS）依据董事会及其主要委员会的结构和组成、公司章程和制度、公司所属州的法律、管理层和董事薪酬、相关财务业绩、最佳公司治理实践、管理层持股比例、董事受教育水平等指标构建了公司治理指数。国际管理评级机构（GMI）的公司治理指数则更加侧重于信息透明度与披露（含内部监控）、董事会问责制、企业社会责任、股权结构与股权集中度、股东权利、管理层薪酬、公司行为等因素。

乔克哈里亚和莱文（Chhaochharia and Laeven，2009）、阿加沃尔等（Aggarwal et al.，2010）利用ISS提供的公司治理评价得分，阿什博-斯凯夫和拉丰（Ashbaugh-Skaife and Lafond，2006）、德瓦尔和弗尔维梅林（Derwall and Verwijmeren，2007）利用GMI提供的治理评价得分检验了公司治理与公司价值、股票收益、股权资本成本、财务风险等变量之间的关系，研究结果基本证实了公司治理对公司表现的积极作用。巴拉苏、布拉马尼亚姆、布莱克和康纳（Balasu Bramaniam, Black and Khanna, 2010）利用2006年印度公司治理调查，从董事会结构、信息披露、关联方交易、股东权利、董事会程序等方面对公司治理进行评价。埃杜尔和卡拉（Erdur and Kara，2014）利用土耳其伊斯坦布尔交易所（BIST）发布的公司治理指数（XKURY）中的利益相关者分指标进行研究，他们发现企业社会责任对公司价值和财务绩效具有显著的积极影响。库尔特、贝内尔和尤瑟（Kurt，Bener and Yusuf，2016）的研究则发现了XKURY指数与公司股票长期回报的正相关关系。另一方面，艾丁和厄兹鲁（Aydin and Ozcan，2015）使用XKURY数据研究发现，公司财务绩效良好的公司表现出更高的公司治理水平。巴拉戈贝（Balagobei，2020）考察了公司治理对斯里兰卡上市银行不良贷款的影响，发现董事会活动对斯里兰卡上市银行的不良贷款有显著影响，而董事会规模、董事会独立性和首席执行官双重性等其他公司治理变量对不良贷款没有显著影响。莱恩（Lehn，2021）研究了公司治理与公司对环境适应能力之间的关系，发现某些经常被视为增加代理成本的治理结构反而能够增强公司对环境的适应能力，进而提高公司的绩效和生存机会。世界银行（World Bank）从信息

披露、董事责任、股东权利、所有权和控制权以及公司透明度等角度对公司治理维度进行评价。博格丹和达利纳（Bogdan and Dalina，2021）利用该评价数据从跨国视角考察了 39 个发达国家和发展中国家公司治理的作用及其对经济增长和股市发展的影响。研究发现，在公司治理方面，罗马尼亚在董事责任、所有权和控制权方面表现不如其他发展中国家，而在公司透明度、信息披露和股东权利方面的表现优于其他发展中国家。停滞不前的公司治理水平和缓慢发展的股票市场是罗马尼亚面临的重要商业挑战。

第三节　基于公司治理指数研究小结

一、国内外主要公司治理指数研究小结

如表 2-1 所示，目前国外已经有众多的学者和机构构建了公司治理指数，并开展了基于指数的相关研究。用公司治理指数作为公司治理评价的工具并开展研究成为国际理论界和实务界的共同趋势。

表 2-1　国内外的主要公司治理指数汇总

评价机构或作者（年份）	主要评价内容	评价方法	评价对象
南开大学中国公司治理研究院（2003 年至今）	股东权益、董事会、监事会、经理层、信息披露、利益相关者	专家评分层次分析加权分析	中国上市公司
潘福祥（2004）	外部机构的审核评价、股权结构、董事会治理机制和经理人员激励情况	层次分析	中国上市公司
施东晖和司徒大年（2004）	控股股东行为、关键人选聘和激励与约束、董事会结构与运作和信息披露透明度	加权分析	中国上市公司
白重恩、刘俏和陆洲等（2005）	董事会、高管薪酬、股权结构、财务信息披露和透明度、企业控制权市场、法制基础和中小投资者权益保护、产品市场的竞争程度	主元分析	中国上市公司
沈艺峰等（2009）	大股东、董事会监事会、经理层以及投资者法律保护四个方面对上市公司治理情况进行归纳和整理	综合计分	中国上市公司
魏明海、柳建华和刘峰（2010）	法律与证券市场监管、地区治理环境和公司治理三个层次综合衡量	综合计分	中国上市公司

续表

评价机构或作者（年份）	主要评价内容	评价方法	评价对象
冈珀斯、石井和梅特里克（Gompers, Ishii and Metrick, 2003）	延缓敌意收购的战术、投票权、董事/管理层保护、其他接管防御措施以及国家法律	综合计分	IRRC 数据库
别布亘克、科恩和费雷尔（Bebchuk, Cohen and Ferrell, 2004, 2009）	交错选举董事条款、股东修订公司章程限制、毒丸计划、金色降落伞计划、兼并和修订公司章程遵循绝对多数原则的规定	综合计分	IRRC 数据库
贝纳尔、罗伯茨、施密德和费雷尔（Beiner, Drobetz, Schmid and Zimmermann, 2006）	公司治理承诺、股东权利、信息透明度、董事会和管理层、财务报告和审计	综合计分	瑞士上市公司
布朗和卡勒（Brown and Caylor, 2006）	审计、董事会章程/制度、董事培训、激励、所有权、累积实践、公司形式	综合计分	美国上市公司
乔克哈里亚和莱文（Chhaochharia and Laeven, 2009）	累积投票权、董事会轮选制、临时股东大会召集权、毒丸计划、审计委员会独立性、董事会独立性、提名委员会独立性、连锁董事	综合计分	ISS 数据库中 30 个国家数据
阿曼、奥施和施密德（Ammann, Oesch and Schmid, 2011）	董事会责任、财务披露和内部控制、股东权利、薪酬、公司控制权市场、公司行为	综合计分 主成分分析	GMI 数据库中 22 个国家数据
布莱克、德卡瓦略和桑帕约（Black, De Carvalho and Sampaio, 2014）	董事会结构、所有权结构、董事会运作、小股东权益保护、关联交易和信息披露	综合计分	巴西上市公司
马尔卡维、皮莱和巴蒂（Al-Malkawi, Pillai and Bhatti, 2014）	信息披露、董事会有效性和股东权利	综合计分	海湾阿拉伯国家合作委员会（GCC）国家上市公司
鲁桐等（2014）	股权结构与股东权利、董事会和监事会运作、信息披露与合规性以及激励机制	综合计分	中小板和创业板上市公司
韩少真、潘颖和张晓明（2015）	包括董事会治理、管理层治理、股东治理、会议治理	主成分分析	中国上市公司
傅传锐（2016）	股权治理、董事会治理和高管激励	主成分分析	中国上市公司
方红星和金玉娜（2013）	董事、高管的监督与激励	主成分分析	中国上市公司

续表

评价机构或作者（年份）	主要评价内容	评价方法	评价对象
韩少真、潘颖和张晓明（2015）	董事会治理、管理层治理、股东治理和会议治理	主成分分析	中国上市公司
范和于（Fan and Yu, 2012）	董事会特征、审计、反并购和高管薪酬与股权	主成分分析	大陆法国家公司
法拉塔和迪金斯（Fallatah and Dickins, 2012）	董事会结构、高管激励	主成分分析	沙特阿拉伯上市公司
李、杨和于（Li, Yang and Yu, 2017）	董事会责任、财务披露与内控、股东权利、高管薪酬和公司行为	综合计分	中国上市公司

资料来源：根据已有相关研究文献整理。

二、我国主要公司治理评价研究小结

反观我国的公司治理指数研究，在研究的多样性上与发达国家有较大的差距。目前我国连续多年发布并得到广泛关注和应用的公司治理指数仅有南开大学中国公司治理研究院发布的中国上市公司治理指数。目前国内大部分基于公司治理指数的研究所采用的都是这一指数的数据。

在公司治理指数的应用方面，目前多数研究聚焦于公司治理指数与公司绩效指标之间的关系，多数研究观察到了公司治理指数与公司绩效之间的正相关关系。现有的许多研究开始关注公司治理指数的有效性以及公司治理的内生性问题，并采取了联立方程、工具变量等手段对这些问题进行控制。

$CCGI^{NK}$

第二篇

中国上市公司治理评价

第三章　中国上市公司治理总体评价

第一节　中国上市公司治理评价样本情况

一、样本来源与选取

本次编制中国上市公司治理指数的样本为截止到 2023 年 12 月 31 日在我国 A 股市场上市的公司，样本及其基础信息数据来源于公司网站、巨潮资讯网、中国证监会官网、沪深证券交易所网站、北京证券交易所网站等披露的公开信息以及万得（Wind）数据库、国泰安（CSMAR）数据库和色诺芬（CCER）数据库下载的公开信息。根据信息齐全和不含异常数据这两项基本原则进行样本筛选，本报告最终确定 2024 年有效样本为 5319 家，其中主板 3184 家，含金融业上市公司 122 家，非金融业上市公司 3062 家；创业板 1330 家，含金融业上市公司 3 家，非金融业上市公司 1327 家；科创板 566 家，均为非金融业上市公司；北京证券交易所（简称北交所）上市公司 239 家，均为非金融业上市公司。样本公司的行业、控股股东性质及地区构成见表 3-1、表 3-2 和表 3-3。需要说明的是，考虑到创业板、科创板和北交所公司治理的特殊性，本报告对这些板块的公司进行了单独分析；同时还考虑到金融业上市公司治理的特殊性，将各板块中的金融业上市公司抽取出来单独组成一个板块，即除主板、创业板、科创板和北交所四个市场板块外，增加一个金融业板块。最终总体评价样本为 5319 家，主板 3062 家，创业板 1327 家，科创板 566 家，北交所 239 家，金融业板块 125 家，各板块详细分析见后面相关章节。

二、样本行业分布情况

从样本行业分布情况来看，最近几年评价中各行业样本所占比例较为稳定；其中，制造业样本的比例最高，占 67.34%，相较 2023 年的 66.13%有所上升。样本公司的行业构成情况见表 3-1。

表 3-1　中国上市公司治理评价样本公司的行业构成

行业	数量	比例（%）
农、林、牧、渔业	44	0.83
采矿业	85	1.60

续表

行业	数量	比例（%）
制造业（合计）	3582	67.34
农副食品加工业	66	1.24
食品制造业	79	1.49
酒、饮料和精制茶制造业	49	0.92
纺织业	48	0.90
纺织服装、服饰业	42	0.79
皮革、毛皮、羽毛及其制品和制鞋业	11	0.21
木材加工及木、竹、藤、棕、草制品业	11	0.21
家具制造业	30	0.56
造纸及纸制品业	42	0.79
印刷和记录媒介复制业	16	0.30
文教、工美、体育和娱乐用品制造业	27	0.51
石油加工、炼焦及核燃料加工业	16	0.30
化学原料及化学制品制造业	364	6.84
医药制造业	328	6.17
化学纤维制造业	26	0.49
橡胶和塑料制品业	124	2.33
非金属矿物制品业	112	2.11
黑色金属冶炼及压延加工业	32	0.60
有色金属冶炼及压延加工业	80	1.50
金属制品业	102	1.92
通用设备制造业	232	4.36
专用设备制造业	365	6.86
汽车制造业	198	3.72
铁路、船舶、航空航天和其他运输设备制造业	87	1.64
电气机械及器材制造业	333	6.26
计算机、通信和其他电子设备制造业	633	11.90
仪器仪表制造业	99	1.86
废弃资源综合利用业	18	0.34
其他制造业	12	0.23
电力、热力、燃气及水生产和供应业	140	2.63
建筑业	110	2.07
批发和零售业	200	3.76
交通运输、仓储和邮政业	112	2.11
住宿和餐饮业	9	0.17

续表

行业	数量	比例（%）
信息传输、软件和信息技术服务业	439	8.25
金融业	125	2.35
房地产业	98	1.84
租赁和商务服务业	74	1.39
科学研究和技术服务业	110	2.07
水利、环境和公共设施管理业	97	1.82
居民服务、修理和其他服务业	1	0.02
教育	12	0.23
卫生和社会工作	18	0.34
文化、体育和娱乐业	57	1.07
综合	6	0.11
合计	5319	100.00

资料来源：南开大学公司治理数据库。

三、样本控股股东分布情况

按控股股东性质对样本进行分组，发现国有控股和民营控股上市公司仍然占据较大的比例，二者合计占比87.48%，相较于2023年的88.19%略有下降；无实际控制人上市公司占6.13%，外资控股上市公司占3.87%，社会团体控股、集体控股和其他类型上市公司所占比例较低。需要说明的是，其他类型包括样本量很少的职工持股会控股上市公司和无法识别类型的样本。样本公司的控股股东性质构成情况见表3-2。

表3-2 中国上市公司治理评价样本公司的控股股东性质构成

控股股东性质	数量	比例（%）
国有控股	1384	26.02
集体控股	21	0.39
民营控股	3269	61.46
社会团体控股	7	0.13
外资控股	206	3.87
无实际控制人	326	6.13
其他类型	106	1.99
合计	5319	100.00

资料来源：南开大学公司治理数据库。

总结历年控股股东性质的分布，就国有控股和民营控股上市公司所占比例的变化趋势来看，国有控股上市公司在 2024 年评价中有 1384 家，比例为 26.02%，样本数量呈上升趋势，但占比呈现下降趋势；2023 年评价中有 1330 家，比例为 26.31%；2022 年评价中有 1296 家，比例为 27.70%；2021 年评价中有 1188 家，比例为 28.74%；2020 年评价中有 1129 家，比例为 30.08%；2019 年评价中有 1112 家，比例为 31.22%；2018 年评价中有 1075 家，比例为 31.03%；2017 年评价中有 1044 家，比例为 34.44%；2016 年评价中有 1034 家，比例为 36.84%；2015 年评价中有 1034 家，比例为 39.92%；2014 年评价中有 1027 家，比例为 41.63%；2013 年评价中有 1038 家，比例为 42.02%；2012 年评价中有 1019 家，比例为 43.77%；2011 年评价中有 900 家，比例为 46.15%；2010 年评价中有 950 家，比例为 60.94%；2009 年评价中有 852 家，比例为 67.57%；2008 年评价中有 779 家，比例为 67.50%；2007 年评价中有 787 家，比例为 67.73%；2006 年评价中有 901 家，比例为 72.14%；2005 年评价中有 914 家，比例为 71.29%；2004 年评价中有 850 家，比例为 73.98%。较之前几年的样本数据，2011 年至今国有控股上市公司的比例均不足 50%。我国国有控股上市公司分布情况见图 3-1。

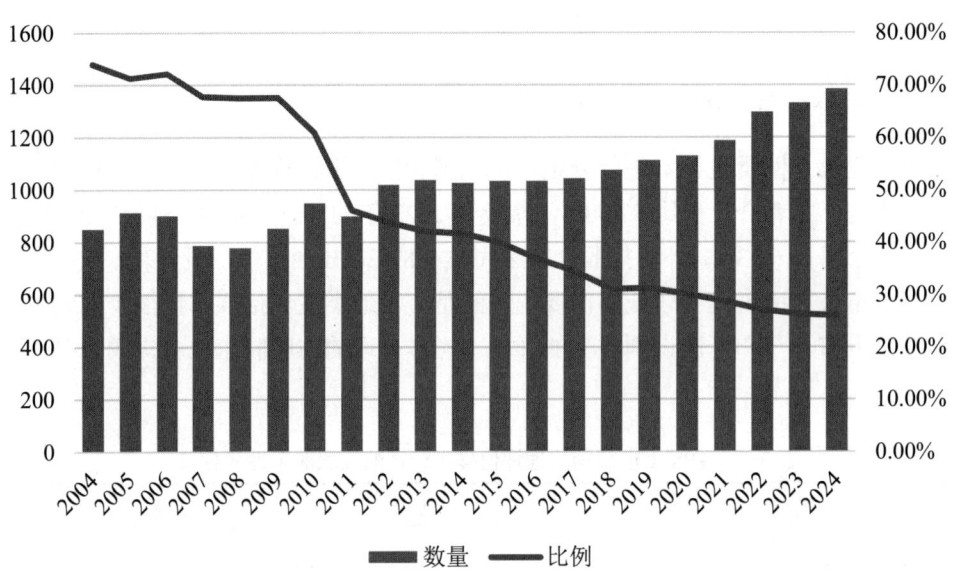

图 3-1　我国国有控股上市公司数量与比例分布图

资料来源：南开大学公司治理数据库。

民营控股上市公司在 2024 年评价中有 3269 家，比例为 61.46%，样本数量呈上升趋势，但占比略有下降；2023 年评价中有 3128 家，比例为 61.88%；2022 年评价中有 2834 家，比例为 60.57%；2021 年评价中有 2480 家，比例为 59.99%；2020 年评价中有 2208 家，比例为 58.83%；2019 年评价中有 2256 家，比例为 63.34%；2018 年评价中有 2243 家，比例为 64.75%；2017 年评价中有 1877 家，比例为 61.93%；

2016年评价中有1687家，比例为60.10%；2015年评价中有1471家，比例为56.80%；2014年评价中有1367家，比例为55.41%；2013年评价中有1367家，比例为55.34%；2012年评价中有1246家，比例为53.52%；2011年评价中有983家，比例为50.41%；2010年评价中有568家，比例为36.43%；2009年评价中有368家，比例为29.18%；2008年评价中有320家，比例为27.73%；2007年评价中有337家，比例为29.00%；2006年评价中有313家，比例为25.06%；2005年评价中为304家，比例为23.71%；2004年评价中有238家，比例为20.71%。2024年民营控股上市公司的比例依然超过国有控股上市公司。就其他股东性质来说，2024年外资控股、集体控股和社会团体控股上市公司样本所占比例仍然较低。我国民营控股上市公司分布情况见图3-2。

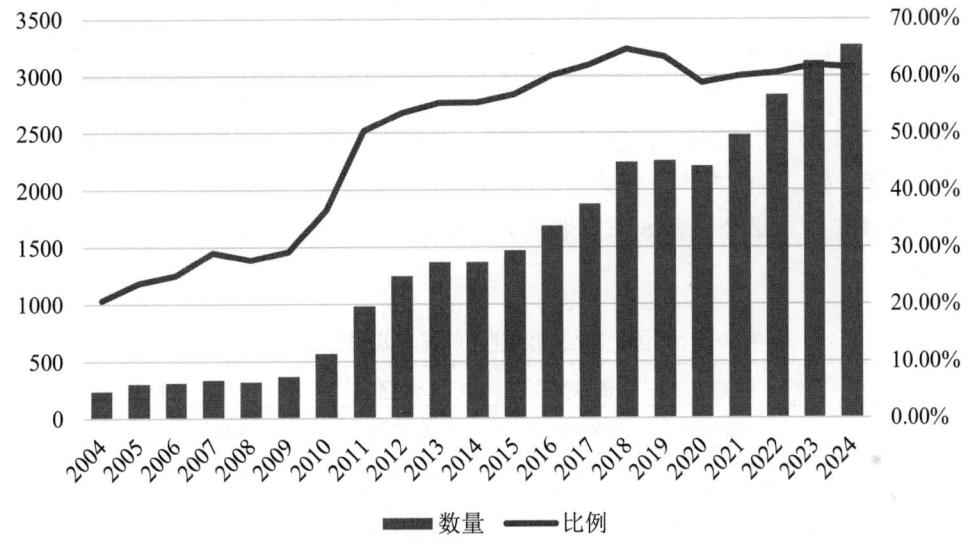

图3-2 我国民营控股上市公司数量与比例分布图

资料来源：南开大学公司治理数据库。

四、样本地区分布情况

近年来上市公司的地区分布比例没有太大变化，从不同地区数量、占样本比例看，经济发达地区如广东省（867家，占样本公司的16.30%）、浙江省（700家，占样本公司的13.16%）、江苏省（685家，占样本公司的12.88%）、北京市（467家，占样本公司的8.78%）、上海市（437家，占样本公司的8.22%）和山东省（307家，占样本公司的5.77%）的上市公司数量较多；海南省、内蒙古、西藏、宁夏、青海省等地区上市公司数量较少，其中宁夏和青海省分别为17家和10家，反映出地区经济发展水平与上市公司数量存在一定的关系。此外还有注册地位于我国香港以及开曼群岛的8家红筹企业。

2018年3月22日发布的《国务院办公厅转发证监会关于开展创新企业境内发行股票或存托凭证试点若干意见的通知》明确规定：允许试点红筹企业按程序在境内资本市场发行存托凭证上市，具备股票发行上市条件的试点红筹企业可申请在境内发行股票上市。2018年6月，中国证监会出台《试点创新企业境内发行股票或存托凭证并上市监管工作实施办法》正式出台，其中规定：允许试点红筹企业按程序在境内资本市场发行存托凭证上市，具备股票发行上市条件的试点红筹企业可申请在境内发行股票上市。根据上述规则，红筹企业回归既可以发行中国存托凭证（CDR），也可以直接发行股票。2021年9月17日，中国证监会发布了《关于扩大红筹企业在境内上市试点范围的公告》，明确将新一代信息技术、新能源、新材料、新能源汽车、绿色环保、航空航天、海洋装备等高新技术产业和战略性新兴产业的红筹企业，纳入红筹企业境内上市试点范围。《深圳证券交易所股票上市规则》《深圳证券交易所创业板股票上市规则》《上海证券交易所股票上市规则》《上海证券交易所科创板股票上市规则》等文件也对红筹企业境内上市做出了相应的规定和说明。从2021年开始，评价样本就开始涉及红筹企业。2024年评价样本中存在2家注册地为我国香港的上市公司和6家注册地为开曼群岛的上市公司。样本地区分布详情见表3-3。

表3-3 中国上市公司治理评价样本公司的地区分布

地区	数量	比例（%）	地区	数量	比例（%）
北京市	467	8.78	湖南省	146	2.74
天津市	72	1.35	广东省	867	16.30
河北省	77	1.45	广西	41	0.77
山西省	41	0.77	海南省	27	0.51
内蒙古	26	0.49	重庆市	78	1.47
辽宁省	87	1.64	四川省	173	3.25
吉林省	49	0.92	贵州省	36	0.68
黑龙江省	40	0.75	云南省	41	0.77
上海市	437	8.22	西藏	22	0.41
江苏省	685	12.88	陕西省	81	1.52
浙江省	700	13.16	甘肃省	35	0.66
安徽省	175	3.29	青海省	10	0.19
福建省	169	3.18	宁夏	17	0.32
江西省	88	1.65	新疆	60	1.13
山东省	307	5.77	香港	2	0.06
河南省	110	2.07	开曼群岛	6	0.11
湖北省	146	2.74	合计	5319	100.00

资料来源：南开大学公司治理数据库。

五、样本市场板块分布情况

主板市场是我国股市最重要的市场，因此主板上市公司也是上市公司治理评价主要的对象。除了主板市场之外，我国陆续推出了其他层次的市场板块，这些市场板块对应的样本均是本报告的研究对象。2004 年 6 月我国中小企业板揭幕，中小企业板是深圳证券交易所为了鼓励自主创新而专门设置的中小型公司聚集板块；2021 年 2 月 5 日，经中国证监会批准，深圳证券交易所启动了主板和中小企业板的合并工作，合并后中小企业板将不再作为单独的市场板块存在，本报告从 2022 年起不再进行中小企业板的单独分析。因此，本年度评价中的主板上市公司除了传统的主板上市公司，还包括合并过来的原中小企业板上市公司。2009 年 10 月我国创业板正式启动，创业板是主板之外的专为暂时无法上市的中小企业和新兴公司提供融资途径和成长空间的证券交易市场，是对主板市场的有效补充，在资本市场中占据着重要的位置。2019 年 6 月 13 日，科创板正式开设。2021 年 11 月 15 日，北交所正式揭牌开市，本报告从 2022 年开始导入该板块的评价样本。

2024 年的评价对样本公司按照市场板块类型进行详细划分，其中 57.57% 的样本公司来自主板，共 3062 家；创业板 1327 家，占 24.95%；科创板 566 家，占 10.64%；北交所 239 家，占 4.49%；另有 125 家金融业上市公司，其中主板 122 家，创业板 3 家，总计占 2.35%。样本公司的市场板块分布情况见表 3-4。

表 3-4 中国上市公司治理评价样本公司的市场板块分布

市场板块类型	数量	比例（%）
主板	3062	57.57
创业板	1327	24.95
科创板	566	10.64
北交所	239	4.49
金融业	125	2.35
其中：主板	122	2.29
创业板	3	0.06
合计	5319	100.00

资料来源：南开大学公司治理数据库。

第二节 中国上市公司治理总体分析

一、中国上市公司治理总体描述

在 2024 年评价样本中，中国上市公司治理指数平均值为 64.87，较 2023 年的

64.76 提高 0.11，详见表 3-5。

表 3-5　中国上市公司治理指数描述性统计

统计指标	中国上市公司治理指数
平均值	64.87
中位数	65.18
标准差	3.52
极差	22.37
最小值	51.61
最大值	73.97

资料来源：南开大学公司治理数据库。

如表 3-5 所示，2024 年中国上市公司治理指数最大值为 73.97，最小值为 51.61，样本的标准差为 3.52。中国上市公司治理指数分布情况见图 3-3。

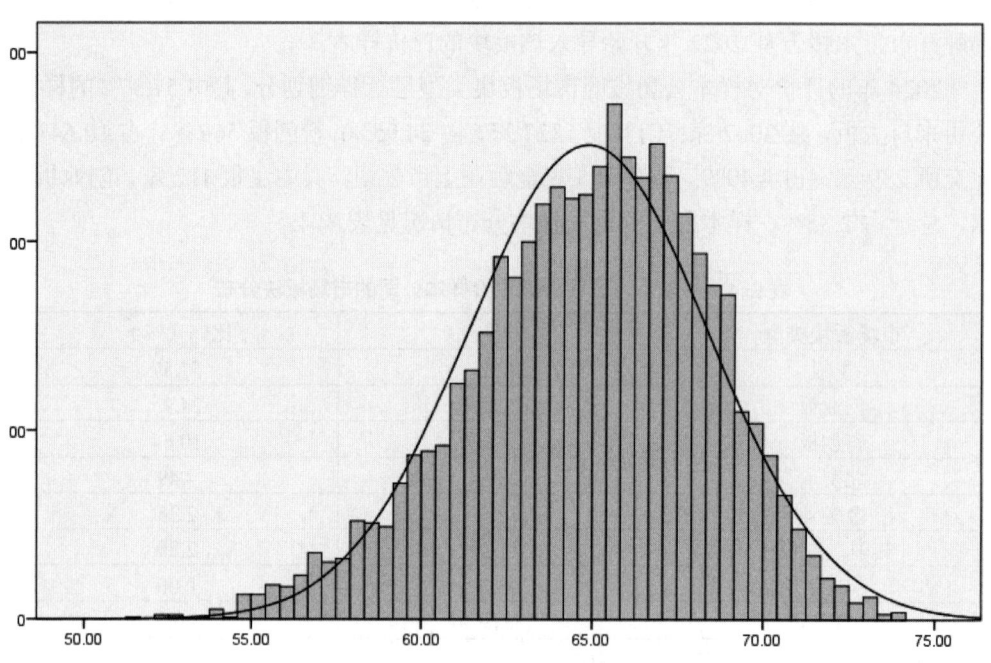

图 3-3　中国上市公司治理指数分布图

资料来源：南开大学公司治理数据库。

二、中国上市公司治理等级与评级分布

上市公司治理等级按照治理指数高低划分为 CCGI^{NK} Ⅰ（90－100）、CCGI^{NK} Ⅱ（80－90）、CCGI^{NK} Ⅲ（70－80）、CCGI^{NK} Ⅳ（60－70）、CCGI^{NK} Ⅴ（50－60）和 CCGI^{NK}

Ⅵ（50以下）六个等级。

在5319家样本公司中，没有上市公司达到CCGI^{NK}Ⅰ和CCGI^{NK}Ⅱ等级；有303家达到了CCGI^{NK}Ⅲ等级；达到CCGI^{NK}Ⅳ等级的有4511家，占全样本的84.81%，较2023年的84.37%有所上升；处于CCGI^{NK}Ⅴ等级的公司有505家，占样本的9.49%，与2023年的10.56%相比，有下降的趋势；没有上市公司的治理指数在50以下（2023年、2022年和2021年也没有该等级公司，2020年该等级公司占全部样本的0.05%，2019年为0.06%，2018年为0.09%，2017年没有该等级公司，2016年为0.18%，2015年为0.04%，2014年为0.12%，2013年为0.16%，2012年为0.21%，2011年为0.67%，2010年为3.33%）。2024年中国上市公司治理指数等级分布情况见表3-6。

表3-6 中国上市公司治理指数等级分布

中国上市公司治理指数等级		中国上市公司治理指数等级分布	
		数量	比例（%）
CCGI^{NK}Ⅰ	[90，100]	—	—
CCGI^{NK}Ⅱ	[80，90)	—	—
CCGI^{NK}Ⅲ	[70，80)	303	5.70
CCGI^{NK}Ⅳ	[60，70)	4511	84.81
CCGI^{NK}Ⅴ	[50，60)	505	9.49
CCGI^{NK}Ⅵ	[0，50)	—	—
合计		5319	100.00

资料来源：南开大学公司治理数据库。

治理等级划分相对简单明了且比较好操作，但是也存在如下明显的不足：第一，治理等级根据指数等额区间强制划分，没有考虑样本整体的分布情况，且缺少经济含义；第二，公众针对治理等级没有形成一种规范的认知，在没有明确说明的情况下，有人会认为Ⅵ等级是治理水平较高的等级，也有人会认为Ⅵ等级是治理水平较低的等级；第三，现实中罗马数字使用频率较英文字母低，同时罗马数字不方便公众理解和记忆，有些人可能会分不清Ⅳ和Ⅵ。

为此，南开大学中国公司治理研究院公司治理评价课题组从2023年开始，在治理等级的基础上引入治理评级，治理评级在治理等级的基础上考虑了样本的整体分布情况，根据上市公司治理状况（指数大小）为每家上市公司赋予一个评级结果。参照国内外专业机构信用评级、ESG评级主流做法，课题组根据中国上市公司治理指数（CCGI^{NK}）情况，将公司治理评级结果划分为三大类、九小细类，具体包括AAA（90-100）、AA（80-90）、A（70-80）、BBB（66-70）、BB（63-66）、B（60-63）、CCC（55-60）、CC（50-55）和C（50以下）。其中，A类评级（包括AAA、AA和A）表示公司治理水平优秀，治理结构健全，治理机制高效。B类评级（包括

BBB、BB 和 B）表示公司治理水平良好，仅在个别方面表现欠佳，总体治理比较稳健，治理风险较小。CCC 和 CC 表示公司治理水平一般，在部分维度或多个方面存在明显短板，有一定的治理风险。C 表示公司治理水平较差，结构安排不合理，机制不健全，治理合规性较低，暴露或隐含较大的治理风险。公司治理评级能够弥补公司治理等级表现出的不足，评级结果的分布更加符合正态分布规律，经济含义更加符合实际，评级结果也便于理解和接受。

如表 3-7 所示，在 2024 年 5319 家样本公司中，从治理大类评级结果来看，均存在 A 类、B 类和 C 类样本，其中 B 类样本数量最多，为 4511 家，A 类和 C 类相对较少。从治理细类评级结果来看，没有治理细类评级结果为 AAA 和 AA 的样本；303 家公司的治理细类评级结果为 A，占样本总数的 5.70%；治理细类评级结果为 BBB 的公司数量达 1842 家，占样本总数的 34.63%，占比最高；治理细类评级结果为 BB 的公司数量达 1666 家，占样本总数的 31.32%；治理细类评级结果为 B 的公司数量达 1003 家，占样本总数的 18.86%；479 家公司的治理细类评级结果为 CCC，占样本总数的 9.01%；26 家公司的治理细类评级结果为 CC，占比较低，仅为 0.49%；此外，无治理细类评级结果为 C 的样本。

表 3-7 中国上市公司治理指数评级分布

中国上市公司治理指数评级		中国上市公司治理指数评级分布	
		数量	比例（%）
AAA	[90, 100]	—	—
AA	[80, 90)	—	—
A	[70, 80)	303	5.70
BBB	[66, 70)	1842	34.63
BB	[63, 66)	1666	31.32
B	[60, 63)	1003	18.86
CCC	[55, 60)	479	9.01
CC	[50, 55)	26	0.49
C	[0, 50)	—	—
合计		5319	100.00

资料来源：南开大学公司治理数据库。

三、中国上市公司治理分行业分析

就平均值而言，科学研究和技术服务业、住宿和餐饮业、金融业、制造业等行业上市公司治理指数较高，依次为 66.07、65.65、65.55 和 65.18；信息传输、软件和信息技术服务业，交通运输、仓储和邮政业，采矿业，卫生和社会工作，电力、热力、燃气及水生产和供应业，水利、环境和公共设施管理业等行业上市公司治理指数次之，依次为 64.83、64.49、64.43、64.24、64.22 和 64.21；农、林、牧、渔业，居民服务、修理和其他服务业，建筑业，房地产业，综合，教育等行业上市公司治理指数较低，分别为 62.97、62.78、62.63、62.23、62.17 和 62.00。就公司治理总体状况而言，行业间存在一定的差异。相比较之前几年的评价结果，2024 年评价中各行业的中国上市公司治理指数排名发生了一定的变化。行业分组的中国上市公司治理指数描述性统计见表 3-8。

表 3-8　按行业分组的中国上市公司治理指数描述性统计

行业	数量	比例（%）	平均值	中位数	标准差	极差	最小值	最大值
农、林、牧、渔业	44	0.83	62.97	62.38	3.74	14.61	56.93	71.55
采矿业	85	1.60	64.43	64.40	3.49	16.66	56.83	73.49
制造业	3582	67.34	65.18	65.55	3.39	21.83	52.14	73.97
电力、热力、燃气及水生产和供应业	140	2.63	64.22	64.07	3.43	15.48	56.86	72.34
建筑业	110	2.07	62.63	63.19	4.06	17.41	51.61	69.01
批发和零售业	200	3.76	63.70	63.56	3.61	20.33	52.67	73.00
交通运输、仓储和邮政业	112	2.11	64.49	64.80	2.82	14.80	54.43	69.23
住宿和餐饮业	9	0.17	65.65	66.96	2.82	8.25	60.63	68.89
信息传输、软件和信息技术服务业	439	8.25	64.83	65.24	3.64	20.69	53.08	73.77
金融业	125	2.35	65.55	65.15	3.39	16.40	56.60	73.00
房地产业	98	1.84	62.23	62.06	3.22	15.19	54.82	70.00
租赁和商务服务业	74	1.39	63.20	63.62	3.69	16.65	54.61	71.26
科学研究和技术服务业	110	2.07	66.07	66.47	3.56	16.08	56.89	72.97
水利、环境和公共设施管理业	97	1.82	64.21	64.86	3.98	17.04	55.39	72.43
居民服务、修理和其他服务业	1	0.02	62.78	62.78	0.00	0.00	62.78	62.78
教育	12	0.23	62.00	61.57	3.91	13.73	55.42	69.15
卫生和社会工作	18	0.34	64.24	64.16	4.61	16.56	53.87	70.43
文化、体育和娱乐业	57	1.07	63.72	63.81	3.03	13.65	55.81	69.46
综合	6	0.11	62.17	63.31	2.92	7.96	56.75	64.72
合计	5319	100.00	64.87	65.18	3.52	22.37	51.61	73.97

资料来源：南开大学公司治理数据库。

四、中国上市公司治理分控股股东性质分析

表 3-9 分控股股东性质的描述性统计显示，样本中数量较少的是社会团体控股、集体控股、其他类型、外资控股、无实际控制人上市公司几类，分别有 7 家、21 家、106 家、206 家和 326 家；国有控股和民营控股上市公司样本量较多，分别有 1384 家和 3269 家。

就指数平均值而言，社会团体控股上市公司治理指数平均值最高，为 65.75；其次为外资控股上市公司，为 65.40；其他类型上市公司治理指数平均值为 65.27，无实际控制人上市公司治理指数平均值为 65.22，民营控股和国有控股上市公司治理指数平均值分别为 65.07 和 64.22；集体控股上市公司治理指数平均值最低，为 64.17。从样本数量最多的两类上市公司来看，民营控股上市公司治理指数平均值高于国有控股上市公司。

表 3-9　按控股股东性质分组的中国上市公司治理指数描述性统计

控股股东性质	数量	比例（%）	平均值	中位数	标准差	极差	最小值	最大值
国有控股	1384	26.02	64.22	64.33	3.41	20.96	52.67	73.63
集体控股	21	0.39	64.17	64.60	3.37	13.63	57.41	71.04
民营控股	3269	61.46	65.07	65.44	3.51	22.37	51.61	73.97
社会团体控股	7	0.13	65.75	68.10	5.04	14.66	56.33	71.00
外资控股	206	3.87	65.40	65.82	3.52	19.33	54.62	73.94
无实际控制人	326	6.13	65.22	65.59	3.80	21.11	52.65	73.77
其他类型	106	1.99	65.27	65.56	3.13	14.73	57.75	72.48
合计	5319	100.00	64.87	65.18	3.52	22.37	51.61	73.97

资料来源：南开大学公司治理数据库。

五、中国上市公司治理分地区分析

与往年情况类似，经济发达地区如广东省、浙江省、江苏省、北京市和上海市的样本数量最多，而西部欠发达地区的样本量少，反映出经济活跃水平与上市公司数量存在相关关系。各地区中国上市公司治理指数统计结果详见表 3-10。在表 3-10 中的第三列数据（上市公司数量占总体比例）与第四列数据（中国上市公司治理指数平均值）之间存在较高的正相关性，说明经济发达地区的上市公司治理状况总体上要好于经济欠发达地区的情况。具体而言，四川省、江苏省、安徽省、河南省、广东省、山东省、上海市、北京市、天津市和重庆市等地区的中国上市公司治理指数平均值较高，依次为 65.36、65.34、65.34、65.32、65.15、65.14、65.08、64.95、64.88

和 64.82，位列中国上市公司治理指数平均值排名的前十名；而山西省、广西、新疆、吉林省、贵州省、辽宁省、西藏、黑龙江省、青海省和海南省等地区的中国上市公司治理指数平均值较低，分别为 63.92、63.79、63.56、63.46、63.31、63.04、62.90、62.76、62.69 和 62.37，均在 64 以下，且在中国上市公司治理指数排名中位于后十名。考虑到红筹企业样本数量较少且其治理环境具有一定的特殊性，本部分没有将其作为比较分析的对象。

表 3-10 按地区分组的中国上市公司治理指数描述性统计

地区	数量	比例（%）	平均值	中位数	标准差	极差	最小值	最大值
北京市	467	8.78	64.95	65.18	3.40	17.84	55.23	73.07
天津市	72	1.35	64.88	65.24	3.28	16.08	54.94	71.02
河北省	77	1.45	64.59	64.91	3.16	15.37	55.86	71.23
山西省	41	0.77	63.92	63.93	3.68	17.42	54.91	72.33
内蒙古	26	0.49	64.59	64.43	3.94	13.26	57.46	70.71
辽宁省	87	1.64	63.04	63.20	3.96	16.81	54.01	70.82
吉林省	49	0.92	63.46	63.48	4.24	18.92	54.71	73.63
黑龙江省	40	0.75	62.76	63.12	3.79	14.95	54.82	69.77
上海市	437	8.22	65.08	65.17	3.48	22.16	51.61	73.77
江苏省	685	12.88	65.34	65.75	3.52	21.19	52.32	73.52
浙江省	700	13.16	64.81	65.15	3.26	18.57	54.67	73.24
安徽省	175	3.29	65.34	65.30	2.97	14.48	58.00	72.48
福建省	169	3.18	64.57	64.63	3.46	16.17	55.65	71.82
江西省	88	1.65	64.56	64.65	3.59	15.86	55.69	71.55
山东省	307	5.77	65.14	65.37	3.69	18.63	54.61	73.24
河南省	110	2.07	65.32	65.26	3.96	17.46	55.56	73.02
湖北省	146	2.74	64.34	64.71	3.89	20.87	53.08	73.94
湖南省	146	2.74	64.69	65.41	3.77	19.54	52.67	72.21
广东省	867	16.3	65.15	65.70	3.38	21.83	52.14	73.97
广西	41	0.77	63.79	62.97	3.37	14.76	56.65	71.41
海南省	27	0.51	62.37	62.57	3.85	15.18	55.76	70.95
重庆市	78	1.47	64.82	64.87	3.65	15.91	56.68	72.60
四川省	173	3.25	65.36	65.69	3.30	15.90	56.36	72.25
贵州省	36	0.68	63.31	64.17	3.74	17.42	52.65	70.07
云南省	41	0.77	64.20	64.82	3.54	17.95	54.82	72.77
西藏	22	0.41	62.90	62.61	3.39	12.56	56.17	68.74
陕西省	81	1.52	64.66	64.63	3.66	17.54	55.56	73.10
甘肃省	35	0.66	64.12	63.84	4.46	16.35	55.19	71.55

续表

地区	数量	比例（%）	平均值	中位数	标准差	极差	最小值	最大值
青海省	10	0.19	62.69	64.98	5.33	13.94	53.90	67.83
宁夏	17	0.32	64.38	65.00	3.04	12.24	56.41	68.65
新疆	60	1.13	63.56	63.62	3.10	13.58	56.74	70.32
香港	3	0.06	64.29	64.55	2.26	4.49	61.92	66.41
开曼群岛	6	0.11	67.00	66.89	2.61	6.96	63.45	70.42
合计	5319	100.00	64.87	65.18	3.52	22.37	51.61	73.97

资料来源：南开大学公司治理数据库。

六、中国上市公司治理分市场板块分析

在2024年评价中，按照市场板块对样本公司进行划分，其中科创板中国上市公司治理指数位居首位，平均值达66.87；北交所、金融业和创业板的中国上市公司治理指数平均值较为接近，其中北交所为65.57，金融业为65.55，创业板为65.34；主板是所有板块中最低的，为64.22，具体见表3-11。

表3-11 按市场板块分组的中国上市公司治理指数描述性统计

板块类型	数量	比例（%）	平均值	中位数	标准差	极差	最小值	最大值
主板	3062	57.57	64.22	64.43	3.59	22.34	51.61	73.94
创业板	1327	24.95	65.34	65.66	3.36	19.36	54.62	73.97
科创板	566	10.64	66.87	67.03	2.71	15.48	58.29	73.77
北交所	239	4.49	65.57	65.91	2.68	15.51	56.42	71.94
金融业	125	2.35	65.55	65.15	3.39	16.40	56.60	73.00
合计	5319	100.00	64.87	65.18	3.52	22.37	51.61	73.97

资料来源：南开大学公司治理数据库。

七、中国上市公司治理分年度分析

2024年度中国上市公司治理指数平均值为64.87，2019年至2023年中国上市公司治理指数平均值分别为63.19、63.49、64.05、64.40和64.76。对比连续几年来的中国上市公司治理指数可知，中国上市公司治理总体水平呈现逐年提高的趋势，但最近几年提升的幅度速度趋缓，依次为0.56、0.35、0.36和0.11。各年公司治理评价的各级指数的比较见表3-12和图3-4。

表3-12 中国上市公司治理指数及其分指数六年比较

治理指数	2019年	2020年	2021年	2022年	2023年	2024年
中国上市公司治理指数	63.19	63.49	64.05	64.40	64.76	64.87

续表

治理指数	2019年	2020年	2021年	2022年	2023年	2024年
股东治理指数	67.06	67.86	68.45	68.69	69.31	69.42
董事会治理指数	64.51	64.95	64.93	65.02	64.82	65.14
监事会治理指数	59.55	59.65	59.65	59.49	59.34	59.17
经理层治理指数	58.85	59.12	59.32	59.78	60.26	60.43
信息披露指数	65.35	65.27	65.60	65.74	66.18	66.20
利益相关者治理指数	63.00	63.32	66.42	68.13	69.40	69.55

资料来源：南开大学公司治理数据库。

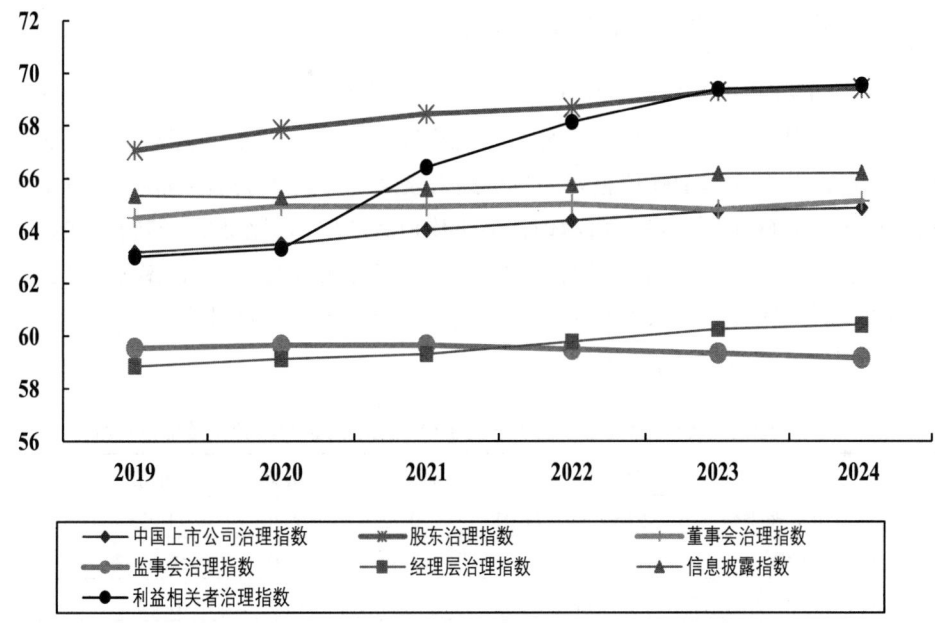

图 3-4　中国上市公司治理指数平均值六年折线图比较

资料来源：南开大学公司治理数据库。

在几个分指数当中，股东治理指数 2024 年的数值为 69.42，相对于 2023 年的 69.31，上升了 0.11；作为公司治理核心的董事会建设得到加强，董事会治理指数由 2019 年的 64.51 增长至 2020 年的 64.95，2021 年为 64.93，2022 年为 65.02，2023 年下降至 64.82，2024 年达到 65.14 的历史最高水平；2006 年修订的《公司法》加强了监事会的职权，监事会治理平均值从 2019 年的 59.55 提高到 2021 年的 59.65，2022 年下降为 59.49，2023 年持续下降至 59.34，2024 年则下降至 59.17 的历史最低水平；经理层治理状况呈现出稳定上升的趋势，2019—2024 年的经理层治理指数平均值依次为 58.85、59.12、59.32、59.78、60.26 和 60.43；信息披露状况呈现逐年改善趋势，

2019年平均值达到65.35，2020年略有下降，2021年增长至65.60，2022年达到65.74，2023年提升至66.18，2024年进一步上升至66.20；利益相关者问题逐步引起上市公司的关注，一直保持着稳步提高的趋势，2023年增长至69.40，较2022年的68.13上升了1.27，2024年进一步提升至69.55，利益相关者治理也是六大维度中升幅最高的一项。

第三节 中国上市公司治理100佳评价

一、中国上市公司治理100佳描述统计

本节将2024年评价样本中中国上市公司治理指数排名前100位的公司（公司治理100佳）与其他样本进行比较，分析公司治理100佳的行业、地区和控股股东性质分布，以及公司治理100佳公司的财务绩效表现。如表3-13的描述性统计显示，公司治理100佳的中国上市公司治理指数平均值为72.16，比2023年的71.99有一定提升，公司治理100佳的中国上市公司中治理指数最高为73.97，最低为71.27，极差为2.70。对比表3-5和表3-12，不难发现，公司治理100佳上市公司的各级治理指数的平均值都明显高于全样本。

表3-13 中国上市公司治理100佳中国上市公司治理指数及其分指数描述性统计

项目	平均值	中位数	标准差	极差	最小值	最大值
中国上市公司治理指数	72.16	71.91	0.72	2.70	71.27	73.97
股东治理指数	77.02	77.84	5.60	31.08	56.69	87.78
董事会治理指数	67.30	67.04	2.13	12.71	61.12	73.83
监事会治理指数	62.93	60.84	5.80	22.33	52.46	74.80
经理层治理指数	69.43	69.37	4.11	23.97	55.35	79.32
信息披露指数	80.52	81.68	4.09	21.57	67.83	89.40
利益相关者治理指数	75.09	75.18	4.42	20.71	64.67	85.39

资料来源：南开大学公司治理数据库。

二、中国上市公司治理100佳公司行业分布

表3-14的中国上市公司治理100佳行业分布表明，从绝对数量看，制造业所占数量最多，达65家；其次是信息传输、软件和信息技术服务业，有11家；科学研究和技术服务业有7家；金融业有6家；电力、热力、燃气及水生产和供应业，批发和零售业分别有3家，采矿业，水利、环境和公共设施管理业分别有2家；农、

林、牧、渔业有 1 家；其他行业没有公司进入公司治理 100 佳。从公司治理 100 佳占行业样本数量比例来看，科学研究和技术服务业，金融业所占比例比较高，分别为 6.36% 和 4.80%；而制造业，批发和零售业的公司治理 100 佳所占比例较低，分别为 1.81% 和 1.50%。

表 3-14　中国上市公司治理 100 佳公司行业分布

行业	100 佳个数	样本个数	占本行业比例（%）
农、林、牧、渔业	1	44	2.27
采矿业	2	85	2.35
制造业	65	3582	1.81
电力、热力、燃气及水生产和供应业	3	140	2.14
建筑业	—	110	—
批发和零售业	3	200	1.50
交通运输、仓储和邮政业	—	112	—
住宿和餐饮业	—	9	—
信息传输、软件和信息技术服务业	11	439	2.51
金融业	6	125	4.80
房地产业	—	98	—
租赁和商务服务业	—	74	—
科学研究和技术服务业	7	110	6.36
水利、环境和公共设施管理业	2	97	2.06
居民服务、修理和其他服务业	—	1	—
教育	—	12	—
卫生和社会工作	—	18	—
文化、体育和娱乐业	—	57	—
综合	—	6	—
合计	100	5319	1.88

资料来源：南开大学公司治理数据库。

三、中国上市公司治理 100 佳公司控股股东性质分布

如表 3-15 所示，从绝对数量看，中国上市公司治理 100 佳集中分布在民营控股、国有控股和无实际控制人上市公司中。公司治理 100 佳上市公司中，最终控制人性质为民营控股的占 61 家；其次为国有控股上市公司，有 20 家；无实际控制人上市公司为 11 家；外资控股上市公司为 6 家；其他类型上市公司为 2 家；集体控股和社会团体控股上市公司没有进入公司治理 100 佳的样本。从相对比例来看，无实际控制人上市公司样本中的公司治理 100 佳比例最高，为 3.37%；其次是外资控股

上市公司，为 2.91%；民营控股公司治理 100 佳的上市公司比例为 1.87%，略高于国有控股上市公司的 1.45%。

表 3-15　中国上市公司治理 100 佳公司控股股东性质分布

控股股东性质	100 佳个数	样本个数	占本组比例（%）
国有控股	20	1384	1.45
集体控股	—	21	—
民营控股	61	3269	1.87
社会团体控股	—	7	—
外资控股	6	206	2.91
无实际控制人	11	326	3.37
其他类型	2	106	1.89
合计	100	5319	1.88

资料来源：南开大学公司治理数据库。

四、中国上市公司治理 100 佳公司地区分布

据表 3-16 的地区分布数量显示，在公司治理 100 佳的中国上市公司中，江苏省和广东省分别有 15 家，北京市有 11 家，浙江省和山东省分别有 10 家，上海市有 9 家，安徽省和河南省分别有 4 家，吉林省、湖北省、湖南省和四川省分别有 3 家，福建省和重庆市分别有 2 家，山西省、江西省、广西、云南省、陕西省和甘肃省分别有 1 家。其中，广东省和江苏省也是历年评价中入选公司治理 100 佳的公司数量较多的地区。天津市、河北省、内蒙古、辽宁省、黑龙江省、海南省、贵州省、西藏、青海省、宁夏、新疆、香港和开曼群岛均没有入选公司治理 100 佳的上市公司。这些地区当中，青海省和宁夏等在以往的评价中，入选公司治理 100 佳的上市公司数量也较少。从相对数来看，吉林省比例最高，为 6.12%，河南省为 3.64%，山东省为 3.26%；甘肃省、重庆市、山西省、广西、云南省、北京市、安徽省、江苏省、上海市、湖北省和湖南省公司治理 100 佳的占比在 2%至 3%之间；而广东省、四川省、浙江省、陕西省、福建省和江西省比例均在 2%以下。

表 3-16　中国上市公司治理 100 佳公司地区分布

地区	100 佳个数	样本个数	占本地区比例（%）
北京市	11	467	2.36
天津市	—	72	—
河北省	—	77	—
山西省	1	41	2.44
内蒙古	—	26	—

续表

地区	100佳个数	样本个数	占本地区比例（%）
辽宁省	—	87	—
吉林省	3	49	6.12
黑龙江省	—	40	—
上海市	9	437	2.06
江苏省	15	685	2.19
浙江省	10	700	1.43
安徽省	4	175	2.29
福建省	2	169	1.18
江西省	1	88	1.14
山东省	10	307	3.26
河南省	4	110	3.64
湖北省	3	146	2.05
湖南省	3	146	2.05
广东省	15	867	1.73
广西	1	41	2.44
海南省	—	27	—
重庆市	2	78	2.56
四川省	3	173	1.73
贵州省	—	36	—
云南省	1	41	2.44
西藏	—	22	—
陕西省	1	81	1.23
甘肃省	1	35	2.86
青海省	—	10	—
宁夏	—	17	—
新疆	—	60	—
香港	—	3	—
开曼群岛	—	6	—
合计	100	5319	1.88

资料来源：南开大学公司治理数据库。

五、中国上市公司治理100佳公司市场板块分布

如表3-17所示，从绝对数量看，中国上市公司治理100佳公司中，主板上市公司有40家；其次为创业板上市公司，有32家；科创板上市公司为18家；金融业上

市公司为 6 家；北交所上市公司有 4 家。从相对比例来看，金融业上市公司样本中的公司治理 100 佳比例最高，为 4.80%；其次是科创板、创业板和北交所上市公司，分别为 3.18%、2.41% 和 1.67%；主板上市公司中的公司治理 100 佳比例最低，为 1.31%。

表 3-17 中国上市公司治理 100 佳公司市场板块分布

板块类型	100 佳个数	样本个数	占本板块比例（%）
主板	40	3062	1.31
创业板	32	1327	2.41
科创板	18	566	3.18
北交所	4	239	1.67
金融业	6	125	4.80
合计	100	5319	1.88

资料来源：南开大学公司治理数据库。

六、中国上市公司治理 100 佳公司财务绩效

为了考察公司治理与公司绩效之间的相关性，本报告选取了反映上市公司盈利能力、代理成本状况的财务指标。其中反映上市公司盈利能力的指标有：净资产收益率（ROE，平均）、净资产收益率（ROE，加权）、净资产收益率（ROE，摊薄）、总资产报酬率（ROA1）、总资产净利率（ROA2）、投入资本回报率（ROIC）。反映公司代理成本状况的指标有：管理费用率、财务费用率以及应收账款周转天数。考虑公司治理滞后效应的存在，本部分还使用了滞后的绩效指标，即 2024 年一季报的指标。

各指标计算公式如下：净资产收益率（ROE，平均）=归属母公司股东净利润/[（期初归属母公司股东的权益+期末归属母公司股东的权益）/2]×100%；净资产收益率（ROE，加权）=归属母公司股东净利润/加权平均归属母公司股东的权益×100%；净资产收益率（ROE，摊薄）=归属母公司股东的净利润/期末归属母公司股东的权益×100%；总资产报酬率（ROA1）=息税前利润×2/（期初总资产+期末总资产）×100%；总资产净利率（ROA2）=净利润（含少数股东损益）×2/（期初总资产+期末总资产）×100%；投入资本回报率（ROIC）=EBIT（反推法）×（1-有效税率）×2/（期初全部投入资本+期末全部投入资本）×100%；管理费用率=管理费用/营业收入×100%；财务费用率=财务费用/营业收入×100%；应收账款周转天数=360/应收账款周转率。

不同样本组相关指标的比较结果如表 3-18 所示，可以发现，公司治理 100 佳上市公司的绩效指标均好于其他样本。

表 3-18　中国上市公司治理 100 佳公司财务绩效与其他样本的比较

财务指标	100 佳样本	其他样本	差　额
净资产收益率（ROE，平均）2023 年报	8.41	1.81	6.60
净资产收益率（ROE，加权）2023 年报	8.44	-2.39	10.83
净资产收益率（ROE，摊薄）2023 年报	7.82	0.26	7.56
总资产报酬率（ROA1）2023 年报	6.34	3.36	2.98
总资产净利率（ROA2）2023 年报	5.23	2.49	2.74
投入资本回报率（ROIC）2023 年报	6.98	3.22	3.76
管理费用率 2023 年报	15.93	32.44	-16.51
财务费用率 2023 年报	-3.33	1.12	-4.45
应收账款周转天数 2023 年报	99.48	175.65	-76.17
净资产收益率（ROE，平均）2024 一季报	1.52	-0.68	2.20
净资产收益率（ROE，加权）2024 一季报	1.61	0.78	0.83
净资产收益率（ROE，摊薄）2024 一季报	1.48	0.39	1.09
总资产报酬率（ROA1）2024 一季报	1.16	0.86	0.30
总资产净利率（ROA2）2024 一季报	0.94	0.64	0.30
投入资本回报率（ROIC）2024 一季报	1.25	0.84	0.41
管理费用率 2024 一季报	20.74	512.27	-491.53
财务费用率 2024 一季报	-0.85	1.30	-2.15
应收账款周转天数 2024 一季报	133.08	215.40	-82.32

资料来源：南开大学公司治理数据库。

第四节　中国上市公司治理总体评价主要结论

第一，从时间序列比较来看，我国上市公司治理水平逐年提升，但近年来提升幅度较小。我国上市公司治理水平在 2004—2024 年间呈现出总体上升趋势，历经 2009 年拐点之后，呈现逐年上升的态势，并在 2024 年达到历史最高水平 64.87，但近年来提升幅度放缓，相较于 2023 年的 64.76，提升幅度仅为 0.11。

第二，从公司治理评级和等级来看，治理评级和治理等级较高和较低的样本占比较少，中间类型样本居多。我国上市公司没有治理等级为 $CCGI^{NK}I$、$CCGI^{NK}II$ 和 $CCGI^{NK}VI$ 的样本，治理等级为 $CCGI^{NK}IV$ 的样本达到 84.81%。我国上市公司中治理评级为 B 类的样本数量最多，为 4511 家，A 类和 C 类相对较少；A 类评级结果中无治理细类评级结果为 AAA 和 AA 的样本，C 类评级结果中包含治理细类评级结果为 CCC 和 CC 的样本，治理细类评级结果为 BBB 和 BB 的样本占全样本的比例达 65.95%。

第三，从行业比较分析来看，我国上市公司治理具有明显行业特征，治理排名靠前和靠后的行业均相对稳健。2024年评价排名中，科学研究和技术服务业的公司治理指数位居第一，紧随其后的是住宿和餐饮业、金融业、制造业等行业公司；而农、林、牧、渔业，居民服务、修理和其他服务业，建筑业，房地产业，综合，教育等行业公司治理指数较低。

第四，从控股股东性质比较分析来看，我国国有控股和民营控股上市公司治理水平交替领先，近年来民营控股上市公司治理水平相对略高。民营控股上市公司治理指数平均值2011－2018年各年均高于国有控股上市公司，2019年和2020年国有控股上市公司治理指数平均值超过民营控股上市公司，2021年至2024年民营控股上市公司治理指数平均值再度高于国有控股上市公司。

第五，从地区比较分析来看，经济发达的沿海地区的上市公司治理水平总体上领先于内陆地区。四川省、江苏省、安徽省、河南省、广东省、山东省、上海市、北京市、天津市和重庆市等地区中国上市公司治理指数平均值较高；而山西省、广西、新疆、吉林省、贵州省、辽宁省、西藏、黑龙江省、青海省、海南省等地区中国上市公司治理指数平均值较低，其中西藏、黑龙江省、青海省、海南省均在63.00以下。

第六，从市场板块比较分析来看，新设立市场板块上市公司治理标准更严，治理水平相对更高。2024年评价中，科创板上市公司治理指数位居首位，平均值达66.87；其次是北交所、金融业和创业板；主板上市公司的治理指数为各板块中最低，为64.22。

第七，从样本分组比较来看，上市公司治理水平更高组的财务绩效表现更优。公司治理100佳的上市公司治理状况显著好于总体样本公司的治理状况，二者平均值相差7.29（72.16-64.87），无论是盈利能力还是代理成本方面，公司治理100佳均好于非100佳。

第四章 中国上市公司股东治理评价

第一节 中国上市公司股东治理总体分析

一、2024年中国上市公司股东治理总体描述

2024年度5319家中国上市公司股东治理指数的平均值为69.42，中位数为70.21，最小值为37.30，最大值为88.31，标准差为8.77，股东治理指数基本服从正态分布。股东治理指数的三个二级指标——独立性、中小股东权益保护和关联交易的平均值分别为68.59、72.83和66.44。独立性和关联交易二级指标公司之间的差距较大，标准差分别达到了11.59和17.20。股东治理指数及其三项二级指标的描述性统计情况如表4-1所示。

表4-1 中国上市公司股东治理总体状况描述性统计

项目	平均值	中位数	标准差	极差	最小值	最大值
股东治理指数	69.42	70.21	8.77	51.01	37.30	88.31
独立性	68.59	70.81	11.59	67.14	27.86	95.00
中小股东权益保护	72.83	73.39	8.87	62.38	33.90	96.28
关联交易	66.44	67.67	17.20	88.00	0.00	88.00

资料来源：南开大学公司治理数据库。

二、2019－2024年中国上市公司股东治理比较

从图4-1可以看出，在2019－2024年六年间，股东治理指数稳步提升。从2019年的67.06上升到2024年的69.42。

独立性、中小股东权益保护和关联交易三个二级指标中，独立性除了在2022年有较小的降幅外，其他年度都保持小幅上升的趋势；2024年独立性上升到历史最高的68.59。中小股东权益保护呈阶梯上升的态势，2020和2021这两年增幅相对较大，2022年相对2021年增幅较小，形成了第一个台阶；2023年则比上一年增加了1.64，2024年只增加了0.04，形成了六年间的第二个台阶。关联交易在2019－2024年六年间窄幅调整，2024年虽然相对上一年度增加了0.13，但仍比历史最高的2022年低0.41，也比2019年低0.36。从以上趋势分析可以发现，独立性、中小股东权益保

护和关联交易三个二级指标的小幅增长推动了 2024 年股东治理指数增长了 0.11。三个二级指标的时间趋势如表 4-2 和图 4-1 所示。

表 4-2　中国上市公司股东治理指数六年描述性统计比较

项目	2019 年	2020 年	2021 年	2022 年	2023 年	2024 年
股东治理指数	67.06	67.86	68.45	68.69	69.31	69.42
独立性	66.36	66.77	67.61	67.45	68.37	68.59
中小股东权益保护	67.68	70.02	71.10	71.15	72.79	72.83
关联交易	66.80	66.23	66.20	66.85	66.31	66.44

资料来源：南开大学公司治理数据库。

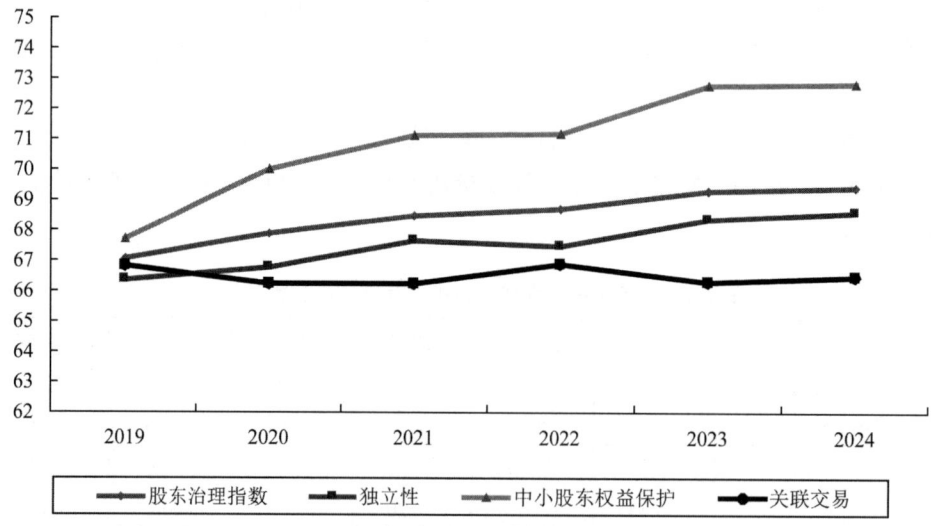

图 4-1　中国上市公司股东治理指数平均值六年折线图比较

资料来源：南开大学公司治理数据库。

第二节　中国上市公司股东治理分行业评价

一、2024 年中国上市公司股东治理分行业总体描述

表 4-3 列出了中国上市公司各行业股东治理指数的描述性统计结果。从行业分布状况可以看出，股东治理指数居前三位的分别是信息传输、软件和信息技术服务业，科学研究和技术服务业以及制造业，平均值分别为 71.09、70.76 和 70.58。其中，

制造业，信息传输、软件和信息技术服务业连续三年排名前两位。股东治理指数居后四位的行业分别是综合，采矿业，房地产业以及交通运输、仓储和邮政业，平均值分别为 60.70、62.28、62.25 和 62.79。其中，综合和采矿业连续三年排名倒数前三。股东治理指数行业平均值最高与最低之间的差距为 10.39，相比 2023 年的 9.44 和 2022 年 7.49，差距在持续扩大。从不同行业的差异程度来看，教育类上市公司股东治理指数的差异最大，标准差为 11.41；而金融业上市公司股东治理指数差异程度最小，标准差为 6.43。

表 4-3 中国上市公司股东治理指数分行业描述性统计

行业	数量	比例（%）	平均值	中位数	标准差	极差	最小值	最大值
农、林、牧、渔业	44	0.83	66.30	65.81	9.27	37.05	49.15	86.20
采矿业	85	1.60	62.28	61.05	7.32	31.87	46.96	78.83
制造业	3582	67.34	70.58	71.58	8.65	51.01	37.30	88.31
电力、热力、燃气及水生产和供应业	140	2.63	63.60	62.92	7.77	39.75	44.20	83.94
建筑业	110	2.07	64.71	64.01	9.11	39.27	45.93	85.19
批发和零售业	200	3.76	67.11	67.32	8.09	43.07	41.84	84.90
交通运输、仓储和邮政业	112	2.11	62.79	63.33	7.85	37.93	43.68	81.61
住宿和餐饮业	9	0.17	65.01	67.49	8.17	25.48	51.44	76.91
信息传输、软件和信息技术服务业	439	8.25	71.09	72.23	7.88	47.06	38.95	86.00
金融业	125	2.35	66.21	66.23	6.43	35.26	48.03	83.29
房地产业	98	1.84	62.25	61.61	8.19	36.14	46.05	82.20
租赁和商务服务业	74	1.39	67.04	66.29	7.73	36.87	46.92	83.79
科学研究和技术服务业	110	2.07	70.76	71.17	7.51	34.44	50.97	85.40
水利、环境和公共设施管理业	97	1.82	68.03	68.27	9.03	35.79	48.47	84.26
居民服务、修理和其他服务业	1	0.02	69.44	69.44	0.00	0.00	69.44	69.44
教育	12	0.23	63.87	63.26	11.41	32.42	49.18	81.60
卫生和社会工作	18	0.34	67.53	69.56	7.65	30.51	51.45	81.97
文化、体育和娱乐业	57	1.07	67.04	66.88	7.15	35.28	47.52	82.80
综合	6	0.11	60.70	61.11	10.76	29.04	45.60	74.64
合计	5319	100.00	69.42	70.21	8.77	51.01	37.30	88.31

资料来源：南开大学公司治理数据库。

从股东治理的三个二级指标来看，股东治理指数中居前三名的行业中，信息传输、软件和信息技术服务业的独立性、中小股东权益保护和关联交易三个二级指标的平均值分别为70.24、71.80和70.80，其中独立性和关联交易分别比全样本平均值高1.65和4.36，中小股东权益保护比全样本低1.03。科学研究和技术服务业的独立性、中小股东权益保护和关联交易的平均值分别为69.87、74.25和67.71，分别比全样本平均值分别高1.28、1.42和1.27。制造业的独立性、中小股东权益保护和关联交易分别为69.12、73.25和68.65，分别比全样本平均值高0.53、0.42和2.21。

股东治理指数居后三名的行业分别为综合，房地产业和采矿业，平均值分别为60.70、62.25和62.28。股东治理指数排名倒数第一的综合类的独立性、中小股东权益保护和关联交易三个二级指标分别为67.67、69.24和48.66，分别比全样本对应的平均值低0.92、3.59和17.78。房地产业独立性、中小股东权益保护和关联交易得分为64.85、69.53和53.67，分别比全样本对应的平均值低3.74、3.30和12.77。采矿业上市公司的独立性、中小股东权益保护和关联交易得分为66.19、72.39和50.22，分别比全样本平均值低2.40、0.44和16.22。中国上市公司股东治理分指数分行业描述性统计如表4-4所示。

表4-4 中国上市公司股东治理分指数分行业描述性统计

行业	数量	比例（%）	股东治理评价指数	独立性	中小股东权益保护	关联交易
农、林、牧、渔业	44	0.83	66.30	68.26	70.61	61.01
采矿业	85	1.60	62.28	66.19	72.39	50.22
制造业	3582	67.34	70.58	69.12	73.25	68.65
电力、热力、燃气及水生产和供应业	140	2.63	63.60	65.25	73.61	52.77
建筑业	110	2.07	64.71	68.04	70.95	56.80
批发和零售业	200	3.76	67.11	65.81	71.26	63.61
交通运输、仓储和邮政业	112	2.11	62.79	63.54	74.84	50.36
住宿和餐饮业	9	0.17	65.01	64.95	70.32	59.75
信息传输、软件和信息技术服务业	439	8.25	71.09	70.24	71.80	70.80
金融业	125	2.35	66.21	69.31	72.89	57.99
房地产业	98	1.84	62.25	64.85	69.53	53.67
租赁和商务服务业	74	1.39	67.04	65.72	71.39	63.35
科学研究和技术服务业	110	2.07	70.76	69.87	74.25	67.71
水利、环境和公共设施管理业	97	1.82	68.03	67.77	70.88	65.30

续表

行业	数量	比例（%）	股东治理评价指数	独立性	中小股东权益保护	关联交易
居民服务、修理和其他服务业	1	0.02	69.44	58.71	56.23	88.00
教育	12	0.23	63.87	62.30	66.78	61.75
卫生和社会工作	18	0.34	67.53	66.25	66.27	69.42
文化、体育和娱乐业	57	1.07	67.04	66.38	72.33	62.09
综合	6	0.11	60.70	67.67	69.24	48.66
合计	5319	100.00	69.42	68.59	72.83	66.44

资料来源：南开大学公司治理数据库。

二、2019－2024 年中国上市公司股东治理分行业比较

从表4-5的统计分析可以看出，2019－2024年信息传输、软件和信息技术服务业，制造业的股东治理水平一直比较稳定，六年来一直高于全样本平均值。而农、林、牧、渔业，采矿业，电力、热力、燃气及水生产和供应业，批发和零售业，交通运输、仓储和邮政业，住宿和餐饮业，房地产业，租赁和商务服务业，水利、环境和公共设施管理业，教育，文化、体育和娱乐业，综合等12个行业的股东治理水平六年来一直低于全样本平均值。

表4-5 中国上市公司股东治理指数分行业六年描述性统计比较

行业	2019年	2020年	2021年	2022年	2023年	2024年
农、林、牧、渔业	65.06	65.04	66.34	67.57	68.00	66.30
采矿业	62.89	65.82	63.72	63.91	62.95	62.28
制造业	67.63	68.44	69.14	69.27	70.08	70.58
电力、热力、燃气及水生产和供应业	64.64	64.93	64.71	65.13	65.44	63.60
建筑业	67.55	66.54	67.07	67.93	66.67	64.71
批发和零售业	65.97	65.30	65.88	68.17	68.38	67.11
交通运输、仓储和邮政业	65.43	66.08	65.96	66.47	66.67	62.79
住宿和餐饮业	67.04	67.07	64.95	65.03	64.17	65.01
信息传输、软件和信息技术服务业	68.31	69.66	70.44	68.91	69.94	71.09
金融业	68.12	71.59	71.79	69.98	69.15	66.21
房地产业	63.94	63.32	63.6	65.25	65.73	62.25
租赁和商务服务业	66.16	66.48	66.36	67.59	67.60	67.04
科学研究和技术服务业	66.83	69.08	68.18	68.99	69.01	70.76
水利、环境和公共设施管理业	65.79	66.17	67.64	68.41	68.67	68.03
居民服务、修理和其他服务业	—	69.03	66.08	62.49	63.96	69.44

续表

行业	2019年	2020年	2021年	2022年	2023年	2024年
教育	64.45	60.22	60.94	68.55	68.71	63.87
卫生和社会工作	67.46	61.55	62.76	67.10	65.69	67.53
文化、体育和娱乐业	65.38	67.10	66.73	67.08	67.09	67.04
综合	61.28	60.86	59.34	63.36	60.64	60.70
合计	67.06	67.86	68.45	68.69	69.31	69.42

资料来源：南开大学公司治理数据库。

第三节 中国上市公司股东治理分控股股东性质评价

一、2024年中国上市公司股东治理分控股股东性质总体描述

表 4-6 按照控股股东性质分类对中国上市公司股东治理指数进行统计分析。2024年中国公司治理评价样本包含5319家上市公司，其中国有控股、集体控股、民营控股、社会团体控股、外资控股、无实际控制人和其他类型分别有1384、21、3269、7、206、326和106家上市公司。其中，集体控股和社会团体控股样本量较少，不具有统计意义。中国上市公司的主体仍为国有控股上市公司和民营控股上市公司，两者相加占到了上市公司总数的87.48%，因此这里重点关注国有控股和民营控股两类上市公司。2024年国有控股上市公司和民营控股上市公司的股东治理指数平均值分别为63.03和72.15，其中国有控股上市公司股东治理指数平均值比2023年低1.84，而民营控股上市公司的股东治理指数平均值比2023年高1.04，二者之间的差距为9.12，相比2023年度的6.24和2022年度的4.11，差距在不断扩大。

表4-6 中国上市公司股东治理指数分控股股东性质描述性统计

控股股东性质	数量	比例（%）	平均值	中位数	标准差	极差	最小值	最大值
国有控股	1384	26.02	63.03	62.49	7.76	49.09	37.30	86.39
集体控股	21	0.39	64.59	65.51	6.54	20.94	54.20	75.14
民营控股	3269	61.46	72.15	73.25	7.83	49.36	38.95	88.31
社会团体控股	7	0.13	64.82	66.19	8.36	24.75	46.92	71.67
外资控股	206	3.87	71.10	71.57	7.54	34.28	51.45	85.73
无实际控制人	326	6.13	67.96	68.79	8.34	42.73	45.04	87.78
其他类型	106	1.99	71.44	72.48	8.23	38.46	47.52	85.98
合计	5319	100.00	69.42	70.21	8.77	51.01	37.30	88.31

资料来源：南开大学公司治理数据库。

如表 4-7 所示,民营控股上市公司的三个二级指标中独立性和关联交易得分均远高于国有控股上市公司,分别高出 6.05 和 20.58,而中小股东权益保护则比国有控股上市公司低 0.81,国有、民营控股两类上市公司的对比与往年基本相同。对三级指标做进一步的分析发现,民营控股上市公司在独立性方面优于国有控股上市公司主要是因为民营控股上市公司高管在控股股东单位兼职比例较低和控制层级链条较短;在关联交易方面,民营控股上市公司在资金占用、经营类关联交易和资产类关联交易上的得分均明显低于国有控股上市公司,这是造成民营控股上市公司关联交易表现较好的主要原因。国有控股上市公司在中小股东权益保护方面优于民营控股上市公司的主要原因是国有控股上市公司的网络投票、中小股东参与股东大会、累积投票实施、募集资金变更、股权质押冻结比例较低,分红连续性较高。

表 4-7　中国上市公司股东治理分指数分控股股东性质描述性统计

控股股东性质	股东治理指数	独立性	中小股东保护	关联交易
国有控股	63.03	64.52	73.50	51.82
集体控股	64.59	62.02	71.86	58.60
民营控股	72.15	70.57	72.69	72.40
社会团体控股	64.82	64.49	74.45	55.36
外资控股	71.10	66.47	73.52	70.99
无实际控制人	67.96	68.27	71.01	64.76
其他类型	71.44	67.70	72.81	71.94
合计	69.42	68.59	72.83	66.44

资料来源:南开大学公司治理数据库。

二、2019－2024 年中国上市公司股东治理分控股股东性质比较

表 4-8 列出了 2019－2024 年连续六年的国有控股上市公司和民营控股上市公司的股东治理指数,总体来看,六年间民营控股上市公司的股东治理指数均高于国有控股上市公司。从二级指标上来看,2019－2024 年民营控股上市公司在独立性和关联交易上均优于国有控股上市公司;国有控股上市公司则在中小股东权益保护上好于民营控股上市公司,但国有和民营控股上市公司在中小股东权益保护上的差距在不断缩小。

表 4-8　中国国有和民营控股上市公司股东治理指数六年描述性统计比较

年份	控股股东性质	股东治理评价指数	独立性	中小股东权益保护	关联交易
2019	国有	64.48	59.58	69.21	62.18
	民营	68.30	69.69	66.91	68.99

续表

年份	控股股东性质	股东治理评价指数	独立性	中小股东权益保护	关联交易
2020	国有	64.70	59.67	71.49	60.44
	民营	69.30	70.10	69.34	68.86
2021	国有	64.86	61.09	72.35	59.24
	民营	70.03	70.39	70.63	69.25
2022	国有	65.85	60.21	72.33	62.18
	民营	69.96	70.51	70.72	68.94
2023	国有	64.87	60.76	74.10	57.70
	民营	71.11	71.33	72.49	69.60
2024	国有	63.03	64.52	73.50	51.82
	民营	72.15	70.57	72.69	72.40

资料来源：南开大学公司治理数据库。

第四节 中国上市公司股东治理分地区评价

一、2024年中国上市公司股东治理分地区总体描述

表4-9列出了各地区上市公司股东治理指数的描述性分析。股东治理指数平均值最高的三个地区是江苏省、广东省和浙江省，平均值分别为71.74、71.20和70.68；不考虑香港和开曼群岛的样本，股东治理指数平均值最低的三个地区是海南省、青海省和甘肃省，平均值分别为61.01、62.55和64.20，股东治理指数平均值最高与最低的地区之间的差距达到了10.73，比2023年度的最大地区差距9.11提高了1.62。

表4-9 中国上市公司股东治理指数分地区描述性统计

地区	数量	比例（%）	平均值	中位数	标准差	极差	最小值	最大值
北京市	467	8.78	67.58	67.88	8.96	48.10	37.30	85.40
天津市	72	1.35	67.35	66.78	8.27	31.72	50.77	82.49
河北省	77	1.45	67.60	67.79	9.64	40.39	45.71	86.10
山西省	41	0.77	64.33	63.61	9.21	36.53	49.26	85.79
内蒙古	26	0.49	65.72	66.43	8.26	28.68	50.72	79.40
辽宁省	87	1.64	66.25	66.83	9.23	40.86	41.84	82.69
吉林省	49	0.92	65.74	65.97	8.61	31.75	51.29	83.04
黑龙江省	40	0.75	64.96	64.04	7.99	29.89	51.71	81.60
上海市	437	8.22	69.66	70.07	8.19	42.98	43.68	86.66

续表

地区	数量	比例（%）	平均值	中位数	标准差	极差	最小值	最大值
江苏省	685	12.88	71.74	73.05	8.35	44.42	43.89	88.31
浙江省	700	13.16	70.68	71.05	7.96	45.12	42.12	87.24
安徽省	175	3.29	70.11	71.26	8.56	40.60	45.60	86.20
福建省	169	3.18	70.04	71.15	8.43	38.64	48.43	87.07
江西省	88	1.65	68.34	68.65	9.03	36.47	48.03	84.50
山东省	307	5.77	69.18	69.69	9.05	39.43	47.44	86.87
河南省	110	2.07	69.72	71.23	9.46	37.31	48.22	85.53
湖北省	146	2.74	68.21	69.65	9.07	46.87	38.95	85.82
湖南省	146	2.74	68.05	68.71	8.48	36.42	48.43	84.85
广东省	867	16.30	71.20	72.47	8.35	43.90	43.86	87.76
广西	41	0.77	65.25	66.88	7.96	31.82	49.47	81.29
海南省	27	0.51	61.01	60.49	9.27	31.58	46.83	78.42
重庆市	78	1.47	67.81	68.26	9.72	40.67	45.17	85.84
四川省	173	3.25	68.91	69.42	9.05	43.40	44.37	87.78
贵州省	36	0.68	65.85	64.89	9.02	33.11	52.24	85.35
云南省	41	0.77	65.59	67.21	8.38	28.95	51.90	80.85
西藏	22	0.41	69.51	69.25	8.18	33.13	49.58	82.71
陕西省	81	1.52	67.92	67.77	9.21	32.50	50.96	83.46
甘肃省	35	0.66	64.20	65.39	9.23	37.61	47.34	84.95
青海省	10	0.19	62.55	61.71	4.88	14.53	54.80	69.34
宁夏	17	0.32	65.57	67.31	10.57	35.96	47.90	83.86
新疆	60	1.13	64.22	64.38	7.31	31.97	46.86	78.83
香港	3	0.06	51.42	50.41	5.03	9.92	46.96	56.88
开曼群岛	6	0.11	64.96	64.21	7.06	19.31	54.43	73.74
合计	5319	100.00	69.42	70.21	8.77	51.01	37.30	88.31

资料来源：南开大学公司治理数据库。

二、2019－2024年中国上市公司股东治理分地区比较

从表4-10股东治理指数平均值分地区的六年比较中可以看出，各地区的股东治理指数排名波动较大。只有广东省、江苏省和浙江省的股东治理指数平均值连续六年高于全样本平均值；而北京市、天津市、河北省、山西省、内蒙古、辽宁省、吉林省、黑龙江省、江西省、湖北省、广西、海南省、重庆市、四川省、云南省、贵州省、陕西省、甘肃省、宁夏、新疆、青海省等21个地区的股东治理平均值连续六年低于全样本平均值，其中山西省、海南省、青海省和宁夏4个地区六年内每年的平均值都远低于全样本平均值（与全样本平均值的差距在3以上）。

表 4-10 中国上市公司股东治理指数分地区六年描述性统计比较

地区	2019 年	2020 年	2021 年	2022 年	2023 年	2024 年
北京市	66.76	67.72	68.19	68.01	67.82	67.58
天津市	65.73	65.02	65.76	68.43	67.19	67.35
河北省	64.96	64.98	65.34	67.22	67.34	67.60
山西省	60.14	60.54	63.54	63.05	64.31	64.33
内蒙古	64.27	67.08	64.46	66.35	67.27	65.72
辽宁省	62.63	64.89	64.42	65.65	67.35	66.25
吉林省	65.47	64.81	66.87	65.39	66.90	65.74
黑龙江省	65.55	66.87	66.11	67.06	67.64	64.96
上海市	65.74	67.19	67.97	68.14	69.60	69.66
江苏省	68.76	69.41	70.52	70.35	70.87	71.74
浙江省	68.25	69.22	69.66	69.81	70.51	70.68
安徽省	66.75	67.14	68.46	68.85	69.39	70.11
福建省	67.89	68.04	68.64	68.27	69.71	70.04
江西省	66.43	65.46	67.15	67.82	69.04	68.34
山东省	67.69	68.37	68.09	68.39	68.90	69.18
河南省	67.67	68.44	69.65	68.51	69.32	69.72
湖北省	65.79	65.68	67.10	68.21	67.68	68.21
湖南省	67.42	67.53	68.73	68.55	69.19	68.05
广东省	68.97	69.82	70.13	70.13	70.88	71.20
广西	66.00	65.55	65.81	65.34	66.15	65.25
海南省	60.87	62.43	61.57	61.95	63.19	61.01
重庆市	65.50	66.67	66.44	68.12	68.71	67.81
四川省	65.65	67.69	67.53	68.30	68.66	68.91
贵州省	66.01	66.39	66.78	67.49	68.27	65.85
云南省	64.93	65.01	67.34	67.18	65.56	65.59
西藏	66.26	70.46	69.16	68.66	70.13	69.51
陕西省	63.80	64.85	65.46	66.83	66.89	67.92
甘肃省	66.53	67.22	67.22	66.82	66.01	64.20
青海省	62.31	62.60	64.03	61.34	67.22	62.55
宁夏	63.64	62.40	63.98	64.62	64.30	65.57
新疆	64.63	63.53	63.36	65.97	65.56	64.22
香港	—	—	66.35	63.62	55.25	51.42
开曼群岛	—	—	—	—	61.38	64.96
合计	67.06	67.86	68.45	68.69	69.31	69.42

资料来源：南开大学公司治理数据库。

第五节　中国上市公司股东治理100佳评价

一、中国上市公司股东治理100佳比较分析

表 4-11 为中国上市公司股东治理 100 佳股东治理指数及二级指标的描述性统计结果，100 佳公司的股东治理指数平均值为85.31；独立性、中小股东权益保护和关联交易的平均值分别为 81.36、85.36 和 87.24。由表可以看出，100 佳公司各项指标的平均值显著高于全样本。

表 4-11　中国上市公司股东治理100佳描述性统计

项目	样本	平均值	中位数	标准差	极差	最小值	最大值
股东治理指数	100 佳	85.31	85.02	1.00	4.35	83.95	88.31
	样本总体	69.42	70.21	8.77	51.01	37.30	88.31
独立性	100 佳	81.36	81.48	7.51	24.00	71.00	95.00
	样本总体	68.59	70.81	11.59	67.14	27.86	95.00
中小股东权益保护	100 佳	85.36	85.80	3.63	17.15	76.68	93.83
	样本总体	72.83	73.39	8.87	62.38	33.90	96.28
关联交易	100 佳	87.24	88.00	1.85	11.61	76.39	88.00
	样本总体	66.44	67.67	17.20	88.00	0.00	88.00

资料来源：南开大学公司治理数据库。

二、中国上市公司股东治理100佳公司行业分布

表 4-12 列出了股东治理 100 佳公司在各个行业的分布情况，可以看出，100 佳公司主要集中在制造业，有 84 家，相比 2023 年度的 74 家，超过了制造业公司占全部样本的比例 67.34%。入围 100 佳的上市公司个数占行业样本总数的比例最高的是农、林、牧、渔业，占比为 4.55%；其次是科学研究和技术服务业、制造业，占比分别为 2.73% 和 2.35%。而采矿业，电力、热力、燃气及水生产和供应业，交通运输、仓储和邮政业，住宿和餐饮业，金融业，房地产业，租赁和商务服务业，居民服务、修理和其他服务业，教育，卫生和社会工作，文化、体育和娱乐业以及综合等 12 个行业没有 1 家上市公司入围股东治理 100 佳。中国上市公司股东治理 100 佳越来越集中于少数行业。

表 4-12 中国上市公司股东治理 100 佳公司行业分布

行业	样本总体 数量	样本总体 比例（%）	100佳 数量	100佳 比例（%）	100佳 占本行业比例（%）
农、林、牧、渔业	44	0.83	2	2	4.55
采矿业	85	1.6	—	—	—
制造业	3582	67.34	84	84	2.35
电力、热力、燃气及水生产和供应业	140	2.63	—	—	—
建筑业	110	2.07	1	1	0.91
批发和零售业	200	3.76	1	1	0.50
交通运输、仓储和邮政业	112	2.11	—	—	—
住宿和餐饮业	9	0.17	—	—	—
信息传输、软件和信息技术服务业	439	8.25	8	8	1.82
金融业	125	2.35	—	—	—
房地产业	98	1.84	—	—	—
租赁和商务服务业	74	1.39	—	—	—
科学研究和技术服务业	110	2.07	3	3	2.73
水利、环境和公共设施管理业	97	1.82	1	1	1.03
居民服务、修理和其他服务业	1	0.02	—	—	—
教育	12	0.23	—	—	—
卫生和社会工作	18	0.34	—	—	—
文化、体育和娱乐业	57	1.07	—	—	—
综合	6	0.11	—	—	—
合计	5319	100.00	100	100.00	1.88

资料来源：南开大学公司治理数据库。

三、中国上市公司股东治理 100 佳公司控股股东分布

表 4-13 给出了中国上市公司 100 佳公司控股股东性质的分布状况。民营控股上市公司进入 100 佳的上市公司有 90 家，相比上一年度的 74 家有了大幅上升；国有控股上市公司入围 100 佳的公司数量由上一年度的 15 家大幅下降至 2024 年度的 3 家；无实际控制人上市公司进入 100 佳的上市公司有 3 家；外资控股上市公司进入 100 佳有 1 家；其他类型的上市公司进入 100 佳有 3 家。总的来说，国有控股上市公司入围 100 佳的数量大幅下降，而民营控股上市公司入围 100 佳的数量大幅增加，结合表 4-9 的统计结果，这不仅反映了国有控股上市公司股东治理的总体状况低于民营控股上市公司，而且说明了股东治理最好的国有控股公司也不如股东治理最好的民营控股上市公司。

表 4-13 中国上市公司股东治理 100 佳公司控股股东分布

控股股东性质	样本总体		100 佳		
	数量	比例（%）	数量	比例（%）	占本组比例（%）
国有控股	1384	26.02	3	3	0.22
集体控股	21	0.39	—	—	—
民营控股	3269	61.46	90	90	2.75
社会团体控股	7	0.13	—	—	—
外资控股	206	3.87	1	1	0.49
无实际控制人	326	6.13	5	5	1.53
其他类型	106	1.99	1	1	0.94
合计	5319	100.00	100	100.00	1.88

资料来源：南开大学公司治理数据库。

四、中国上市公司股东治理 100 佳公司地区分布

表 4-14 给出了中国上市公司股东治理 100 佳公司的地区分布状况，可以看到，入选股东治理 100 佳的上市公司中，来自江苏省、广东省、浙江省和上海市的样本较多，与上一年基本一致，分别有 19、15、12 和 10 家，股东治理 100 佳上市公司中有 56% 来自这 4 个地区。天津市、内蒙古、辽宁省、吉林省、黑龙江省、广西、海南省、云南省、西藏、陕西省、青海省、宁夏、新疆等地区则没有 1 家公司进入股东治理 100 佳。100 佳公司数占本地区样本总数比例最高的 5 个地区分别是：山西省、安徽省、江西省、福建省和山东省，比例分别为 4.88%、4.00%、3.41%、2.96% 和 2.93%。

表 4-14 中国上市公司股东治理 100 佳公司地区分布

地区	样本总体		100 佳		
	数量	比例（%）	数量	比例（%）	占本地区比例（%）
北京市	467	8.78	1	1	0.21
天津市	72	1.35	—	—	—
河北省	77	1.45	2	2	2.60
山西省	41	0.77	2	2	4.88
内蒙古	26	0.49	—	—	—
辽宁省	87	1.64	—	—	—
吉林省	49	0.92	—	—	—
黑龙江省	40	0.75	—	—	—
上海市	437	8.22	10	10	2.29
江苏省	685	12.88	19	19	2.77

续表

地区	样本总体		100 佳		
	数量	比例（%）	数量	比例（%）	占本地区比例（%）
浙江省	700	13.16	12	12	1.71
安徽省	175	3.29	7	7	4.00
福建省	169	3.18	5	5	2.96
江西省	88	1.65	3	3	3.41
山东省	307	5.77	9	9	2.93
河南省	110	2.07	3	3	2.73
湖北省	146	2.74	2	2	1.37
湖南省	146	2.74	2	2	1.37
广东省	867	16.30	15	15	1.73
广西	41	0.77	—	—	—
海南省	27	0.51	—	—	—
重庆市	78	1.47	2	2	2.56
四川省	173	3.25	4	4	2.31
贵州省	36	0.68	1	1	2.78
云南省	41	0.77	—	—	—
西藏	22	0.41	—	—	—
陕西省	81	1.52	—	—	—
甘肃省	35	0.66	1	1	2.86
青海省	10	0.19	—	—	—
宁夏	17	0.32	—	—	—
新疆	60	1.13	—	—	—
香港	3	0.06	—	—	—
开曼群岛	6	0.11	—	—	—
合计	5319	100.00	100	100.00	1.88

资料来源：南开大学公司治理数据库。

第六节　中国上市公司股东治理评价主要结论

第一，2024年中国上市公司股东治理指数相比2023年有所增加，由69.31上升到69.42，增幅为0.11。从二级指标来看，独立性、中小股东权益保护和关联交易分别上升了0.22、0.04和0.13。

第二，股东治理行业之间的差距在持续扩大。股东治理指数居前三位的分别是信息传输、软件和信息技术服务业，科学研究和技术服务业以及制造业，平均值分别为 71.09、70.76 和 70.58。其中，制造业，信息传输、软件和信息技术服务业连续三年排名前两位。股东治理指数居后四位的行业分别是综合，采矿业，房地产业以及交通运输、仓储和邮政业，平均值分别为 60.70、62.28、62.25 和 62.79。其中，综合和采矿业连续三年排名倒数前三。股东治理指数行业平均值最高与最低之间的差距为 10.39，相比 2023 年的 9.44 和 2022 年 7.49，差距在持续扩大。

第三，2024 年国有控股上市公司和民营控股上市公司的股东治理指数平均值分别为 63.03 和 72.15，二者之间的差距为 9.12，相比 2023 年度的 6.24 和 2022 年度的 4.11，差距在不断扩大。民营控股上市公司的独立性和关联交易得分均远高于国有控股上市公司，分别高出 6.05 和 20.58，而中小股东权益保护则比国有控股上市公司低 0.81。国有、民营控股两类上市公司的对比与往年基本相同。对三级指标做进一步的分析发现，民营控股上市公司在独立性方面优于国有控股上市公司主要是因为民营控股上市公司高管在控股股东单位兼职比例较低和控制层级链条较短；在关联交易方面，民营控股上市公司在资金占用、经营类关联交易和资产类关联交易上的得分均明显低于国有控股上市公司，这是造成民营控股上市公司关联交易表现较好的主要原因。国有控股上市公司在中小股东权益保护方面优于民营控股上市公司的主要原因是国有控股上市公司的网络投票、中小股东参与股东大会、累积投票实施、募集资金变更、股权质押冻结比例较低和分红连续性较高。

第四，股东治理地区之间的差距在不断上升。股东治理指数平均值最高的三个地区是浙江省、广东省和江苏省，平均值分别为 71.74、71.20 和 70.68；不考虑香港和开曼群岛的样本，股东治理指数平均值最低的三个地区是海南省、青海省和甘肃省，平均值分别为 61.01、62.55 和 64.20，股东治理指数平均值最高和最低的地区之间的差距达到了 10.73，比 2023 年度的地区之间的最大差距 9.11 提高了 1.62。

第五，股东治理 100 佳有 90 家为民营控股上市公司，有 3 家为国有控股上市公司。相比 2023 年，民营控股上市公司进入 100 佳增加了 16 家，国有控股上市公司则减少了 12 家。

第五章 中国上市公司董事会治理评价

第一节 中国上市公司董事会治理总体分析

一、2024年中国上市公司董事会治理总体描述

2024年中国上市公司样本量为5319家，董事会治理指数的平均值为65.14，中位数为65.29，标准差为2.48。从董事会治理的五个主要因素来看，董事会组织结构指数最高，平均值为68.88；董事会运作效率指数的平均值次之，为67.19；董事权利与义务指数和董事薪酬指数位于中间，平均值分别为63.49和64.22；独立董事制度指数的平均值最低，为61.50。从董事会分指数的公司间差异情况来看，上市公司在董事会组织结构和董事薪酬方面的差异程度较大，其标准差分别为9.16和6.41；而在董事权利与义务、独立董事制度、董事会运作效率方面，上市公司之间的差异程度较小，其标准差分别为4.87、4.07和4.24。见表5-1。

表5-1 中国上市公司董事会治理总体状况描述性统计

项目	平均值	中位数	标准差	极差	最小值	最大值
董事会治理指数	65.14	65.29	2.48	23.55	50.71	74.27
董事权利与义务	63.49	63.00	4.87	29.00	46.50	75.50
董事会运作效率	67.19	67.56	4.24	28.75	45.71	74.46
董事会组织结构	68.88	70.00	9.16	97.00	0.00	97.00
董事薪酬	64.22	64.50	6.41	26.50	50.00	76.50
独立董事制度	61.50	61.75	4.07	23.75	48.75	72.50

资料来源：南开大学公司治理数据库。

二、2019－2024年中国上市公司董事会治理比较

董事会治理指数的平均水平在2019－2020年呈现出上升趋势，2021略有下降，2022年回升，2023年明显下降，2024年有所回升。但表现在董事会组织结构、独立董事制度、董事权利与义务、董事会运作效率和董事薪酬指数的平均水平在六年期间则具有不同程度的波动性，具体而言，董事权利与义务指数的平均水平在2019年和2020年上升，2021略有下降，2022年回升，2023年下降，2024年回升；董事会

运作效率指数在2019—2020年稳步上升，2021年略有下降，2022年回升，2023年下降，2024年回升；董事会组织结构指数在六年间始终处于领先位置，但是2022年和2023年下降明显；董事薪酬指数在2019—2023年总体保持上升趋势，2024年首次出现下降；独立董事制度指数的平均值在六年期间呈波浪形发展，并不稳定。见表5-2、图5-1。

表 5-2　中国上市公司董事会治理指数描述性统计六年比较

项目	2019年	2020年	2021年	2022年	2023年	2024年
董事会治理指数	64.51	64.95	64.93	65.02	64.82	65.14
董事权利与义务	62.88	63.18	63.14	63.91	63.20	63.49
董事会运作效率	66.99	67.31	67.20	67.39	67.11	67.19
董事会组织结构	68.60	69.34	69.36	68.76	68.47	68.88
董事薪酬	61.82	62.62	62.94	63.68	64.25	64.22
独立董事制度	61.54	61.64	61.41	61.19	60.72	61.50

资料来源：南开大学公司治理数据库。

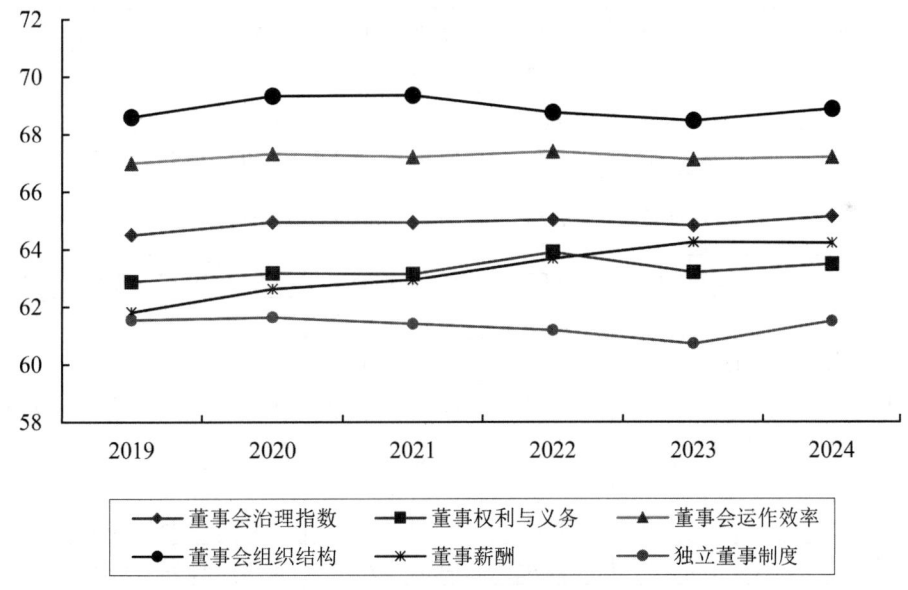

图 5-1　中国上市公司董事会治理指数平均值六年折线图比较

资料来源：南开大学公司治理数据库。

第二节　中国上市公司董事会治理分行业评价

一、2024 年中国上市公司董事会治理分行业总体描述

本报告以中国证监会制定的行业分类标准为依据，对行业间的董事会治理状况进行分析，以探究不同行业之间董事会治理的差异。从表 5-3 董事会治理指数分行业描述性统计中可以看出金融业的董事会治理质量的平均水平最高，为 67.59；制造业的上市公司数量最多为 3582 家，占比 67.34%，其公司治理指数的平均值为 65.09。农、林、牧、渔业，电力、热力、燃气及水生产和供应业，教育业董事会治理指数的平均水平较低，分别为 64.65、64.70 和 64.76。从标准差来看，房地产业，文化、体育和娱乐业，卫生和社会工作行业的公司间差距较小，其标准差分别为 1.78、1.77 和 1.74；制造业，信息传输、软件和信息技术服务业，金融业的标准差较大，分别为 2.50、2.67 和 2.85。

表 5-3　中国上市公司董事会治理指数分行业描述性统计

行业	数量	比例（%）	平均值	中位数	标准差	极差	最小值	最大值
农、林、牧、渔业	44	0.83	64.65	64.56	2.22	10.58	57.84	68.42
采矿业	85	1.60	65.23	65.22	2.23	11.81	59.34	71.15
制造业	3582	67.34	65.09	65.29	2.50	20.93	50.71	71.64
电力、热力、燃气及水生产和供应业	140	2.63	64.70	64.63	2.07	12.93	59.51	72.44
建筑业	110	2.07	65.18	65.30	1.92	10.17	59.91	70.08
批发和零售业	200	3.76	65.15	65.24	2.27	17.07	54.21	71.28
交通运输、仓储和邮政业	112	2.11	64.77	64.95	2.34	12.33	57.75	70.08
住宿和餐饮业	9	0.17	65.78	65.10	1.98	5.25	63.19	68.44
信息传输、软件和信息技术服务业	439	8.25	65.28	65.55	2.67	18.90	51.77	70.67
金融业	125	2.35	67.59	67.23	2.85	12.45	61.82	74.27
房地产业	98	1.84	64.82	64.89	1.78	11.74	56.63	68.37
租赁和商务服务业	74	1.39	64.84	65.09	2.35	12.91	56.91	69.82
科学研究和技术服务业	110	2.07	65.27	65.48	2.39	12.85	57.74	70.59
水利、环境和公共设施管理业	97	1.82	64.76	64.98	2.14	15.23	54.56	69.78
居民服务、修理和其他服务业	1	0.02	66.14	66.14	0.00	0.00	66.14	66.14
教育	12	0.23	64.76	64.47	2.37	7.10	60.75	67.85

续表

行业	数量	比例（%）	平均值	中位数	标准差	极差	最小值	最大值
卫生和社会工作	18	0.34	65.36	65.15	1.74	6.01	62.63	68.63
文化、体育和娱乐业	57	1.07	65.32	65.18	1.77	9.30	60.58	69.88
综合	6	0.11	65.35	65.02	2.14	4.97	63.25	68.22
合计	5319	100.00	65.14	65.29	2.48	23.55	50.71	74.27

资料来源：南开大学公司治理数据库。

从表 5-4 中国董事会治理分指数分行业描述性统计中可以看出，信息传输、软件和信息技术服务业、教育业在董事会权利与义务方面表现较好，居民服务、修理和其他服务业，综合业在董事会权利与义务方面表现相对较差；董事会运作效率方面综合业，住宿和餐饮业，金融业的优势最大，而居民服务、修理和其他服务业在董事会运作效率方面有较大提升空间；金融业在董事会组织结构方面表现也非常好，遥遥领先其他行业，其平均值名列行业第一，而教育业在董事会组织结构方面表现欠佳；居民服务、修理和其他服务业在董事薪酬方面位居行业第一，综合业在董事薪酬方面位居行业末尾；教育业在独立董事制度方面表现相对较好，居民服务、修理和其他服务业在独立董事制度方面表现较差。

表 5-4 中国上市公司董事会治理分指数分行业描述性统计

行业	董事会治理指数	董事权利与义务	董事会运作效率	董事会组织结构	董事薪酬	独立董事制度
农、林、牧、渔业	64.65	64.37	67.14	68.22	61.31	62.09
采矿业	65.23	63.79	67.49	71.40	60.93	62.04
制造业	65.09	63.40	66.95	68.35	64.93	61.41
电力、热力、燃气及水生产和供应业	64.70	63.03	68.32	70.22	59.63	61.39
建筑业	65.18	63.25	66.87	70.43	62.48	62.22
批发和零售业	65.15	63.38	68.31	69.27	62.49	61.52
交通运输、仓储和邮政业	64.77	62.03	68.96	70.00	59.76	61.49
住宿和餐饮业	65.78	64.44	70.63	72.00	59.22	61.75
信息传输、软件和信息技术服务业	65.28	64.57	66.58	67.62	66.07	61.76
金融业	67.59	63.37	69.52	81.71	60.22	61.94
房地产业	64.82	63.59	67.79	70.21	59.93	61.94
租赁和商务服务业	64.84	63.77	66.99	68.14	63.77	61.35
科学研究和技术服务业	65.27	63.79	67.75	68.50	65.08	60.94
水利、环境和公共设施管理业	64.76	64.08	67.61	68.11	62.78	61.09

续表

行业	董事会治理指数	董事权利与义务	董事会运作效率	董事会组织结构	董事薪酬	独立董事制度
居民服务、修理和其他服务业	66.14	60.25	66.12	70.00	72.00	60.75
教育	64.76	64.56	66.92	67.08	60.46	64.27
卫生和社会工作	65.36	62.58	66.28	70.00	65.47	61.76
文化、体育和娱乐业	65.32	62.76	69.06	70.49	61.06	61.89
综合	65.35	60.83	70.72	70.00	58.58	63.46
合计	65.14	63.49	67.19	68.88	64.22	61.50

资料来源：南开大学公司治理数据库。

二、2019－2024 中国上市公司董事会治理分行业比较

从表 5-5 董事会治理指数分行业描述性统计六年比较中可以看出，各行业在六年间都呈现出不同程度的波动性。金融业，居民服务、修理和其他服务业，卫生和社会工作业，信息传输、软件和信息技术服务业的董事会治理质量的平均水平在六年期间较高，其中金融业的董事会治理平均值六年位列行业第一。交通运输、仓储和邮政业的董事会治理平均值在六年期间表现较差。

表 5-5　中国上市公司董事会治理指数分行业描述性统计六年比较

行业	2019 年	2020 年	2021 年	2022 年	2023 年	2024 年
农、林、牧、渔业	64.17	64.61	64.48	64.88	64.06	64.65
采矿业	64.44	65.21	64.45	64.91	64.79	65.23
制造业	64.50	64.92	64.93	64.99	64.79	65.09
电力、热力、燃气及水生产和供应业	63.96	64.43	64.38	64.68	64.17	64.70
建筑业	64.53	64.82	64.75	64.97	64.68	65.18
批发和零售业	64.55	64.90	64.92	65.15	64.98	65.15
交通运输、仓储和邮政业	63.39	64.04	64.33	64.26	64.13	64.77
住宿和餐饮业	63.76	65.34	64.64	64.86	65.13	65.78
信息传输、软件和信息技术服务业	64.69	64.91	65.07	65.12	65.07	65.28
金融业	66.66	67.43	66.82	67.23	67.23	67.59
房地产业	64.48	64.82	64.73	64.96	64.64	64.82
租赁和商务服务业	64.42	64.45	64.50	64.84	64.43	64.84
科学研究和技术服务业	64.71	65.26	65.17	64.77	64.58	65.27
水利、环境和公共设施管理业	64.46	65.00	64.79	64.70	64.62	64.76
居民服务、修理和其他服务业	—	66.67	66.07	64.31	66.67	66.14

续表

行业	2019年	2020年	2021年	2022年	2023年	2024年
教育	64.34	64.84	64.78	65.06	64.38	64.76
卫生和社会工作	64.96	65.60	66.17	65.09	64.99	65.36
文化、体育和娱乐业	64.05	64.68	64.33	64.93	64.72	65.32
综合	63.65	64.41	64.18	64.44	64.47	65.35
合计	64.51	64.95	64.93	65.02	64.82	65.14

资料来源：南开大学公司治理数据库。

第三节 中国上市公司董事会治理分控股股东性质评价

一、2024年中国上市公司董事会治理分控股股东性质总体描述

从表5-6分控股股东性质董事会治理指数描述性统计中可以看出，无实际控制人上市公司董事会治理指数平均值最高，为65.92；社会团体控股、民营控股上市公司的董事会治理的平均值水平位居中间，分别为65.28和65.23；外资控股、国有控股、其他类型、集体控股的上市公司的董事会治理质量低于全样本平均水平，其平均值分别为65.08、64.82、64.67和63.90。从不同控股股东类别公司间的差异程度来说，其他类型类上市公司的差异程度较大，其标准差为2.87；社会团体控股类上市公司最小，其标准差为1.32。

表5-6 中国上市公司董事会治理指数分控股股东性质描述性统计

控股股东性质	数量	比例（%）	平均值	中位数	标准差	极差	最小值	最大值
国有控股	1384	26.02	64.82	64.82	2.19	20.94	50.71	71.65
集体控股	21	0.40	63.90	63.54	2.34	11.07	56.97	68.04
民营控股	3269	61.46	65.23	65.48	2.54	20.68	51.77	72.44
社会团体控股	7	0.13	65.28	65.44	1.32	3.59	63.69	67.28
外资控股	206	3.87	65.08	65.27	2.13	15.86	54.07	69.93
无实际控制人	326	6.13	65.92	65.82	2.81	20.68	53.59	74.27
其他类型	106	1.99	64.67	65.02	2.87	17.75	53.22	70.97
合计	5319	100.00	65.14	65.29	2.48	23.55	50.71	74.27

资料来源：南开大学公司治理数据库。

从董事权利与义务指数来看，民营控股类上市公司最高，外资控股类上市公司最低；从董事会运作效率指数来看，国有控股类上市公司表现最好，集体控股类上市公司表现最差；从董事会组织结构指数来看，无实际控制人上市公司最高，其他

类型类上市公司最低；在董事薪酬方面，其他类型类上市公司表现最好，社会团体控股类上市公司表现最差；在独立董事制度方面，社会团体控股类上市公司表现最好，而其他类型上市公司表现最差。见表5-7。

表5-7 中国上市公司董事会治理分指数分控股股东性质描述性统计

控股股东性质	董事会治理指数	董事权利与义务	董事会运作效率	董事会组织结构	董事薪酬	独立董事制度
国有控股	64.82	62.90	68.85	70.21	59.39	61.57
集体控股	63.90	61.26	66.28	67.52	61.55	61.57
民营控股	65.23	64.09	66.41	68.06	66.22	61.44
社会团体控股	65.28	62.54	68.84	71.29	58.36	63.57
外资控股	65.08	59.91	67.28	69.50	65.19	61.31
无实际控制人	65.92	63.06	68.02	71.60	63.73	62.18
其他类型	64.67	61.46	67.00	67.20	66.07	60.49
合计	65.14	63.49	67.19	68.88	64.22	61.50

资料来源：南开大学公司治理数据库。

二、2019－2024年中国上市公司董事会治理分控股股东性质比较

从分控股股东性质董事会治理评价六年的发展趋势看，2019－2024年，民营控股上市公司的董事会治理质量已持续六年超过国有控股上市公司。

从2024年度董事会治理状况来说，国有控股上市公司在董事会运作效率、董事会组织结构、独立董事制度方面超过民营控股上市公司，而民营控股上市公司在董事权利与义务、董事薪酬方面超过国有控股上市公司，尤其在董事薪酬方面，民营控股公司的优势较大。

从六年国有和民营控股公司在董事会分指数方面的变动趋势来看，民营控股上市公司在董事薪酬、董事权利与义务方面一直具有较大优势；民营控股上市公司在连续六年期间均在董事薪酬、董事权利与义务方面超过国有控股上市公司。而国有控股上市公司在董事会组织结构和董事会运作效率方面具有较大优势，国有控股上市公司连续六年在董事会组织结构与董事会运作效率的平均值方面超过民营控股上市公司。见表5-8。

表5-8 中国国有和民营控股公司董事会治理指数描述性统计六年比较

年份	控股股东性质	董事会治理指数	董事权利与义务	董事会运作效率	董事会组织结构	董事薪酬	独立董事制度
2019	国有	64.11	62.42	68.18	68.71	58.23	61.74
	民营	64.72	63.25	66.39	68.62	63.61	61.41

续表

年份	控股股东性质	董事会治理指数	董事权利与义务	董事会运作效率	董事会组织结构	董事薪酬	独立董事制度
2020	国有	64.61	63.23	68.51	69.66	58.76	61.89
	民营	65.08	63.30	66.71	69.02	64.50	61.46
2021	国有	64.56	62.75	68.42	69.69	59.17	61.62
	民营	65.09	63.50	66.58	69.13	64.70	61.31
2022	国有	64.73	63.13	68.78	70.27	59.30	61.21
	民营	65.15	64.51	66.70	68.04	65.58	61.20
2023	国有	64.37	61.77	68.59	70.00	59.66	60.45
	民营	64.95	64.11	66.38	67.55	66.14	60.82
2024	国有	64.82	62.90	68.85	70.21	59.39	61.57
	民营	65.23	64.09	66.41	68.06	66.22	61.44

资料来源：南开大学公司治理数据库。

第四节 中国上市公司董事会治理分地区评价

一、2024年中国上市公司董事会治理分地区总体描述

上市公司的董事会治理状况在各地区之间具有明显的差异。如表5-9所示，贵州省、内蒙古、青海省的上市公司董事会治理的平均水平较高，位居地区前三名，其平均值分别为65.88、65.66和65.34；辽宁省、香港和宁夏上市公司的董事会治理平均值位于地区最后三名，其平均值分别为64.54、61.99和64.15。从董事会治理质量在公司间的差异程度来说，香港、吉林省和青海省上市公司董事会治理质量的差异程度较大，其标准差分别为4.53、3.06和3.03；新疆、甘肃省和黑龙江省的上市公司董事会治理质量的差异程度较小，其标准差分别为1.90、1.81和1.76。

表5-9 中国上市公司董事会治理指数分地区描述性统计

地区	数量	比例（%）	平均值	中位数	标准差	极差	最小值	最大值
北京市	467	8.78	65.33	65.61	2.81	23.55	50.71	74.27
天津市	72	1.35	64.93	65.43	2.07	12.19	56.64	68.83
河北省	77	1.45	65.24	65.78	2.95	16.95	55.49	72.44
山西省	41	0.77	64.92	64.94	2.02	9.44	59.34	68.78
内蒙古	26	0.49	65.66	65.71	1.93	7.92	61.08	69.00
辽宁省	87	1.64	64.54	64.90	2.87	17.40	52.69	70.09

续表

地区	数量	比例（%）	平均值	中位数	标准差	极差	最小值	最大值
吉林省	49	0.92	64.64	65.18	3.06	16.35	52.78	69.13
黑龙江省	40	0.75	64.84	64.87	1.76	8.95	59.72	68.68
上海市	437	8.22	65.16	65.30	2.27	19.67	53.38	73.05
江苏省	685	12.88	65.31	65.35	2.42	20.59	53.22	73.80
浙江省	700	13.16	64.97	65.07	2.33	20.06	53.77	73.83
安徽省	175	3.29	65.05	65.24	2.25	13.62	55.92	69.54
福建省	169	3.18	65.28	65.40	2.13	13.36	56.97	70.33
江西省	88	1.65	65.03	65.39	2.17	13.82	56.49	70.32
山东省	307	5.77	64.89	65.06	2.87	18.90	52.26	71.15
河南省	110	2.07	65.05	65.10	2.72	17.82	53.60	71.43
湖北省	146	2.74	65.06	65.20	2.68	16.55	54.12	70.67
湖南省	146	2.74	65.33	65.54	2.45	17.36	53.87	71.23
广东省	867	16.30	65.33	65.44	2.47	19.25	52.19	71.44
广西	41	0.77	64.94	65.35	2.79	16.15	55.23	71.38
海南省	27	0.51	64.90	64.50	2.32	9.38	60.34	69.73
重庆市	78	1.47	64.71	64.85	2.94	18.78	53.58	72.37
四川省	173	3.25	65.24	65.42	2.19	15.12	55.28	70.40
贵州省	36	0.68	65.88	65.91	1.92	9.98	61.91	71.89
云南省	41	0.77	64.94	64.57	2.04	7.81	61.10	68.92
西藏	22	0.41	65.24	65.15	2.11	8.32	61.02	69.33
陕西省	81	1.52	64.70	64.97	2.87	15.70	53.59	69.29
甘肃省	35	0.66	64.72	64.42	1.81	9.56	61.14	70.70
青海省	10	0.19	65.34	65.57	3.03	10.26	59.63	69.89
宁夏	17	0.32	64.15	64.44	2.83	11.84	55.44	67.29
新疆	60	1.13	65.08	64.74	1.90	8.47	61.68	70.14
香港	3	0.06	61.99	63.65	4.53	8.59	56.86	65.45
开曼群岛	6	0.11	64.77	65.04	2.56	6.27	61.47	67.74
合计	5319	100.00	65.14	65.29	2.48	23.55	50.71	74.27

资料来源：南开大学公司治理数据库。

二、2019－2024 年中国上市公司董事会治理分地区比较

从表 5-10 中国上市公司董事会治理指数平均值的六年比较可以看出，贵州省、湖南省、西藏的董事会治理质量的平均水平在六年期间表现较好，位列前三名。贵州省在 2019－2024 年均是第一名，湖南省连续六年进入前五名，西藏四年进入前五名，青海省、广东省和江苏省表现也较好，位居前列；宁夏、甘肃省和辽宁省董事会治理质量的平均水平在六年期间表现相对较差。

表 5-10　中国上市公司董事会治理指数分地区描述性统计六年比较

地区	2019年	2020年	2021年	2022年	2023年	2024年
北京市	64.65	65.20	65.07	65.14	64.98	65.33
天津市	64.28	65.03	64.71	64.93	64.57	64.93
河北省	64.34	64.83	65.03	64.94	64.94	65.24
山西省	64.19	64.59	64.39	63.95	64.04	64.92
内蒙古	64.20	64.95	64.85	65.66	65.18	65.66
辽宁省	64.37	64.38	64.11	64.25	63.91	64.54
吉林省	64.68	64.79	64.62	64.76	64.57	64.64
黑龙江省	64.03	64.40	64.89	65.07	64.75	64.84
上海市	64.36	64.98	64.85	65.09	65.04	65.16
江苏省	64.71	65.11	65.17	65.16	64.85	65.31
浙江省	64.58	64.77	64.87	65.06	64.83	64.97
安徽省	64.17	64.73	64.58	64.94	64.55	65.05
福建省	64.53	64.73	64.69	65.05	64.89	65.28
江西省	63.90	64.45	64.40	64.54	64.84	65.03
山东省	64.40	64.89	64.82	64.91	64.61	64.89
河南省	64.52	65.04	65.02	64.74	64.36	65.05
湖北省	64.23	64.81	64.76	64.93	64.54	65.06
湖南省	65.02	65.39	65.38	65.20	65.08	65.33
广东省	64.59	65.15	65.16	65.19	65.03	65.33
广西	64.54	64.74	64.31	64.63	64.85	64.94
海南省	63.91	64.47	64.55	64.92	64.74	64.90
重庆市	64.67	65.09	65.25	65.11	64.66	64.71
四川省	64.49	65.01	65.12	65.16	64.80	65.24
贵州省	65.77	65.48	65.68	65.80	65.63	65.88
云南省	63.93	64.32	64.72	64.46	64.69	64.94
西藏	64.69	65.46	65.18	64.95	65.62	65.24
陕西省	64.22	64.59	64.22	64.27	64.19	64.70
甘肃省	63.73	63.77	63.73	64.21	64.10	64.72
青海省	64.94	64.95	64.94	65.80	64.99	65.34
宁夏	64.38	63.21	63.01	63.14	63.49	64.15
新疆	63.94	65.04	64.96	65.20	64.79	65.08
香港	—	—	—	—	63.65	61.99
开曼群岛	—	—	62.59	66.12	63.96	64.77
合计	64.51	64.95	64.93	65.02	64.82	65.14

资料来源：南开大学公司治理数据库。

第五节　中国上市公司董事会治理100佳评价

一、中国上市公司董事会治理100佳比较分析

如表5-11所示，董事会治理100佳上市公司的表现明显优于全样本上市公司。100佳上市公司董事会治理指数的平均值为70.61，比全样本高5.47。100佳公司董事会治理质量的优势主要体现在董事会组织结构、董事薪酬和独立董事制度方面，100佳公司在董事会运作效率、董事权利与义务方面的优势并不是很明显。

表5-11　中国上市公司董事会治理100佳描述性统计

项目	样本	平均值	中位数	标准差	极差	最小值	最大值
董事会治理指数	100佳	70.61	70.12	1.07	4.65	69.62	74.27
	样本总体	65.14	65.29	2.48	23.55	50.71	74.27
董事权利与义务	100佳	66.74	67.63	4.82	20.25	55.25	75.50
	样本总体	63.49	63.00	4.87	29.00	46.50	75.50
董事会运作效率	100佳	70.68	71.88	2.51	10.64	63.82	74.46
	样本总体	67.19	67.56	4.24	28.75	45.71	74.46
董事会组织结构	100佳	79.54	74.50	10.92	27.00	70.00	97.00
	样本总体	68.47	70.00	10.91	97.00	0.00	97.00
董事薪酬	100佳	70.45	72.25	6.15	19.50	57.00	76.50
	样本总体	64.22	64.50	6.41	26.50	50.00	76.50
独立董事制度	100佳	65.07	66.00	2.81	14.25	58.25	72.50
	样本总体	61.50	61.75	4.07	23.75	48.75	72.50

资料来源：南开大学公司治理数据库。

二、中国上市公司董事会治理100佳公司行业分布

表5-12是董事会治理100佳公司的行业分布。制造业和金融业入围100佳的公司数量较多，分别有46家和28家，在数量上位居行业前两位；金融业、采矿业、科学研究和技术服务业分别有22.40%、3.53%、2.73%的公司入围100佳，在所占行业比重方面位于行业前三位。农、林、牧、渔业，批发零售业，住宿和餐饮业，房地产业，居民服务、修理和其他服务业，教育，卫生和社会工作，综合业没有公司入围100佳。

表 5-12 中国上市公司董事会治理 100 佳公司行业分布

行业	样本总体		100 佳	
	数量	比例（%）	数量	占本行业比例（%）
农、林、牧、渔业	44	0.83	—	—
采矿业	85	1.60	3	3.53
制造业	3582	67.34	46	1.28
电力、热力、燃气及水生产和供应业	140	2.63	1	0.71
建筑业	110	2.07	2	1.82
批发零售业	200	3.76	—	—
交通运输、仓储和邮政业	112	2.11	2	1.79
住宿和餐饮业	9	0.17	—	—
信息传输、软件和信息技术服务业	439	8.25	8	1.82
金融业	125	2.35	28	22.40
房地产业	98	1.84	—	—
租赁和商务服务业	74	1.39	1	1.35
科学研究和技术服务业	110	2.07	3	2.73
水利、环境和公共设施管理业	97	1.82	1	1.03
居民服务、修理和其他服务业	1	0.02	—	—
教育	12	0.23	—	—
卫生和社会工作	18	0.34	—	—
文化、体育和娱乐业	57	1.07	1	1.75
综合	6	0.11	—	—
合计	5319	100.00	100	1.88

资料来源：南开大学公司治理数据库。

三、中国上市公司董事会治理 100 佳公司控股股东性质分布

表 5-13 给出了董事会治理 100 佳公司控股股东分布情况。1.30%的国有控股类上市公司（18 家）入围 100 佳，47 家民营控股类上市公司入围 100 佳，所占类别比重为 1.44%。29 家无实际控制人类型、4 家其他类型和 2 家社会团体控股上市公司入围 100 佳行列。外资控股和集体控股没有公司入围 100 佳。

表 5-13 中国上市公司董事会治理 100 佳公司控股股东分布

控股股东性质	样本总体		100 佳	
	数量	比例（%）	数量	占本组比例（%）
国有控股	1384	26.02	18	1.30
集体控股	21	0.40	—	—
民营控股	3269	61.46	47	1.44

续表

控股股东性质	样本总体		100 佳	
	数量	比例（%）	数量	占本组比例（%）
社会团体控股	7	0.13	2	28.57
外资控股	206	3.87	—	—
无实际控制人	326	6.13	29	8.90
其他类型	106	1.99	4	3.77
合计	5319	100.00	100	—

资料来源：南开大学公司治理数据库。

四、中国上市公司董事会治理 100 佳公司地区分布

从表 5-14 中国董事会治理 100 佳的地区分布情况来看，江苏省、北京市、浙江省、广东省、上海市分别有 17 家、17 家、14 家、12 家和 7 家公司入围 100 佳；从入围 100 佳公司占本地区比例来看，青海省以 10.00%位居首位，其次是河北省和海南省。天津市、山西省、内蒙古、吉林省、黑龙江省、安徽省、广西、云南省、西藏、陕西省、宁夏、新疆没有上市公司入围 100 佳行列。

表 5-14　中国上市公司董事会治理 100 佳公司地区分布

地区	样本总体		100 佳	
	数量	比例（%）	数量	占本地区比例（%）
北京市	467	8.78	17	3.64
天津市	72	1.35	—	—
河北省	77	1.45	3	3.90
山西省	41	0.77	—	—
内蒙古	26	0.49	—	—
辽宁省	87	1.64	1	1.15
吉林省	49	0.92	—	—
黑龙江省	40	0.75	—	—
上海市	437	8.22	7	1.60
江苏省	685	12.88	17	2.48
浙江省	700	13.16	14	2.00
安徽省	175	3.29	—	—
福建省	169	3.18	5	2.96
江西省	88	1.65	2	2.27
山东省	307	5.77	8	2.61
河南省	110	2.07	1	0.91

续表

地区	样本总体		100 佳	
	数量	比例（%）	数量	占本地区比例（%）
湖北省	146	2.74	1	0.68
湖南省	146	2.74	2	1.37
广东省	867	16.30	12	1.38
广西	41	0.77	—	—
海南省	27	0.51	1	3.70
重庆市	78	1.47	2	2.56
四川省	173	3.25	2	1.16
贵州省	36	0.68	1	2.78
云南省	41	0.77	—	—
西藏	22	0.41	—	—
陕西省	81	1.52	—	—
甘肃省	35	0.66	1	2.86
青海省	10	0.19	1	10.00
宁夏	17	0.32	—	—
新疆	60	1.13	—	—
香港	3	0.06	—	—
开曼群岛	6	0.11	—	—
合计	5319	100.00	100	1.88

资料来源：南开大学公司治理数据库。

第六节　中国上市公司董事会治理评价主要结论

在对 2024 年度 5319 家中国上市公司董事会治理状况进行分析及历年数据进行比较的基础上，总结我国上市公司董事会治理质量呈现的特征及变化趋势，并给出我国上市公司董事会治理质量在行业、控股股东性质、地区方面的差异。

第一，2024 年中国上市公司样本量为 5319 家，董事会治理指数的平均值为 65.14，中位数为 65.29，标准差为 2.48。从董事会治理的五个主要因素来看，董事会组织结构指数最高，平均值为 68.88；董事会运作效率指数的平均值次之，为 67.19；董事权利与义务指数和董事薪酬指数位于中间，其平均值分别为 63.49 和 64.22；独立董事制度指数的平均值最低，为 61.50。

第二，董事会治理指数的平均水平在 2019－2020 年呈现出上升趋势，2021 年略有下降，2022 年回升，2023 年明显下降，2024 年有所回升。但表现在董事会组织结构、独立董事制度、董事权利与义务、董事会运作效率和董事薪酬指数的平均水平在六年期间则具有不同程度的波动性。

第三，2024年度中国上市公司董事会治理质量的平均水平高于2023年的平均水平，五个分指标呈现出不同方向变化。其中，董事权利与义务、董事会运作效率、董事会组织结构与独立董事制度的指标分别提高0.29、0.08、0.41和0.78，董事薪酬指数降低0.03。

第四，董事会治理质量在不同行业及地区之间呈现出差异性。从行业分布情况来看，董事会治理指数分行业描述性统计中可以看出金融业的董事会治理质量的平均水平最高，为67.59；制造业的上市公司数量最多为3582家，占比67.34%，其公司治理指数的平均值为65.09。农、林、牧、渔业，电力、热力、燃气及水生产和供应业，教育业董事会治理指数的平均水平较低。贵州省、内蒙古、青海省的上市公司董事会治理的平均水平较高，位居地区前三名，其平均值分别为65.88、65.66和65.34；辽宁省、香港和宁夏上市公司的董事会治理平均值位于地区最后三名，其平均值分别为64.54、61.99和64.15。上市公司的董事会治理状况在各地区之间具有明显的差异。

第五，2019－2024年，民营控股上市公司的董事会治理质量已连续六年超过国有控股上市公司。2024年度，国有控股上市公司在董事会运作效率、董事会组织结构方面超过民营控股上市公司，而民营控股上市公司在董事权利与义务、董事薪酬方面超过国有控股上市公司，尤其在董事薪酬方面，民营控股公司的优势较大。

第六，2024年度董事会治理100佳上市公司的表现明显优于全样本上市公司，尤其在董事会组织结构、董事薪酬和独立董事制度方面具有较大优势。从100佳公司的行业分布来说，制造业和金融业入围100佳的公司数量较多，分别有46家和28家，在数量上位居行业前两位。从控股股东性质分布来说，1.30%的国有控股类上市公司（18家）入围100佳，47家民营控股类上市公司入围100佳，所占类别比重为1.44%。29家无实际控制人类型、4家其他类型和2家社会团体控股上市公司入围100佳行列。外资控股和集体控股没有公司入围100佳。从地区分布来说，江苏省、北京市、浙江省、广东省、上海市分别有17家、17家、14家、12家和7家公司入围100佳；从入围100佳公司占本地区比例来看，青海省以10.00%位居首位，其次是河北省和海南省。天津市、山西省、内蒙古、吉林省、黑龙江省、安徽省、广西、云南省、西藏、陕西省、宁夏、新疆没有上市公司入围100佳行列。

第六章　中国上市公司监事会治理评价

第一节　中国上市公司监事会治理总体分析

一、2024年中国上市公司监事会治理总体描述

2024年中国上市公司样本量为5319家，由于9家上市公司注册地为香港和开曼群岛，适用境外注册地公司法等法律法规规定，且在年报中披露未设立监事会，故对于这类样本不评价监事会治理状况，因此监事会治理最终评价样本为5310家上市公司。监事会治理指数的平均值为59.17，标准差为5.12，监事会治理指数基本服从正态分布。从监事会治理指数的三个主要因素来看，样本公司运行状况指数平均值为75.63，规模结构指数平均值为45.60，胜任能力指数平均值为58.64。指标统计指数见表6-1。

表6-1　中国上市公司监事会治理总体状况描述性统计

项目	平均值	中位数	标准差	极差	最小值	最大值
监事会治理指数	59.17	57.74	5.12	37.59	40.85	78.44
运行状况	75.63	80.00	5.33	50.00	30.00	80.00
规模结构	45.60	40.00	11.41	50.00	30.00	80.00
胜任能力	58.64	58.60	5.64	57.54	23.36	80.90

资料来源：南开大学公司治理数据库。

二、2019－2024年中国上市公司监事会治理比较

从2019－2024年连续六年监事会治理指数的发展趋势看（见表6-2、图6-1），其平均值在2022－2024年有小幅下降。三个分指数中，运行状况指数在2021－2024年有小幅下降；规模结构指数在2021－2024年呈现下降趋势；胜任能力指数较为平稳且略有上升。

表6-2　中国上市公司监事会治理指数描述性统计六年比较

项目	2019年	2020年	2021年	2022年	2023年	2024年
监事会治理指数	59.55	59.65	59.65	59.49	59.34	59.17
运行状况	75.83	75.71	75.88	75.85	76.00	75.63

续表

项目	2019年	2020年	2021年	2022年	2023年	2024年
规模结构	48.44	48.66	47.18	46.61	45.94	45.60
胜任能力	56.72	56.89	58.21	58.36	58.47	58.64

资料来源：南开大学公司治理数据库。

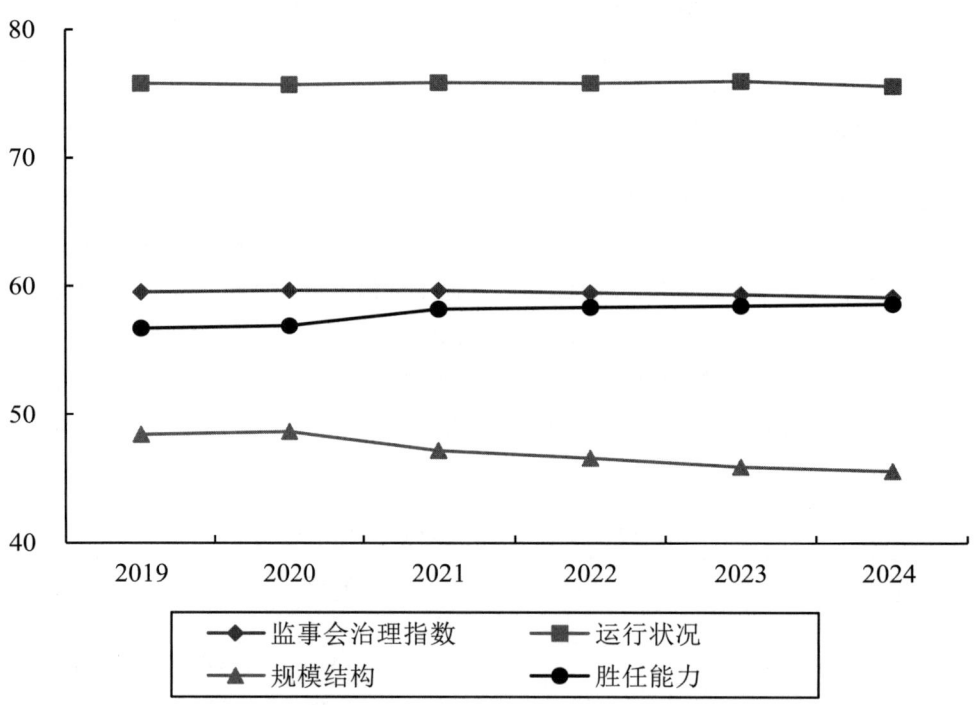

图6-1　中国上市公司监事会治理指数平均值六年折线图比较

资料来源：南开大学公司治理数据库。

第二节　中国上市公司监事会治理分行业评价

一、2024年中国上市公司监事会治理分行业总体描述

从行业分布状况可以看出，各行业监事会治理指数存在一定的差异。监事会治理指数前两位的行业分别为金融业，交通运输、仓储和邮政业，平均值分别为66.36和62.89；监事会治理指数较低的两个行业是制造业以及居民服务、修理和其他服务业，平均值分别为58.46和56.16。行业分布统计详情见表6-3。

表 6-3 中国上市公司监事会治理指数分行业描述性统计

行业	数量	比例（%）	平均值	中位数	标准差	极差	最小值	最大值
农、林、牧、渔业	44	0.83	59.93	58.25	5.44	19.59	52.01	71.60
采矿业	84	1.58	62.62	59.90	6.28	21.95	53.69	75.64
制造业	3575	67.33	58.46	57.28	4.62	33.29	43.02	76.31
电力、热力、燃气及水生产和供应业	140	2.64	62.11	60.33	6.08	25.22	50.18	75.39
建筑业	110	2.07	60.04	58.80	5.53	25.10	48.65	73.75
批发和零售业	200	3.77	60.14	58.59	5.01	22.79	52.01	74.80
交通运输、仓储和邮政业	112	2.11	62.89	60.75	6.38	29.62	46.56	76.17
住宿和餐饮业	9	0.17	59.39	57.68	5.09	14.38	53.73	68.10
信息传输、软件和信息技术服务业	438	8.25	58.71	57.95	4.42	31.47	43.06	74.53
金融业	125	2.35	66.36	68.14	6.69	27.35	51.09	78.44
房地产业	98	1.85	61.12	59.59	6.39	34.42	40.85	75.28
租赁和商务服务业	74	1.39	59.63	57.81	5.10	19.78	52.95	72.73
科学研究和技术服务业	110	2.07	59.33	57.97	4.64	19.22	53.34	72.56
水利、环境和公共设施管理业	97	1.83	58.93	57.77	4.20	18.49	52.92	71.41
居民服务、修理和其他服务业	1	0.02	56.16	56.16	0.00	0.00	56.16	56.16
教育	12	0.23	61.37	60.37	6.11	17.82	53.80	71.62
卫生和社会工作	18	0.34	59.76	59.61	3.20	11.27	54.60	65.87
文化、体育和娱乐业	57	1.07	61.22	58.72	6.07	23.04	50.80	73.84
综合	6	0.11	62.69	60.21	6.22	16.13	56.31	72.44
合计	5310	100.00	59.17	57.74	5.12	37.59	40.85	78.44

资料来源：南开大学公司治理数据库。

从分指数来看，导致金融业，交通运输、仓储和邮政业，以及综合类居于前列的主要因素是这些行业的规模结构指数和胜任能力指数都明显高于平均值，其规模结构指数分别为62.20、53.48和53.33，其胜任能力指数分别为63.09、61.75和61.49；导致制造业，信息传输、软件和信息技术服务业上市公司监事会治理指数分值较低的原因主要是规模结构和胜任能力分指数较低，规模结构指数分别为44.32和43.80，胜任能力指数分别为57.84和58.61。见表6-4。

表 6-4　中国上市公司监事会治理分指数分行业描述性统计

行业	数量	比例（%）	监事会治理指数	运行状况	规模结构	胜任能力
农、林、牧、渔业	44	0.83	59.93	76.82	46.82	58.56
采矿业	84	1.58	62.62	75.83	52.26	61.66
制造业	3575	67.33	58.46	75.70	44.32	57.84
电力、热力、燃气及水生产和供应业	140	2.64	62.11	75.21	51.61	61.39
建筑业	110	2.07	60.04	75.64	46.91	59.79
批发和零售业	200	3.77	60.14	74.95	47.40	60.18
交通运输、仓储和邮政业	112	2.11	62.89	75.18	53.48	61.75
住宿和餐饮业	9	0.17	59.39	73.33	45.56	61.27
信息传输、软件和信息技术服务业	438	8.25	58.71	76.21	43.80	58.61
金融业	125	2.35	66.36	75.04	62.20	63.09
房地产业	98	1.85	61.12	73.78	49.39	62.00
租赁和商务服务业	74	1.39	59.63	74.46	45.95	60.59
科学研究和技术服务业	110	2.07	59.33	76.09	44.45	59.85
水利、环境和公共设施管理业	97	1.83	58.93	75.67	44.02	59.49
居民服务、修理和其他服务业	1	0.02	56.16	80.00	40.00	51.90
教育	12	0.23	61.37	75.83	50.83	59.52
卫生和社会工作	18	0.34	59.76	77.22	43.89	60.67
文化、体育和娱乐业	57	1.07	61.22	74.74	50.09	60.76
综合	6	0.11	62.69	75.00	53.33	61.49
合计	5310	100.00	59.17	75.63	45.60	58.64

资料来源：南开大学公司治理数据库。

二、2019－2024 年中国上市公司监事会治理分行业比较

从表 6-5 的统计数据可以看出，2019－2024 年金融业，交通运输、仓储和邮政业上市公司的监事会治理指数一直位于行业前列，而制造业，信息传输、软件和信息技术服务业等行业上市公司这六年来在监事会治理方面表现较差。由历年数据分析来看，行业因素会导致监事会治理水平的差异。

表 6-5　中国上市公司监事会治理指数分行业描述性统计六年比较

行业	2019 年	2020 年	2021 年	2022 年	2023 年	2024 年
农、林、牧、渔业	59.51	60.29	59.83	59.35	59.24	59.93
采矿业	63.46	62.51	62.59	62.72	62.72	62.62
制造业	58.72	58.81	58.85	58.75	58.65	58.46
电力、热力、燃气及水生产和供应业	63.31	63.55	63.61	62.86	62.2	62.11

续表

行业	2019年	2020年	2021年	2022年	2023年	2024年
建筑业	60.39	60.78	60.95	60.39	60.89	60.04
批发和零售业	60.90	60.74	60.25	60.14	59.96	60.14
交通运输、仓储和邮政业	62.47	62.45	63.25	63.19	62.93	62.89
住宿和餐饮业	62.13	62.63	62.29	60.63	60.46	59.39
信息传输、软件和信息技术服务业	58.36	58.54	58.73	58.80	58.66	58.71
金融业	65.63	66.78	66.90	67.15	67.74	66.36
房地产业	61.22	61.01	60.74	60.97	60.84	61.12
租赁和商务服务业	59.20	60.10	59.40	60.18	59.62	59.63
科学研究和技术服务业	59.40	59.73	59.62	59.62	59.25	59.33
水利、环境和公共设施管理业	60.27	60.23	59.27	58.70	58.86	58.93
居民服务、修理和其他服务业	—	57.84	55.37	58.58	59.11	56.16
教育	64.78	63.34	63.09	61.83	61.91	61.37
卫生和社会工作	59.20	58.05	58.30	58.73	58.63	59.76
文化、体育和娱乐业	60.72	60.31	61.22	60.39	60.53	61.22
综合	60.79	60.07	61.30	61.01	60.23	62.69
合计	59.55	59.65	59.65	59.49	59.34	59.17

资料来源：南开大学公司治理数据库。

第三节　中国上市公司监事会治理分控股股东性质评价

一、2024年中国上市公司监事会治理分控股股东性质总体描述

从表6-6的数据可以看出，控股股东性质为国有控股的上市公司监事会治理指数的平均值为62.72，集体控股上市公司为59.54，民营控股上市公司为57.63，社会团体控股上市公司为58.34，外资控股上市公司为57.83，其他类型上市公司为57.71，无实际控制人上市公司为60.90。国有控股上市公司监事会治理水平明显高于其他上市公司。

表6-6　中国上市公司监事会治理指数分控股股东性质描述性统计

控股股东性质	数量	比例（%）	平均值	中位数	标准差	极差	最小值	最大值
国有控股	1380	25.99	62.72	60.47	6.15	36.40	40.85	77.25
集体控股	21	0.40	59.54	58.37	3.82	12.48	54.05	66.53
民营控股	3267	61.53	57.63	57.01	3.70	31.78	43.02	74.80
社会团体控股	7	0.13	58.34	58.06	1.97	6.50	55.72	62.22
外资控股	206	3.88	57.83	57.08	3.63	21.24	51.91	73.16

续表

控股股东性质	数量	比例（%）	平均值	中位数	标准差	极差	最小值	最大值
无实际控制人	323	6.08	60.90	59.31	5.81	35.38	43.06	78.44
其他类型	106	2.00	57.71	57.23	3.83	19.54	51.87	71.41
合计	5310	100.00	59.17	57.74	5.12	37.59	40.85	78.44

资料来源：南开大学公司治理数据库。

从分指数来看，导致国有控股上市公司监事会治理指数高于其他上市公司的原因是国有控股上市公司的规模结构和胜任能力分指数比较高，反映出国有控股上市公司在监事会规模结构和监事会成员胜任能力方面表现较好，可能的原因是国有控股上市公司的最终控制人更倾向于完善监事会治理水平。见表6-7。

表6-7 中国上市公司监事会治理分指数分控股股东性质描述性统计

控股股东性质	数量	比例（%）	监事会治理指数	运行状况	规模结构	胜任能力
国有控股	1380	25.99	62.72	75.12	52.66	62.14
集体控股	21	0.40	59.54	74.29	47.14	59.30
民营控股	3267	61.53	57.63	75.88	42.66	56.97
社会团体控股	7	0.13	58.34	71.43	40.00	65.47
外资控股	206	3.88	57.83	75.63	41.99	58.41
无实际控制人	323	6.08	60.90	75.45	48.61	60.72
其他类型	106	2.00	57.71	75.57	42.36	57.76
合计	5310	100.00	59.17	75.63	45.60	58.64

资料来源：南开大学公司治理数据库。

二、2019－2024年中国上市公司监事会治理分控股股东性质比较

表6-8列出了2019－2024年六年的国有控股和民营控股上市公司的监事会治理指数，总体上看，六年内国有控股上市公司的监事会治理质量一直优于民营控股上市公司；从监事会运行状况看，民营控股上市公司总体上高于国有控股上市公司；从监事会的规模结构看，国有控股上市公司要明显好于民营控股上市公司，差距一直维持在10以上；从监事会胜任能力看，近六年来，国有控股上市公司要好于民营控股上市公司，近三年两者差距维持在5以上。

表6-8 中国国有和民营控股上市公司监事会治理指数描述性统计六年比较

年份	控股股东性质	监事会治理指数	运行状况	规模结构	胜任能力
2019	国有	63.42	74.87	56.63	60.39
	民营	57.74	76.34	44.64	54.90

续表

年份	控股股东性质	监事会治理指数	运行状况	规模结构	胜任能力
2020	国有	63.20	75.14	55.69	60.48
	民营	57.88	76.03	45.22	54.97
2021	国有	63.37	75.18	54.71	61.90
	民营	57.90	76.25	43.72	56.35
2022	国有	63.22	75.25	54.24	61.89
	民营	57.86	76.09	43.42	56.69
2023	国有	62.97	75.55	53.20	61.95
	民营	57.71	76.22	42.79	56.75
2024	国有	62.72	75.12	52.66	62.14
	民营	57.63	75.88	42.66	56.97

资料来源：南开大学公司治理数据库。

第四节　中国上市公司监事会治理分地区评价

一、2024年中国上市公司监事会治理分地区总体描述

上市公司监事会治理指数平均值排在前三名的是新疆（63.12）、山西省（63.07）和云南省（62.91）的上市公司，监事会治理指数平均值排名后三位的地区是浙江省（57.73）、江苏省（58.16）和广东省（58.34）。详情见表6-9。

表6-9　中国上市公司监事会治理指数分地区描述性统计

地区	数量	比例（%）	平均值	中位数	标准差	极差	最小值	最大值
北京市	467	8.79	60.27	58.90	5.34	31.64	43.16	74.80
天津市	72	1.36	59.31	57.53	5.69	31.75	40.85	72.60
河北省	77	1.45	59.71	57.35	5.67	22.97	53.34	76.31
山西省	41	0.77	63.07	62.79	6.15	23.45	52.19	75.64
内蒙古	26	0.49	59.18	58.25	6.94	29.09	45.12	74.20
辽宁省	87	1.64	59.99	58.77	5.00	20.76	52.12	72.88
吉林省	49	0.92	60.56	58.65	5.68	21.52	50.16	71.69
黑龙江省	40	0.75	59.59	58.02	5.27	19.61	52.53	72.14
上海市	437	8.23	59.48	58.02	5.08	29.59	46.56	76.15
江苏省	685	12.90	58.16	57.11	4.62	35.38	43.06	78.44
浙江省	700	13.18	57.73	56.75	4.41	30.76	46.58	77.33
安徽省	175	3.30	59.61	58.13	5.33	24.27	51.06	75.33

续表

地区	数量	比例（%）	平均值	中位数	标准差	极差	最小值	最大值
福建省	169	3.18	58.83	57.70	4.73	22.93	52.12	75.05
江西省	88	1.66	59.37	57.53	5.28	18.61	52.47	71.08
山东省	307	5.78	59.16	58.06	5.01	24.30	52.01	76.31
河南省	110	2.07	60.74	59.19	5.60	23.14	51.38	74.52
湖北省	146	2.75	59.92	57.97	5.68	22.88	52.01	74.89
湖南省	146	2.75	59.43	58.07	5.25	25.57	50.18	75.74
广东省	867	16.33	58.34	57.28	4.34	33.12	44.13	77.25
广西	41	0.77	59.75	58.70	4.87	19.89	52.05	71.93
海南省	27	0.51	61.44	58.10	6.52	20.22	53.38	73.59
重庆市	78	1.47	60.71	58.57	6.15	23.70	52.67	76.38
四川省	173	3.26	60.11	58.37	5.56	34.08	43.02	77.10
贵州省	36	0.68	60.46	59.23	4.61	18.54	53.80	72.33
云南省	41	0.77	62.91	61.06	5.97	17.32	54.53	71.84
西藏	22	0.41	58.38	57.25	4.85	18.60	52.81	71.41
陕西省	81	1.53	61.29	59.00	5.98	22.17	53.38	75.55
甘肃省	35	0.66	61.57	59.28	6.01	21.36	53.38	74.73
青海省	10	0.19	60.04	58.21	5.92	15.30	53.62	68.92
宁夏	17	0.32	59.47	57.60	5.21	17.78	52.69	70.46
新疆	60	1.13	63.12	61.23	5.61	18.68	54.32	73.00
合计	5310	100.00	59.17	57.74	5.12	37.59	40.85	78.44

资料来源：南开大学公司治理数据库。

二、2019－2024 年中国上市公司监事会治理分地区比较

由表 6-10 可以看出，山西省、新疆和云南省等地区的监事会治理状况总体相对较好，而浙江省、西藏和江苏省等地区的监事会治理状况相对欠佳。

表 6-10 中国上市公司监事会治理指数分地区描述性统计六年比较

地区	2019 年	2020 年	2021 年	2022 年	2023 年	2024 年
北京市	60.86	61.04	60.89	60.74	60.59	60.27
天津市	60.98	60.21	60.87	59.90	59.72	59.31
河北省	59.99	60.45	61.34	59.88	59.57	59.71
山西省	62.90	63.71	62.88	64.31	63.87	63.07
内蒙古	60.89	60.11	61.25	59.17	60.89	59.18
辽宁省	60.52	60.31	60.68	60.02	60.24	59.99
吉林省	59.07	60.04	59.94	60.56	60.95	60.56

续表

地区	2019年	2020年	2021年	2022年	2023年	2024年
黑龙江省	58.52	57.84	59.17	59.70	60.57	59.59
上海市	60.02	59.81	59.95	59.85	59.50	59.48
江苏省	58.26	58.37	58.65	58.43	58.22	58.16
浙江省	57.87	57.99	57.87	57.86	57.85	57.73
安徽省	60.01	60.11	60.12	60.15	60.15	59.61
福建省	59.13	59.34	59.30	58.92	59.12	58.83
江西省	61.68	60.87	60.76	60.68	59.75	59.37
山东省	59.17	59.60	59.72	59.59	59.24	59.16
河南省	61.69	60.95	61.53	61.33	60.73	60.74
湖北省	60.67	61.16	60.88	60.17	59.78	59.92
湖南省	59.39	59.90	60.13	59.92	59.62	59.43
广东省	58.63	58.81	58.78	58.93	58.69	58.34
广西	59.68	59.82	60.41	60.04	59.56	59.75
海南省	60.83	61.66	60.36	60.90	61.32	61.44
重庆市	62.27	61.01	61.61	61.03	60.79	60.71
四川省	60.40	60.20	60.56	60.07	60.14	60.11
贵州省	60.89	60.71	60.69	60.36	60.51	60.46
云南省	63.45	63.09	63.28	63.15	62.96	62.91
西藏	59.53	57.71	57.72	58.62	58.02	58.38
陕西省	60.09	61.21	61.32	61.61	60.59	61.29
甘肃省	60.23	61.67	61.15	61.73	61.15	61.57
青海省	60.89	61.50	60.18	60.03	59.03	60.04
宁夏	60.78	61.63	61.14	60.49	60.76	59.47
新疆	62.65	63.31	62.33	63.59	62.32	63.12
合计	59.55	59.65	59.65	59.49	59.34	59.17

资料来源：南开大学公司治理数据库。

第五节 中国上市公司监事会治理100佳评价

一、中国上市公司监事会治理100佳比较分析

如表6-11所示，监事会治理100佳上市公司监事会治理指数平均值为73.83，监事会治理运行状况指数、规模结构指数、胜任能力指数的平均值依次为78.30、

75.60 和 68.22；100 佳上市公司的监事会治理水平较为均衡，监事会治理水平的标准差为 1.46，最大值为 78.44，最小值为 72.23，极差为 6.21。

表 6-11 中国上市公司监事会治理 100 佳描述性统计

项目	样本	平均值	中位数	标准差	极差	最小值	最大值
监事会治理指数	100 佳	73.83	73.30	1.46	6.21	72.23	78.44
	样本总体	59.17	57.74	5.12	37.59	40.85	78.44
运行状况	100 佳	78.30	80.00	3.78	10.00	70.00	80.00
	样本总体	75.63	80.00	5.33	50.00	30.00	80.00
规模结构	100 佳	75.60	80.00	4.99	10.00	70.00	80.00
	样本总体	45.60	40.00	11.41	50.00	30.00	80.00
胜任能力	100 佳	68.22	68.72	3.69	17.31	58.52	75.83
	样本总体	58.64	58.60	5.64	57.54	23.36	80.90

资料来源：南开大学公司治理数据库。

二、中国上市公司监事会治理 100 佳公司行业分布

表 6-12 关于上市公司监事会治理 100 佳行业分布表明，从绝对数角度看，入选监事会治理 100 佳上市公司最多的行业是制造业，有 41 家；从相对数角度看，金融业最高，占比 19.20%。农、林、牧、渔业，住宿和餐饮业，水利、环境和公共设施管理业，居民服务、修理和其他服务业，教育，卫生和社会工作，文化、体育和娱乐业没有上市公司进入 100 佳。

表 6-12 中国上市公司监事会治理 100 佳公司行业分布

行业	样本总体		100 佳		
	数量	比例（%）	数量	比例（%）	占本行业比例（%）
农、林、牧、渔业	44	0.83	—	—	—
采矿业	84	1.58	6	6.00	7.14
制造业	3575	67.33	41	41.00	1.15
电力、热力、燃气及水生产和供应业	140	2.64	3	3.00	2.14
建筑业	110	2.07	2	2.00	1.82
批发和零售业	200	3.77	3	3.00	1.50
交通运输、仓储和邮政业	112	2.11	6	6.00	5.36
住宿和餐饮业	9	0.17	—	—	—
信息传输、软件和信息技术服务业	438	8.25	5	5.00	1.14
金融业	125	2.35	24	24.00	19.20
房地产业	98	1.85	4	4.00	4.08

续表

行业	样本总体		100佳		
	数量	比例（%）	数量	比例（%）	占本行业比例（%）
租赁和商务服务业	74	1.39	1	1.00	1.35
科学研究和技术服务业	110	2.07	1	1.00	0.91
水利、环境和公共设施管理业	97	1.83	—	—	—
居民服务、修理和其他服务业	1	0.02	—	—	—
教育	12	0.23	—	—	—
卫生和社会工作	18	0.34	—	—	—
文化、体育和娱乐业	57	1.07	3	3.00	5.26
综合	6	0.11	1	1.00	16.67
合计	5310	100.00	100	100.00	1.88

资料来源：南开大学公司治理数据库。

三、中国上市公司监事会治理100佳公司控股股东性质分布

表 6-13 显示，在监事会治理 100 佳上市公司中，控股股东性质为国有控股、民营控股、外资控股和无实际控制人的上市公司所占比例分别为 73.00%、9.00%、1.00%和 17.00%，分别占国有控股上市公司的 5.29%、民营控股上市公司的 0.28%、外资控股上市公司的 0.49%和无实际控制人上市公司的 5.26%。

表 6-13　中国上市公司监事会治理100佳公司控股股东分布

控股股东性质	样本总体		100佳		
	数量	比例（%）	数量	比例（%）	占本组比例（%）
国有控股	1380	25.99	73	73.00	5.29
集体控股	21	0.40	—	—	—
民营控股	3267	61.53	9	9.00	0.28
社会团体控股	7	0.13	—	—	—
外资控股	206	3.88	1	1.00	0.49
无实际控制人	323	6.08	17	17.00	5.26
其他类型	106	2.00	—	—	—
合计	5310	100.00	100	100.00	1.88

资料来源：南开大学公司治理数据库。

四、中国上市公司监事会治理100佳公司地区分布

在入选监事会治理 100 佳上市公司中，100 佳上市公司占本地区上市公司的比

例位居前三位的是陕西省、山西省和湖北省，依次为 4.94%、4.88% 和 4.79%。而吉林省、黑龙江省、江西省、广西、云南省、西藏、青海省和宁夏均没有公司进入 100 佳。见表 6-14。

表 6-14　中国上市公司监事会治理 100 佳公司地区分布

地区	样本总体		100 佳		
	数量	比例（%）	数量	比例（%）	占本地区比例（%）
北京市	467	8.79	13	13.00	2.78
天津市	72	1.36	1	1.00	1.39
河北省	77	1.45	2	2.00	2.60
山西省	41	0.77	2	2.00	4.88
内蒙古	26	0.49	1	1.00	3.85
辽宁省	87	1.64	1	1.00	1.15
吉林省	49	0.92	—	—	—
黑龙江省	40	0.75	—	—	—
上海市	437	8.23	15	15.00	3.43
江苏省	685	12.90	7	7.00	1.02
浙江省	700	13.18	5	5.00	0.71
安徽省	175	3.30	3	3.00	1.71
福建省	169	3.18	2	2.00	1.18
江西省	88	1.66	—	—	—
山东省	307	5.78	7	7.00	2.28
河南省	110	2.07	3	3.00	2.73
湖北省	146	2.75	7	7.00	4.79
湖南省	146	2.75	3	3.00	2.05
广东省	867	16.33	10	10.00	1.15
广西	41	0.77	—	—	—
海南省	27	0.51	1	1.00	3.70
重庆市	78	1.47	2	2.00	2.56
四川省	173	3.26	7	7.00	4.05
贵州省	36	0.68	1	1.00	2.78
云南省	41	0.77	—	—	—
西藏	22	0.41	—	—	—
陕西省	81	1.53	4	4.00	4.94
甘肃省	35	0.66	1	1.00	2.86
青海省	10	0.19	—	—	—
宁夏	17	0.32	—	—	—
新疆	60	1.13	2	2.00	3.33
合计	5310	100.00	100	100.00	1.88

资料来源：南开大学公司治理数据库。

第六节　中国上市公司监事会治理评价主要结论

第一,2024 年中国上市公司监事会治理评价样本量为 5310 家,监事会治理指数的平均值为 59.17,标准差为 5.12,监事会治理指数基本服从正态分布。在公司治理的六个维度中仍然处于较低位置。

第二,从 2019－2024 年连续六年监事会治理指数的发展趋势看,其平均值在 2022－2024 年有小幅下降。在三个分指数中,运行状况指数在 2021－2024 年有小幅下降;规模结构指数在 2021－2024 年呈现下降趋势;胜任能力指数较为平稳且略有上升。

第三,从行业来看,金融业,交通运输、仓储和邮政业上市公司监事会治理指数相对较高;制造业以及居民服务、修理和其他服务业上市公司的监事会治理水平相对较低,仍有待提高。

第四,从控股股东性质来看,2024 年国有控股上市公司监事会治理平均水平明显高于其他上市公司;从三个分指数来看,导致国有控股上市公司监事会治理指数高于其他上市公司的原因是国有控股上市公司的规模结构和胜任能力分指数比较高,反映出国有控股上市公司在监事会规模结构和监事会成员胜任能力方面表现较好,说明国有控股上市公司监事会治理相对完善。

第五,从地区来看,2024 年各地区上市公司监事会治理水平较不平衡。新疆、山西省、云南省等地区上市公司监事会治理状况总体相对较好,而浙江省、江苏省和广东省等地区上市公司的监事会治理水平相对较低。

第六,中国上市公司监事会治理 100 佳监事会治理水平显著高于全部样本。从 100 佳行业分布来看,制造业的绝对数最多,但金融业的行业内相对占比最高。与往年类似,中国上市公司监事会治理 100 佳上市公司中国有控股上市公司所占比例高于民营控股上市公司。从地区来看,北京市、广东省和上海市的绝对数量较多,陕西省、山西省和湖北省等地区 100 佳上市公司占本地区上市公司的比例较高。

第七章　中国上市公司经理层治理评价

第一节　中国上市公司经理层治理总体分析

一、2024年中国上市公司经理层治理状况总体描述

如表7-1所示，2024年样本上市公司的经理层治理指数最大值为79.61，最小值为34.34，平均值为60.43，标准差为6.30。从经理层评价的三个主因素层面来看，样本公司经理层任免制度指数平均值为63.61，样本标准差为9.47，极差最大，为79.76；执行保障指数的平均值为63.28，样本离散程度较大，标准差为13.95；激励与约束机制指数平均值为55.04，标准差为11.38。相比较上一年度，上市公司样本增加了264家，样本经理层治理指数与上一年度有所上升，平均值提升0.17。其中任免制度指数较2023年下降了0.58，执行保障指数的平均值较2023年上升了0.72，激励约束指数的平均值与2023年相比上升了0.39，样本公司经理层总体治理状况呈现上升趋势。

表7-1　中国上市公司经理层治理总体状况描述性统计

项目	平均值	中位数	标准差	极差	最小值	最大值
经理层治理指数	60.43	60.32	6.30	45.27	34.34	79.61
任免制度	63.61	67.30	9.47	79.76	19.94	99.70
执行保障	63.28	61.84	13.95	66.26	22.09	88.34
激励约束	55.04	60.31	11.38	49.66	17.74	67.40

资料来源：南开大学公司治理数据库。

二、2019－2024年中国上市公司经理层治理比较

表7-2和图7-1列明了2019－2024年连续六年中国上市公司经理层治理状况与趋势特征。

2019－2024年连续六年经理层治理指数的发展趋势显示，样本公司经理层治理指数平均值分别为60.43（2024年）、60.26（2023年）、59.78（2022年）、59.32（2021年）、59.12（2020年）和58.85（2019年）。六年中经理层治理指数2019年最低，为58.85，近五年指数较平稳，总体呈上升趋势。任免制度指数和执行保障指数近三年

呈现平稳变化趋势。激励约束指数在 2019 年出现最低点，总体呈现上升趋势。

表 7-2　中国上市公司经理层治理指数描述性统计六年比较

项目	2019 年	2020 年	2021 年	2022 年	2023 年	2024 年
经理层治理指数	58.85	59.12	59.32	59.78	60.26	60.43
任免制度	62.28	62.52	62.37	64.07	64.19	63.61
执行保障	62.14	62.33	62.08	61.93	62.56	63.28
激励约束	52.86	53.24	54.15	53.98	54.65	55.04

资料来源：南开大学公司治理数据库。

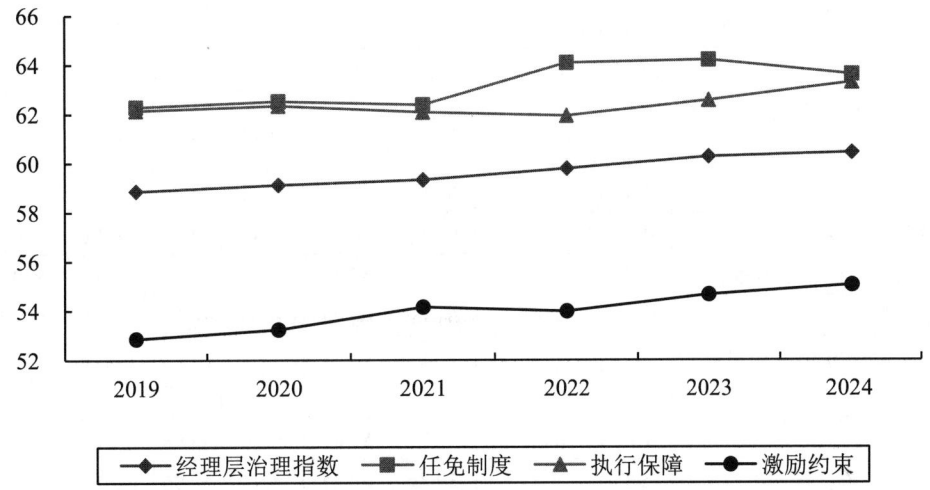

图 7-1　中国上市公司经理层治理指数平均值六年折线图比较

资料来源：南开大学公司治理数据库。

第二节　中国上市公司经理层治理分行业评价

一、2024 年中国上市公司经理层治理分行业总体描述

表 7-3 显示 2024 年度样本公司经理层治理评价指数行业分布情况。样本公司的平均值为 60.43，卫生和社会工作，科学研究和技术服务业，住宿和餐饮业，金融业，房地产业，水利、环境和公共设施管理业，制造业，信息传输、软件和信息技术服务业的经理层治理状况高于样本公司的平均水平，指数平均值分别为 61.69、61.74、61.69、59.90、59.86、61.59、60.67 和 61.37。

居民服务、修理和其他服务业，文化、体育和娱乐业，综合的年度经理层平均治理水平列于样本公司平均治理指数的最后三位。在全部上市公司样本中，经理层治理状况最佳的上市公司为制造业，其样本公司的经理层治理指数最大值均为79.61。经理层治理评价指数平均值最高的大类行业为卫生和社会工作，平均值为61.96；而经理层治理评价指数平均值最低的行业则为居民服务、修理和其他服务业，为53.77。

表7-3 中国上市公司经理层治理指数分行业描述性统计

行业	数量	比例（%）	平均值	中位数	标准差	极差	最小值	最大值
农、林、牧、渔业	44	0.83	58.12	57.70	6.20	28.84	45.95	74.79
采矿业	85	1.60	59.32	60.02	6.29	32.21	41.23	73.43
制造业	3582	67.34	60.67	60.40	6.22	45.27	34.34	79.61
电力、热力、燃气及水生产和供应业	140	2.63	58.22	59.07	6.47	32.99	42.63	75.62
建筑业	110	2.07	58.69	59.56	6.53	35.49	38.86	74.34
批发和零售业	200	3.76	60.17	60.15	6.68	34.26	41.36	75.62
交通运输、仓储和邮政业	112	2.11	57.04	57.19	6.11	31.79	42.63	74.42
住宿和餐饮业	9	0.17	61.69	60.43	6.15	20.78	52.28	73.07
信息传输、软件和信息技术服务业	439	8.25	61.37	61.30	5.67	34.73	44.43	79.15
金融业	125	2.35	59.90	59.81	6.98	33.98	44.36	78.34
房地产业	98	1.84	59.86	60.35	5.94	29.96	41.96	71.92
租赁和商务服务业	74	1.39	59.58	59.60	6.26	27.33	45.95	73.28
科学研究和技术服务业	110	2.07	61.74	61.41	6.48	29.45	45.18	74.64
水利、环境和公共设施管理业	97	1.82	61.59	61.68	6.69	30.49	45.95	76.44
居民服务、修理和其他服务业	1	0.02	53.77	53.77	0.00	0.00	53.77	53.77
教育	12	0.23	59.27	58.64	6.56	24.61	44.30	68.91
卫生和社会工作	18	0.34	61.69	63.85	6.29	22.39	48.34	70.73
文化、体育和娱乐业	57	1.07	56.99	57.72	5.71	27.55	42.71	70.27
综合	6	0.11	54.89	50.81	9.46	20.87	47.09	67.96
合计	5319	100.00	60.43	60.32	6.30	45.27	34.34	79.61

资料来源：南开大学公司治理数据库。

表7-4显示样本公司经理层治理分指数行业分布情况。任免制度指数平均值为63.61，排在前三位的行业是住宿和餐饮业，水利、环境和公共设施管理业，房地产业，任免制度指数平均值分别为71.45、66.14和65.39。电力、热力、燃气及水生产

和供应业,综合,金融业,采矿业,交通运输、仓储和邮政业,批发和零售业,文化、体育和娱乐业也处于平均水平之上。任免制度指数最低的三个行业为信息传输、软件和信息技术服务业,教育,居民服务、修理和其他服务业,指数平均值分别仅为 62.39、61.48 和 54.84,这些相关行业在高管行政任职、高管变更等方面均有改进空间。

样本上市公司在执行保障维度表现较好的行业依次是科学研究和技术服务业,采矿业,金融业,房地产业,卫生和社会工作,水利、环境和公共设施管理业,批发和零售业,电力、热力、燃气及水生产和供应业,信息传输、软件和信息技术服务业,住宿和餐饮业,执行保障指数平均值都高于样本总体平均水平 63.28。制造业,教育,农、林、牧、渔业,租赁和商务服务业,建筑业,交通运输、仓储和邮政业,文化、体育和娱乐业,综合,居民服务、修理和其他服务业均低于样本平均水平,这些相关行业在执行保障维度上还有较大的改善空间。

激励约束指数平均值排名前四位的行业分别为信息传输、软件和信息技术服务业,卫生和社会工作,科学研究和技术服务业,制造业,高于全部上市公司样本激励约束指数的平均水平 55.04,其他行业均低于平均水平。

表7-4 中国上市公司经理层治理分指数分行业描述性统计

行业	数量	比例(%)	经理层治理指数	任免制度	执行保障	激励约束
农、林、牧、渔业	44	0.83	58.12	63.45	62.34	49.58
采矿业	85	1.60	59.32	65.10	66.47	47.87
制造业	3582	67.34	60.67	63.35	63.00	56.18
电力、热力、燃气及水生产和供应业	140	2.63	58.22	65.34	63.96	46.73
建筑业	110	2.07	58.69	63.45	60.96	52.34
批发和零售业	200	3.76	60.17	64.97	64.45	52.08
交通运输、仓储和邮政业	112	2.11	57.04	65.07	60.46	46.69
住宿和餐饮业	9	0.17	61.69	71.45	63.80	50.85
信息传输、软件和信息技术服务业	439	8.25	61.37	62.39	63.93	58.23
金融业	125	2.35	59.90	65.12	65.80	50.03
房地产业	98	1.84	59.86	65.39	65.76	49.70
租赁和商务服务业	74	1.39	59.58	63.56	61.48	54.27
科学研究和技术服务业	110	2.07	61.74	63.20	66.62	56.21
水利、环境和公共设施管理业	97	1.82	61.59	66.14	64.89	54.57
居民服务、修理和其他服务业	1	0.02	53.77	54.84	57.42	49.66
教育	12	0.23	59.27	61.48	62.58	54.39

续表

行业	数量	比例（%）	经理层治理指数	任免制度	执行保障	激励约束
卫生和社会工作	18	0.34	61.69	63.28	65.03	57.35
文化、体育和娱乐业	57	1.07	56.99	64.80	59.52	47.61
综合	6	0.11	54.89	65.22	57.42	43.16
合计	5319	100.00	60.43	63.61	63.28	55.04

资料来源：南开大学公司治理数据库。

二、2019－2024 年中国上市公司经理层治理分行业比较

表 7-5 显示样本公司经理层治理评价 2019－2024 年行业分布及发展趋势情况。自 2019 年至 2024 年的六年间，经理层治理状况较好的行业为科学研究和技术服务业，卫生和社会工作，水利、环境和公共设施管理业，住宿和餐饮业，信息传输、软件和信息技术服务业，制造业，高于平均水平；而经理层治理指数较低的行业为居民服务、修理和其他服务业，综合，文化、体育和娱乐业，电力、热力、燃气及水生产和供应业，交通运输、仓储和邮政业。近六年来，所有行业上市公司经理层治理指数平均水平基本呈平稳上升趋势，2024 年为 60.43，2019 年至 2024 年，年度经理层治理指数平均值达到 59.63。

表 7-5　中国上市公司经理层治理指数分行业描述性统计六年比较

行业	2019 年	2020 年	2021 年	2022 年	2023 年	2024 年
农、林、牧、渔业	58.22	58.38	57.11	58.39	57.93	58.12
采矿业	60.81	57.11	58.95	59.81	59.79	59.32
制造业	58.47	59.05	59.49	59.91	60.49	60.67
电力、热力、燃气及水生产和供应业	58.26	58.31	57.34	58.02	58.24	58.22
建筑业	60.47	61.05	58.52	58.85	58.70	58.69
批发和零售业	59.23	58.51	59.41	60.18	60.17	60.17
交通运输、仓储和邮政业	58.40	58.36	56.45	56.81	57.93	57.04
住宿和餐饮业	61.13	54.33	61.30	59.56	60.78	61.69
信息传输、软件和信息技术服务业	58.49	59.82	59.40	60.23	60.49	61.37
金融业	62.29	60.07	60.11	60.19	60.73	59.90
房地产业	61.60	59.24	60.40	60.82	60.68	59.86
租赁和商务服务业	58.48	60.27	58.53	58.62	59.13	59.58
科学研究和技术服务业	59.16	59.75	60.84	61.39	61.66	61.74
水利、环境和公共设施管理业	59.68	59.83	59.68	59.96	60.50	61.59
居民服务、修理和其他服务业	—	60.77	59.04	57.76	53.77	53.77

续表

行业	2019年	2020年	2021年	2022年	2023年	2024年
教育	60.10	62.04	59.68	59.34	59.62	59.27
卫生和社会工作	59.57	56.97	62.32	61.23	62.01	61.69
文化、体育和娱乐业	59.65	60.65	58.56	57.55	56.93	56.99
综合	56.06	56.29	55.99	57.20	57.57	54.89
合计	58.85	59.12	59.32	59.78	60.26	60.43

资料来源：南开大学公司治理数据库。

第三节　中国上市公司经理层治理分控股股东性质评价

一、2024年中国上市公司经理层治理分控股股东性质总体描述

表7-6、表7-7给出了按控股股东性质分类的2024年评价中各组样本公司的经理层治理指数统计指标。控股股东性质为社会团体控股、无实际控制人、其他类型的上市公司经理层治理指数平均值最高，分别为63.96、62.16和61.77。其次是民营控股和外资控股的上市公司，其经理层治理指数为60.74和60.64。最低的为集体控股和国有控股的上市公司，其经理层治理指数为59.22和59.14，处于平均水平之下。

表7-6　中国上市公司经理层治理指数分控股股东性质描述性统计

控股股东性质	数量	比例（%）	平均值	中位数	标准差	极差	最小值	最大值
国有控股	1384	26.02	59.14	59.16	6.77	45.27	34.34	79.61
集体控股	21	0.39	59.22	59.94	6.01	25.22	45.58	70.81
民营控股	3269	61.46	60.74	60.45	5.97	40.46	38.86	79.32
社会团体控股	7	0.13	63.96	66.60	7.11	19.13	53.93	73.07
外资控股	206	3.87	60.64	60.15	6.55	30.95	45.95	76.90
无实际控制人	326	6.13	62.16	61.51	6.55	43.09	35.25	78.34
其他类型	106	1.99	61.77	61.60	5.79	26.66	47.14	73.81
合计	5319	100.00	60.43	60.32	6.30	45.27	34.34	79.61

资料来源：南开大学公司治理数据库。

表7-7　中国上市公司经理层治理分指数分控股股东性质描述性统计

控股股东性质	数量	比例（%）	经理层治理指数	任免制度	执行保障	激励约束
国有控股	1384	26.02	59.14	65.67	65.74	47.45
集体控股	21	0.39	59.22	63.02	63.31	52.2
民营控股	3269	61.46	60.74	62.5	62.11	57.95

续表

控股股东性质	数量	比例（%）	经理层治理指数	任免制度	执行保障	激励约束
社会团体控股	7	0.13	63.96	75.84	72.57	45.61
外资控股	206	3.87	60.64	63.86	61.63	56.81
无实际控制人	326	6.13	62.16	65.83	65.09	56.26
其他类型	106	1.99	61.77	62.92	64.34	58.5
合计	5319	100.00	60.43	63.61	63.28	55.04

资料来源：南开大学公司治理数据库。

二、2019－2024年中国上市公司经理层治理分控股股东性质比较

如表7-8所示，2019－2024年，国有控股上市公司样本经理层治理平均值分别为60.65、59.63、58.70、59.41、59.43和59.14，民营控股上市公司经理层治理平均值分别为57.95、58.94、59.50、59.93、60.46和60.74。

表7-8 中国国有和民营控股公司经理层治理指数描述性统计六年比较

年份	控股股东性质	经理层治理指数	任免制度	执行保障	激励约束
2019	国有	60.65	68.88	63.07	50.97
	民营	57.95	59.10	61.73	53.65
2020	国有	59.63	68.85	64.40	47.02
	民营	58.94	59.63	61.46	56.15
2021	国有	58.70	64.21	65.76	47.57
	民营	59.50	61.41	60.27	57.06
2022	国有	59.41	67.51	65.36	46.84
	民营	59.93	62.40	60.62	57.05
2023	国有	59.43	66.96	65.40	47.37
	民营	60.46	62.81	61.36	57.51
2024	国有	59.14	65.67	65.74	47.45
	民营	60.74	62.50	62.11	57.95

资料来源：南开大学公司治理数据库。

2021－2024年，民营样本上市公司的经理层治理指数比国有上市公司高，分别高出0.80、0.52、1.03和1.60，2019年和2020年国有样本上市公司的经理层治理指数比民营上市公司高，分别高出2.70和0.69。民营样本上市公司和国有上市公司的任免制度指数近三年发展趋势较平稳，国有上市公司任免制度指数在2019－2024年均高于民营控股公司；国有上市公司执行保障指数发展呈平稳趋势，民营上市公司的执行保障制度较国有上市公司相比有很大的上升空间，民营上市公司执行保障制

度指数在2019年、2020年、2021年、2022年、2023年和2024年分别低于国有控股公司1.34、2.94、5.49、4.74、4.04和3.63；2024年，民营样本上市公司激励约束指数高于国有上市公司10.50；2019－2023年分别高出国有上市公司2.68、9.13、9.49、10.21和10.14。民营样本上市公司激励约束指数一般高于国有控股上市公司。

综上所述，民营样本上市公司在经理层治理总体状况和激励约束机制方面总体超过国有样本公司，民营上市公司在任免制度、执行保障制度较国有上市公司还需要进一步加强。

第四节　中国上市公司经理层治理分地区评价

一、2024年中国上市公司经理层治理分地区总体描述

表7-9显示，经理层治理指数各地区有一定差异，平均值最高的开曼群岛和最低的青海省指数相差12.81，治理指数平均值排名前十二名的地区依次为开曼群岛、陕西省、北京市、宁夏、上海市、海南省、安徽省、重庆市、四川省、江苏省、湖南省、广东省，各地区经理层治理指数平均值分别为68.81、62.11、61.34、61.30、61.18、61.18、60.88、60.86、60.85、60.60、60.49、60.48，这些地区的上市公司经理层治理指数高于上市公司总体样本指数平均值60.43。2024年指数最低的五个地区分别是广西、甘肃省、黑龙江省、西藏、青海省，经理层治理指数平均值分别为58.58、57.92、57.78、57.70、56.00。

表7-9　中国上市公司经理层治理指数分地区描述性统计

地区	数量	比例（%）	平均值	中位数	标准差	极差	最小值	最大值
北京市	467	8.78	61.34	61.30	6.66	37.80	41.36	79.15
天津市	72	1.35	59.87	59.80	6.24	29.29	42.63	71.92
河北省	77	1.45	59.91	60.40	7.00	33.37	44.67	78.04
山西省	41	0.77	58.97	58.58	7.51	35.49	38.86	74.34
内蒙古	26	0.49	60.41	60.96	7.00	25.75	45.05	70.81
辽宁省	87	1.64	60.17	60.43	6.25	31.79	45.18	76.98
吉林省	49	0.92	59.51	60.54	7.14	30.05	44.59	74.64
黑龙江省	40	0.75	57.78	59.43	7.28	34.21	41.41	75.62
上海市	437	8.22	61.18	61.22	6.45	34.94	41.96	76.90
江苏省	685	12.88	60.60	60.40	6.17	36.30	40.60	76.90
浙江省	700	13.16	59.88	59.86	5.61	31.10	43.53	74.64

续表

地区	数量	比例（%）	平均值	中位数	标准差	极差	最小值	最大值
安徽省	175	3.29	60.88	60.47	6.75	33.90	44.36	78.25
福建省	169	3.18	60.30	60.40	6.09	31.72	44.43	76.15
江西省	88	1.65	59.57	59.14	6.82	31.19	44.43	75.62
山东省	307	5.77	60.42	60.32	6.32	31.72	45.78	77.51
河南省	110	2.07	60.04	60.43	6.43	30.65	42.63	73.28
湖北省	146	2.74	60.33	60.42	5.88	27.28	45.78	73.07
湖南省	146	2.74	60.49	61.26	7.12	34.35	41.80	76.15
广东省	867	16.30	60.48	60.15	5.79	31.11	44.59	75.70
广西	41	0.77	58.58	58.00	6.53	31.92	47.69	79.61
海南省	27	0.51	61.18	62.16	5.16	17.99	51.22	69.20
重庆市	78	1.47	60.86	60.64	5.72	27.58	44.43	72.00
四川省	173	3.25	60.85	60.32	6.28	34.56	43.40	77.96
贵州省	36	0.68	58.89	60.88	9.12	39.70	34.34	74.04
云南省	41	0.77	58.98	59.51	7.14	28.68	42.05	70.73
西藏	22	0.41	57.70	56.18	7.05	24.53	46.03	70.56
陕西省	81	1.52	62.11	61.66	6.96	34.56	44.75	79.32
甘肃省	35	0.66	57.92	58.01	7.48	30.56	40.16	70.73
青海省	10	0.19	56.00	56.10	7.43	24.18	41.87	66.05
宁夏	17	0.32	61.30	61.99	6.80	25.28	46.64	71.92
新疆	60	1.13	58.76	58.89	5.62	23.71	46.56	70.27
香港	3	0.06	59.65	57.88	4.60	8.68	56.19	64.87
开曼群岛	6	0.11	68.81	67.52	3.31	8.93	65.70	74.64
合计	5319	100.00	60.43	60.32	6.30	45.27	34.34	79.61

资料来源：南开大学公司治理数据库。

二、2019－2024年中国上市公司经理层治理分地区比较

表7-10反映了各省市经理层治理指数平均值自2019年至2024年的变化趋势。2019－2024年，经理层治理状况连续年度较好的是广东省、北京市、宁夏、重庆市、四川省、湖北省、河南省、香港、河北省、湖南省、山东省。

陕西省、宁夏、开曼群岛等地区的上市公司治理状况2024年较2023年有较好程度的改善，经理层治理指数平均值提升超过1。

表 7-10 中国上市公司经理层治理指数分地区描述性统计六年比较

地区	2019年	2020年	2021年	2022年	2023年	2024年
北京市	59.22	59.99	59.8	60.52	61.05	61.34
天津市	59.37	58.53	57.3	58.79	59.03	59.87
河北省	61.62	58.13	59.24	59.49	59.92	59.91
山西省	59.19	58.05	56.24	57.28	58.28	58.97
内蒙古	58.87	58.07	57.07	60.65	60.51	60.41
辽宁省	58.48	59.13	58.42	58.78	60.60	60.17
吉林省	60.68	56.45	59.37	59.37	59.82	59.51
黑龙江省	56.34	58.29	57.26	59.04	58.31	57.78
上海市	58.38	58.43	59.2	59.58	60.59	61.18
江苏省	58.02	59.17	59.44	59.85	60.38	60.60
浙江省	57.75	59.60	59.22	59.46	60.03	59.88
安徽省	57.56	59.50	58.93	60.03	60.51	60.88
福建省	56.88	57.90	58.82	59.39	59.68	60.30
江西省	60.16	60.60	59.94	60.05	59.65	59.57
山东省	60.00	57.77	59.47	60.40	60.52	60.42
河南省	60.18	59.65	59.39	59.88	60.67	60.04
湖北省	59.84	59.12	59.57	59.71	59.61	60.33
湖南省	59.13	59.16	59.57	59.74	59.75	60.49
广东省	59.38	60.35	60.01	59.96	60.42	60.48
广西	55.14	56.58	57.86	58.93	59.20	58.58
海南省	61.47	55.84	58.11	59.94	61.80	61.18
重庆市	58.85	59.34	59.94	60.79	60.76	60.86
四川省	60.23	59.80	59.46	60.20	60.85	60.85
贵州省	59.75	58.68	59.32	59.71	59.45	58.89
云南省	60.18	60.11	58.77	58.01	59.71	58.98
西藏	55.77	56.29	60.63	59.36	58.94	57.70
陕西省	58.56	57.35	58.97	60.07	59.81	62.11
甘肃省	60.72	56.45	58.11	58.15	58.44	57.92
青海省	53.72	53.68	55.14	53.20	57.46	56.00
宁夏	58.83	61.26	60.29	61.36	58.79	61.30
新疆	61.14	56.91	58.86	59.90	58.93	58.76
香港	—	—	—	—	59.59	59.65
开曼群岛	—	—	55.36	57.00	62.77	68.81
合计	58.85	59.12	59.32	59.78	60.26	60.43

资料来源：南开大学公司治理数据库。

第五节　中国上市公司经理层治理100佳评价

一、中国上市公司经理层治理100佳比较分析

表7-11是样本公司和100佳公司经理层治理指数以及各分项指标的描述统计结果，经理层治理100佳上市公司经理层治理指数平均值为74.87，任免制度、执行保障机制和激励约束指数的平均值依次为78.29、82.78和64.95。100佳公司各项指标的平均水平显著高于全体样本。

表7-11　中国上市公司经理层治理指数100佳描述性统计

项目	样本	平均值	中位数	标准差	极差	最小值	最大值
经理层治理指数	100佳	74.87	74.64	1.58	6.33	73.28	79.61
	样本总体	60.43	60.32	6.30	45.27	34.34	79.61
任免制度	100佳	78.29	82.25	8.85	32.40	67.30	99.70
	样本总体	63.61	67.30	9.47	79.76	19.94	99.70
执行保障	100佳	82.78	83.93	5.39	26.50	61.84	88.34
	样本总体	63.28	61.84	13.95	66.26	22.09	88.34
激励约束	100佳	64.95	67.40	3.86	21.28	46.12	67.40
	样本总体	55.04	60.31	11.38	49.66	17.74	67.40

资料来源：南开大学公司治理数据库。

二、中国上市公司经理层治理100佳公司行业分布

表7-12显示，经理层治理100佳上市公司的行业分布有较大的差异。制造业有67家，即行业中的1.87%上市公司进入100佳。紧跟其后的是信息传输、软件和信息技术服务业，有10家即行业的2.28%的样本公司入选100佳。水利、环境和公共设施管理业有6家即行业的6.19%的样本公司入选100佳。金融业，科学研究和技术服务业各4家入选经理层治理100佳。批发和零售业有3家入选经理层治理100佳。农、林、牧、渔业，采矿业，电力、热力、燃气及水生产和供应业，建筑业，交通运输、仓储和邮政业，租赁和商务服务业各有1家公司入选。

水利、环境和公共设施管理业有6.19%的上市公司进入了全部样本公司的100佳行列，是入选的100佳上市公司占本行业百分比最高的行业。住宿和餐饮业，居民服务、修理和其他服务业，教育，卫生和社会工作，文化、体育和娱乐业，综合行业没有入选100佳的公司。

表 7-12 中国上市公司经理层治理 100 佳公司行业分布

行业	样本总体		100 佳		
	数量	比例（%）	数量	比例（%）	占本行业比例（%）
农、林、牧、渔业	44	0.83	1	1.00	2.27
采矿业	85	1.60	1	1.00	1.18
制造业	3582	67.34	67	67.00	1.87
电力、热力、燃气及水生产和供应业	140	2.63	1	1.00	0.71
建筑业	110	2.07	1	1.00	0.91
批发和零售业	200	3.76	3	3.00	1.50
交通运输、仓储和邮政业	112	2.11	1	1.00	0.89
住宿和餐饮业	9	0.17	—	—	—
信息传输、软件和信息技术服务业	439	8.25	10	10.00	2.28
金融业	125	2.35	4	4.00	3.20
房地产业	98	1.84	—	—	—
租赁和商务服务业	74	1.39	1	1.00	1.35
科学研究和技术服务业	110	2.07	4	4.00	3.64
水利、环境和公共设施管理业	97	1.82	6	6.00	6.19
居民服务、修理和其他服务业	1	0.02	—	—	—
教育	12	0.23	—	—	—
卫生和社会工作	18	0.34	—	—	—
文化、体育和娱乐业	57	1.07	—	—	—
综合	6	0.11	—	—	—
合计	5319	100.00	100	100.00	1.88

资料来源：南开大学公司治理数据库。

三、中国上市公司经理层治理 100 佳公司控股股东性质分布

表 7-13 显示，经理层治理 100 佳上市公司中比例较高的是控股股东性质为民营控股和国有控股的上市公司，其所占比例分别为 51% 和 29%，与 2023 年的数据相比，国有控股的上市公司中进入 100 佳的公司减少了 3 家，民营控股的 100 佳上市公司减少了 5 家。外资控股、无实际控制人公司分别有 6 家和 13 家上市公司进入 100 佳，其他类型公司各 1 家上市公司进入 100 佳，集体控股和社会团体控股没有公司进入 100 佳。

表 7-13　中国上市公司经理层治理 100 佳公司控股股东性质分布

控股股东性质	样本总体		100 佳		
	数量	比例（%）	数量	比例（%）	占本组比例（%）
国有控股	1384	26.02	29	29.00	2.10
集体控股	21	0.39	—	—	—
民营控股	3269	61.46	51	51.00	1.56
社会团体控股	7	0.13	—	—	—
外资控股	206	3.87	6	6.00	2.91
无实际控制人	326	6.13	13	13.00	3.99
其他类型	106	1.99	1	1.00	0.94
合计	5319	100.00	100	100.00	1.88

资料来源：南开大学公司治理数据库。

四、中国上市公司经理层治理 100 佳公司地区分布

表 7-14 表明，上海市样本公司中入选经理层治理 100 佳的公司数量最多，有 18 家，占该地区上市公司样本的 4.12%。其次是北京市和江苏省，有 17 家和 10 家上市公司入选经理层治理 100 佳，分别占各自省市上市公司样本的 3.64% 和 1.46%。天津市、内蒙古、湖北省、海南省、重庆市、云南省、西藏、甘肃省、青海省、宁夏、新疆、香港没有上市公司入选治理 100 佳。开曼群岛有超过本省 5% 的上市公司进入了全部样本公司的 100 佳行列，是入选的 100 佳上市公司占本地区百分比较高的地区，入选比例为 16.67%。

表 7-14　中国上市公司经理层治理 100 佳公司地区分布

地区	样本总体		100 佳		
	数量	比例（%）	数量	比例（%）	占本地区比例（%）
北京市	467	8.78	17	17	3.64
天津市	72	1.35	—	—	—
河北省	77	1.45	3	3	3.90
山西省	41	0.77	1	1	2.44
内蒙古	26	0.49	—	—	—
辽宁省	87	1.64	1	1	1.15
吉林省	49	0.92	2	2	4.08
黑龙江省	40	0.75	1	1	2.50
上海市	437	8.22	18	18	4.12
江苏省	685	12.88	10	10	1.46
浙江省	700	13.16	4	4	0.57

续表

地区	样本总体		100佳		
	数量	比例（%）	数量	比例（%）	占本地区比例（%）
安徽省	175	3.29	4	4	2.29
福建省	169	3.18	1	1	0.59
江西省	88	1.65	3	3	3.41
山东省	307	5.77	8	8	2.61
河南省	110	2.07	1	1	0.91
湖北省	146	2.74	—	—	—
湖南省	146	2.74	4	4	2.74
广东省	867	16.3	11	11	1.27
广西	41	0.77	1	1	2.44
海南省	27	0.51	—	—	—
重庆市	78	1.47	—	—	—
四川省	173	3.25	5	5	2.89
贵州省	36	0.68	1	1	2.78
云南省	41	0.77	—	—	—
西藏	22	0.41	—	—	—
陕西省	81	1.52	3	3	3.70
甘肃省	35	0.66	—	—	—
青海省	10	0.19	—	—	—
宁夏	17	0.32	—	—	—
新疆	60	1.13	—	—	—
香港	3	0.06	—	—	—
开曼群岛	6	0.11	1	1	16.67
合计	5319	100.00	100	100.00	1.88

资料来源：南开大学公司治理数据库。

第六节 中国上市公司经理层治理评价主要结论

第一，2024年样本上市公司的经理层治理指数最大值为79.61，最小值为34.34，平均值为60.43，标准差为6.30。从经理层评价的三个主因素层面来看，样本公司经理层任免制度指数平均值为63.61，样本标准差为9.47，极差最大，为79.76；执行保障指数的平均值为63.28，样本离散程度较大，标准差为13.95；激励与约束机制指数平均值为55.04，标准差为11.38。相比较上一年度，上市公司样本增加了264

家，样本经理层治理指数与上一年度有所上升，平均值提升 0.17。其中任免制度指数较 2023 年下降了 0.58，执行保障指数的平均值较 2023 年上升了 0.72，激励约束指数的平均值与 2023 年相比上升了 0.39，样本公司经理层总体治理状况呈现上升趋势。

第二，2019－2024 年连续六年经理层治理指数的发展趋势显示，样本公司经理层治理指数平均值分别为 60.43（2024 年）、60.26（2023 年）、59.78（2022 年）、59.32（2021 年）、59.12（2020 年）和 58.85（2019 年）。六年中经理层治理指数 2019 年为最低，为 58.85，近五年指数较平稳，总体呈上升趋势。任免制度指数和执行保障指数近三年呈现平稳变化趋势。激励约束指数在 2019 年出现最低点，总体呈现上升趋势。

第三，2024 年度样本公司经理层治理评价指数行业分布情况。样本公司的平均值为 60.43，卫生和社会工作，科学研究和技术服务业，住宿和餐饮业，金融业，房地产业，水利、环境和公共设施管理业，制造业，信息传输、软件和信息技术服务业的经理层治理状况高于样本公司的平均水平，指数平均值分别为 61.69、61.74、61.69、59.90、59.86、61.59、60.67、61.37。

自 2019 年至 2024 年的六年间，经理层治理状况较好的行业为科学研究和技术服务业，卫生和社会工作，水利、环境和公共设施管理业，住宿和餐饮业，信息传输、软件和信息技术服务业，制造业，高于平均水平；而经理层治理指数较低的行业为居民服务、修理和其他服务业，综合，文化、体育和娱乐业，电力、热力、燃气及水生产和供应业，交通运输、仓储和邮政业。近六年来，所有行业上市公司经理层治理指数平均水平基本呈平稳提升趋势，2024 年值为 60.43，2019－2024 年经理层治理指数平均值达到 59.63。

第四，2024 年评价中各组样本公司的经理层治理指数统计指标。控股股东性质为社会团体控股、无实际控制人、其他类型的上市公司经理层治理指数平均值最高，分别为 63.96、62.16、61.77。其次是民营控股、外资控股的上市公司，其经理层治理指数为 60.74、60.64。最低的为集体控股、国有控股的上市公司，其经理层治理指数为 59.22、59.14，处于平均水平之下。

从 2019－2024 年不同控股股东性质的上市公司样本经理层治理趋势看，民营样本上市公司在经理层治理总体状况和激励约束机制方面总体超过国有样本公司，民营上市公司在任免制度、执行保障制度较国有上市公司还需要进一步加强。

第五，经理层治理指数各地区有一定差异，平均值最高的开曼群岛和最低的青海省指数相差 12.81，治理指数平均值排名前十二名的地区依次为开曼群岛、陕西省、北京市、宁夏、上海市、海南省、安徽省、重庆市、四川省、江苏省、湖南省、广东省，各地区经理层治理指数平均值分别为 68.81、62.11、61.34、61.30、61.18、61.18、60.88、60.86、60.85、60.60、60.49、60.48，这些地区的上市公司经理层治理指数高于上市公司总体样本指数平均值 60.43。2024 年指数最低的五个地区分别是广西、甘肃省、黑龙江省、西藏、青海省，经理层治理指数平均值分别为 58.58、57.92、57.78、57.70、56.00。

2019－2024 年，经理层治理状况连续年度较好的是广东省、北京市、宁夏、重庆市、四川省、湖北省、河南省、香港、河北省、湖南省、山东省。陕西省、宁夏、开曼群岛等地区的上市公司治理状况 2024 年较 2023 年有较好程度的改善，经理层治理指数平均值提升超过 1。

第六，经理层治理 100 佳上市公司经理层治理指数平均值为 74.87，任免制度、执行保障机制和激励约束指数的平均值依次为 78.29、82.78 和 64.95。100 佳公司各项指标的平均水平显著高于全体样本。

经理层治理 100 佳上市公司的行业分布有较大的差异。制造业有 67 家，即行业中的 1.87%上市公司进入 100 佳。紧跟其后的是信息传输、软件和信息技术服务业，有 10 家即行业的 2.28%的样本公司入选 100 佳。水利、环境和公共设施管理业有 6 家即行业的 6.19%的样本公司入选 100 佳。金融业，科学研究和技术服务业各 4 家入选经理层治理 100 佳。批发和零售业有 3 家入选经理层治理 100 佳。农、林、牧、渔业，采矿业，电力、热力、燃气及水生产和供应业，建筑业，交通运输、仓储和邮政业，租赁和商务服务业各有 1 家公司入选。

水利、环境和公共设施管理业有 6.19%的上市公司进入了全部样本公司的 100 佳行列，是入选的 100 佳上市公司占本行业百分比最高的行业。住宿和餐饮业，居民服务、修理和其他服务业，教育，卫生和社会工作，文化、体育和娱乐业，综合行业没有入选 100 佳的公司。

经理层治理 100 佳上市公司中比例较高的是控股股东性质为民营控股和国有控股的上市公司，其所占比例分别为 51%和 29%，与 2023 年的数据相比，国有控股的上市公司中进入 100 佳的公司减少了 3 家，民营控股的 100 佳上市公司减少了 5 家。外资控股、无实际控制人公司分别有 6 家和 13 家上市公司进入 100 佳，其他类型公司各 1 家上市公司进入 100 佳，集体控股和社会团体控股没有公司进入 100 佳。

上海市样本公司中入选经理层治理 100 佳的公司数量最多，有 18 家公司入选，占该地区上市公司样本的 4.12%。其次是北京市和江苏省，有 17 家和 10 家上市公司入选经理层治理 100 佳，分别占各自省市上市公司样本的 3.64%和 1.46%。天津市、内蒙古、湖北省、海南省、重庆市、云南省、西藏、甘肃省、青海省、宁夏、新疆、香港没有上市公司入选治理 100 佳。开曼群岛有超过本省 5%的上市公司进入了全部样本公司的 100 佳行列，是入选的 100 佳上市公司占本地区百分比较高的地区，入选比例为 16.67%。

第七，经理层治理指数各市场板块之间有一定差距。平均值最高是科创板，经理层治理指数平均值为 65.07；其次为北交所板块和创业板，平均值分别为 63.49 和

60.22；最低为主板板块，经理层治理指数平均值为 59.46，与科创板相差 5.61。主板板块的经理层治理指数标准差较大，最大值、最小值均在主板板块，主板板块的上市公司之间的经理层治理指数差距较大。

  2024 年相较于 2023 年，科创板和北交所板块经理层治理指数提高了，分别提高了 2.06 和 0.1，科创板的经理层治理指数提升明显。创业板和主板的经理层治理指数有所下降，分别下降了 0.12 和 0.17。

第八章　中国上市公司信息披露评价

第一节　中国上市公司信息披露总体分析

一、2024年中国上市公司信息披露总体描述

2024年中国上市公司样本量为5319家，信息披露指数的平均值为66.20，标准差为10.70。从标准差来看，信息披露总体水平较为集中，上市公司之间的信息披露存在一定差距，但不是很大；从极差53.76来看，信息披露最好和最差的公司存在较大差距。见表8-1。

表8-1　中国上市公司信息披露总体状况描述性统计

项目	平均值	中位数	标准差	极差	最小值	最大值
信息披露指数	66.20	66.54	10.70	53.76	35.64	89.40
真实性	65.89	64.47	15.99	52.40	38.36	90.76
相关性	65.85	67.52	8.63	64.87	25.48	90.35
及时性	67.50	76.94	16.75	66.55	27.82	94.37

资料来源：南开大学公司治理数据库。

从信息披露的三个分指数来看，中国上市公司信息披露的真实性、相关性和及时性指数的平均值依次为65.89、65.85和67.50，各指标之间的差异不大，其中及时性表现最好。从标准差来看，真实性、相关性和及时性指数的标准差依次为15.99、8.63和16.75，真实性和及时性的分散程度较大，上市公司信息披露的真实和及时程度存在较大差异。从极差来看，中国上市公司信息披露的真实性、相关性和及时性的极差依次为52.40、64.87和66.55，信息披露最好和最差的公司在真实性、相关性和及时性方面都存在非常大的差距。

二、2019—2024年中国上市公司信息披露比较

表8-2和图8-1列示了2019—2024年连续六年中国上市公司治理信息披露状况与趋势特征。2019—2020年，信息披露指数平均值有小幅度的下降，从2019年的65.35下降到2020年的65.27，2021—2024年呈现上升趋势，从65.60提升至66.20。三个分指数中，真实性指数从2019年的65.13下降到2020年的64.95，2021—2024

年逐年上升，从 65.22 提升至 65.89，变化趋势与信息披露总指数类似。相关性指数六年间呈现出逐年上升的趋势，从 2019 年的 64.98 提高到 2024 年的 65.85，提高了 0.87。及时性指数从 2019 年 66.91 下降到 2020 年 66.49，2021 年回升到 67.15 后，又在 2022 年下落到 67.08，在 2023 年又升至 67.55，2024 年又下落到 67.50。及时性指数虽然在六年间呈波动变化，但总体趋势是上升的。

从信息披露指数的横向比较来看，上市公司在信息披露的及时性方面做得最好，2019－2024 年连续六年都是及时性指数最大，真实性次之，相关性最低。

表 8-2 中国上市公司信息披露指数描述性统计六年比较

项目	2019 年	2020 年	2021 年	2022 年	2023 年	2024 年
信息披露指数	65.35	65.27	65.60	65.74	66.18	66.20
真实性	65.13	64.95	65.22	65.37	65.86	65.89
相关性	64.98	64.99	65.19	65.44	65.79	65.85
及时性	66.91	66.49	67.15	67.08	67.55	67.50

资料来源：南开大学公司治理数据库。

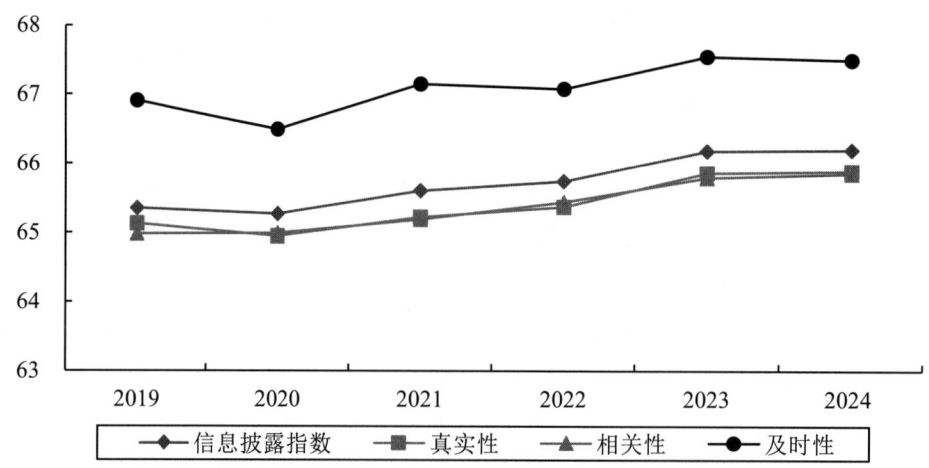

图 8-1 中国上市公司信息披露指数平均值六年折线图比较

资料来源：南开大学公司治理数据库。

第二节 中国上市公司信息披露分行业评价

一、2024 年中国上市公司信息披露分行业总体描述

表 8-3 显示了 2024 年度样本上市公司信息披露指数的分行业分布情况。从各行

业的平均值可以看出，各行业的信息披露水平存在较大差异，最高与最低指数相差13.23。在19个行业分类中，信息披露指数水平大于总体平均值的行业有6个，每个行业的指数都高于67。其中信息披露指数平均值居于前三位的为住宿和餐饮业，交通运输、仓储和邮政业以及科学研究和技术服务业，分别为71.39、69.85及68.96。平均值最低的三个行业是建筑业、房地产业、教育业，分别为61.11、59.26和58.16。

表8-3 中国上市公司信息披露指数分行业描述性统计

行业	数量	比例（%）	平均值	中位数	标准差	极差	最小值	最大值
农、林、牧、渔业	44	0.83	61.50	59.47	10.96	37.39	45.30	82.69
采矿业	85	1.60	67.12	68.87	11.94	46.62	42.78	89.40
制造业	3582	67.34	67.01	67.12	10.41	53.76	35.64	89.40
电力、热力、燃气及水生产和供应业	140	2.63	67.66	69.45	11.01	40.7	45.27	85.97
建筑业	110	2.07	61.11	61.29	11.83	43.05	42.06	85.11
批发和零售业	200	3.76	62.17	61.17	11.20	45.48	40.04	85.52
交通运输、仓储和邮政业	112	2.11	69.85	71.62	8.96	41.39	43.88	85.27
住宿和餐饮业	9	0.17	71.39	72.34	10.13	31.32	48.51	79.83
信息传输、软件和信息技术服务业	439	8.25	64.86	65.51	10.90	45.22	40.07	85.29
金融业	125	2.35	63.67	64.79	8.74	45.64	41.81	87.45
房地产业	98	1.84	59.26	57.99	10.04	42.02	38.90	80.92
租赁和商务服务业	74	1.39	61.48	62.53	10.59	40.44	41.90	82.34
科学研究和技术服务业	110	2.07	68.96	69.52	10.48	40.04	45.87	85.91
水利、环境和公共设施管理业	97	1.82	64.21	66.34	11.48	41.67	43.96	85.63
教育	12	0.23	58.16	55.82	13.81	40.66	43.62	84.28
卫生和社会工作	18	0.34	63.76	63.57	10.05	34.89	42.90	77.79
文化、体育和娱乐业	57	1.07	65.19	67.67	11.34	41.06	43.94	85.00
居民服务、修理和其他服务业	1	0.02	64.35	64.35	0.00	0.00	64.35	64.35
综合	6	0.11	62.94	59.70	12.06	30.97	53.79	84.76
合计	5319	100.00	66.20	66.54	10.70	53.76	35.64	89.40

资料来源：南开大学公司治理数据库。

从表8-4的分指数可以看出，真实性、相关性与及时性指数平均值分别为65.89、65.85和67.50。住宿和餐饮业的信息披露水平最好，是由于真实性和及时性指数远高于平均值，分别为73.38和74.89，分别高出7.49和7.39。交通运输、仓储和邮政业信息披露水平位列第二，得益于其真实性指数最高，为74.52，高出平均值8.63。

科学研究和技术服务业信息披露水平位于前列的主要因素在于其真实性指数和相关性指数较高，比平均值分别高出 5.29 和 1.53。

导致建筑业、房地产和教育业信息披露指数垫底的原因是三个行业的真实性、相关性和及时性指标都低于平均值，其中三个行业与真实性平均值差异最大，分别低于平均值 6.49、6.9 和 9.81；其次较大程度低于及时性平均值，分别低出 6.02、3.15 和 10.83；而房地产业相关性表现较差，低于平均值 9.54。

表 8-4 中国上市公司信息披露分指数分行业描述性统计

行业	数量	比例（%）	信息披露指数	真实性	相关性	及时性
农、林、牧、渔业	44	0.83	61.50	57.56	64.33	67.12
采矿业	85	1.60	67.12	67.75	63.74	70.62
制造业	3582	67.34	67.01	66.48	67.21	68.02
电力、热力、燃气及水生产和供应业	140	2.63	67.66	69.46	63.26	69.74
建筑业	110	2.07	61.11	59.40	63.72	61.48
批发和零售业	200	3.76	62.17	60.39	62.71	65.80
交通运输、仓储和邮政业	112	2.11	69.85	74.52	60.88	71.64
住宿和餐饮业	9	0.17	71.39	73.38	65.74	74.89
信息传输、软件和信息技术服务业	439	8.25	64.86	63.94	65.79	65.77
金融业	125	2.35	63.67	66.01	55.31	70.36
房地产业	98	1.84	59.26	58.99	56.31	64.35
租赁和商务服务业	74	1.39	61.48	59.70	61.74	65.54
科学研究和技术服务业	110	2.07	68.96	71.18	67.38	65.77
水利、环境和公共设施管理业	97	1.82	64.21	63.77	65.01	64.12
教育	12	0.23	58.16	56.08	62.63	56.67
卫生和社会工作	18	0.34	63.76	65.61	63.05	60.18
文化、体育和娱乐业	57	1.07	65.19	68.32	62.02	62.12
居民服务、修理和其他服务业	1	0.02	64.35	63.35	70.40	57.76
综合	6	0.11	62.94	60.46	60.17	73.31
合计	5319	100.00	66.20	65.89	65.85	67.50

资料来源：南开大学公司治理数据库。

二、2019－2024 年中国上市公司信息披露分行业比较

从表 8-5 的统计数据可以看出，整体而言，六年各行业信息披露水平差异较大，各行业的信息披露指数平均值在各年度间波动较大。制造业在六年间表现较好，各

年信息披露指数均大于整体平均值。与 2023 年相比，2024 年信息披露指数平均水平变化不明显，上升了 0.02。

从分行业来看，2024 年多数行业的信息披露指数均有上升，总体趋势较好。指数平均值增长的行业有 12 个，增长明显的有居民服务、修理和其他服务业，文化、体育和娱乐业以及住宿和餐饮业，平均值较上年增长分别为 16.33、4.7 和 3.31。而信息披露指数平均值下降的行业有 7 个，其中下降幅度较大的是金融业以及农、林、牧、渔业，分别下降了 5.08 和 4.28。

表 8-5 中国上市公司信息披露指数分行业描述性统计六年比较

行业	2019 年	2020 年	2021 年	2022 年	2023 年	2024 年
农、林、牧、渔业	62.33	63.73	61.38	59.79	65.78	61.50
采矿业	64.54	64.77	62.23	63.44	65.80	67.12
制造业	65.87	65.78	66.62	67.54	66.92	67.01
电力、热力、燃气及水生产和供应业	64.91	66.41	66.00	63.51	67.44	67.66
建筑业	65.72	64.79	63.88	60.90	61.21	61.11
批发和零售业	64.18	64.18	62.82	60.62	64.62	62.17
交通运输、仓储和邮政业	65.78	65.96	66.04	66.44	70.28	69.85
住宿和餐饮业	65.90	69.84	58.94	65.88	68.08	71.39
信息传输、软件和信息技术服务业	64.63	63.96	64.61	63.29	64.25	64.86
金融业	63.31	64.16	62.45	59.52	68.75	63.67
房地产业	64.05	63.60	62.17	57.23	58.40	59.26
租赁和商务服务业	62.14	62.02	59.64	60.42	61.95	61.48
科学研究和技术服务业	64.80	66.78	68.87	70.89	69.21	68.96
水利、环境和公共设施管理业	65.54	64.57	64.92	62.39	62.91	64.21
教育	61.89	61.07	55.54	55.62	57.61	58.16
卫生和社会工作	66.06	59.38	61.93	59.00	61.88	63.76
文化、体育和娱乐业	63.97	63.14	63.10	62.92	60.49	65.19
居民服务、修理和其他服务业	—	50.41	59.87	66.88	48.02	64.35
综合	62.86	63.54	62.64	61.46	61.06	62.94
合计	65.35	65.27	65.60	65.74	66.18	66.20

资料来源：南开大学公司治理数据库。

第三节 中国上市公司信息披露分控股股东性质评价

一、2024 年中国上市公司信息披露分控股股东性质总体描述

表 8-6 给出了按控股股东性质分类的 2024 年评价中各组样本公司的信息披露

指数统计指标。控股股东性质为国有控股的上市公司信息披露指数平均值为 66.55、集体控股为 67.42、民营控股为 65.94、社会团体控股为 72.00、外资控股为 68.40、无实际控制人为 65.50 和其他类型为 66.98。我国控股股东性质主要为国有控股和民营控股,占样本企业总比例达 87.48%。其中,国有控股和民营控股上市公司的信息披露指数最大值分别为 89.40 和 88.70,极差分别为 53.76 和 48.66,标准差分别为 10.66 和 10.70,以上数据表明国有控股上市公司信息披露水平略高于民营控股上市公司信息披露水平,且公司之间差异较大。而在所有样本上市公司中,社会团体控股上市公司信息披露水平最高。

表 8-6 中国上市公司信息披露指数分控股股东性质描述性统计

控股股东性质	数量	比例（%）	平均值	中位数	标准差	极差	最小值	最大值
国有控股	1384	26.02	66.55	66.72	10.66	53.76	35.64	89.40
集体控股	21	0.39	67.42	67.78	10.09	34.56	48.42	82.98
民营控股	3269	61.46	65.94	66.29	10.70	48.66	40.04	88.70
社会团体控股	7	0.13	72.00	77.00	12.47	33.77	51.00	84.77
外资控股	206	3.87	68.40	70.11	10.54	43.81	41.72	85.53
无实际控制人	326	6.13	65.50	65.98	10.99	48.55	38.90	87.45
其他类型	106	1.99	66.98	67.67	10.44	41.57	46.18	87.75
合计	5319	100.00	66.20	66.54	10.70	53.76	35.64	89.40

资料来源:南开大学公司治理数据库。

如表 8-7 所示,社会团体控股上市公司信息披露水平最好,其真实性、相关性和及时性水平均高于各自平均值,其真实性水平高于国有控股上市公司 1.56,高于民营控股上市公司 2.26;其相关性水平高于国有控股上市公司 5.25,高于民营控股上市公司 2.97;其及时性水平高于国有控股上市公司 15.46,高于民营控股上市公司 20.17。外资控股上市公司信息披露指数排名第二,得益于其三个分指数均高于相应平均值,其中真实性和相关性分别高于国有控股上市公司 3.06 和 2.46,但是在及时性方面,国有控股上市公司高于外资控股上市公司 2.1。反映出社会团体控股上市公司和外资控股上市公司信息披露水平总体较好。

表 8-7 中国上市公司信息披露分指数分控股股东性质描述性统计

控股股东性质	信息披露指数	真实性	相关性	及时性
国有控股	66.55	66.22	64.32	70.72
集体控股	67.42	66.84	65.03	72.48
民营控股	65.94	65.52	66.60	66.01
社会团体控股	72.00	67.78	69.57	86.18

续表

控股股东性质	信息披露指数	真实性	相关性	及时性
外资控股	68.40	69.28	66.78	68.62
无实际控制人	65.50	65.09	64.57	67.94
其他类型	66.98	68.73	64.87	65.77
合计	66.20	65.89	65.85	67.50

资料来源：南开大学公司治理数据库。

二、2019－2024 年中国上市公司信息披露分控股股东性质比较

表 8-8 主要呈现了国有控股和民营控股性质的上市公司信息披露指数在 2019－2024 年的变动。从信息披露指数来看，国有控股上市公司信息披露指数虽然在六年间呈波动变化，但总体趋势是上升的。2019－2020 年，信息披露指数从 65.76 提高到 66.33，虽然在 2021 年和 2022 两年有所下降，但在 2023 年又有较大提升，升至 67.29，又在 2024 年降至 66.55。民营控股上市公司信息披露水平在六年间比较稳定，维持在 65.50 左右，在 2020 年有所下降，经历了 2021 年和 2022 两年的回升后，在 2023 年又稍有下降，2024 年回升至 65.94。从横向比较来看，2019 年国有控股上市公司信息披露水平高于民营控股上市公司，且 2020 年差距进一步扩大，在 2021 年，虽然国有控股上市公司依然处于领先地位，但二者的差距开始缩小，信息披露指数接近，直至 2022 年国有控股上市公司被民营控股上市公司反超。而在 2023 年，国有控股上市公司的信息披露水平又高于民营控股上市公司，在 2024 年，民营控股上市公司与国有控股上市公司信息披露水平的差距又有所缩小。

表 8-8 中国国有和民营控股公司信息披露指数描述性统计六年比较

年份	控股股东性质	信息披露指数	真实性	相关性	及时性
2019	国有	65.76	65.19	65.41	68.43
	民营	65.15	65.10	64.82	66.09
2020	国有	66.33	66.70	63.77	69.25
	民营	64.85	64.17	65.81	65.09
2021	国有	65.70	64.60	65.59	68.60
	民营	65.69	65.75	65.11	66.40
2022	国有	65.16	65.13	63.16	68.22
	民营	66.07	65.66	66.51	66.45
2023	国有	67.29	67.93	64.91	69.25
	民营	65.71	65.01	66.16	66.77
2024	国有	66.55	66.22	64.32	70.72
	民营	65.94	65.52	66.60	66.01

资料来源：南开大学公司治理数据库。

第四节 中国上市公司信息披露分地区评价

一、2024年中国上市公司信息披露分地区总体描述

表8-9显示,2024年中国上市公司信息披露各地区的指数平均值除海南省以外,均高于60.00。在33个地区中,上市公司信息披露指数高于总体平均值的地区有16个,排在前五位的是香港(80.7)、天津市(67.86)、开曼群岛(67.72)、山东省(67.64)和江苏省(67.58)的上市公司。信息披露指数平均值排名后五位的是新疆(62.85)、辽宁省(61.65)、西藏(60.26)、贵州省(60.25)和海南省(58.23)的上市公司。关注各地区的指数极差和标准差可以发现,各地区信息披露指数的极差和标准差相差较大,说明各地区上市公司信息披露水平分布不平衡。

表8-9 中国上市公司信息披露指数分地区描述性统计

地区	数量	比例(%)	平均值	中位数	标准差	极差	最小值	最大值
北京市	467	8.78	66.39	66.61	10.37	47.38	40.07	87.45
天津市	72	1.35	67.86	68.47	10.36	43.78	44.46	88.24
河北省	77	1.45	65.82	67.27	10.36	39.62	45.30	84.92
山西省	41	0.77	64.28	64.59	9.96	37.35	45.30	82.65
内蒙古	26	0.49	66.03	64.87	12.12	39.70	45.30	85.00
辽宁省	87	1.64	61.65	61.26	10.93	42.17	42.68	84.85
吉林省	49	0.92	62.95	64.35	12.10	41.04	43.98	85.02
黑龙江省	40	0.75	62.92	66.45	12.45	41.03	42.28	83.31
上海市	437	8.22	66.41	66.70	10.89	42.59	42.68	85.27
江苏省	685	12.88	67.58	68.70	10.43	43.74	42.90	86.64
浙江省	700	13.16	66.69	66.91	10.45	43.99	43.76	87.75
安徽省	175	3.29	66.74	65.93	9.76	40.60	45.00	85.60
福建省	169	3.18	64.06	64.36	10.71	46.29	40.64	86.93
江西省	88	1.65	65.69	64.53	10.45	41.46	45.30	86.76
山东省	307	5.77	67.64	68.07	11.25	45.59	40.04	85.63
河南省	110	2.07	66.86	67.95	11.62	42.88	43.28	86.16
湖北省	146	2.74	64.95	64.60	10.94	50.66	35.64	86.30
湖南省	146	2.74	65.96	65.88	11.67	43.85	43.88	87.73
广东省	867	16.30	66.26	66.53	10.41	50.50	38.90	89.40
广西	41	0.77	65.39	64.68	10.13	36.51	46.18	82.69
海南省	27	0.51	58.23	58.52	9.76	37.29	44.19	81.48
重庆市	78	1.47	65.68	66.18	11.06	39.25	44.31	83.56

续表

地区	数量	比例（%）	平均值	中位数	标准差	极差	最小值	最大值
四川省	173	3.25	67.55	68.26	10.51	42.83	42.87	85.70
贵州省	36	0.68	60.25	62.63	9.80	31.70	45.12	76.82
云南省	41	0.77	63.06	64.75	9.99	40.26	42.06	82.32
西藏	22	0.41	60.26	59.05	11.46	38.00	43.05	81.05
陕西省	81	1.52	64.39	63.74	10.38	43.85	45.55	89.40
甘肃省	35	0.66	66.74	68.01	11.69	41.01	45.30	86.31
青海省	10	0.19	63.07	68.58	13.75	36.58	43.04	79.62
宁夏	17	0.32	67.11	67.60	10.96	39.42	45.69	85.11
新疆	60	1.13	62.85	62.26	9.13	37.17	45.05	82.22
香港	3	0.06	80.70	81.56	1.99	3.69	78.43	82.12
开曼群岛	6	0.11	67.72	72.48	11.87	30.19	47.62	77.81
合计	5319	100.00	66.20	66.54	10.70	53.76	35.64	89.40

资料来源：南开大学公司治理数据库。

二、2019－2024年中国上市公司信息披露分地区比较

从表8-10中国分地区信息披露指数平均值的六年比较中可以看出，天津市、安徽省、浙江省、江苏省、河南省和四川省上市公司信息披露质量持续表现较好，六年间的指数平均值都高于总体平均值。广东省和山东省的上市公司信息披露指数有五年高于总体平均值。从地区排名来看，天津市上市公司信息披露水平在2019年、2020年位列前三，并且在2019年排名第一，2023年位列第四，2024排名第二。安徽省上市公司信息披露水平2021年、2022年排名第一，江苏省上市公司2022年排名第三，其余年份在平均值之上。浙江省上市公司信息披露水平2019年开始逐步上升，并在2022年排名第二，2023年下降，2024年又有所回升。河南省上市公司的信息披露水平经历了2020年的下降后，从2021年开始有所回升，并且2021－2023年逐年提高至69.48，位列第二，在2024年又下降至66.86。而四川省六年间总体呈现上升趋势，从2019年的65.71上升到2024年的67.55，提高了1.84。广东省的信息披露水平在2019－2024年虽然有五年高于总体平均值，但总体变化不大，在66.00上下波动。山东省上市公司信息披露水平虽然只有2024年进入前五，但该地区上市公司信息披露各年平均值都高于或非常接近总体平均值。

相比较而言，海南省的信息披露水平最差，六个年度全部排在最后五名，其中有三年排在最后一名。青海省的信息披露水平也较差，六个年度当中有四年排在最后五名，并且有三年排在最后。此外，吉林省的信息披露水平在六个年度当中有三年排在最后五名。海南省自2019年进入最后五名名单，2020年小幅上升，2021年、

2022年又逐年下降，2023年有所回升，2024年下降至最后一位的58.23。青海省六年中的信息披露水平保持低位徘徊，2022年下降较大，比上年度下降5.22。吉林省信息披露水平虽然在2024年有所上升并走出了最后五名名单，但依旧在低位波动，并未发现明显上升趋势。

通过以上分地区分析可以看出，上市公司信息披露水平与相应地区经济社会的发展水平有一定的关联。

表8-10 中国上市公司信息披露指数分地区描述性统计六年比较

地区	2019年	2020年	2021年	2022年	2023年	2024年
北京市	65.84	65.09	66.00	65.29	67.08	66.39
天津市	67.14	66.86	66.28	66.16	67.95	67.86
河北省	65.06	67.36	65.61	66.29	65.95	65.82
山西省	62.63	65.19	63.14	60.66	61.51	64.28
内蒙古	65.23	63.57	61.50	63.20	65.94	66.03
辽宁省	63.99	64.07	62.77	61.78	61.27	61.65
吉林省	64.39	62.64	61.28	62.87	61.20	62.95
黑龙江省	62.87	63.63	61.27	63.11	64.44	62.92
上海市	64.87	65.41	66.85	65.35	65.65	66.41
江苏省	65.35	65.90	66.52	67.05	67.42	67.58
浙江省	65.44	65.63	66.39	67.10	66.35	66.69
安徽省	65.85	66.14	67.63	67.77	67.76	66.74
福建省	66.14	65.61	65.82	64.90	65.30	64.06
江西省	66.89	65.69	65.97	66.07	65.95	65.69
山东省	65.49	65.23	66.37	66.48	67.25	67.64
河南省	66.13	65.69	65.79	67.04	69.48	66.86
湖北省	64.20	63.88	63.02	65.52	65.59	64.95
湖南省	64.74	64.63	64.36	64.63	65.09	65.96
广东省	66.14	65.23	65.75	66.01	66.45	66.26
广西	63.15	64.55	61.59	62.91	61.83	65.39
海南省	61.51	62.18	58.36	57.52	60.55	58.23
重庆市	63.09	64.15	63.08	62.79	65.58	65.68
四川省	65.71	66.00	65.86	66.85	67.90	67.55
贵州省	64.83	64.91	63.15	64.68	60.20	60.25
云南省	66.55	66.95	64.98	63.70	62.11	63.06
西藏	67.08	64.99	66.71	63.23	60.79	60.26
陕西省	65.22	64.28	65.96	64.12	64.26	64.39
甘肃省	63.19	64.44	63.42	64.72	66.47	66.74

续表

地区	2019年	2020年	2021年	2022年	2023年	2024年
青海省	63.30	61.55	61.05	55.83	55.36	63.07
宁夏	62.99	64.48	65.18	64.68	67.18	67.11
新疆	64.38	63.89	62.23	62.24	62.28	62.85
香港	64.38	63.89	62.23	—	79.56	80.70
开曼群岛	—	—	65.36	—	68.02	67.72
合计	65.35	65.27	65.60	65.74	66.18	66.20

资料来源：南开大学公司治理数据库。

第五节 中国上市公司信息披露100佳评价

一、中国上市公司信息披露100佳比较分析

表 8-11 是样本公司和 100 佳公司信息披露指数以及各分项指标的描述统计结果。信息披露 100 佳上市公司信息披露评价指数平均值为 85.30，比样本总体平均值高出 19.10。信息披露真实性、相关性和及时性的平均值依次为 88.46、76.72 和 90.28，分别高出全部样本 22.57、10.87 和 22.78。100 佳公司的信息披露三项分指数指标，均比样本总体平均值高。样本总体的信息披露水平的标准差为 10.70，极差为 53.76，100 佳上市公司信息披露水平的标准差为 1.10，极差为 5.21，说明 100 佳上市公司的信息披露水平相比样本总体来说更为集中。

表8-11 中国上市公司信息披露100佳描述性统计

项目	样本	平均值	中位数	标准差	极差	最小值	最大值
信息披露指数	100佳	85.30	84.92	1.10	5.21	84.19	89.40
	样本总体	66.20	66.54	10.70	53.76	35.64	89.40
真实性	100佳	88.46	88.34	1.30	6.75	84.01	90.76
	样本总体	65.89	64.47	15.99	52.40	38.36	90.76
相关性	100佳	76.72	73.99	4.84	18.41	71.94	90.35
	样本总体	65.85	67.52	8.63	64.87	25.48	90.35
及时性	100佳	90.28	91.92	4.02	14.65	79.72	94.37
	样本总体	67.50	76.94	16.75	66.55	27.82	94.37

资料来源：南开大学公司治理数据库。

二、中国上市公司信息披露 100 佳公司行业分布

表 8-12 关于上市公司信息披露 100 佳行业分布表明，信息披露最好的上市公司分布主要集中在制造业，其他行业涉及数量较少。从绝对数来看，入选信息披露 100 佳上市公司最多的行业是制造业，有 72 家，占制造业的 2.01%；电力、热力、燃气及水生产和供应业次之，有 5 家，占该行业比例 3.57%。从相对数来看，综合类入选 100 佳占该行业比例 16.67%，是相对比例最高的行业。农、林、牧、渔业，住宿和餐饮业，信息传输、软件和信息技术服务业，房地产业，租赁和商业服务业，卫生和社会工作，居民服务、修理和其他服务业这 7 个行业没有 1 家入选 100 佳公司。

表 8-12 中国上市公司信息披露 100 佳公司行业分布

行业	样本总体		100 佳		
	数量	比例（%）	数量	比例（%）	占本行业比例（%）
农、林、牧、渔业	44	0.83	—	—	—
采矿业	85	1.6	4	4.00	4.71
制造业	3582	67.34	72	72.00	2.01
电力、热力、燃气及水生产和供应业	140	2.63	5	5.00	3.57
建筑业	110	2.07	1	1.00	0.91
批发和零售业	200	3.76	3	3.00	1.50
交通运输、仓储和邮政业	112	2.11	2	2.00	1.79
住宿和餐饮业	9	0.17	—	—	—
信息传输、软件和信息技术服务业	439	8.25	—	—	—
金融业	125	2.35	1	1.00	0.80
房地产业	98	1.84	—	—	—
租赁和商务服务业	74	1.39	—	—	—
科学研究和技术服务业	110	2.07	4	4.00	3.64
水利、环境和公共设施管理业	97	1.82	2	2.00	2.06
教育	12	0.23	1	1.00	8.33
卫生和社会工作	18	0.34	—	—	—
文化、体育和娱乐业	57	1.07	1	1.00	1.75
居民服务、修理和其他服务业	1	0.02	—	—	—
综合	6	0.11	1	1.00	16.67
合计	5319	100.00	100	100.00	1.88

资料来源：南开大学公司治理数据库。

三、中国上市公司信息披露 100 佳公司控股股东性质分布

表 8-13 显示，按控股股东性质分，入选信息披露 100 佳的上市公司超过半数为民营控股股东性质的公司，有 53 家，占民营控股企业的 1.62%。国有控股股东性质的公司次之，有 32 家，占国有控股企业的 2.31%。另外，无实际控制人上市公司有 7 家入选，占无实际控制人企业的 2.15%。外资控股和社会团体控股的上市公司分别有 4 家和 1 家入选，分别占外资控股企业和社会团体控股企业的 1.94% 和 14.29%。集体控股和其他类型未有公司入选 100 佳。

表 8-13 中国上市公司信息披露 100 佳公司控股股东分布

控股股东性质	样本总体		100 佳		
	数量	比例（%）	数量	比例（%）	占本组比例（%）
国有控股	1384	26.02	32	32.00	2.31
集体控股	21	0.39	—	—	—
民营控股	3269	61.46	53	53.00	1.62
社会团体控股	7	0.13	1	1.00	14.29
外资控股	206	3.87	4	4.00	1.94
无实际控制人	326	6.13	7	7.00	2.15
其他类型	106	1.99	—	—	—
合计	5319	100.00	100	100.00	1.88

资料来源：南开大学公司治理数据库。

四、中国上市公司信息披露 100 佳公司地区分布

由表 8-14 可以看出，公司信息披露水平高的企业具有区域集中的特征。而且，100 佳公司地区分布与分地区信息披露质量分析结果一致。在入选信息披露 100 佳上市公司中，来自江苏省、浙江省、广东省和北京市 4 个地区的上市公司共占到 56%，依次有 17 家、15 家、13 家、11 家，分别占各地区样本的 2.48%、2.14%、1.50%、2.36%。

另外，从占本地区相对数比例来看，比例居前三位的是宁夏、甘肃省和天津市，分别为 11.76%、5.71% 和 4.17%，绝对数为 2 家、2 家和 3 家。而山西省、黑龙江省、广西、海南省、重庆市、贵州省、云南省、西藏、青海省、新疆、香港以及开曼群岛，没有一家公司入选 100 佳公司。

表 8-14 中国上市公司信息披露 100 佳公司地区分布

地区	样本总体		100 佳		
	数量	比例（%）	数量	比例（%）	占本地区比例（%）
北京市	467	8.78	11	11.00	2.36
天津市	72	1.35	3	3.00	4.17
河北省	77	1.45	1	1.00	1.30
山西省	41	0.77	—	—	—
内蒙古	26	0.49	1	1.00	3.85
辽宁省	87	1.64	2	2.00	2.30
吉林省	49	0.92	2	2.00	4.08
黑龙江省	40	0.75	—	—	—
上海市	437	8.22	7	7.00	1.60
江苏省	685	12.88	17	17.00	2.48
浙江省	700	13.16	15	15.00	2.14
安徽省	175	3.29	3	3.00	1.71
福建省	169	3.18	2	2.00	1.18
江西省	88	1.65	1	1.00	1.14
山东省	307	5.77	8	8.00	2.61
河南省	110	2.07	2	2.00	1.82
湖北省	146	2.74	3	3.00	2.05
湖南省	146	2.74	2	2.00	1.37
广东省	867	16.3	13	13.00	1.50
广西	41	0.77	—	—	—
海南省	27	0.51	—	—	—
重庆市	78	1.47	—	—	—
四川省	173	3.25	2	2.00	1.16
贵州省	36	0.68	—	—	—
云南省	41	0.77	—	—	—
西藏	22	0.41	—	—	—
陕西省	81	1.52	1	1.00	1.23
甘肃省	35	0.66	2	2.00	5.71
青海省	10	0.19	—	—	—
宁夏	17	0.32	2	2.00	11.76
新疆	60	1.13	—	—	—
香港	3	0.06	—	—	—
开曼群岛	6	0.11	—	—	—
合计	5319	100.00	100	100.00	1.88

资料来源：南开大学公司治理数据库。

第六节　中国上市公司信息披露评价主要结论

过去的六年里,在经济全球化背景之下,世界经济的变化影响到中国经济,并进一步导致中国上市公司的治理情况也随之发生一些改变。在信息披露方面整体有以下结论。

第一,2024年中国上市公司样本量为5319家,信息披露指数的平均值为66.20,标准差为10.70。其中真实性、相关性和及时性指数的平均值依次为65.89、65.85和67.50,标准差依次为15.99、8.63和16.75,极差依次为52.40、64.87和66.55。相比2023年,2024年信息披露指数平均值以及真实性和相关性分指数都有所上升,而及时性分指数则出现了小幅下降。

第二,从连续六年信息披露指数的发展趋势看,样本公司信息披露指数平均值在2020年有所下降,2021—2024年则呈现上升趋势。三个分指数中,真实性指数也在2020年有所下降,2021—2024年持续上升,变化趋势与信息披露总指数类似。相关性指数六年间呈现出逐年上升的趋势。及时性指数在2019—2024年六年间呈现波动变化趋势,但变化幅度较小,2024年相比2019年提高了0.59。

第三,从信息披露指数的横向比较来看,上市公司在信息披露的及时性方面做得最好,2019—2024年连续六年都是及时性指数最大,真实性次之,相关性最低,但2020年后真实性和相关性几乎持平。

第四,从行业来看,2024年信息披露指数平均值居于前三位的为住宿和餐饮业,交通运输、仓储和邮政业以及科学研究和技术服务业,分别为71.39、69.85和68.96。平均值最低的三个行业是建筑业、房地产业和教育业,分别为61.11、59.26和58.16。从长期角度看,整体而言,六年各行业信息披露水平差异较大,各行业的信息披露指数平均值在各年度间波动较大。制造业在六年间表现较好,各年信息披露指数均大于整体平均值。与2023年相比,2024年信息披露指数平均水平保持稳定,上升了0.02。从分行业来看,2024年多数行业的信息披露指数均有上升,总体趋势较好。增长明显的有居民服务、修理和其他服务业,文化、体育和娱乐业以及住宿和餐饮业。而金融业以及农、林、牧、渔业的信息披露指数平均值下降幅度较大。

第五,从股权性质来看,上市公司的信息披露水平,因公司股权性质不同而呈现一定的差异。2024年,我国控股股东性质主要为国有控股和民营控股,占样本企业总比例达87.48%。其中国有控股上市公司信息披露指数平均值为66.55,民营控股为61.46,表明国有控股上市公司信息披露水平高于民营控股上市公司信息披露水平,主要原因是国有控股上市公司的真实性和及时性分指数较高,分别高出民营控股上市公司0.7和4.71。从长期来看,国有控股上市公司六年内信息披露指数整体提升,2019—2020年,信息披露指数从65.76提高到66.33,虽然在2021年和2022

两年有所下降，但在 2023 年又有较大提升，升至 67.29，又在 2024 年降至 66.55。民营控股上市公司信息披露水平在六年间比较稳定，维持在 65.50 左右，2020 年相对 2019 年有所下降，经历了 2021 年和 2022 两年的回升后，在 2023 年又稍有下降，2024 年回升至 65.94。此外，社会团体控股上市公司信息披露水平最好，其真实性、相关性和及时性水平均高于各自平均值，其真实性水平高于国有控股上市公司 1.56，高于民营控股上市公司 2.26；其相关性水平高于国有控股上市公司 5.25，高于民营控股上市公司 2.97；其及时性水平高于国有控股上市公司 15.46，高于民营控股上市公司 20.17。

第六，从地区来看，2024 年上市公司信息披露指数排在前五名的地区分别是香港、天津市、开曼群岛、山东省和江苏省。信息披露指数排名后五位的地区分别是新疆、辽宁省、西藏、贵州省和海南省。关注各地区的指数极差和标准差可以发现，各地区信息披露指数的极差和标准差相差较大，说明各地区上市公司信息披露水平分布不平衡。从长期角度看，天津市、安徽省、浙江省、江苏省、河南省、四川省、广东省和山东省的信息披露状况表现较好。海南省、青海省、吉林省的信息披露水平较差，海南省信息披露水平在 2019－2024 年的排名均处于末尾五位，并且有三年排在最后。青海省在六年中有四年排在最后五名，并且也有三年排在最后。吉林省信息披露水平近六年在低位波动，其中三年排在最后五名。

第七，信息披露 100 佳上市公司信息披露评价指数平均值为 85.30，比样本总体平均值高出 19.10。100 佳公司的信息披露三项分指数指标，均比样本总体平均值高。信息披露 100 佳上市公司行业分布表明，信息披露最好的上市公司分布主要集中在制造业行业，其他行业涉及数量较少。从绝对数来看，入选信息披露 100 佳上市公司最多的行业是制造业，电力、热力、燃气及水生产和供应业次之。从相对数来看，综合类入选的相对比例最高，绝对数为 1 家。按控股股东性质分，入选信息披露 100 佳的上市公司超过半数为民营控股股东性质的公司，国有控股股东性质的公司次之，另外，无实际控制人类型上市公司有 7 家入选，集体控股和其他类型未有公司入选 100 佳。公司信息披露水平高的企业具有区域集中的特征，而且 100 佳地区分布与分地区信息披露质量分析结果一致。在入选信息披露 100 佳上市公司中，来自江苏省、浙江省、广东省和北京市 4 个地区的上市公司共占到 56%。另外，从占本地区相对数比例来看，比例居前三位的是宁夏、甘肃省和天津市，而山西省、黑龙江省、广西、海南省、重庆市、贵州省、云南省、西藏、青海省、新疆、香港以及开曼群岛，没有一家公司入选 100 佳公司。

第九章　中国上市公司利益相关者治理评价

第一节　中国上市公司利益相关者治理总体分析

一、2024年中国上市公司利益相关者治理总体描述

2024年中国上市公司利益相关者治理指数的平均值为69.55，中位数为70.04，最大值为87.24，最小值为37.85，极差为49.39，标准差为6.25。见表9-1。

表9-1　中国上市公司利益相关者治理总体状况描述性统计

项目	平均值	中位数	标准差	极差	最小值	最大值
利益相关者治理指数	69.55	70.04	6.25	49.39	37.85	87.24
参与程度	63.89	63.88	7.50	48.25	40.00	88.25
协调程度	76.48	78.00	9.12	72.00	23.50	95.50

资料来源：南开大学公司治理数据库。

从利益相关者治理指数的分指数来看，参与程度分指数的平均值为63.89，中位数为63.88，最大值为88.25，最小值为40.00，极差为48.25，标准差为7.50；协调程度分指数的平均值为76.48，中位数为78.00，最大值为95.50，最小值为23.50，极差为72.00，标准差为9.12。

二、2019－2024年中国上市公司利益相关者治理比较

从2019－2024年的数据和折线图来看（见表9-2、图9-1），利益相关者治理指数的平均值呈持续上升趋势，自2020年起升幅逐渐降低，六年间指数平均值由63.00升至69.55。参与程度分指数的平均值总体呈上升趋势，其中2021年和2024年出现下降，六年间指数平均值由55.03升至63.89。协调程度分指数的平均值总体亦呈上升趋势，2022年前波动较大，之后持续上升，六年间指数平均值由72.75升至76.48。

表9-2　中国上市公司利益相关者治理指数描述性统计六年比较

项目	2019年	2020年	2021年	2022年	2023年	2024年
利益相关者治理指数	63.00	63.32	66.42	68.13	69.40	69.55
参与程度	55.03	61.78	59.97	63.58	64.79	63.89
协调程度	72.75	65.21	74.31	73.69	75.05	76.48

资料来源：南开大学公司治理数据库。

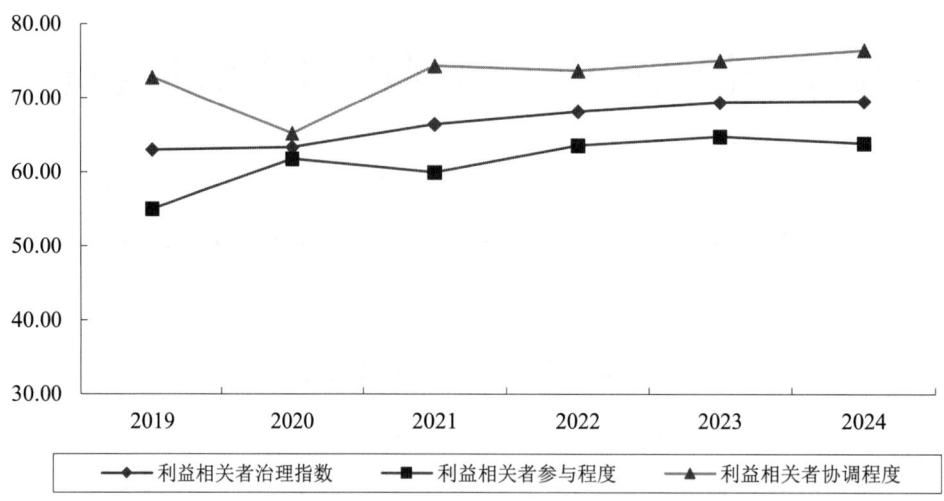

图9-1　中国上市公司利益相关者治理指数平均值六年折线图比较

资料来源：南开大学公司治理数据库。

在同比变化方面，利益相关者治理指数的平均值由69.40升至69.55，增长0.15。参与程度分指数的平均值由64.79降至63.89，降低0.90；协调程度分指数的平均值则由75.05升至76.48，增长1.43，推动了2024年利益相关者治理指数平均值的增长。

进一步在同比变化中剖析分指数。参与程度方面，员工参与程度得分平均值由60.81下降到59.28，主要因职工监事超过三分之一的公司的比例由21.19%下降至18.69%，新《公司法》规定对监事会的影响似乎已提前显现。投资者关系管理得分平均值由68.76小幅下降到68.51，主要因网址更新得分下降明显，网址更新及时率由68.01%下降至62.34%，网址停更率由10.74%上升至12.60%。

协调程度方面，社会责任履行得分平均值由63.73升至66.81。其中，发布社会责任报告的比例由34.68%升至40.55%，供应商、客户和环保相关披露质量有所提高。违规和处罚得分平均值由92.02降至91.45，主要因受到处罚的比例无变化，而受到公开谴责的公司比例由6.96%上升至8.67%。

第二节　中国上市公司分行业利益相关者治理评价

一、2024年中国上市公司利益相关者治理分行业总体描述

如表9-3所示，从行业分布状况可以看出，利益相关者治理指数平均值最高的

3 个行业分别为金融业、采矿业以及科学研究和技术服务业，平均值分别为 71.92、71.02 和 70.86；平均值最低的 3 个行业分别是教育、建筑业以及文化、体育和娱乐业，平均值分别为 66.06、67.00 和 67.15（不计只有 1 个样本的居民服务、修理和其他服务业）。

表 9-3　中国上市公司利益相关者治理指数分行业描述性统计

行业	数量	比例（%）	平均值	中位数	标准差	极差	最小值	最大值
农、林、牧、渔业	44	0.83	69.03	68.03	7.77	30.77	54.75	85.52
采矿业	85	1.60	71.02	71.64	5.56	31.79	52.32	84.12
制造业	3582	67.34	69.84	70.16	5.98	49.39	37.85	87.24
电力、热力、燃气及水生产和供应业	140	2.63	69.80	70.84	5.99	34.73	48.50	83.23
建筑业	110	2.07	67.00	68.57	8.32	35.25	45.94	81.19
批发和零售业	200	3.76	68.82	69.63	6.69	36.84	46.70	83.54
交通运输、仓储和邮政业	112	2.11	70.22	70.73	5.81	30.25	50.22	80.47
住宿和餐饮业	9	0.17	69.69	68.88	4.72	14.53	64.24	78.77
信息传输、软件和信息技术服务业	439	8.25	68.23	68.59	6.39	38.59	42.81	81.40
金融业	125	2.35	71.92	71.96	5.10	26.05	57.85	83.91
房地产业	98	1.84	67.54	68.32	6.45	36.49	45.26	81.75
租赁和商务服务业	74	1.39	67.83	68.34	7.22	33.16	48.95	82.11
科学研究和技术服务业	110	2.07	70.86	71.09	5.62	29.22	53.66	82.87
水利、环境和公共设施管理业	97	1.82	68.35	70.15	8.03	41.27	41.38	82.65
居民服务、修理和其他服务业	1	0.02	66.86	66.86	0.00	0.00	66.86	66.86
教育	12	0.23	66.06	66.82	7.40	19.81	55.38	75.19
卫生和社会工作	18	0.34	67.91	72.59	12.05	38.34	44.29	82.64
文化、体育和娱乐业	57	1.07	67.15	68.15	6.98	33.27	44.58	77.85
综合	6	0.11	67.52	66.19	6.76	17.55	58.23	75.78
合计	5319	100.00	69.55	70.04	6.25	49.39	37.85	87.24

资料来源：南开大学公司治理数据库。

如表 9-4 所示，从分指数来看，参与程度分指数平均值最高的 3 个行业是科学研究和技术服务业、金融业以及教育，平均值分别为 65.73、65.18 和 65.09，参与程度分指数平均值最低的 3 个行业是房地产业，文化、体育和娱乐业以及住宿和餐饮业，平均值分别为 61.78、61.97 和 62.08。协调程度分指数平均值最高的 3 个行业是金融业、制造业以及住宿和餐饮业，平均值分别为 80.18、77.14 和 79.00，协调程度分指数平均值最低的 3 个行业是教育、建筑业以及卫生和社会工作，平均值分别为 67.25、72.45 和 72.56（不计只有 1 个样本的居民服务、修理和其他服务业），其中教育的平均值较建筑业差距很大。金融业和采矿业在 2 个分指数上表现都很好，金融业在参与程度和协调程度方面分列第 2 和第 1，采矿业分列第 4 和第 2。另一些行业则在分指数排名方面较为分化，教育在参与程度排名第 3，但由于协调程度的劣势，总体仍排末位；住宿和餐饮业的参与程度在 19 个行业中排名第 17，而协调程度却能排到第 3。

表 9-4 中国上市公司利益相关者治理分指数分行业描述性统计

行业	数量	比例（%）	利益相关者治理指数	参与程度	协调程度
农、林、牧、渔业	44	0.83	69.03	63.95	75.25
采矿业	85	1.60	71.02	64.40	79.11
制造业	3582	67.34	69.84	63.87	77.14
电力、热力、燃气及水生产和供应业	140	2.63	69.80	63.21	77.87
建筑业	110	2.07	67.00	62.55	72.45
批发和零售业	200	3.76	68.82	64.38	74.25
交通运输、仓储和邮政业	112	2.11	70.22	64.31	77.45
住宿和餐饮业	9	0.17	69.69	62.08	79.00
信息传输、软件和信息技术服务业	439	8.25	68.23	64.30	73.03
金融业	125	2.35	71.92	65.18	80.18
房地产业	98	1.84	67.54	61.78	74.59
租赁和商务服务业	74	1.39	67.83	63.29	73.39
科学研究和技术服务业	110	2.07	70.86	65.73	77.15
水利、环境和公共设施管理业	97	1.82	68.35	63.53	74.24
居民服务、修理和其他服务业	1	0.02	66.86	62.25	72.50
教育	12	0.23	66.06	65.09	67.25
卫生和社会工作	18	0.34	67.91	64.10	72.56
文化、体育和娱乐业	57	1.07	67.15	61.97	73.48
综合	6	0.11	67.52	63.04	73.00
合计	44	0.83	69.03	63.95	75.25

资料来源：南开大学公司治理数据库。

二、2019－2024 年分行业的中国上市公司利益相关者治理比较

如表 9-5 所示，2024 年较 2019 年，所有行业的利益相关者治理指数平均值都有上升，其中增长最大的 3 个行业为采矿业、住宿和餐饮业以及综合，分别增长 12.29、

10.44 和 9.29；增长最小的 3 个行业为教育，水利、环境和公共设施管理业以及水利、环境和公共设施管理业，分别增长 1.14、4.27 和 4.99。

六年来利益相关者治理水平最高的 3 个行业为金融业，交通运输、仓储和邮政业以及制造业，年度平均值的平均值分别为 67.86、67.24 和 67.23。六年来利益相关者治理水平最低的 3 个行业为综合、建筑业以及房地产业（不计只有 1 个样本的居民服务、修理和其他服务业），年度平均值的平均值分别为 61.74、64.14 和 64.16。

2024 年利益相关者治理指数平均值同比上升的行业有 12 个，同比下降的行业有 7 个。其中增长最大的 3 个行业为综合、采矿业以及科学研究和技术服务业，分别增长 2.30、1.46 和 1.44。下降最大的 3 个行业为教育、住宿和餐饮业以及房地产业（不计只有 1 个样本的居民服务、修理和其他服务业），分别下降 2.52、1.48 和 0.40。金融业连续两年列位行业榜首，建筑业则连续两年列位后 3 位。

表 9-5　中国上市公司利益相关者治理指数分行业描述性统计六年比较

行业	2019 年	2020 年	2021 年	2022 年	2023 年	2024 年
农、林、牧、渔业	62.40	62.35	66.30	65.70	67.63	69.03
采矿业	58.73	58.81	63.97	67.26	69.56	71.02
制造业	63.70	64.25	67.19	68.57	69.82	69.84
电力、热力、燃气及水生产和供应业	61.40	60.00	64.84	66.57	69.04	69.80
建筑业	60.38	60.23	64.27	66.17	66.80	67.00
批发和零售业	61.22	60.38	63.46	66.06	68.12	68.82
交通运输、仓储和邮政业	63.08	63.65	66.76	69.13	70.60	70.22
住宿和餐饮业	59.25	59.53	62.40	67.34	71.17	69.69
信息传输、软件和信息技术服务业	63.24	63.06	65.79	67.80	68.51	68.23
金融业	64.50	64.39	66.05	69.09	71.19	71.92
房地产业	59.66	60.23	63.17	66.39	67.94	67.54
租赁和商务服务业	60.31	61.35	64.04	66.51	66.70	67.83
科学研究和技术服务业	62.50	63.85	66.60	68.41	69.43	70.86
水利、环境和公共设施管理业	64.08	63.85	66.60	67.79	67.74	68.35
居民服务、修理和其他服务业	-	64.60	57.44	57.05	69.47	66.86
教育	64.92	64.71	68.76	68.11	68.58	66.06
卫生和社会工作	62.80	63.32	68.07	69.96	67.14	67.91
文化、体育和娱乐业	62.05	62.02	64.51	66.28	67.22	67.15
综合	58.23	54.07	59.74	65.68	65.22	67.52
合计	63.00	63.32	66.42	69.40	69.40	69.55

资料来源：南开大学公司治理数据库。

第三节 中国上市公司利益相关者分控股股东性质治理评价

一、2024年中国上市公司利益相关者治理分控股股东性质总体描述

如表 9-6 所示，利益相关者治理指数平均值由高到低分别为集体控股、国有控股、无实际控制人、外资控股、其他类型、民营控股和社会团体控股上市公司，平均值分别为 71.45、70.21、69.57、69.47、69.46、69.27 和 68.40。国有控股上市公司的利益相关者治理平均水平好于外资控股和民营控股上市公司。最小值和最大值同时出现在民营控股上市公司，一些治理状况不佳的公司拉低了民营控股的整体表现。

表 9-6 中国上市公司利益相关者治理指数分控股股东性质描述性统计

控股股东性质	数量	比例（%）	平均值	中位数	标准差	极差	最小值	最大值
国有控股	1384	26.02	70.21	70.89	5.86	39.68	44.58	84.26
集体控股	21	0.39	71.45	71.74	5.16	21.56	59.14	80.70
民营控股	3269	61.46	69.27	69.57	6.27	49.39	37.85	87.24
社会团体控股	7	0.13	68.40	65.80	8.46	26.32	57.94	84.26
外资控股	206	3.87	69.47	70.16	6.38	38.11	47.36	85.47
无实际控制人	326	6.13	69.57	70.57	7.43	42.00	43.17	85.16
其他类型	106	1.99	69.46	70.18	5.52	23.82	56.21	80.03
合计	5319	100.00	69.55	70.04	6.25	49.39	37.85	87.24

资料来源：南开大学公司治理数据库。

如表 9-7 所示，从分指数来看，参与程度分指数平均值由高到低分别为集体控股、无实际控制人、民营控股、国有控股、社会团体控股、其他类型和外资控股上市公司；协调程度分指数平均值由高到低分别为国有控股、外资控股、其他类型、集体控股、无实际控制人、民营控股和社会团体控股上市公司。国有控股上市公司在协调程度分指数上的表现大幅优于民营控股上市公司，参与程度分指数的表现略落后。

表 9-7 中国上市公司利益相关者治理分指数分控股股东性质描述性统计

控股股东性质	数量	比例（%）	利益相关者治理指数	参与程度	协调程度
国有控股	1384	26.02	70.21	63.42	78.51
集体控股	21	0.39	71.45	67.49	76.29
民营控股	3269	61.46	69.27	64.13	75.57
社会团体控股	7	0.13	68.40	63.36	74.57
外资控股	206	3.87	69.47	62.78	77.66
无实际控制人	326	6.13	69.57	64.29	76.02
其他类型	106	1.99	69.46	63.12	77.22
合计	5319	100.00	69.55	63.89	76.48

资料来源：南开大学公司治理数据库。

二、2019—2024年分控股股东性质中国上市公司利益相关者治理比较

表 9-8 列出了 2019—2024 年国有控股和民营控股上市公司的利益相关者治理指数平均值。2019—2024 年国有控股上市公司的利益相关者治理指数平均值上升 8.13，民营控股上升 5.84；国有控股上市公司在 2022 年赶超民营控股后持续领先。从分指数来看，国有控股上市公司参与程度分指数平均值上升 9.76，民营控股上升 8.46，国有控股上市公司协调程度分指数平均值上升 6.13，民营控股上升 2.65，国有控股上市公司在 2 个分指数上均进步更大。

表 9-8 国有和民营控股上市公司利益相关者治理指数描述性统计六年比较

年份	控股股东性质	利益相关者治理指数	参与程度	协调程度
2019	国有	62.08	53.66	72.38
	民营	63.43	55.67	72.92
2020	国有	62.23	60.70	64.10
	民营	63.87	62.41	65.66
2021	国有	65.66	58.59	74.31
	民营	66.82	60.63	74.40
2022	国有	68.82	63.90	74.83
	民营	67.89	63.47	73.28
2023	国有	70.18	65.54	75.85
	民营	69.08	64.47	74.72
2024	国有	70.21	63.42	78.51
	民营	69.27	64.13	75.57

资料来源：南开大学公司治理数据库。

2024 年国有控股上市公司的利益相关者治理指数平均值同比上升 0.03，民营控股上升 0.19。从分指数来看，国有控股上市公司参与程度分指数平均值下降 2.12，民营控股下降 0.35，国有控股上市公司协调程度分指数平均值上升 2.66，民营控股上升 0.85。国有控股上市公司更重视协调程度，民营控股上市公司更重视参与程度的现象变得更为突出。

第四节 中国上市公司利益相关者治理分地区评价

一、2024 年中国上市公司利益相关者治理分地区总体描述

如表 9-9 所示，上市公司利益相关者治理指数平均值排在前 3 名的是云南省

（72.41）、开曼群岛（72.17）和内蒙古（71.35），北京市（69.28）和上海市（69.10）分别排名第22和第23名，广东省（70.03）、江苏省（68.82）和浙江省（69.41）分别排名第16、第26和第21名。排名后3位的是辽宁省（66.48）、香港（66.81）和黑龙江省（67.15）。从行政分区上看，西南（70.29）、华北（70.18）地区表现较好，东北（67.43）地区表现较差。

表9-9 中国上市公司分地区利益相关者治理指数描述性统计

地区	数量	比例（%）	平均值	中位数	标准差	极差	最小值	最大值
北京市	467	8.78	69.28	69.63	5.91	40.41	43.85	84.26
天津市	72	1.35	70.62	71.19	6.40	35.63	47.00	82.64
河北省	77	1.45	70.14	69.88	5.44	24.09	57.70	81.79
山西省	41	0.77	69.50	70.14	5.48	31.22	46.70	77.91
内蒙古	26	0.49	71.35	72.37	5.49	23.70	57.87	81.56
辽宁省	87	1.64	66.48	68.43	7.78	33.81	45.74	79.55
吉林省	49	0.92	68.66	68.54	7.54	43.85	41.82	85.66
黑龙江省	40	0.75	67.15	69.42	8.73	38.94	42.81	81.75
上海市	437	8.22	69.10	69.37	5.87	42.00	43.17	85.16
江苏省	685	12.88	68.82	69.12	6.02	41.16	43.55	84.71
浙江省	700	13.16	69.41	69.56	5.94	41.53	43.18	84.71
安徽省	175	3.29	70.64	71.21	5.57	35.56	48.26	83.81
福建省	169	3.18	70.23	71.17	6.11	30.45	52.59	83.05
江西省	88	1.65	70.45	70.79	6.17	29.57	53.66	83.23
山东省	307	5.77	70.18	70.60	6.17	40.30	45.36	85.66
河南省	110	2.07	70.81	71.32	6.08	38.49	46.08	84.57
湖北省	146	2.74	68.19	69.35	7.70	38.95	44.58	83.54
湖南省	146	2.74	69.49	69.69	5.78	34.63	47.56	82.19
广东省	867	16.30	70.03	70.52	6.61	49.39	37.85	87.24
广西	41	0.77	69.72	70.60	5.66	27.05	53.84	80.89
海南省	27	0.51	69.59	72.99	8.41	31.06	48.65	79.71
重庆市	78	1.47	70.47	71.52	6.40	33.05	47.73	80.78
四川省	173	3.25	70.14	70.60	5.36	31.82	51.63	83.46
贵州省	36	0.68	70.67	71.17	6.97	21.27	59.89	81.15
云南省	41	0.77	72.41	72.19	5.58	23.09	57.48	80.57
西藏	22	0.41	67.79	68.27	5.92	21.78	54.86	76.64
陕西省	81	1.52	68.54	68.53	5.91	35.98	45.63	81.60
甘肃省	35	0.66	70.81	69.46	6.57	25.47	59.07	84.54
青海省	10	0.19	70.72	71.22	7.81	23.11	56.58	79.69

续表

地区	数量	比例（%）	平均值	中位数	标准差	极差	最小值	最大值
宁夏	17	0.32	68.98	71.19	7.77	28.73	49.13	77.86
新疆	60	1.13	69.03	69.94	7.23	44.02	40.19	84.21
香港	3	0.06	66.81	69.14	4.79	8.69	61.30	69.99
开曼群岛	6	0.11	72.17	72.03	1.53	4.27	70.04	74.31
合计	5319	100.00	69.55	70.04	6.25	49.39	37.85	87.24

资料来源：南开大学公司治理数据库。

二、2019－2024 年中国上市公司利益相关者治理分地区比较

如表 9-10 所示，与 2019 年相比，利益相关者治理指数平均值增幅较大的地区为宁夏、内蒙古和青海省，分别提升 12.53、10.36 和 10.05；增幅较小的地区为西藏、天津市和江苏省，分别提升 3.94、5.08 和 5.10。福建省、河南省和安徽省的六年利益相关者治理平均状况较好，年度平均值的平均值分别为 68.00、67.96 和 67.87，利益相关者治理水平处于全国前列；而黑龙江省、辽宁省和海南省的六年利益相关者治理平均状况较差，年度平均值的平均值分别为 62.58、63.62 和 63.65。辽宁省连续三年列位后 3 名，黑龙江省自 2023 年摆脱后 3 名之后再次跌入后 3 名。

与 2023 年相比，18 个地区的利益相关者治理指数平均值实现同比上升，开曼群岛、广西和海南省进步最大，分别提升 5.67、2.91 和 2.65；香港、陕西省和河南省退步最大，分别降低 8.88、1.01 和 0.90。内蒙古连续两年列位三甲，香港和开曼群岛经历了高峰低谷和低谷高峰的显著变化。开曼群岛主要因投资者关系管理和诉讼仲裁的改善得以大幅进步；香港退步大一方面是原有公司治理水平下降，另一方面是新增样本的公司治理水平不高。

表 9-10 中国上市公司利益相关者治理指数分地区描述性统计六年比较

地区	2019 年	2020 年	2021 年	2022 年	2023 年	2024 年
北京市	63.33	64.29	67.19	68.18	69.72	69.28
天津市	65.54	62.51	66.33	68.50	70.76	70.62
河北省	61.97	64.34	66.95	69.22	70.11	70.14
山西省	60.50	61.46	63.08	68.08	69.32	69.50
内蒙古	60.99	59.97	64.89	67.86	72.10	71.35
辽宁省	60.50	59.93	62.86	65.16	66.80	66.48
吉林省	61.78	60.35	66.28	67.12	67.71	68.66
黑龙江省	58.93	55.73	62.19	64.12	67.37	67.15
上海市	62.79	62.81	66.88	68.07	69.42	69.10
江苏省	63.72	63.66	66.19	67.70	69.16	68.82

续表

地区	2019年	2020年	2021年	2022年	2023年	2024年
浙江省	63.44	63.52	66.68	67.75	69.20	69.41
安徽省	63.29	65.23	67.85	70.22	70.00	70.64
福建省	64.16	64.89	68.23	69.59	70.89	70.23
江西省	63.20	65.28	67.49	69.77	68.92	70.45
山东省	63.94	64.50	67.46	68.94	70.96	70.18
河南省	64.43	63.33	67.05	70.40	71.71	70.81
湖北省	61.98	62.46	65.39	67.57	68.71	68.19
湖南省	63.17	63.86	66.12	68.18	68.79	69.49
广东省	63.38	64.34	66.95	68.00	69.03	70.03
广西	60.12	59.31	62.35	65.31	66.81	69.72
海南省	59.95	58.93	60.36	66.14	66.95	69.59
重庆市	61.40	60.77	65.55	68.29	69.95	70.47
四川省	62.88	62.84	66.04	68.84	69.81	70.14
贵州省	61.55	62.25	66.68	69.41	69.84	70.67
云南省	62.80	61.91	64.68	68.64	69.78	72.41
西藏	63.85	63.60	59.94	67.84	68.15	67.79
陕西省	62.20	61.81	65.39	68.69	69.55	68.54
甘肃省	61.19	61.90	64.01	66.68	68.97	70.81
青海省	60.67	58.26	65.16	65.82	68.16	70.72
宁夏	56.45	57.87	62.92	67.06	69.58	68.98
新疆	60.06	61.02	65.30	67.20	67.04	69.03
香港	-	-	-	-	75.69	66.81
开曼群岛	-	-	66.75	67.20	66.50	72.17
合计	63.00	63.32	66.42	68.13	69.40	69.55

资料来源：南开大学公司治理数据库。

第五节　中国上市公司利益相关者治理100佳评价

一、中国上市公司利益相关者治理100佳比较分析

如表9-11所示，利益相关者治理100佳上市公司的指数平均值为82.73，同比下降0.81，参与程度分指数和协调程度分指数的平均值分别为80.01和86.06，分别同比下降7.85和上升0.06。

表 9-11 中国上市公司利益相关者治理 100 佳描述性统计

项目	样本	平均值	中位数	标准差	极差	最小值	最大值
利益相关者治理指数	100 佳	82.73	82.64	1.28	6.10	81.14	87.24
	样本总体	69.55	70.04	6.25	49.39	37.85	87.24
参与程度	100 佳	80.01	79.81	3.22	15.63	72.63	88.25
	样本总体	63.89	63.88	7.50	48.25	40.00	88.25
协调程度	100 佳	86.06	86.06	3.04	16.00	79.50	95.50
	样本总体	76.48	78.00	9.12	72.00	23.50	95.50

资料来源：南开大学公司治理数据库。

二、中国上市公司利益相关者治理 100 佳公司行业分布

按利益相关者治理指数降序排序，有 3 家公司并列排第 100 名，故 2024 年利益相关者治理 100 佳公司数量为 102 家。如表 9-12 所示，从绝对数量来看，入选利益相关者治理 100 佳上市公司最多的行业是制造业，有 73 家，同比减少 6 家；交通运输、仓储和邮政业，住宿和餐饮业，居民服务、修理和其他服务业，教育，文化、体育和娱乐业以及综合没有公司进入 100 佳；住宿和餐饮业，居民服务、修理和其他服务业，教育，文化、体育和娱乐业以及综合已至少连续两年没有公司进入 100 佳。从入选 100 佳公司占行业比重来看，农、林、牧、渔业，卫生和社会工作以及科学研究和技术服务业公司占比较高；农、林、牧、渔业，以及科学研究和技术服务业同比进步明显；制造业的入选率为 2.04%，较上年的 2.56% 有所下降。而交通运输、仓储和邮政业上市公司共 112 家，在行业中排名第 4，却无一进入 100 佳，体现了该行业在利益相关者治理方面均好但无突出个体的状况。

表 9-12 中国上市公司利益相关者治理 100 佳公司行业分布

行业	样本总体 数量	样本总体 比例（%）	100 佳 数量	100 佳 比例（%）	占本行业比例（%）
农、林、牧、渔业	44	0.83	4	3.92	9.09
采矿业	85	1.60	2	1.96	2.35
制造业	3582	67.34	73	71.57	2.04
电力、热力、燃气及水生产和供应业	140	2.63	1	0.98	0.71
建筑业	110	2.07	1	0.98	0.91
批发和零售业	200	3.76	5	4.90	2.50
交通运输、仓储和邮政业	112	2.11	—	—	—
住宿和餐饮业	9	0.17	—	—	—
信息传输、软件和信息技术服务业	439	8.25	3	2.94	0.68

续表

行业	样本总体		100 佳		
	数量	比例（%）	数量	比例（%）	占本行业比例（%）
金融业	125	2.35	4	3.92	3.20
房地产业	98	1.84	1	0.98	1.02
租赁和商务服务业	74	1.39	2	1.96	2.70
科学研究和技术服务业	110	2.07	4	3.92	3.64
水利、环境和公共设施管理业	97	1.82	1	0.98	1.03
居民服务、修理和其他服务业	1	0.02	—	—	—
教育	12	0.23	—	—	—
卫生和社会工作	18	0.34	1	0.98	5.56
文化、体育和娱乐业	57	1.07	—	—	—
综合	6	0.11	—	—	—
合计	5319	100.00	102	100.00	1.92

注：第 100 佳为 3 家上市公司并列，故数量合计为 102。

资料来源：南开大学公司治理数据库。

三、中国上市公司利益相关者治理 100 佳公司控股股东性质分布

表 9-13 显示，利益相关者治理 100 佳中，控股股东性质为国有控股、民营控股、外资控股和无实际控制人的上市公司所占比例分别为 13.73%、69.61%、4.90% 和 10.78%，分别占国有控股上市公司的 1.01%、民营控股上市公司的 2.17%、外资控股上市公司的 2.43% 和无实际控制人上市公司的 3.37%。与上年类似，无实际控制人上市公司的入选率在样本量过百的类别中最高，其他类别自将无实际控制人从中移除后连续两年未能入选 100 佳。民营控股上市公司在 100 佳入选率方面相较于国有控股更高，与总体平均值的状况不一致，体现了民营控股内部表现分化的状态。

表 9-13 中国上市公司利益相关者治理 100 佳公司控股股东分布

控股股东性质	样本总体		100 佳		
	数量	比例（%）	数量	比例（%）	占本组比例（%）
国有控股	1384	26.02	14	13.73	1.01
集体控股	21	0.39	—	—	—
民营控股	3269	61.46	71	69.61	2.17
社会团体控股	7	0.13	1	0.98	14.29
外资控股	206	3.87	5	4.90	2.43
无实际控制人	326	6.13	11	10.78	3.37

续表

控股股东性质	样本总体		100佳		
	数量	比例（%）	数量	比例（%）	占本组比例（%）
其他类型	106	1.99	—	—	—
合计	5319	100.00	102	100.00	1.92

资料来源：南开大学公司治理数据库。

四、中国上市公司利益相关者治理100佳公司地区分布

在入选利益相关者治理100佳上市公司中，从数量来看，广东省、浙江省、江苏省和山东省进入100佳上市公司最多，分别为25家、12家、10家和10家，与过去的状况类似；从比例来看，地区入选率最高的是甘肃省、新疆和吉林省，分别为5.71%、5.00%和4.08%，由于样本量较小的地区偶然性较大，入选率前3地区与上年相比完全不同。山西省、辽宁省、广西、海南省、重庆市、云南省、西藏、青海省、宁夏、香港和开曼群岛没有公司进入利益相关者治理100佳，其中山西省、广西、海南省、西藏、青海省、宁夏、香港和开曼群岛已至少连续两年没有入选。见表9-14。

表9-14　中国上市公司利益相关者治理100佳公司地区分布

地区	样本总体		100佳		
	数量	比例（%）	数量	比例（%）	占本地区比例（%）
北京市	467	8.78	5	4.90	1.07
天津市	72	1.35	1	0.98	1.39
河北省	77	1.45	1	0.98	1.30
山西省	41	0.77	—	—	—
内蒙古	26	0.49	1	0.98	3.85
辽宁省	87	1.64	—	—	—
吉林省	49	0.92	2	1.96	4.08
黑龙江省	40	0.75	1	0.98	2.50
上海市	437	8.22	6	5.88	1.37
江苏省	685	12.88	10	9.80	1.46
浙江省	700	13.16	12	11.76	1.71
安徽省	175	3.29	5	4.90	2.86
福建省	169	3.18	3	2.94	1.78
江西省	88	1.65	1	0.98	1.14
山东省	307	5.77	10	9.80	3.26
河南省	110	2.07	4	3.92	3.64

续表

地区	样本总体		100 佳		
	数量	比例（%）	数量	比例（%）	占本地区比例（%）
湖北省	146	2.74	4	3.92	2.74
湖南省	146	2.74	1	0.98	0.68
广东省	867	16.30	25	24.51	2.88
广西	41	0.77	—	—	—
海南省	27	0.51	—	—	—
重庆市	78	1.47	—	—	—
四川省	173	3.25	3	2.94	1.73
贵州省	36	0.68	1	0.98	2.78
云南省	41	0.77	—	—	—
西藏	22	0.41	—	—	—
陕西省	81	1.52	1	0.98	1.23
甘肃省	35	0.66	2	1.96	5.71
青海省	10	0.19	—	—	—
宁夏	17	0.32	—	—	—
新疆	60	1.13	3	2.94	5.00
香港	3	0.06	—	—	—
开曼群岛	6	0.11	—	—	—
合计	5319	100.00	102	100.00	1.92

资料来源：南开大学公司治理数据库。

第六节 中国上市公司利益相关者治理评价主要结论

第一，利益相关者治理指数的平均值为69.55，同比提高0.15，近年来总体上呈上升趋势。参与程度分指数的平均值由64.79降至63.89，降低0.90。其中，员工参与程度得分平均值由60.81下降到59.28，主要因职工监事超过三分之一的公司的比例由21.19%下降至18.69%，新《公司法》规定对监事会的影响似乎已提前显现。投资者关系管理得分平均值由68.76小幅下降到68.51，主要因网址更新得分下降明显，网址更新及时率由68.01%下降至62.34%，网址停更率由10.74%上升至12.60%。协调程度分指数的平均值则由75.05升至76.48，增长1.43。其中，社会责任履行得分平均值由63.73升至66.81，发布社会责任报告的比例由34.68%升至40.55%，供应商、客户和环保相关披露质量有所提高。违规和处罚得分平均值由92.02降至91.45，主要因受到处罚的比例无变化，而受到公开谴责的公司比例由6.96%上升至

8.67%。

第二，从行业分布来看，利益相关者治理指数平均值最高的 3 个行业分别为金融业、采矿业以及科学研究和技术服务业；平均值最低的 3 个行业分别是教育、建筑业以及文化、体育和娱乐业。参与程度分指数平均值最高的 3 个行业是科学研究和技术服务业、金融业以及教育，平均值最低的 3 个行业是房地产业，文化、体育和娱乐业以及住宿和餐饮业；协调程度分指数平均值最高的 3 个行业是金融业、制造业以及住宿和餐饮业，平均值最低的 3 个行业是教育、建筑业以及卫生和社会工作，其中教育的平均值较建筑业差距很大。金融业和采矿业在 2 个分指数上表现都很好，金融业在参与程度和协调程度方面分列第 2 和第 1，采矿业分列第 4 和第 2。另一些行业则在分指数排名方面较为分化，教育在参与程度排名第 3，但由于协调程度的劣势，总体仍排末位；住宿和餐饮业的参与程度在 19 个行业中排名第 17，而协调程度却能排到第 3。近六年，金融业，交通运输、仓储和邮政业以及制造业的利益相关者治理水平最高；综合、建筑业以及房地产业治理水平最低。2024 年同比上升的行业有 12 个，其中增长最大的 3 个行业为综合、采矿业以及科学研究和技术服务业；下降最大的 3 个行业为教育、住宿和餐饮业以及房地产业。金融业连续两年列位行业榜首，建筑业则连续两年列位后 3 位。

第三，从控股股东性质来看，国有控股上市公司利益相关者治理状况好于无实际控制人、外资控股和民营控股上市公司。利益相关者治理指数最小值和最大值同时出现在民营控股上市公司，一些治理状况不佳的公司拉低了民营控股的整体表现。国有控股上市公司在 2022 年赶超民营控股后持续领先，反映出近年来国有企业公司治理不断完善，利益相关者治理水平得到提升。2024 年国有控股上市公司在协调程度分指数上表现大幅优于民营控股上市公司，参与程度分指数的表现略落后，国有控股上市公司更重视协调程度，民营控股上市公司更重视参与程度的现象变得更为突出。

第四，从地区分布来看，利益相关者治理指数平均值排在前 3 名的是云南省、开曼群岛和内蒙古，北京市和上海市分别排名第 22 和第 23 名，广东省、江苏省和浙江省分别排名第 16、第 26 和第 21 名。排名后 3 位的是辽宁省、香港和黑龙江省。从行政分区来看，西南、华北地区表现较好，东北地区表现较差。与 2019 年相比，利益相关者治理指数平均值增幅较大的地区为宁夏、内蒙古和青海省；增幅较小的地区为西藏、天津市和江苏省。福建省、河南省和安徽省的六年利益相关者治理平均状况较好，而黑龙江省、辽宁省和海南省状况较差。辽宁省连续三年列位后 3 名，黑龙江省自 2023 年摆脱后 3 名之后再次跌入后 3 名。与 2023 年相比，18 个地区的利益相关者治理指数平均值实现同比上升，开曼群岛、广西和海南省进步最大，香港、陕西省和河南省退步最大。内蒙古连续两年列位三甲，香港和开曼群岛经历了高峰低谷和低谷高峰的显著变化。开曼群岛主要因投资者关系管理和诉讼仲裁的改善得以大幅进步；香港退步大一方面是原有公司治理水平下降，另一方面是新增样本的公司治理水平不高。

第五，在行业方面，入选利益相关者治理 100 佳上市公司最多的是制造业，但入选率有所下降；交通运输、仓储和邮政业，住宿和餐饮业，居民服务、修理和其他服务业，教育，文化、体育和娱乐业以及综合没有公司进入 100 佳；农、林、牧、渔业，卫生和社会工作以及科学研究和技术服务业公司入选率较高。在控股股东性质方面，民营控股上市公司在 100 佳入选率方面相较于国有控股更高，与总体平均值的状况不一致，体现了民营控股内部表现分化的状态；无实际控制人上市公司的入选率在样本量过百的类别中最高，其他类别自将无实际控制人从中剔除后连续两年未能入选 100 佳。在地区方面，广东省、浙江省、江苏省和山东省进入 100 佳的上市公司最多，与过去的状况类似；地区入选率最高的是甘肃省、新疆和吉林省，与上年相比完全不同；山西省、广西、海南省、西藏、青海省、宁夏、香港和开曼群岛已至少连续两年没有入选。

$CCGI^{NK}$

第三篇
主板上市公司治理评价

第十章　主板上市公司治理总体评价

第一节　主板上市公司治理总体分析

一、样本来源及选取

2024年评价中按照市场板块划分样本公司，根据信息齐全和不含异常数据两项样本筛选的基本原则，本报告最终确定主板非金融上市公司有效样本为3062家。本章主要对3062家主板非金融上市公司样本进行分析。

如表10-1所示，从样本行业分布情况来看，最近几年各行业样本所占比例较为稳定，2024年仍然是制造业样本所占比例最高，为64.96%。

表10-1　主板上市公司治理评价样本公司的行业构成

行业	数量	比例（%）
农、林、牧、渔业	33	1.08
采矿业	80	2.61
制造业（合计）	1989	64.96
农副食品加工业	54	1.76
食品制造业	60	1.96
酒、饮料和精制茶制造业	47	1.53
纺织业	38	1.24
纺织服装、服饰业	37	1.21
皮革、毛皮、羽毛及其制品和制鞋业	9	0.29
木材加工及木、竹、藤、棕、草制品业	10	0.33
家具制造业	21	0.69
造纸及纸制品业	35	1.14
印刷和记录媒介复制业	14	0.46
文教、工美、体育和娱乐用品制造业	19	0.62
石油加工、炼焦及核燃料加工业	15	0.49
化学原料及化学制品制造业	231	7.54
医药制造业	173	5.65
化学纤维制造业	17	0.56
橡胶和塑料制品业	62	2.02

续表

行业	数量	比例（%）
非金属矿物制品业	76	2.48
黑色金属冶炼及压延加工业	31	1.01
有色金属冶炼及压延加工业	67	2.19
金属制品业	64	2.09
通用设备制造业	116	3.79
专用设备制造业	124	4.05
汽车制造业	142	4.64
铁路、船舶、航空航天和其他运输设备制造业	46	1.50
电气机械及器材制造业	190	6.21
计算机、通信和其他电子设备制造业	250	8.16
仪器仪表制造业	25	0.82
废弃资源综合利用业	9	0.29
其他制造业	7	0.23
电力、热力、燃气及水生产和供应业	135	4.41
建筑业	97	3.17
批发和零售业	165	5.39
交通运输、仓储和邮政业	107	3.49
住宿和餐饮业	8	0.26
信息传输、软件和信息技术服务业	150	4.90
房地产业	97	3.17
租赁和商务服务业	57	1.86
科学研究和技术服务业	28	0.91
水利、环境和公共设施管理业	47	1.53
居民服务、修理和其他服务业	—	—
教育	10	0.33
卫生和社会工作	11	0.36
文化、体育和娱乐业	42	1.37
综合	6	0.20
合计	3062	100.00

资料来源：南开大学公司治理数据库。

如表 10-2 所示，按控股股东性质分组样本中，国有控股和民营控股上市公司仍然占据较大的比例，二者合计占比 88.63%。国有控股上市公司在 2024 年评价样本中有 1114 家，比例为 36.38%，相对于 2023 年的 35.64%略有上升；民营控股上市公司在 2024 年评价样本中有 1600 家，比例为 52.25%，相对于 2023 年的 53.60%下降了 1.35%。无实际控制人、外资控股、集体控股、社会团体控股和其他类型上市公司样本所占比例较低。

表 10-2 主板上市公司治理评价样本公司的控股股东性质构成

控股股东性质	数量	比例（%）
国有控股	1114	36.38
集体控股	16	0.52
民营控股	1600	52.25
社会团体控股	6	0.20
外资控股	121	3.95
无实际控制人	155	5.06
其他类型	50	1.63
合计	3062	100.00

资料来源：南开大学公司治理数据库。

如表 10-3 所示，近年来主板上市公司的地区分布比例没有太大变化，从不同地区样本数量、所占比例来看，广东省（431 家，占样本公司的 14.08%）、浙江省（444 家，占样本公司的 14.50%）、江苏省（328 家，占样本公司的 10.71%）、上海市（246 家，占样本公司的 8.03%）、北京市（223 家，占样本公司的 7.28%）、山东省（194 家，占样本公司的 6.34%）等经济发达地区上市公司数量较多，而内蒙古、西藏、宁夏和青海省等欠发达地区上市公司数量较少，这反映出经济发展水平与上市公司数量存在一定的关系。此外，考虑到我国香港样本数量较少且治理环境具有一定的特殊性，本部分没有将该地区列入比较分析的对象。

表 10-3 主板上市公司治理评价样本公司的地区构成

地区	数量	比例（%）	地区	数量	比例（%）
北京市	223	7.28	湖南省	85	2.78
天津市	49	1.60	广东省	431	14.08
河北省	48	1.57	广西	34	1.11
山西省	33	1.08	海南省	23	0.75
内蒙古	21	0.69	重庆市	55	1.80
辽宁省	57	1.86	四川省	98	3.20
吉林省	36	1.18	贵州省	28	0.91
黑龙江省	30	0.98	云南省	31	1.01
上海市	246	8.03	西藏	15	0.49
江苏省	328	10.71	陕西省	42	1.37
浙江省	444	14.50	甘肃省	30	0.98
安徽省	101	3.30	青海省	10	0.33

续表

地区	数量	比例（%）	地区	数量	比例（%）
福建省	109	3.56	宁夏	13	0.42
江西省	53	1.73	新疆	49	1.60
山东省	194	6.34	香港	2	0.07
河南省	62	2.02	开曼群岛	—	—
湖北省	82	2.68	合计	3062	100.00

资料来源：南开大学公司治理数据库。

二、2024年主板上市公司治理总体描述

在2024年评价样本中，主板中国上市公司治理指数平均值为64.22，较2023年的64.39下降了0.17。2024年主板中国上市公司治理指数最大值为73.94，最小值为51.61，详见表10-4。主板中国上市公司治理指数分布情况如图10-1所示。

表10-4 主板中国上市公司治理指数描述性统计

统计指标	中国上市公司治理指数
平均值	64.22
中位数	64.43
标准差	3.59
偏度	-0.30
峰度	-0.14
极差	22.34
最小值	51.61
最大值	73.94

资料来源：南开大学公司治理数据库。

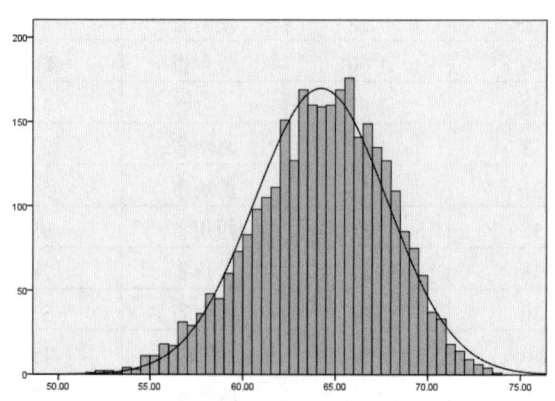

图10-1 主板中国上市公司治理指数分布图

资料来源：南开大学公司治理数据库。

三、2024 年主板上市公司治理等级与评级分布

在 3062 家样本公司中，没有达到 CCGI^{NK} I 和 CCGI^{NK} II 的上市公司，达到 CCGI^{NK} III 的有 122 家，占全部样本的 3.98%；达到 CCGI^{NK} IV 的有 2548 家，占全部样本的 83.21%，较 2023 年的 83.32% 有所下降；处于 CCGI^{NK} V 的公司有 392 家，占样本的 12.80%，与 2023 年的 12.44% 相比有上升趋势；没有上市公司的治理指数在 50 以下。见表 10-5。

表 10-5 主板中国上市公司治理指数等级分布

中国上市公司治理指数等级		中国上市公司治理指数等级分布	
		数量	比例（%）
CCGI^{NK} I	90—100	—	—
CCGI^{NK} II	80—90	—	—
CCGI^{NK} III	70—80	122	3.98
CCGI^{NK} IV	60—70	2548	83.21
CCGI^{NK} V	50—60	392	12.80
CCGI^{NK} VI	50 以下	—	—
合计		3062	100.00

资料来源：南开大学公司治理数据库。

如表 10-6 所示，在 2024 年 3062 家主板上市样本公司中，从治理大类评级结果来看，A 类、B 类和 C 类样本均有，其中 B 类样本数量最多，A 类和 C 类相对较少，A 类占比仅为 3.98%。从治理评级细类结果来看，没有 AAA 和 AA 的样本；122 家公司的治理细类评级结果为 A；治理细类评级结果为 BBB 的公司数量达 880 家，占样本总数的 28.74%，占比较高；治理细类评级结果为 BB 的公司数量达 993 家，占样本总数的 32.43%，占比最高；治理细类评级结果为 B 的公司数量达 675 家，占样本总数的 22.04%；368 家公司的治理细类评级结果为 CCC，占样本总数的 12.02%；24 家公司的治理细类评级结果为 CC，占比较低，仅为 0.78%；此外，无治理细类评级结果为 C 的样本。

表 10-6 主板中国上市公司治理指数评级分布

中国上市公司治理指数评级		中国上市公司治理指数评级分布	
		数量	比例（%）
AAA	[90，100]	—	—
AA	[80，90)	—	—
A	[70，80)	122	3.98
BBB	[66，70)	880	28.74

续表

中国上市公司治理指数评级		中国上市公司治理指数评级分布	
		数量	比例（%）
BB	[63，66）	993	32.43
B	[60，63）	675	22.04
CCC	[55，60）	368	12.02
CC	[50，55）	24	0.78
C	[0，50）	—	—
合计		3062	100.00

资料来源：南开大学公司治理数据库。

四、2019－2024年主板上市公司治理年度比较

2024年度主板中国上市公司治理指数平均值为64.22。2019年、2020年、2021年、2022年和2023年主板中国上市公司治理指数平均值为分别为62.59、62.96、63.44、64.01和64.39。对比连续几年的主板中国上市公司治理指数，可以发现主板上市公司治理水平在2019－2023年呈现出逐年提高的趋势，在2024年首次出现下降。

各年度公司治理评价分维度指数如表10-7和图10-2所示。观察分析2024年数据可知，在几个分指数当中，股东治理指数为67.12，相比较2023年的68.34有所下降；董事会治理指数2019－2024年大致上呈上升趋势，2023年比2022年略有下降，2024年上升至65.11，作为公司治理核心的董事会建设得到加强；新《公司法》加强了监事会的职权，监事会治理状况呈现波动趋势，平均值从2019年的60.67下降至2020年的60.44，2021年增长至60.64，2022年又下降至60.03，2023年进一步下降至59.90，并在2024年达到近六年的最低值59.82；经理层治理状况呈现稳步小幅上升态势，2019年为57.80，2023年上升到59.59，但2024年有些许回落，下降至59.44；信息披露状况呈现出一定的波动性，从2019－2024年的信息披露指数平均值依次为64.80、65.56、65.37、64.59、65.34和65.15；利益相关者问题逐步引起上市公司的关注，相比2023年，2024年呈小幅度提升，为69.61。

表10-7 主板中国上市公司治理指数及其分指数历年比较

治理指数	2019年	2020年	2021年	2022年	2023年	2024年
中国上市公司治理指数	62.59	62.96	63.44	64.01	64.39	64.22
股东治理指数	65.35	66.12	66.27	67.70	68.34	67.12
董事会治理指数	64.26	64.68	64.68	65.05	64.87	65.11
监事会治理指数	60.67	60.44	60.64	60.03	59.90	59.82
经理层治理指数	57.80	58.32	58.71	59.47	59.59	59.44

续表

治理指数	2019年	2020年	2021年	2022年	2023年	2024年
信息披露指数	64.80	65.56	65.37	64.59	65.34	65.15
利益相关者治理指数	61.74	61.32	64.71	67.91	69.30	69.61

资料来源：南开大学公司治理数据库。

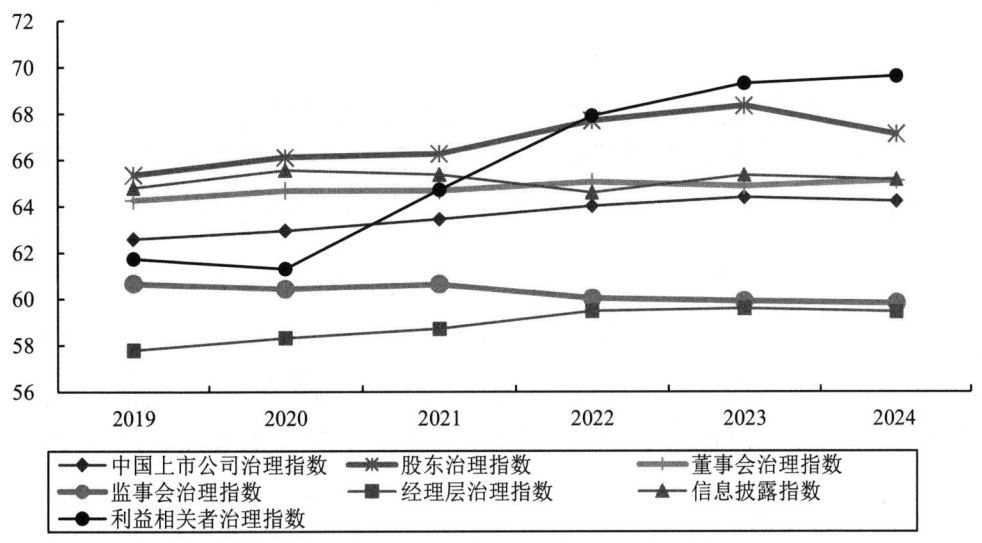

图 10-2 主板上市公司治理指数平均值六年折线图比较

资料来源：南开大学公司治理数据库。

第二节 主板上市公司治理分行业评价

本节按照中国证监会行业分类标准，对主板上市公司所处的17个行业大类进行分组，对样本公司的治理状况加以分析。

一、主板上市公司治理分行业总体描述

如表10-8所示，就主板中国上市公司治理指数平均值而言，科学研究和技术服务业上市公司治理指数平均值为65.64，交通运输、仓储和邮政业上市公司治理指数平均值为64.54，住宿和餐饮业上市公司治理指数平均值为65.45，制造业上市公司治理指数平均值为64.54，采矿业上市公司治理指数平均值为64.38，电力、热力、燃气及水生产和供应业上市公司治理指数平均值为64.15，批发和零售业上市公司治理指数平均值为63.54，信息传输、软件和信息技术服务业上市公司治理指数平均值

为 63.85，农、林、牧、渔业上市公司治理指数平均值为 62.20，租赁和商务服务业上市公司治理指数平均值为 63.21，水利、环境和公共设施管理业上市公司治理指数平均值为 63.66，教育上市公司治理指数平均值为 61.91，建筑业上市公司治理指数平均值为 62.68，房地产业上市公司治理指数平均值为 62.21，文化、体育和娱乐业上市公司治理指数平均值为 63.88，卫生和社会工作上市公司治理指数平均值为 62.69，综合上市公司治理指数平均值为 62.17。总体描述说明，主板上市公司治理总体状况在行业间存在一定的差异。

表 10-8 主板按行业分组的中国上市公司治理指数描述性统计

行业	数量	比例（%）	平均值	中位数	标准差	极差	最小值	最大值
农、林、牧、渔业	33	1.08	62.20	61.24	3.64	14.61	56.93	71.55
采矿业	80	2.61	64.38	64.22	3.56	16.66	56.83	73.49
制造业	1989	64.96	64.54	64.81	3.50	21.80	52.14	73.94
电力、热力、燃气及水生产和供应业	135	4.41	64.15	63.89	3.47	15.48	56.86	72.34
建筑业	97	3.17	62.68	63.22	4.09	17.41	51.61	69.01
批发和零售业	165	5.39	63.54	63.45	3.70	20.33	52.67	73.00
交通运输、仓储和邮政业	107	3.49	64.54	64.84	2.70	14.80	54.43	69.23
住宿和餐饮业	8	0.26	65.45	65.76	2.95	8.25	60.63	68.89
信息传输、软件和信息技术服务业	150	4.90	63.85	63.76	3.85	19.94	53.08	73.02
房地产业	97	3.17	62.21	62.04	3.23	15.19	54.82	70.00
租赁和商务服务业	57	1.86	63.21	64.14	4.07	16.65	54.61	71.26
科学研究和技术服务业	28	0.91	65.64	66.08	3.69	14.70	56.89	71.58
水利、环境和公共设施管理业	47	1.53	63.66	64.34	4.27	15.98	55.39	71.37
居民服务、修理和其他服务业	—	—	—	—	—	—	—	—
教育	10	0.33	61.91	61.40	4.29	13.73	55.42	69.15
卫生和社会工作	11	0.36	62.69	61.39	5.07	16.56	53.87	70.43
文化、体育和娱乐业	42	1.37	63.88	63.82	3.15	13.65	55.81	69.46
综合	6	0.20	62.17	63.31	2.92	7.96	56.75	64.72
合计	3062	100.00	64.22	64.43	3.59	22.34	51.61	73.94

资料来源：南开大学公司治理数据库。

二、2019—2024年主板上市公司治理分行业比较

表10-9是近年各行业主板上市公司治理状况的统计分析。与2023年相比，在18个行业大类中，7个行业出现了上升，其中文化、体育和娱乐业，卫生和社会工作，综合3个行业上升较为明显。在下降的行业中，教育，农、林、牧、渔业，交通运输、仓储和邮政业3个行业的中国上市公司治理指数下降幅度较大。

表10-9 主板中国上市公司治理指数分行业描述性统计六年比较

行业	2019年	2020年	2021年	2022年	2023年	2024年
农、林、牧、渔业	61.21	61.79	61.21	62.25	63.31	62.20
采矿业	62.51	62.52	62.55	63.50	64.19	64.38
制造业	62.61	63.23	63.88	64.50	64.73	64.54
电力、热力、燃气及水生产和供应业	62.71	63.10	63.53	63.23	64.19	64.15
建筑业	63.04	63.03	63.25	62.93	63.04	62.68
批发和零售业	62.65	62.22	62.43	63.18	64.19	63.54
交通运输、仓储和邮政业	63.18	63.57	63.72	64.23	65.32	64.54
住宿和餐饮业	63.74	63.12	62.19	63.53	65.08	65.45
信息传输、软件和信息技术服务业	61.50	62.07	62.54	63.15	63.86	63.85
房地产业	62.63	62.08	62.47	62.31	62.68	62.21
租赁和商务服务业	61.76	61.97	61.56	62.85	63.28	63.21
科学研究和技术服务业	62.81	64.22	64.98	65.23	65.41	65.64
水利、环境和公共设施管理业	63.38	63.08	62.77	62.98	63.11	63.66
居民服务、修理和其他服务业	—	—	—	—	—	—
教育	63.23	63.36	60.56	62.99	63.10	61.91
卫生和社会工作	62.03	59.79	61.97	62.18	61.83	62.69
文化、体育和娱乐业	62.98	63.32	63.28	62.88	62.62	63.88
综合	60.73	60.41	60.74	62.05	61.47	62.17
合计	62.59	62.96	63.44	64.01	64.39	64.22

资料来源：南开大学公司治理数据库。

第三节 主板上市公司治理分控股股东性质评价

本报告将主板样本上市公司按照公司控股股东性质的不同，分为国有控股、集体控股、民营控股、社会团体控股、外资控股、无实际控制人和其他类型上市公司七种。通过分析控股股东性质不同的样本展现出的中国上市公司治理指数的数字特征，进一步探讨控股股东性质不同的主板上市公司治理状况的差异。

一、主板上市公司治理分控股股东性质总体描述

表 10-10 的描述性统计显示，样本中数量较少的是社会团体控股、集体控股、其他类型、外资控股、无实际控制人上市公司，分别有 6 家、16 家、50 家、121 家、155 家；国有控股和民营控股上市公司样本较多，分别为 1114 家和 1600 家。

就样本平均值而言，社会团体控股上市公司治理指数平均值最高，为 65.32，外资控股和其他类型上市公司治理指数平均值分别为 64.58 和 64.46，无实际控制人上市公司治理指数平均值为 64.40，民营控股和国有控股上市公司治理指数平均值分别为 64.30 和 64.02。

表 10-10 主板按控股股东性质分组的中国上市公司治理指数描述性统计

控股股东性质	数量	比例（%）	平均值	中位数	标准差	极差	最小值	最大值
国有控股	1114	36.38	64.02	64.09	3.44	20.82	52.67	73.49
集体控股	16	0.52	63.82	64.52	3.04	12.51	57.41	69.92
民营控股	1600	52.25	64.30	64.63	3.70	21.70	51.61	73.31
社会团体控股	6	0.20	65.32	65.81	5.38	14.66	56.33	71.00
外资控股	121	3.95	64.58	64.42	3.50	18.64	55.31	73.94
无实际控制人	155	5.06	64.40	64.74	3.76	20.36	52.65	73.02
其他类型	50	1.63	64.46	63.86	2.91	13.41	59.07	72.48
合计	3062	100.00	64.22	64.43	3.59	22.34	51.61	73.94

资料来源：南开大学公司治理数据库。

二、2019－2024 年主板上市公司治理分控股股东性质比较

考虑到国有控股和民营控股上市公司的比重较大，在此本报告只对这两种类型进行重点比较和分析。从表 10-11 的数据可以看出，2019 年和 2020 年主板国有控股上市公司治理指数平均值高于民营控股上市公司，2021 年主板民营控股上市公司治理指数平均值超过国有控股上市公司，2022 年和 2023 年主板国有控股上市公司治理指数平均值高于民营控股上市公司，2024 年主板民营控股上市公司治理指数平均值再次超过国有控股上市公司。

表 10-11 主板中国上市公司治理指数分控股股东性质描述性统计历年比较

控股股东性质	2019 年	2020 年	2021 年	2022 年	2023 年	2024 年
国有控股	63.16	63.27	63.41	64.11	64.47	64.02
集体控股	62.11	63.10	63.26	64.14	65.27	63.82
民营控股	62.05	62.78	63.60	64.02	64.33	64.30
社会团体控股	60.36	59.72	58.82	60.38	64.21	65.32

续表

控股股东性质	2019年	2020年	2021年	2022年	2023年	2024年
外资控股	62.14	62.29	63.25	63.94	64.33	64.58
其他类型	63.40	62.76	63.09	63.70	64.47	64.40
合计	62.59	62.96	63.44	64.01	64.39	64.22

资料来源：南开大学公司治理数据库。

第四节 主板上市公司治理分地区评价

本报告将2024年的主板3062家评价样本，按照所在地区的不同分成31个省（自治区、直辖市）和境外地区分组，分析不同地区的中国上市公司治理指数的分布特征，比较主板上市公司治理状况的地区差异。

一、主板上市公司治理分地区总体描述

如表10-12所示，与往年情况类似，广东省、浙江省、江苏省、上海市、北京市等经济发达地区的样本数量较多，其中浙江省最多，为444家；而西藏、宁夏、青海省等西部欠发达地区的样本量少，其中青海省最少，为10家，反映出经济活跃水平与上市公司数量存在相关关系。

在公司治理水平方面，河南省、四川省、安徽省、山东省、广东省、浙江省上市公司治理水平较高，主板中国上市公司治理指数平均值均在64.50及以上；而贵州省、西藏、黑龙江省、辽宁省、海南省、青海省上市公司治理水平欠佳，中国上市公司治理指数平均值相对较低，均在63以下。

表10-12 主板按地区分组的中国上市公司治理指数描述性统计

地区	数量	比例（%）	平均值	中位数	标准差	极差	最小值	最大值
北京市	223	7.28	64.20	64.26	3.34	17.49	55.39	72.87
天津市	49	1.6	64.46	64.79	3.43	16.08	54.94	71.02
河北省	48	1.57	64.29	64.17	3.11	14.50	56.73	71.23
山西省	33	1.08	63.56	63.93	3.51	17.42	54.91	72.33
内蒙古	21	0.69	64.14	63.97	4.22	13.26	57.46	70.71
辽宁省	57	1.86	62.03	61.89	3.87	16.62	54.01	70.63
吉林省	36	1.18	63.08	63.43	3.21	13.06	56.68	69.73
黑龙江省	30	0.98	62.35	63.12	3.81	13.72	54.82	68.54
上海市	246	8.03	64.19	64.41	3.44	21.70	51.61	73.31
江苏省	328	10.71	64.20	64.56	3.74	20.67	52.32	73.00

续表

地区	数量	比例（%）	平均值	中位数	标准差	极差	最小值	最大值
浙江省	444	14.5	64.60	65.05	3.38	18.57	54.67	73.24
安徽省	101	3.3	64.96	64.59	2.88	14.48	58.00	72.48
福建省	109	3.56	64.25	64.48	3.50	16.17	55.65	71.82
江西省	53	1.73	64.00	64.34	3.75	15.86	55.69	71.55
山东省	194	6.34	64.50	64.77	3.68	18.12	54.61	72.73
河南省	62	2.02	65.04	65.09	4.09	15.66	57.35	73.02
湖北省	82	2.68	63.63	64.05	3.89	20.87	53.08	73.94
湖南省	85	2.78	63.82	63.48	4.07	19.54	52.67	72.21
广东省	431	14.08	64.64	65.08	3.58	21.35	52.14	73.49
广西	34	1.11	63.64	62.84	3.34	14.30	57.11	71.41
海南省	23	0.75	61.79	61.98	3.84	15.18	55.76	70.95
重庆市	55	1.80	64.16	64.42	3.68	15.91	56.68	72.60
四川省	98	3.20	64.94	65.43	3.40	15.90	56.36	72.25
贵州省	28	0.91	62.88	64.17	3.69	16.74	52.65	69.39
云南省	31	1.01	63.75	63.37	3.73	17.95	54.82	72.77
西藏	15	0.49	62.26	61.74	3.55	11.69	56.17	67.86
陕西省	42	1.37	63.01	62.78	3.39	14.26	55.56	69.82
甘肃省	30	0.98	63.93	63.59	4.14	15.34	56.20	71.55
青海省	10	0.33	62.69	64.98	5.33	13.94	53.90	67.83
宁夏	13	0.42	63.85	64.92	3.17	11.49	56.41	67.90
新疆	49	1.60	63.52	63.56	3.10	13.58	56.74	70.32
香港	2	0.07	65.48	65.48	1.32	1.86	64.55	66.41
开曼群岛	—	—	—	—	—	—	—	—
合计	3062	100.00	64.22	64.43	3.59	22.34	51.61	73.94

资料来源：南开大学公司治理数据库。

二、2019－2024年主板上市公司治理分地区比较

如表10-13所示，北京市、四川省、安徽省、广东省、浙江省、河南省、山东省、江苏省、福建省等上市公司的治理状况总体相对较好，在2019－2024年期间，排名均进入前15位；而西藏、广西、辽宁省、黑龙江省、山西省、青海省和海南省等上市公司治理状况相对较差，2019－2024年期间排名多次进入后10位。

此外，从时间序列角度来看，2019－2024年山西省、内蒙古、上海市、广西、四川省、甘肃、宁夏和安徽省等地区主板中国上市公司治理指数提高幅度较大。

相较于2023年，2024年除广西、云南省、山西省、吉林省、陕西省、河北省、天津市、甘肃省、青海省、宁夏、新疆等地区主板中国上市公司治理指数有所上升

外，其他地区的中国上市公司治理指数均有不同程度的下降。

表10-13 主板中国上市公司治理指数分地区描述性统计六年比较

地区	2019年	2020年	2021年	2022年	2023年	2024年
北京市	62.85	63.17	63.59	64.17	64.70	64.20
天津市	63.45	62.77	63.35	64.06	64.29	64.46
河北省	62.72	62.68	63.15	64.14	64.15	64.29
山西省	61.20	61.89	61.73	62.46	63.31	63.56
内蒙古	61.90	62.21	61.93	63.73	64.58	64.14
辽宁省	61.40	62.17	61.85	62.17	62.47	62.03
吉林省	62.53	61.36	62.47	62.95	62.98	63.08
黑龙江省	60.61	60.78	61.31	62.91	63.59	62.35
上海市	62.22	62.79	63.67	63.72	64.31	64.19
江苏省	62.64	63.36	63.94	64.26	64.47	64.20
浙江省	62.71	63.66	64.29	64.38	64.70	64.60
安徽省	62.79	64.06	64.45	65.04	65.15	64.96
福建省	62.95	63.30	63.84	63.92	64.59	64.25
江西省	63.70	63.50	63.88	64.10	64.42	64.00
山东省	63.14	63.22	63.83	64.38	64.71	64.50
河南省	63.28	63.06	63.80	64.69	65.64	65.04
湖北省	61.86	62.42	62.93	63.80	63.71	63.63
湖南省	63.11	62.85	63.46	63.70	64.12	63.82
广东省	63.29	63.44	63.90	64.25	64.71	64.64
广西	61.69	62.08	61.90	62.70	63.05	63.64
海南省	61.02	60.49	59.68	61.07	62.21	61.79
重庆市	62.29	62.98	62.96	63.83	64.56	64.16
四川省	63.01	63.09	63.32	64.50	65.22	64.94
贵州省	62.85	62.87	62.77	64.16	63.06	62.88
云南省	63.11	63.47	63.50	63.64	63.31	63.75
西藏	62.40	61.88	62.01	63.16	62.85	62.26
陕西省	61.90	62.69	62.94	63.28	62.99	63.01
甘肃省	61.89	61.58	61.79	63.15	63.71	63.93
青海省	60.90	60.66	61.35	60.06	61.60	62.69
宁夏	61.57	62.13	62.75	63.21	63.64	63.85
新疆	62.62	62.02	61.94	63.95	63.46	63.52
香港	—	—	—	—	66.27	65.48
开曼群岛	—	—	—	—	—	—
合计	62.59	62.96	63.44	64.01	64.39	64.22

资料来源：南开大学公司治理数据库。

第五节 主板上市公司治理100佳评价

一、主板上市公司治理100佳描述统计

本节将2024年主板上市公司治理指数排名前100位（公司治理100佳）与非100佳样本进行比较，分析公司治理100佳上市公司的行业、地区和控股股东性质分布，以及公司治理100佳上市公司的相对财务绩效表现。如表10-14所示，公司治理100佳上市公司的治理指数平均值为71.28，较2023年的71.04略有上升；公司治理100佳上市公司中治理指数最大值为73.94，最小值为70.22，极差为3.72。与表10-7进行对比不难发现，公司治理100佳上市公司的各级治理指数的平均值明显高于主板全样本。

表10-14 主板上市公司治理100佳的中国上市公司治理指数及其分指数描述性统计

项目	平均值	中位数	标准差	极差	最小值	最大值
中国上市公司治理指数	71.28	71.05	0.85	3.72	70.22	73.94
股东治理指数	74.96	75.05	6.87	30.38	56.69	87.07
董事会治理指数	66.97	66.88	1.85	11.77	59.60	71.38
监事会治理指数	62.63	59.84	6.20	22.83	52.46	75.30
经理层治理指数	67.03	67.40	4.28	20.44	57.82	78.25
信息披露指数	80.30	81.31	4.28	25.71	63.69	89.40
利益相关者治理指数	75.26	75.19	4.60	19.34	66.05	85.39

资料来源：南开大学公司治理数据库。

二、主板上市公司治理100佳公司行业分布

表10-15的公司治理100佳行业分布表明，从主板上市公司绝对数量来看，制造业所占数量最多，有69家；批发和零售业有7家；信息传输、软件和信息技术服务业有7家；电力、热力、燃气及水生产和供应业有6家；采矿业有3家；水利、环境和公共设施管理业有3家；科学研究和技术服务业有2家；农、林、牧、渔业有1家；租赁和商务服务业有1家；卫生和社会工作有1家。从公司治理100佳占行业样本数量比例来看，占比最高的为卫生和社会工作业，达到9.09%；而租赁和商务服务业的公司治理100佳所占比例较低，占比为1.75%。

表10-15 主板上市公司治理100佳公司行业分布

行业门类	100佳个数	样本个数	占本行业比例（%）
农、林、牧、渔业	1	33	3.03

续表

行业门类	100佳个数	样本个数	占本行业比例（%）
采矿业	3	80	3.75
制造业	69	1989	3.47
电力、热力、燃气及水生产和供应业	6	135	4.44
建筑业	—	97	—
批发和零售业	7	165	4.24
交通运输、仓储和邮政业	—	107	—
住宿和餐饮业	—	8	—
信息传输、软件和信息技术服务业	7	150	4.67
房地产业	—	97	—
租赁和商务服务业	1	57	1.75
科学研究和技术服务业	2	28	7.14
水利、环境和公共设施管理业	3	47	6.38
居民服务、修理和其他服务业	—	—	—
教育	—	10	—
卫生和社会工作	1	11	9.09
文化、体育和娱乐业	—	42	—
综合	—	6	—
合计	100	3062	3.27

资料来源：南开大学公司治理数据库。

三、主板上市公司治理100佳公司控股股东性质分布

从绝对数量来看，公司治理100佳集中分布在国有控股和民营控股上市公司中。如表10-16所示，公司治理100佳上市公司中，控股股东性质为民营控股的有54家，国有控股上市公司有33家，无实际控制人上市公司有7家，外资控股上市公司有3家，其他类型上市公司有2家，社会团体控股上市公司有1家。从相对比例来看，社会团体控股上市公司样本中的公司治理100佳比例最高，为16.67%；无实际控制人、其他类型、民营控股、国有控股和外资控股上市公司分别为4.52%、4.00%、3.38%、2.96%和2.48%。

表10-16 主板上市公司治理100佳公司控股股东性质分布

控股股东性质	100佳个数	样本个数	占本组比例（%）
国有控股	33	1114	2.96
集体控股	—	16	—
民营控股	54	1600	3.38

续表

控股股东性质	100佳个数	样本个数	占本组比例（%）
社会团体控股	1	6	16.67
外资控股	3	121	2.48
无实际控制人	7	155	4.52
其他类型	2	50	4.00
合计	100	3062	3.27

资料来源：南开大学公司治理数据库。

四、主板上市公司治理100佳公司地区分布

如表10-17所示，在公司治理100佳上市公司中，广东省有15家，浙江省有12家，江苏省有9家，河南省和山东省各有7家，上海市和湖南省各有6家，安徽省有5家，重庆市有4家，北京市、福建省、江西省、湖北省、广西和四川省分别有3家。其他地区均低于3家。而吉林省、黑龙江省、贵州省、西藏、陕西省、青海省、宁夏均没有入选公司治理100佳的上市公司，这些地区在以往的评价中，入选公司治理100佳的上市公司数量也较少。从相对数来看，河南省、湖南省、重庆市、江西省、广西和甘肃省，均大于5%；而浙江省、江苏省、上海市、北京市、福建省、天津市、辽宁省和新疆比例较低，均在3%以下。

表10-17 主板上市公司治理100佳公司地区分布

地区	100佳个数	样本个数	占本地区比例（%）
北京市	3	223	1.35
天津市	1	49	2.04
河北省	2	48	4.17
山西省	1	33	3.03
内蒙古	1	21	4.76
辽宁省	1	57	1.75
吉林省	—	36	—
黑龙江省	—	30	—
上海市	6	246	2.44
江苏省	9	328	2.74
浙江省	12	444	2.70
安徽省	5	101	4.95
福建省	3	109	2.75
江西省	3	53	5.66
山东省	7	194	3.61

续表

地区	100佳个数	样本个数	占本地区比例（%）
河南省	7	62	11.29
湖北省	3	82	3.66
湖南省	6	85	7.06
广东省	15	431	3.48
广西	3	34	8.82
海南省	1	23	4.35
重庆市	4	55	7.27
四川省	3	98	3.06
贵州省	—	28	—
云南省	1	31	3.23
西藏	—	15	—
陕西省	—	42	—
甘肃省	2	30	6.67
青海省	—	10	—
宁夏	—	13	—
新疆	1	49	2.04
香港	—	2	—
开曼群岛	—	—	—
合计	100	3062	3.27

资料来源：南开大学公司治理数据库。

五、主板上市公司治理100佳公司财务绩效

为了考察公司治理与财务绩效之间的相关性，本报告选取了反映上市公司盈利能力的财务指标和公司代理成本的财务指标，指标说明详见前面相应章节的内容。比较结果如表10-18所示，公司治理100佳上市公司的绩效指标均好于其他样本。

表10-18 主板上市公司治理100佳公司财务绩效与其他样本的比较

财务指标	100佳样本	其他样本	差额
净资产收益率ROE（平均）2023年报	9.65	2.09	7.56
净资产收益率ROE（加权）2023年报	9.72	2.32	7.40
净资产收益率ROE（摊薄）2023年报	9.18	0.27	8.90
总资产报酬率（ROA1）2023年报	6.96	3.62	3.33
总资产净利率（ROA2）2023年报	5.79	2.51	3.27
投入资本回报率（ROIC）2023年报	8.03	3.61	4.41
管理费用率2023年报	9.94	11.32	-1.37

续表

财务指标	100佳样本	其他样本	差额
财务费用率2023年报	-0.26	1.74	-2.01
应收账款周转天数2023年报	73.10	92.81	-19.71
净资产收益率ROE（平均）2024一季报	1.96	0.12	1.84
净资产收益率ROE（加权）2024一季报	1.96	0.83	1.13
净资产收益率ROE（摊薄）2024一季报	1.92	0.22	1.70
总资产报酬率（ROA1）2024一季报	1.45	0.96	0.49
总资产净利率（ROA2）2024一季报	1.17	0.68	0.48
投入资本回报率（ROIC）2024一季报	1.64	0.97	0.67
管理费用率2024一季报	10.47	13.20	-2.73
财务费用率2024一季报	0.01	2.20	-2.18
应收账款周转天数2024一季报	92.55	129.10	-36.55

资料来源：南开大学公司治理数据库。

第六节 主板上市公司治理总体评价主要结论

第一，从时间序列比较来看，2019年以来主板上市公司治理水平总体上呈现逐年提高的趋势，2024年主板中国上市公司治理指数为64.22，比2019年的62.59提高了1.63。这一稳步提升不仅反映了监管机构在推动公司治理改革方面的持续努力，也体现了公司内部治理机制的完善和市场参与者治理意识的提高。

第二，从公司治理评级和等级来看，主板上市公司治理评级和治理等级较高的样本占比低于全样本，治理评级和治理等级较低的样本占比高于全样本。以治理等级为例，我国主板上市公司治理等级为CCGI^{NK}Ⅲ的样本占主板上市公司的比例为3.98%，低于全样本的5.70%；主板上市公司治理等级为CCGI^{NK}Ⅴ的样本占主板上市公司的比例为12.80%，高于全样本的9.49%。以治理评级为例，我国主板上市公司治理细类评级结果为A和BBB的样本占主板上市公司的比例分别为3.98%和28.74%，低于全样本的5.70%和34.63%；主板上市公司治理细类评级结果为CCC和CC的样本占主板上市公司的比例分别为12.02%和0.78%，高于全样本的9.01%和0.49%。这说明，主板上市公司中获得高治理等级和评级的公司占比相对较低，中低等级与评级的样本占比相对较高。

第三，从行业比较分析来看，文化、体育和娱乐业，卫生和社会工作，以及综合上升较为明显。信息传输、软件和信息技术服务业，电力、热力、燃气及水生产和供应业和租赁、商务服务业的指数有所下降。这表明，不同行业上市公司治理指数的变化受到政策支持和社会关注度的影响，以文化、体育和娱乐业为例，在国家推动社会主义文化繁荣发展的大背景下，政策的大力扶持有助于提高行业内公司的治理水平。

第四，从控股股东性质比较分析来看，主板国有控股上市公司和民营控股上市公司治理水平近年来呈现逐年上升的趋势，国有控股和民营控股上市公司的治理指数交替领先且差距逐渐缩小。2019年和2020年主板国有控股上市公司治理指数平均值高于民营控股上市公司，2021年主板民营控股上市公司治理指数再次超过国有控股上市公司，2022年和2023年主板国有控股上市公司治理指数平均值高于民营控股上市公司，2024年主板民营控股上市公司治理指数再次超过国有控股上市公司。这种交替领先的趋势表明，国有和民营控股上市公司在公司治理方面的差距逐渐缩小，国有控股公司在规模、资源和政策支持上有优势，而民营控股公司在灵活性、创新和市场反应速度上表现更佳。

第五，从地区比较分析来看，河南省、四川省、安徽省、山东省、广东省、浙江省等治理水平相对较高，而贵州省、西藏、黑龙江省、辽宁省、海南省、青海省等主板中国上市公司治理指数排名比较靠后。这表明，经济发展、市场化程度、法治环境等公司治理外部环境对上市公司的治理水平产生了一定的影响。

第六，主板上市公司治理100佳和总体样本的治理状况存在显著差异，通过对公司治理100佳和非100佳两组样本盈利能力和代理成本指标的比较，公司治理100佳均好于非100佳。这表明良好的公司治理能够为公司带来正面的财务效应，有助于提高公司的市场竞争力和投资价值。

第十一章 主板上市公司股东治理评价

第一节 主板上市公司股东治理总体分析

一、2024 年主板上市公司股东治理总体描述

2024 年度 3062 家主板上市公司股东治理指数的平均值为 67.12，相比 2023 年度，下降了 1.22。中位数为 67.37，最小值为 37.30，最大值为 87.24，标准差为 8.91。股东治理指数基本服从正态分布。

股东治理评价的三个二级指标——独立性、中小股东权益保护和关联交易的平均值分别为 66.33、72.62 和 62.02，独立性最低，中小股东权益保护最高。独立性、中小股东权益保护和关联交易的标准差分别为 11.49、9.42 和 17.72，说明二级指标公司间的差距较大。股东治理指数及其三个二级指标的描述性统计如表 11-1 所示。

表 11-1 主板上市公司股东治理总体状况描述性统计

项目	平均值	中位数	标准差	极差	最小值	最大值
股东治理指数	67.12	67.37	8.91	49.93	37.30	87.24
独立性	66.33	67.84	11.49	67.14	27.86	95.00
中小股东权益保护	72.62	73.33	9.42	62.38	33.90	96.28
关联交易	62.02	62.18	17.72	88.00	0.00	88.00

资料来源：南开大学公司治理数据库。

二、2019－2024 年主板上市公司股东治理比较

从表 11-2、图 11-1 可以看出，2019－2024 年六年间前五年主板上市公司股东治理指数平均值呈上升趋势，从 2019 年的 65.35，稳步上升至 2023 年的 68.34，到 2024 年降低到了 67.12，为六年里首次下降。独立性、中小股东权益保护和关联交易三个二级指标中，独立性一直保持增长态势，由 2019 年的 61.98 上升到 2024 年的 66.33。中小股东权益保护的变化趋势与股东治理指数类似，由 2019 年的 67.26 上升到 2023 年 72.70，然后小幅下降到 2024 年的 72.62。关联交易六年间波动较大，2019 年的关联交易指数为 65.12，然后连续两年下降，降至 2021 的 63.09；2022 年随后上升至历史最高点 65.91，2023 年又降至 65.50，2024 年进一步下滑至六年内的最低

点 62.02。

从上面的趋势分析可以得出，2024 年主板上市公司股东治理指数的下降主要是由于是关联交易的恶化造成的。进一步分析三级指标发现，关联交易指数下降是资产类关联交易比例上升造成的。

表 11-2　主板上市公司股东治理指数描述性统计六年比较

项目	2019 年	2020 年	2021 年	2022 年	2023 年	2024 年
股东治理指数	65.35	66.12	66.27	67.70	68.34	67.12
独立性	61.98	62.49	63.76	64.31	65.32	66.33
中小股东权益保护	67.26	69.74	70.71	71.19	72.70	72.62
关联交易	65.12	64.33	63.09	65.91	65.50	62.02

资料来源：南开大学公司治理数据库。

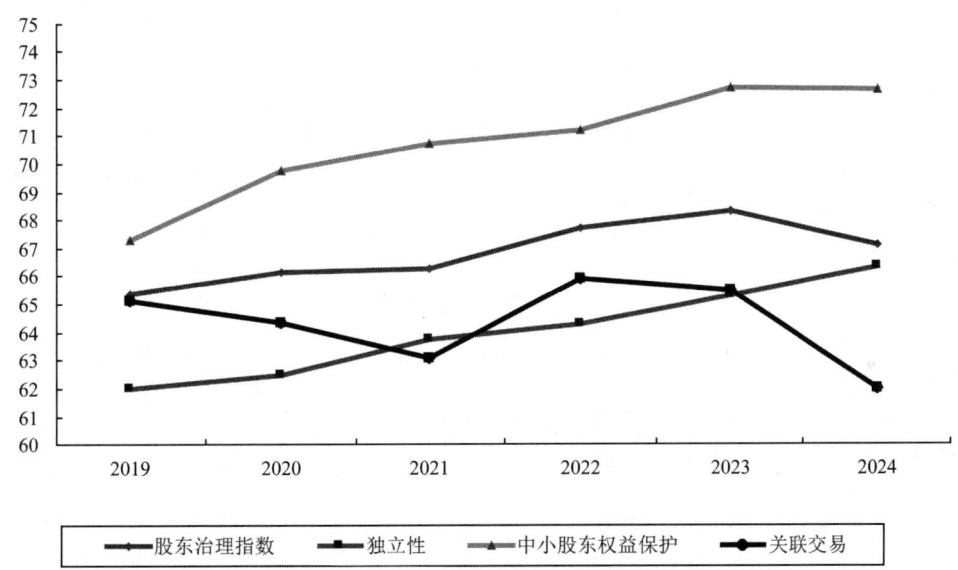

图 11-1　主板上市公司股东治理指数平均值六年折线图比较

资料来源：南开大学公司治理数据库。

第二节　主板上市公司股东治理分行业评价

一、2024 年主板上市公司股东治理分行业总体描述

表 11-3 列出了主板上市公司各行业股东治理指数的描述性统计结果。从行业分

布状况可以看出，平均值居前三位的分别是制造业，信息传输、软件和信息技术服务业，文化、体育和娱乐业，平均值分别为 68.47、67.63 和 67.52，也只有这三个行业股东治理平均值高于全样本平均值。制造业与信息传输、软件和信息技术服务业在 2023 年度也排在前两位。平均值最低的三个行业分别是综合、采矿业、房地产业，平均值分别为 60.70、61.81 和 62.18。综合、采矿业在 2023 年度也排在后两位。股东治理指数平均值最高的制造业与最低的综合类的差距为 7.77，相比 2023 年的 8.67，行业之间的差距有所减少。

表 11-3 主板上市公司股东治理指数分行业描述性统计

行业	数量	比例（%）	平均值	中位数	标准差	极差	最小值	最大值
农、林、牧、渔业	33	1.08	65.41	64.02	9.38	37.05	49.15	86.20
采矿业	80	2.61	61.81	60.69	7.12	31.87	46.96	78.83
制造业	1989	64.96	68.47	69.15	8.98	49.93	37.30	87.24
电力、热力、燃气及水生产和供应业	135	4.41	63.50	62.89	7.75	39.75	44.20	83.94
建筑业	97	3.17	64.36	62.99	8.58	36.58	45.93	82.51
批发和零售业	165	5.39	65.73	65.69	7.84	43.07	41.84	84.90
交通运输、仓储和邮政业	107	3.49	62.48	62.75	7.78	37.93	43.68	81.61
住宿和餐饮业	8	0.26	63.53	64.51	7.32	21.64	51.44	73.08
信息传输、软件和信息技术服务业	150	4.90	67.63	68.39	8.37	46.07	38.95	85.02
房地产业	97	3.17	62.18	61.51	8.21	36.14	46.05	82.20
租赁和商务服务业	57	1.86	65.92	65.50	7.69	34.74	46.92	81.66
科学研究和技术服务业	28	0.91	66.26	67.48	7.61	27.93	50.97	78.89
水利、环境和公共设施管理业	47	1.53	64.90	63.91	9.08	34.96	49.30	84.26
教育	10	0.33	62.19	59.97	11.33	32.42	49.18	81.60
卫生和社会工作	11	0.36	65.25	66.96	7.46	23.66	51.45	75.11
文化、体育和娱乐	42	1.37	67.52	67.19	6.45	24.70	54.89	79.59
综合	6	0.20	60.70	61.11	10.76	29.04	45.60	74.64
合计	3062	100.00	67.12	67.37	8.91	49.93	37.30	87.24

资料来源：南开大学公司治理数据库。

如表 11-4 所示，主板制造业上市公司股东治理指数为 68.47，其独立性、中小股东权益保护和关联交易三个二级指标得分分别为 66.73、73.11 和 64.69，三个指标的得分均高于主板样本，比主板样本平均值分别高 0.40、0.49 和 2.67。信息传输、软件和信息技术服务业的股东治理指数为67.63，独立性、中小股东权益保护和关联交易三个二级指标分别为67.42、71.20和64.18，独立性和关联交易比主板样本平均值高1.09和2.67，中小股东权益保护则比主板样本平均值低1.42。主板上市公司股东治理行业的统计分析说明制造业在所有行业中一枝独秀，不仅股东治理指数，而且三个二级指数均高于主板样本平均值。

综合、采矿业、房地产业三个行业上市公司的股东治理指数平均值最低，分别为60.70、61.81和62.18，分别比主板样本平均值低6.42、5.31和4.94。综合类股东治理指数平均值较低的原因是中小股东权益保护和关联交易二级指标比主板样本平均值低3.38和13.36，尽管其独立性比主板样本平均值高1.34。采矿业股东治理指数平均值较低的原因是关联交易比主板样本平均值低13.22，中小股东权益保护高于主板样本0.12，独立性比主板样本平均值低0.38。房地产业主板上市公司的三个二级指标均低于主板样本平均值，独立性、中小股东权益保护和关联交易分别低1.48、3.22和8.39。

表11-4 主板上市公司股东治理分指数分行业描述性统计

行业	数量	比例（%）	股东治理指数	独立性	中小股东权益保护	关联交易
农、林、牧、渔业	33	1.08	65.41	66.69	70.25	59.94
采矿业	80	2.61	61.81	65.95	72.74	48.80
制造业	1989	64.96	68.47	66.73	73.11	64.69
电力、热力、燃气及水生产和供应业	135	4.41	63.50	65.22	73.62	52.51
建筑业	97	3.17	64.36	68.10	70.75	56.08
批发和零售业	165	5.39	65.73	65.04	71.37	60.44
交通运输、仓储和邮政业	107	3.49	62.48	63.07	74.86	49.80
住宿和餐饮业	8	0.26	63.53	64.07	70.57	56.21
信息传输、软件和信息技术服务业	150	4.90	67.63	67.42	71.20	64.18
房地产业	97	3.17	62.18	64.85	69.40	53.63
租赁和商务服务业	57	1.86	65.92	65.19	71.56	60.64
科学研究和技术服务业	28	0.91	66.26	67.93	72.09	59.59
水利、环境和公共设施管理业	47	1.53	64.90	63.57	70.08	60.39
教育	10	0.33	62.19	59.07	65.42	60.52
卫生和社会工作	11	0.36	65.25	66.56	62.03	67.81
文化、体育和娱乐	42	1.37	67.52	65.73	73.50	62.43
综合	6	0.20	60.70	67.67	69.24	48.66
合计	3062	100.00	67.12	66.33	72.62	62.02

资料来源：南开大学公司治理数据库。

二、2019－2024 年主板上市公司股东治理分行业比较

从表 11-5 可以看出，从行业细分来看，2019－2024 年股东治理一直表现比较好的行业有制造业，其股东治理指数六年中有五年高于主板上市公司平均值。信息传输、软件和信息技术服务业最近六年的股东治理指数高于主板上市公司平均值。六年表现一直较差的行业有采矿业，电力、热力、燃气及水生产和供应业，房地产业，租赁和商务服务业，教育，卫生和社会工作以及综合。

表 11-5 主板上市公司股东治理指数分行业描述性统计六年比较

行业	2019 年	2020 年	2021 年	2022 年	2023 年	2024 年
农、林、牧、渔业	63.24	64.14	66.35	67.54	67.95	65.41
采矿业	61.67	65.31	63.73	63.42	62.67	61.81
制造业	65.91	66.98	68.53	68.45	69.31	68.47
电力、热力、燃气及水生产和供应业	64.49	64.60	64.52	65.07	65.21	63.50
建筑业	66.78	65.55	66.50	67.59	66.51	64.36
批发和零售业	65.39	64.38	65.03	67.65	67.67	65.73
交通运输、仓储和邮政业	65.15	65.92	65.73	66.35	66.49	62.48
住宿和餐饮业	67.52	67.59	64.37	65.28	63.68	63.53
信息传输、软件和信息技术服务业	65.26	66.52	67.07	67.06	69.10	67.63
房地产业	63.63	63.14	63.41	65.17	65.66	62.18
租赁和商务服务业	64.23	65.09	65.44	67.28	67.66	65.92
科学研究和技术服务业	66.81	69.11	66.21	67.33	65.27	66.26
水利、环境和公共设施管理业	65.68	66.17	65.68	66.19	66.74	64.90
教育	64.45	58.89	59.20	67.18	67.85	62.19
卫生和社会工作	63.26	58.48	58.52	65.91	64.75	65.25
文化、体育和娱乐业	65.08	66.96	67.18	67.06	67.70	67.52
综合	61.28	60.86	59.34	63.36	60.64	60.70
合计	65.35	66.12	66.27	67.70	68.34	67.12

资料来源：南开大学公司治理数据库。

第三节 主板上市公司股东治理分控股股东性质评价

一、2024 年主板上市公司股东治理分控股股东性质总体描述

表 11-6 给出了按控股股东性质分类的主板上市公司股东治理指数统计分析。2024 年主板样本包含 3062 家上市公司，其中国有控股、集体控股、民营控股、社会

团体控股、外资控股、无实际控制人和其他类型分别有 1114、16、1600、6、121、155 和 50 家上市公司，平均值分别为 62.47、64.86、70.16、64.14、69.58、66.84 和 69.33。中国上市公司的主体仍为国有控股上市公司和民营控股上市公司，两者相加占到了主板全样本的 88.63%，因此，这里只对国有控股上市公司和民营控股上市公司进行比较分析。国有控股上市公司的股东治理指数平均值为 62.47，相比 2023 年大幅下降了 2.05；民营控股上市公司的平均值为 70.16，相比 2023 年下降了 0.59。民营控股上市公司股东治理指数的平均值明显高于国有控股上市公司，差距为 7.69，相比 2023 年的 6.23 和 2022 年的 4.01，差距在持续扩大。

表 11-6 主板上市公司股东治理指数分控股股东性质描述性统计

控股股东性质	数量	比例（%）	平均值	中位数	标准差	极差	最小值	最大值
国有控股	1114	36.38	62.47	61.72	7.82	49.09	37.30	86.39
集体控股	16	0.52	64.86	65.77	6.54	20.94	54.20	75.14
民营控股	1600	52.25	70.16	70.95	8.37	48.29	38.95	87.24
社会团体控股	6	0.20	64.14	65.47	8.94	24.75	46.92	71.67
外资控股	121	3.95	69.58	69.27	7.88	34.28	51.45	85.73
无实际控制人	155	5.06	66.84	67.59	8.55	38.60	48.47	87.07
其他类型	50	1.63	69.33	71.03	8.31	36.68	49.30	85.98
合计	3062	100.00	67.12	67.37	8.91	49.93	37.30	87.24

资料来源：南开大学公司治理数据库。

如表 11-7 所示，从三个二级指标来看，主板国有控股上市公司的独立性比民营控股上市公司低 4.15，关联交易比民营控股上市公司低 18.49，只是在中小股东权益保护上比民营控股上市公司高 1.34。两类上市公司的对比与往年基本相同。进一步对三级指标进行分析发现，主板民营控股上市公司在高管在控股股东单位任职、控制层级、现金股利支付率、中小股东提名非独立董事权利和经营性关联交易等众多指标上均优于国有控股上市公司；国有控股上市公司在网络投票、累积投票实施、分红连续性以及股权质押冻结等指标上的表现好于民营控股上市公司。

表 11-7 主板上市公司股东治理分指数分控股股东性质描述性统计

控股股东类型	数量	比例（%）	股东治理指数	独立性	中小股东权益保护	关联交易
国有控股	1114	36.38	62.47	64.12	73.49	50.63
集体控股	16	0.52	64.86	60.94	71.72	59.97
民营控股	1600	52.25	70.16	68.27	72.15	69.12
社会团体控股	6	0.20	64.14	63.74	73.78	54.69
外资控股	121	3.95	69.58	63.11	73.24	69.16

续表

控股股东类型	数量	比例（%）	股东治理指数	独立性	中小股东权益保护	关联交易
职工持股会控股	155	5.06	66.84	66.05	70.67	63.40
其他类型	50	1.63	69.33	64.54	72.84	68.21
合计	3062	100.00	67.12	66.33	72.62	62.02

资料来源：南开大学公司治理数据库。

二、2019－2024年主板上市公司股东治理分控股股东性质比较

从表11-8主板上市公司股东治理评价分控股股东性质六年的发展趋势看，国有控股上市公司和民营控股上市公司的股东治理指数在2019－2024年六年间保持了相同的增长趋势；民营控股上市公司的股东治理指数一直大于国有控股上市公司；从二级指标上来看，民营控股上市公司在独立性和关联交易上持续优于国有控股上市公司；国有控股上市公司则在中小股东权益保护上长期优于民营控股上市公司，但差距从2019年的2.36降低到2024年的1.34。

表11-8 主板国有和民营控股上市公司股东治理指数描述性统计六年比较

年份	控股股东性质	股东治理指数	独立性	中小股东权益保护	关联交易
2019	国有	63.76	58.34	68.47	61.75
	民营	66.92	65.68	66.01	68.45
2020	国有	63.89	58.48	70.83	59.66
	民营	68.51	66.63	68.99	68.97
2021	国有	63.71	59.64	71.76	57.68
	民营	68.78	67.61	70.15	67.99
2022	国有	65.29	58.35	72.52	61.53
	民营	69.30	68.07	70.50	68.71
2023	国有	64.52	59.37	74.01	57.59
	民营	70.75	69.25	72.17	70.09
2024	国有	62.47	64.12	73.49	50.63
	民营	70.16	68.27	72.15	69.12

资料来源：南开大学公司治理数据库。

第四节　主板上市公司股东治理分地区评价

一、2024年主板上市公司股东治理分地区总体描述

表11-9列出了主板上市公司各地区股东治理的描述性统计。股东治理指数平均值最高的四个地区分别是浙江省、江苏省、福建省和西藏，平均值分别为69.69、69.29、69.13和69.00。2020－2024年连续五年浙江省、江苏省和西藏都排在前四名，说明上述三个地区的股东治理比较稳定。因香港的样本较少，只有2家，不考虑香港。股东治理指数平均值最低的三个地区分别是海南省、宁夏和青海省，平均值分别为59.09、62.22和62.55，其中海南省连续六年排名后三名。股东治理指数地区差距较大，平均值最高的江苏省和最低的海南省之间的差距为10.60，而2023年度地区之间最大的差距为8.73，差距在快速拉大。

表11-9　主板上市公司股东治理指数分地区描述性统计

地区	数量	比例（%）	平均值	中位数	标准差	极差	最小值	最大值
北京市	223	7.28	64.33	63.87	8.54	45.39	37.30	82.69
天津市	49	1.60	66.33	64.78	8.36	29.85	52.64	82.49
河北省	48	1.57	64.64	64.07	8.93	36.01	45.71	81.72
山西省	33	1.08	63.10	60.73	9.44	36.53	49.26	85.79
内蒙古	21	0.69	63.90	64.06	7.74	26.13	50.72	76.85
辽宁省	57	1.86	62.94	63.84	9.16	38.43	41.84	80.26
吉林省	36	1.18	63.75	65.29	7.42	30.83	51.29	82.12
黑龙江省	30	0.98	64.14	63.38	7.58	29.16	51.71	80.87
上海市	246	8.03	67.56	67.28	8.63	42.21	43.68	85.89
江苏省	328	10.71	69.29	69.64	9.22	42.91	43.89	86.80
浙江省	444	14.50	69.69	69.81	8.23	45.12	42.12	87.24
安徽省	101	3.30	68.82	68.40	8.36	40.60	45.60	86.20
福建省	109	3.56	69.13	69.70	8.31	38.64	48.43	87.07
江西省	53	1.73	65.87	65.37	8.80	34.59	49.05	83.64
山东省	194	6.34	66.90	67.06	8.92	37.58	47.44	85.03
河南省	62	2.02	66.23	65.72	9.63	37.31	48.22	85.53
湖北省	82	2.68	65.38	66.40	9.29	44.20	38.95	83.15
湖南省	85	2.78	66.35	64.94	8.67	35.81	48.43	84.24
广东省	431	14.08	68.63	69.61	8.73	42.79	44.28	87.07
广西	34	1.11	64.38	65.37	7.31	27.35	51.18	78.53
海南省	23	0.75	59.09	58.25	8.38	28.85	46.83	75.68

续表

地区	数量	比例（%）	平均值	中位数	标准差	极差	最小值	最大值
重庆市	55	1.80	65.13	65.75	9.54	37.67	45.17	82.83
四川省	98	3.20	65.67	65.46	8.93	40.28	44.37	84.65
贵州省	28	0.91	64.86	64.89	7.95	27.82	52.24	80.06
云南省	31	1.01	63.50	63.79	6.96	22.70	51.90	74.60
西藏	15	0.49	69.00	68.30	8.77	33.13	49.58	82.71
陕西省	42	1.37	64.37	64.10	8.57	32.50	50.96	83.46
甘肃省	30	0.98	63.94	64.20	9.39	37.61	47.34	84.95
青海省	10	0.33	62.55	61.71	4.88	14.53	54.80	69.34
宁夏	13	0.42	62.22	63.06	9.18	28.75	47.90	76.65
新疆	49	1.60	63.76	64.05	7.38	31.97	46.86	78.83
香港	2	0.07	48.69	48.69	2.44	3.46	46.96	50.41
合计	3062	100.00	67.12	67.37	8.91	49.93	37.30	87.24

资料来源：南开大学公司治理数据库。

二、2019－2024年主板上市公司股东治理分地区比较

从表11-10主板上市公司股东治理指数平均值的分地区六年比较中可以看出，上海市、江苏省、浙江省、安徽省、福建省、广东省和西藏的股东治理质量表现较好，连续六年的平均值都高于主板全样本平均值。河北省、山西省、辽宁省、吉林省、湖北省、海南省、四川省、云南省、陕西省、青海省、宁夏等地区的股东治理指数连续六年低于样本平均值。

表11-10 主板上市公司股东治理指数分地区描述性统计六年比较

地区	2019年	2020年	2021年	2022年	2023年	2024年
北京市	64.84	65.29	65.21	66.96	66.38	64.33
天津市	64.68	63.93	63.91	67.59	65.73	66.33
河北省	63.91	62.28	62.07	66.24	65.62	64.64
山西省	58.35	58.56	61.88	62.90	63.49	63.10
内蒙古	62.48	66.65	63.37	65.13	65.81	63.90
辽宁省	59.71	61.61	61.65	64.47	65.52	62.94
吉林省	63.11	62.77	64.92	64.92	66.79	63.75
黑龙江省	64.26	65.53	64.27	67.18	68.08	64.14
上海市	64.81	66.15	66.49	67.46	69.26	67.56
江苏省	67.91	69.01	69.78	69.44	69.79	69.29
浙江省	68.39	69.71	69.75	69.30	70.38	69.69

续表

地区	2019年	2020年	2021年	2022年	2023年	2024年
安徽省	65.82	67.31	66.73	67.99	69.06	68.82
福建省	66.94	66.64	66.51	67.90	69.51	69.13
江西省	65.17	64.08	64.18	66.61	68.83	65.87
山东省	66.14	67.42	66.09	67.45	68.08	66.90
河南省	64.41	65.74	65.94	66.65	66.94	66.23
湖北省	63.92	63.53	65.46	66.86	66.30	65.38
湖南省	65.79	65.94	66.62	67.32	68.83	66.35
广东省	66.35	66.68	66.75	69.19	69.71	68.63
广西	66.07	64.74	65.01	65.01	66.30	64.38
海南省	59.56	61.52	60.33	60.53	61.98	59.09
重庆市	64.93	65.84	65.09	67.09	67.25	65.13
四川省	63.38	64.92	63.55	66.65	66.76	65.67
贵州省	64.81	66.70	66.65	67.54	67.88	64.86
云南省	62.48	63.03	65.50	66.08	64.06	63.50
西藏	67.08	69.15	67.37	68.29	70.71	69.00
陕西省	62.82	63.28	63.44	65.81	65.74	64.37
甘肃省	64.87	65.00	66.65	65.90	65.55	63.94
青海省	62.98	62.10	62.47	61.34	67.22	62.55
宁夏	63.49	62.88	61.74	64.17	62.85	62.22
新疆	63.79	65.39	62.91	66.01	65.52	63.76
香港	—	—	—	—	55.25	48.69
合计	64.65	65.35	66.12	67.70	68.34	67.12

资料来源：南开大学公司治理数据库。

第五节 主板上市公司股东治理100佳评价

一、主板上市公司股东治理100佳比较分析

表11-11是主板股东治理100佳公司股东治理指数以及各分项指标的描述性统计结果，100佳公司的股东治理指数平均值为83.93，独立性、中小股东权益保护和关联交易的平均值分别为77.43、84.31和86.81。100佳公司各项指标的平均值和中位数均显著高于全体样本。

表 11-11　主板上市公司股东治理 100 佳描述性统计

项目	样本	平均值	中位数	标准差	极差	最小值	最大值
股东治理指数	100 佳	83.93	83.74	1.30	4.96	82.27	87.24
	样本总体	67.12	67.37	8.91	49.93	37.30	87.24
独立性	100 佳	77.43	76.71	7.09	40.00	55.00	95.00
	样本总体	66.33	67.84	11.49	67.14	27.86	95.00
中小股东权益保护	100 佳	84.31	84.06	4.12	20.65	73.18	93.83
	样本总体	72.62	73.33	9.42	62.38	33.90	96.28
关联交易	100 佳	86.81	88.00	2.27	11.61	76.39	88.00
	样本总体	62.02	62.18	17.72	88.00	0.00	88.00

资料来源：南开大学公司治理数据库。

二、主板上市公司股东治理 100 佳公司行业分布

表 11-12 列出了主板股东治理 100 佳公司在各个行业的分布情况，100 佳集中在制造业，2024 年制造业进入 100 佳的有 90 家，相比 2023 年度的 72 家有了大幅增加。从各行业 100 佳个数占行业样本公司总数的比例上看，最高的是农、林、牧、渔业，占比为 6.06%，其次为制造业，水利、环境和公共设施管理业，占比分别为 4.52%和 4.26%。一共有十个行业没有一家公司进入股东治理 100 佳。

表 11-12　主板上市公司股东治理 100 佳公司行业分布

行业	样本总体		100 佳		
	数量	比例（%）	数量	比例（%）	占本行业比例（%）
农、林、牧、渔业	33	1.08	2	2	6.06
采矿业	80	2.61	—	—	—
制造业	1989	64.96	90	90	4.52
电力、热力、燃气及水生产和供应业	135	4.41	2	2	1.48
建筑业	97	3.17	1	1	1.03
批发和零售业	165	5.39	2	2	1.21
交通运输、仓储和邮政业	107	3.49	—	—	—
住宿和餐饮业	8	0.26	—	—	—
信息传输、软件和信息技术服务业	150	4.90	1	1	0.67
房地产业	97	3.17	—	—	—
租赁和商务服务业	57	1.86	—	—	—
科学研究和技术服务业	28	0.91	—	—	—

续表

行业	样本总体		100佳		
	数量	比例（%）	数量	比例（%）	占本行业比例（%）
水利、环境和公共设施管理业	47	1.53	2	1	4.26
教育	10	0.33	—	—	—
卫生和社会工作	11	0.36	—	—	—
文化、体育和娱乐业	42	1.37	—	—	—
综合	6	0.20	—	—	—
合计	3062	100.00	100	100.00	3.27

资料来源：南开大学公司治理数据库。

三、主板上市公司股东治理100佳公司控股股东分布

表11-13列出了主板100佳公司控股股东性质的分布状况，主板股东治理100佳几乎集中在民营控股上市公司。2024年的100佳公司中，国有控股上市公司和民营控股上市公司分别有3和87家，相比2023年度的23家和68家，国有控股上市公司大幅下降了20家，而民营控股上市公司大幅增加了19家。在上一年度有了大幅增加后，国有控股上市公司在100佳公司中所占的比例又开始下滑。

表11-13 主板上市公司股东治理100佳公司控股股东分布

控股股东性质	样本总体		100佳		
	数量	比例（%）	数量	比例（%）	占本组比例（%）
国有控股	1114	36.38	3	23	0.27
集体控股	16	0.52	—	2	—
民营控股	1600	52.25	87	68	5.44
社会团体控股	6	0.20	—	—	—
外资控股	121	3.95	4	2	3.31
职工持股会控股	155	5.06	5	4	3.23
其他类型	50	1.63	1	1	2.00
合计	3062	100.00	100	100.00	3.27

资料来源：南开大学公司治理数据库。

四、主板上市公司股东治理100佳公司地区分布

表11-14列出了主板股东治理100佳公司的地区分布状况，入选主板股东治理100佳上市公司中，来自浙江省、江苏省、广东省和上海市的样本较多，所占的比例依次为21.00%、17.00%、13.00%和8.00%，股东治理100佳中59%的公司来自这4

个地区。

河北省、内蒙古、辽宁省、吉林省、黑龙江省、广西、海南省、贵州省、云南省、青海省、宁夏、新疆、香港等 13 个地区没有 1 家公司进入股东治理 100 佳。其中，河北省、内蒙古、辽宁省、海南省、云南省 5 个地区则连续三年没有 1 家公司进入股东治理 100 佳。进入 100 佳公司占本地区样本比例最高的 5 个地区分别是：安徽省、西藏、山西省、江苏省和河南省，所占比例分别为 6.93%、6.67%、6.06%、5.18%和 4.84%。

表 11-14 主板上市公司股东治理 100 佳公司地区分布

地区	样本总体		100 佳		
	数量	比例（%）	数量	比例（%）	占本地区比例（%）
北京市	223	7.28	3	3.00	1.35
天津市	49	1.60	2	2.00	4.08
河北省	48	1.57	—	—	—
山西省	33	1.08	2	2.00	6.06
内蒙古	21	0.69	—	—	—
辽宁省	57	1.86	—	—	—
吉林省	36	1.18	—	—	—
黑龙江省	30	0.98	—	—	—
上海市	246	8.03	8	8.00	3.25
江苏省	328	10.71	17	17.00	5.18
浙江省	444	14.50	21	21.00	4.73
安徽省	101	3.30	7	7.00	6.93
福建省	109	3.56	4	4.00	3.67
江西省	53	1.73	2	2.00	3.77
山东省	194	6.34	7	7.00	3.61
河南省	62	2.02	3	3.00	4.84
湖北省	82	2.68	2	2.00	2.44
湖南省	85	2.78	2	2.00	2.35
广东省	431	14.08	13	13.00	3.02
广西	34	1.11	—	—	0.00
海南省	23	0.75	—	—	—
重庆市	55	1.80	2	2.00	3.64
四川省	98	3.20	2	2.00	2.04
贵州省	28	0.91	—	—	—
云南省	31	1.01	—	—	—
西藏	15	0.49	1	1.00	6.67

续表

地区	样本总体		100 佳		
	数量	比例（%）	数量	比例（%）	占本地区比例（%）
陕西省	42	1.37	1	1.00	2.38
甘肃省	30	0.98	1	1.00	3.33
青海省	10	0.33	—	—	—
宁夏	13	0.42	—	—	—
新疆	49	1.60	—	—	—
香港	2	0.07	—	—	—
合计	3062	100.00	100	100.00	3.27

资料来源：南开大学公司治理数据库。

第六节 主板上市公司股东治理评价主要结论

第一，2024 年主板上市公司股东治理指数总体相比上一年度有较大的下降，由 68.34 降低为 67.12，降幅为 1.22。三个二级指标中，独立性上升了 1.01，中小股东权益保护降低了 0.08，关联交易大幅下降了 3.48。

第二，进一步分析三级指标发现，相比于 2023 年，独立性上升的主要原因是高管担任董事的比例和控制层级有所下降，高管担任董事的比例从 2023 年的 25.3%下降到了 2024 年的 24.8%，控制层级从 2023 年的 2.162 下降为 2024 年的 2.158；关联交易得分下降是资产类关联交易上升造成的，资产类关联交易占总资产比例的中位数从上一年度的 0 上升到 2024 年的 0.12%。

第三，主板上市公司股东治理行业之间的差距在扩大。股东治理指数平均值居前三位的分别是制造业，信息传输、软件和信息技术服务业，文化、体育和娱乐业，平均值分别为 68.47、67.63 和 67.52。平均值最低的三个行业分别是综合、采矿业、房地产业，平均值分别为 60.70、61.81 和 62.18。股东治理指数平均值最高的制造业与最低的综合类之间的差距为 7.77，相比 2023 年的 8.67，行业之间的差距有所减少。

第四，主板民营控股上市公司股东治理指数的平均值高于国有控股上市公司。国有控股上市公司和民营控股上市公司的平均值分别为 62.47 和 70.16，二者之间的差距为 7.69，相比 2023 年的 6.23 和 2022 年的 4.01，差距在持续扩大。从三个二级指标来看，主板国有控股上市公司的独立性比民营控股上市公司低 4.15，关联交易比民营控股上市公司低 18.49，只是在中小股东权益保护上比民营控股上市公司高 1.34，且差距在缩小。

进一步对三级指标进行分析发现，主板民营控股上市公司在高管在控股股东单位任职、控制层级、现金股利支付率、中小股东提名非独立董事权利和经营性关联交易等众多指标上均优于国有控股上市公司；国有控股上市公司在网络投票、累积投票实施、分红连续性以及股权质押冻结等指标上的表现好于民营控股上市公司。

第五，股东治理地区之间的差距有长期固化的趋势。股东治理指数平均值最高的四个地区分别是浙江省、江苏省、福建省和西藏，平均值分别为 69.69、69.29、69.13 和 69.00。浙江省、江苏省和西藏 2019－2024 年连续五年都排在前四名，说明上述三个地区的股东治理比较稳定。股东治理指数平均值最低的三个地区分别是海南省、宁夏和青海省，平均值分别为 59.09、62.22 和 62.55，其中海南省连续六年排名后三名。股东治理指数地区差距较大，平均值最高的江苏省和最低的海南省之间的差距为 10.60，而 2023 年度地区之间最大的差距为 8.73，差距在快速拉大。

第六，国有控股上市公司进入 100 佳的数量大幅下降，主板股东治理 100 佳几乎集中在民营控股上市公司中。2024 年的 100 佳公司中，国有控股上市公司由上一年的 23 家降低为 3 家，民营控股上市公司则由 68 家上升到 87 家。入选主板股东治理 100 佳上市公司中，来自浙江省、江苏省、广东省和上海市的样本较多，股东治理 100 佳中 59%的公司来自这 4 个地区。有 13 个地区没有 1 家公司进入股东治理 100 佳。其中，河北省、内蒙古、辽宁省、海南省、云南省 5 个地区则连续三年没有 1 家公司进入股东治理 100 佳。进入 100 佳公司占本地区样本比例最高的 5 个地区分别是：安徽省、西藏、山西省、江苏省和河南省。

第十二章　主板上市公司董事会治理评价

第一节　主板上市公司董事会治理总体分析

一、2024年主板上市公司董事会治理总体描述

2024年中国上市公司主板市场非金融类公司样本量为3062家，董事会治理指数的平均值为65.11，中位数为65.13，最大值为72.44，最小值为52.48。

从董事会治理的五个主要因素来看，董事会组织结构指数最高，平均值为69.73；董事会运作效率指数的平均值次之，为67.50；董事权利与义务指数和董事薪酬指数，其平均值分别为63.06和63.06；独立董事制度指数的平均值最低，为61.47。

从公司董事会治理质量的差异情况来看，2024年度中国主板上市公司董事会治理指数的标准差为2.14。公司间董事会治理质量的差异主要表现在董事会组织结构和董事薪酬方面，其标准差分别为5.83和6.48；而公司在董事权利与义务、独立董事制度和董事会运作效率指数方面的差异相对较小，其标准差分别为4.71、4.14和4.21。见表12-1。

表12-1　主板上市公司董事会治理总体状况描述性统计

项目	平均值	中位数	标准差	极差	最小值	最大值
董事会治理指数	65.11	65.13	2.14	19.97	52.48	72.44
董事权利与义务	63.06	62.75	4.71	26.00	49.50	75.50
董事会运作效率	67.50	67.85	4.21	28.75	45.71	74.46
董事会组织结构	69.73	70.00	5.83	70.50	17.50	88.00
董事薪酬	63.06	61.50	6.48	26.50	50.00	76.50
独立董事制度	61.47	61.75	4.14	23.75	48.75	72.50

资料来源：南开大学公司治理数据库。

二、2019—2024年主板上市公司董事会治理比较

董事会治理指数的平均水平在2019—2024年总体呈现出上升态势，2019—2022年度增长，2023年下降，2024年上升。从董事会治理的五个主要因素来看，董事权利与义务指数在六年间呈现出了一定的波动性，董事权利与义务指数在2023年下降

明显，2024年回升；董事会运作效率指数在2019年后一直维持在相对较高水平，较为稳定；董事会组织结构指数一直遥遥领先，尽管略有波动；董事薪酬指数一直是主板上市公司董事会治理的短板，2023年改善明显，达到了最近几年的最高值，2024年略有下降；独立董事制度指数在2021－2023有所下降，2024年增长明显。详见表12-2与图12-1。

表12-2 主板上市公司董事会治理指数描述性统计六年比较

项目	2019年	2020年	2021年	2022年	2023年	2024年
董事会治理指数	64.26	64.68	64.68	65.05	64.87	65.11
董事权利与义务	62.73	62.95	62.32	63.63	62.64	63.06
董事会运作效率	67.30	67.58	67.63	67.65	67.39	67.50
董事会组织结构	68.22	69.23	69.30	69.40	69.67	69.73
董事薪酬	60.36	61.05	61.40	62.85	63.30	63.06
独立董事制度	61.77	61.74	61.59	61.32	60.67	61.47

资料来源：南开大学公司治理数据库。

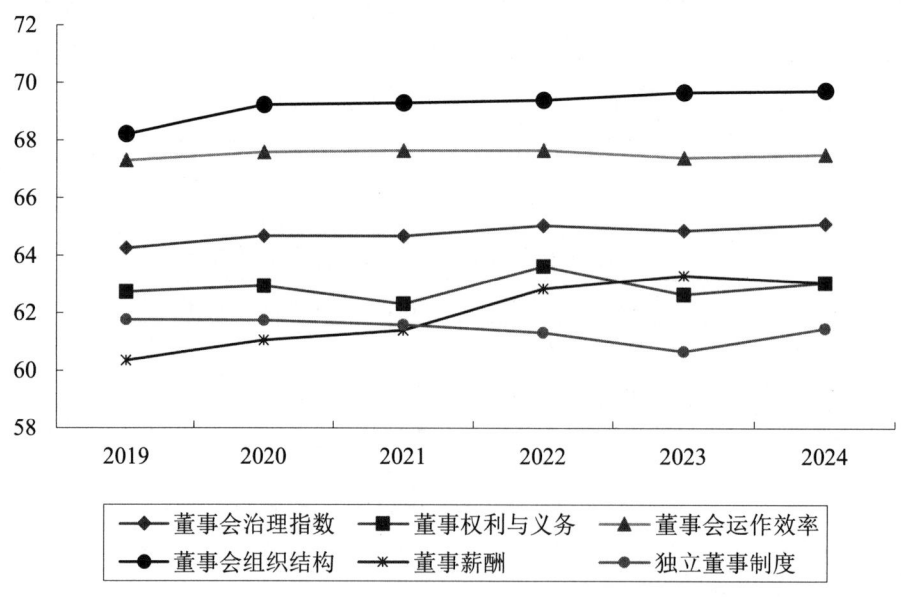

图12-1 主板上市公司董事会治理指数平均值六年折线图比较

资料来源：南开大学公司治理数据库。

第二节 主板上市公司董事会治理分行业评价

一、2024年主板上市公司董事会治理分行业总体描述

依据证监会制定的行业分类标准,对不同行业董事会治理质量进行分析,探讨董事会治理质量的行业差异特征。由表12-3董事会治理指数分行业描述性统计可以看出,科学研究和技术服务业,住宿和餐饮业,信息传输、软件和信息技术服务业的平均水平位居前三;电力、热力、燃气及水生产和供应业,农、林、牧、渔业,租赁和商务服务业上市公司董事会治理质量相对较差。

表12-3 主板上市公司董事会治理指数分行业描述性统计

行业	数量	比例(%)	平均值	中位数	标准差	极差	最小值	最大值
农、林、牧、渔业	33	1.08	64.69	64.41	1.91	7.33	61.09	68.42
采矿业	80	2.61	65.21	65.21	2.29	11.81	59.34	71.15
制造业	1989	64.96	65.12	65.17	2.17	18.97	52.48	71.44
电力、热力、燃气及水生产和供应业	135	4.41	64.63	64.50	2.07	12.93	59.51	72.44
建筑业	97	3.17	65.16	65.42	1.97	10.17	59.91	70.08
批发零售业	165	5.39	65.32	65.25	2.07	13.01	58.27	71.28
交通运输、仓储和邮政业	107	3.49	64.85	65.03	2.33	12.33	57.75	70.08
住宿和餐饮业	8	0.26	65.45	65.02	1.83	5.03	63.19	68.22
信息传输、软件和信息技术服务业	150	4.90	65.37	65.39	2.19	12.92	57.74	70.67
房地产业	97	3.17	64.82	64.89	1.79	11.74	56.63	68.37
租赁和商务服务业	57	1.86	64.84	65.13	2.32	12.50	57.32	69.82
科学研究和技术服务业	28	0.91	65.90	65.80	1.92	8.10	62.04	70.14
水利、环境和公共设施管理业	47	1.53	64.95	64.88	1.57	8.97	60.81	69.78
教育	10	0.33	64.95	64.47	2.13	6.57	61.29	67.85
卫生和社会工作	11	0.36	65.32	64.90	1.56	4.78	62.99	67.77
文化、体育和娱乐业	42	1.37	65.30	65.11	1.66	6.61	61.59	68.20
综合	6	0.20	65.35	65.02	2.14	4.97	63.25	68.22
合计	3062	100.00	65.11	65.13	2.14	19.97	52.48	72.44

资料来源:南开大学公司治理数据库。

在董事权利与义务指数方面,信息传输、软件和信息技术服务业,科学研究和技术服务业,住宿和餐饮业表现较好;综合类,卫生和社会工作,交通运输、仓储

和邮政业表现相对较差。在董事会运作效率方面,综合类、住宿和餐饮业、科学研究和技术服务业位居前三;而制造业,信息传输、软件和信息技术服务业,建筑业的指标平均值较低。在董事会组织结构方面,文化、体育和娱乐业,采矿业,住宿和餐饮业表现较好;水利、环境和公共设施管理业,信息传输、软件和信息技术服务业,租赁和商务服务业表现较差。在董事薪酬方面,科学研究和技术服务业、信息传输软件和信息技术服务业、卫生和社会工作的平均值水平位居行业分类前三;教育业、综合类、住宿和餐饮业的平均值水平较低。在独立董事制度方面,教育业、综合类的表现较好;科学研究和技术服务业表现相对较差。见表12-4。

表12-4 主板上市公司董事会治理分指数分行业描述性统计

行业	董事会治理指数	董事权利与义务	董事会运作效率	董事会组织结构	董事薪酬	独立董事制度
农、林、牧、渔业	64.69	63.79	67.20	70.27	59.20	62.48
采矿业	65.21	63.50	67.80	71.49	60.65	61.94
制造业	65.12	62.93	67.20	69.54	63.97	61.31
电力、热力、燃气及水生产和供应业	64.63	62.88	68.38	70.23	59.31	61.36
建筑业	65.16	63.11	66.74	70.48	62.43	62.33
批发零售业	65.32	63.29	68.81	69.97	61.84	61.73
交通运输、仓储和邮政业	64.85	61.93	69.11	70.32	59.68	61.52
住宿和餐饮业	65.45	64.66	70.47	71.13	58.56	61.72
信息传输、软件和信息技术服务业	65.37	64.15	67.17	69.15	64.59	61.67
房地产业	64.82	63.62	67.72	70.22	59.95	61.99
租赁和商务服务业	64.84	63.65	67.25	68.50	63.09	61.38
科学研究和技术服务业	65.90	64.40	69.64	70.32	64.64	60.25
水利、环境和公共设施管理业	64.95	63.31	68.20	69.27	61.40	61.73
教育	64.95	63.90	67.48	70.00	58.90	63.63
卫生和社会工作	65.32	61.80	67.61	70.00	64.27	61.52
文化、体育和娱乐业	65.30	63.02	69.01	71.50	59.51	62.19
综合	65.35	60.83	70.72	70.00	58.58	63.46
合计	65.11	63.06	67.50	69.73	63.06	61.47

资料来源:南开大学公司治理数据库。

二、2019—2024主板上市公司董事会治理分行业比较

从表12-5董事会治理指数分行业描述性统计六年比较中可以看出,科学研究与

技术服务业，卫生和社会工作，信息传输、软件和信息技术服务业近年来一直保持较高水平，董事会治理指数六年平均值位列前三。交通运输、仓储和邮政业，电力、热力、燃气及水生产和供应业，租赁和商务服务业治理表现较差，六年间治理指数平均值位于行业最后三位。

表 12-5　主板上市公司董事会治理指数分行业描述性统计六年比较

行业	2019 年	2020 年	2021 年	2022 年	2023 年	2024 年
农、林、牧、渔业	63.79	64.75	64.38	64.98	64.20	64.69
采矿业	64.35	65.09	64.40	64.93	64.85	65.21
制造业	64.27	64.69	64.88	65.11	64.97	65.12
电力、热力、燃气及水生产和供应业	63.81	64.31	64.37	64.63	64.09	64.63
建筑业	64.29	64.49	64.77	65.05	64.66	65.16
批发和零售业	64.53	64.88	64.93	65.32	65.06	65.32
交通运输、仓储和邮政业	63.43	64.03	64.36	64.31	64.33	64.85
住宿和餐饮业	65.28	65.27	64.64	64.47	64.66	65.45
信息传输、软件和信息技术服务业	64.79	64.89	65.08	65.31	65.25	65.37
房地产业	64.41	64.77	64.73	64.99	64.64	64.82
租赁和商务服务业	63.88	63.97	64.39	64.64	64.16	64.84
科学研究和技术服务业	65.23	65.74	65.37	65.71	65.61	65.90
水利、环境和公共设施管理业	64.2	64.68	64.56	64.79	64.69	64.95
教育	64.34	64.20	64.80	65.62	64.87	64.95
卫生和社会工作	64.84	65.89	65.92	64.98	64.58	65.32
文化、体育和娱乐业	64.4	64.83	64.46	65.07	64.54	65.30
综合	63.65	64.41	64.18	64.44	64.47	65.35
合计	69.30	61.40	61.59	65.05	64.87	65.11

资料来源：南开大学公司治理数据库。

第三节　主板上市公司董事会治理分控股股东性质评价

一、2024 年主板上市公司董事会治理分控股股东性质总体描述

如表 12-6 所示，董事会治理指数的平均水平依据控股股东性质从高到低排序依次为民营控股、无实际控制人、社会团体控股、其他类型、外资控股、国有控股、集体控股。从公司间的差异程度来说，其他类型类公司的差异程度最大，其标准差为 2.64。

表 12-6　主板上市公司董事会治理指数分控股股东性质描述性统计

控股股东性质	数量	比例（%）	平均值	中位数	标准差	极差	最小值	最大值
国有控股	1114	36.38	64.86	64.82	2.06	15.89	55.49	71.38
集体控股	16	0.52	63.93	63.49	2.55	11.07	56.97	68.04
民营控股	1600	52.25	65.30	65.39	2.14	19.97	52.48	72.44
外资控股	121	3.95	64.87	65.04	2.19	15.86	54.07	69.93
社会团体控股	6	0.20	65.09	65.07	1.33	3.59	63.69	67.28
无实际控制人	155	5.06	65.22	65.31	2.23	12.78	57.68	70.45
其他类型	50	1.64	64.94	65.05	2.64	14.34	56.63	70.97
合计	3062	100.00	65.11	65.13	2.14	19.97	52.48	72.44

资料来源：南开大学公司治理数据库。

从董事权利与义务指数来看，民营控股上市公司最高，外资控股类上市公司最低；从董事会运作效率指数来看，社会团体控股类上市公司表现最好，集体控股类上市公司表现最差；从董事会组织结构指数来看，国有控股类上市公司最高，其他类型类上市公司最低；在董事薪酬方面，其他类型类上市公司表现最好，社会团体控股类上市公司最低；在独立董事制度方面，社会团体控股类上市公司表现最好，而集体控股类上市公司表现最差。见表 12-7。

表 12-7　主板上市公司董事会治理分指数分控股股东性质描述性统计

控股股东性质	董事会治理指数	董事权利与义务	董事会运作效率	董事会组织结构	董事薪酬	独立董事制度
国有控股	64.86	62.86	68.78	70.31	59.38	61.77
集体控股	63.93	60.48	66.45	68.38	61.84	60.92
民营控股	65.30	63.54	66.59	69.48	65.51	61.22
外资控股	64.87	60.02	67.44	69.36	64.01	61.32
社会团体控股	65.09	62.54	69.43	70.00	58.83	62.83
无实际控制人	65.22	62.75	67.83	69.12	63.07	62.21
其他类型	64.94	61.28	67.55	68.09	65.27	60.99
合计	65.11	63.06	67.50	69.73	63.06	61.47

资料来源：南开大学公司治理数据库。

二、2019－2024 年主板上市公司董事会治理分控股股东性质比较

表 12-8 给出了主板上市公司国有控股类和民营控股类公司董事会治理状况的六年描述性统计，民营控股类上市公司的董事会治理质量一直领先于国有控股类上市公司。

以 2024 年度国有控股与民营控股类上市公司董事会治理质量的比较来说，民

营控股类上市公司 2024 年度董事会治理指数高于国有控股类上市公司的主要原因是民营控股类上市公司在董事权利与义务、董事薪酬方面均好于国有控股类上市公司，但在董事会运作效率、董事会组织结构方面与国有控股上市公司还存在差距。

表 12-8 主板国有和民营控股公司董事会治理指数描述性统计六年比较

年份	控股股东性质	董事会治理指数	董事权利与义务	董事会运作效率	董事会组织结构	董事薪酬	独立董事制度
2019	国有	63.94	62.53	68.06	67.95	57.97	61.96
	民营	64.63	63.14	66.54	68.76	62.78	61.51
2020	国有	64.47	63.26	68.52	69.19	58.36	62.04
	民营	64.91	62.73	66.67	69.55	63.58	61.36
2021	国有	64.50	62.70	68.39	69.30	59.11	61.80
	民营	65.04	62.97	66.86	69.42	64.19	61.24
2022	国有	64.64	63.19	68.73	69.68	59.21	61.43
	民营	65.38	64.09	66.92	69.32	65.33	61.27
2023	国有	64.37	61.66	68.45	70.13	59.67	60.54
	民营	65.21	63.55	66.63	69.54	65.63	60.68
2024	国有	64.86	62.86	68.78	70.31	59.38	61.77
	民营	65.30	63.54	66.59	69.48	65.51	61.22

资料来源：南开大学公司治理数据库。

第四节 主板上市公司董事会治理分地区评价

一、2024 年主板上市公司董事会治理分地区总体描述

不同地区的董事会治理状况存在着显著差异。由表 12-9 可知，内蒙古、贵州省和河北省董事会治理平均水平位居地区前三位；而云南省、甘肃省、宁夏董事会治理的平均水平处于地区后三位（排除香港）。从董事会治理质量在公司间的差异程度来说，青海省、宁夏、河北省的上市公司在董事会治理质量方面具有较大差异；贵州省、湖南省、甘肃省的上市公司在董事会治理方面的差异性相对较小（排除香港）。

表 12-9 主板上市公司董事会治理指数分地区描述性统计

地区	数量	比例（%）	平均值	中位数	标准差	极差	最小值	最大值
北京市	223	7.28	65.16	65.39	2.33	13.55	56.63	70.18
天津市	49	1.60	64.80	65.29	1.95	7.47	59.92	67.39
河北省	48	1.57	65.39	65.89	2.86	16.95	55.49	72.44

续表

地区	数量	比例（%）	平均值	中位数	标准差	极差	最小值	最大值
山西省	33	1.08	64.80	64.68	1.98	9.44	59.34	68.78
内蒙古	21	0.69	65.91	65.72	1.87	7.05	61.95	69.00
辽宁省	57	1.86	64.66	64.92	2.15	10.62	57.81	68.43
吉林省	36	1.18	65.06	64.66	1.92	8.54	60.59	69.13
黑龙江省	30	0.98	64.76	64.85	1.93	8.95	59.72	68.68
上海市	246	8.03	64.91	64.96	2.13	15.46	55.05	70.52
江苏省	328	10.71	65.20	65.12	1.94	16.17	54.39	70.57
浙江省	444	14.50	64.98	65.06	2.00	17.27	54.01	71.28
安徽省	101	3.30	65.14	65.31	1.93	9.65	59.89	69.54
福建省	109	3.56	65.08	65.31	2.33	13.36	56.97	70.33
江西省	53	1.73	65.18	65.41	2.14	9.66	60.65	70.32
山东省	194	6.34	65.03	64.91	2.36	18.67	52.48	71.15
河南省	62	2.02	65.28	64.93	2.07	9.85	59.71	69.55
湖北省	82	2.68	65.02	65.12	2.47	14.71	55.95	70.67
湖南省	85	2.78	65.30	65.34	1.69	8.57	60.77	69.34
广东省	431	14.08	65.39	65.42	2.29	17.38	54.07	71.44
广西	34	1.11	65.02	65.33	2.59	16.15	55.23	71.38
海南省	23	0.75	64.85	64.41	2.14	8.00	61.73	69.73
重庆市	55	1.80	65.21	64.97	1.94	8.99	61.07	70.05
四川省	98	3.20	65.17	64.92	1.94	12.86	57.54	70.40
贵州省	28	0.91	65.73	65.95	1.75	6.82	61.91	68.73
云南省	31	1.01	64.59	64.08	1.98	7.36	61.10	68.47
西藏	15	0.49	65.22	64.71	2.21	8.32	61.02	69.33
陕西省	42	1.37	65.00	64.85	1.79	9.14	59.58	68.72
甘肃省	30	0.98	64.48	64.37	1.52	6.77	61.14	67.92
青海省	10	0.33	65.34	65.57	3.03	10.26	59.63	69.89
宁夏	13	0.42	63.62	64.30	2.96	11.84	55.44	67.29
新疆	49	1.60	65.05	64.72	1.96	8.47	61.68	70.14
香港	2	0.06	64.55	64.55	1.27	1.80	63.65	65.45
合计	3062	100.00	65.11	65.13	2.14	19.97	52.48	72.44

资料来源：南开大学公司治理数据库。

二、2019－2024年主板上市公司董事会治理分地区比较

从表12-10主板分地区董事会治理指数平均值的六年比较中可以看出，贵州省、青海省、内蒙古的董事会治理质量表现较好，山西省、甘肃省、宁夏六年董事会治

理水平位于地区后三名（排除香港），相对较差。

表12-10 主板上市公司董事会治理指数分地区描述性统计六年比较

地区	2019年	2020年	2021年	2022年	2023年	2024年
北京市	64.20	64.62	64.69	64.93	64.83	65.16
天津市	63.91	64.73	64.62	64.83	64.50	64.80
河北省	63.93	64.68	65.04	65.17	65.08	65.39
山西省	64.01	64.43	64.22	64.27	64.36	64.80
内蒙古	64.21	65.19	64.97	65.82	65.25	65.91
辽宁省	64.02	64.51	64.16	64.70	64.16	64.66
吉林省	64.46	64.71	64.51	65.24	65.14	65.06
黑龙江省	63.96	64.97	65.15	65.14	64.54	64.76
上海市	64.15	64.78	64.65	65.02	65.04	64.91
江苏省	64.57	64.77	65.01	65.26	64.92	65.20
浙江省	64.54	64.60	64.75	65.01	64.91	64.98
安徽省	63.91	64.78	64.80	64.97	64.76	65.14
福建省	63.96	64.07	64.67	65.11	64.75	65.08
江西省	63.79	64.40	64.42	64.64	64.96	65.18
山东省	64.52	64.86	64.85	65.21	64.83	65.03
河南省	63.98	64.92	64.93	65.33	65.13	65.28
湖北省	63.82	64.66	64.86	65.19	64.66	65.02
湖南省	64.93	64.90	65.24	65.02	65.07	65.30
广东省	64.16	64.66	65.08	65.21	64.98	65.39
广西	64.71	64.89	64.34	65.01	65.22	65.02
海南省	63.86	64.50	64.37	64.78	64.73	64.85
重庆市	64.71	64.86	65.18	65.17	65.19	65.21
四川省	64.22	64.71	65.05	65.11	64.81	65.17
贵州省	65.74	65.45	65.53	65.78	65.51	65.73
云南省	63.89	64.30	64.49	64.50	64.44	64.59
西藏	64.65	65.14	65.06	65.20	65.91	65.22
陕西省	64.12	64.88	64.29	64.44	64.24	65.00
甘肃省	63.37	63.15	63.66	64.08	63.78	64.48
青海省	65.34	65.09	64.94	65.80	64.99	65.34
宁夏	64.41	63.93	63.01	62.83	63.20	63.62
新疆	63.82	64.86	64.80	65.22	64.96	65.05
香港	—	—	—	—	63.65	64.55
合计	67.65	69.40	62.85	61.32	64.87	65.11

资料来源：南开大学公司治理数据库。

第五节　主板上市公司董事会治理100佳评价

一、主板上市公司董事会治理100佳比较分析

如表12-11所示，主板非金融类董事会治理100佳上市公司的表现明显优于主板非金融类上市公司。2024年度100佳公司董事会治理质量的平均值为69.65，比主板全样本高4.54。100佳公司董事会治理质量的优势主要体现在董事薪酬、董事会组织结构、独立董事制度方面。从公司间的差异程度来说，2024年度100佳公司董事会治理指数的标准差为0.71，比2024年度主板非金融类上市公司的标准差低，表明100佳公司在董事会治理质量的差异程度上低于主板非金融类公司。

表12-11　主板上市公司董事会治理100佳描述性统计

项目	样本	平均值	中位数	标准差	极差	最小值	最大值
董事会治理指数	100佳	69.65	69.55	0.71	3.68	68.77	72.44
	样本总体	65.11	65.13	2.14	19.97	52.48	72.44
董事权利与义务	100佳	66.40	66.88	4.53	19.50	56.00	75.50
	样本总体	63.06	62.75	4.71	26.00	49.50	75.50
董事会运作效率	100佳	70.16	70.15	2.97	10.64	63.82	74.46
	样本总体	67.50	67.85	4.21	28.75	45.71	74.46
董事会组织结构	100佳	73.78	70.00	5.89	18.00	70.00	88.00
	样本总体	69.73	70.00	5.83	70.50	17.50	88.00
董事薪酬	100佳	72.08	75.00	4.76	19.50	57.00	76.50
	样本总体	63.06	61.50	6.48	26.50	50.00	76.50
独立董事制度	100佳	65.18	66.75	2.99	13.00	55.75	68.75
	样本总体	61.47	61.75	4.14	23.75	48.75	72.50

资料来源：南开大学公司治理数据库。

二、主板上市公司董事会治理100佳公司行业分布

表12-12是董事会治理100佳公司的行业分布。制造业有70家公司入围100佳，在公司数量上位居第一；信息传输、软件和信息技术服务业有6家公司入围100佳行列；100佳上市公司占本行业比重最高的行业是采矿业；农、林、牧、渔业，批发零售业，住宿和餐饮业，房地产业，教育，卫生和社会工作，文化、体育和娱乐业，综合类行业没有公司入围董事会治理100佳。

表 12-12 主板上市公司董事会治理 100 佳公司行业分布

行业	样本总体		100 佳	
	数量	比例（%）	数量	占本行业比例（%）
农、林、牧、渔业	33	1.08	—	—
采矿业	80	2.61	5	6.25
制造业	1989	64.96	70	3.52
电力、热力、燃气及水生产和供应业	135	4.41	3	2.22
建筑业	97	3.17	2	2.06
批发零售业	165	5.39	—	—
交通运输、仓储和邮政业	107	3.49	3	2.80
住宿和餐饮业	8	0.26	—	—
信息传输、软件和信息技术服务业	150	4.90	6	4.00
房地产业	97	3.17	—	—
租赁和商务服务业	57	1.86	1	1.75
科学研究和技术服务业	28	0.91	1	3.57
水利、环境和公共设施管理业	47	1.53	1	2.13
教育	10	0.33	—	—
卫生和社会工作	11	0.36	—	—
文化、体育和娱乐业	42	1.37	—	—
综合	6	0.20	—	—
合计	3062	100.00	100	

资料来源：南开大学公司治理数据库。

三、主板上市公司董事会治理 100 佳公司控股股东性质分布

如表 12-13 所示，有 33 家国有控股类上市公司位列 100 佳行列，占国有控股类上市公司的比重为 2.96%。民营控股类上市公司有 57 家入围 100 佳公司，占民营总数 3.56%。外资控股类上市公司有 2 家入围 100 佳公司，占外资控股总数的 1.65%。无实际控制人类型上市公司有 6 家入围 100 佳公司，其他类型有 2 家入围 100 佳公司，社会团体控股和集体控股类上市公司没有公司入围。

表 12-13 主板上市公司董事会治理 100 佳公司控股股东分布

控股股东性质	样本总体		100 佳	
	数量	比例（%）	数量	占本组比例（%）
国有控股	1114	36.38	33	2.96
集体控股	16	0.52	—	—
民营控股	1600	52.25	57	3.56

续表

控股股东性质	样本总体		100佳	
	数量	比例（%）	数量	占本组比例（%）
外资控股	121	3.95	2	1.65
社会团体控股	6	0.20	—	—
无实际控制人	155	5.06	6	3.87
其他类型	50	1.64	2	4.00
合计	3062	100.00	100	—

资料来源：南开大学公司治理数据库。

四、主板上市公司董事会治理100佳公司地区分布

从表12-14主板董事会治理100佳的地区分布情况来看，广东省、山东省、北京市分别有22家、12家、9家公司入围100佳行列，在数量上位居前三位；而青海省、山东省、河北省在入围100佳公司所占地区比重方面位居前三位。天津市、内蒙古、辽宁省、黑龙江省、广西、贵州省、云南省、西藏、陕西省、甘肃省、宁夏、新疆均没有上市公司入围100佳。

表12-14 主板上市公司董事会治理100佳公司地区分布

地区	样本总体		100佳	
	数量	比例（%）	数量	占本地区比例（%）
北京市	223	7.28	9	4.04
天津市	49	1.60	—	—
河北省	48	1.57	3	6.25
山西省	33	1.08	1	3.03
内蒙古	21	0.69	—	—
辽宁省	57	1.86	—	—
吉林省	36	1.18	1	2.78
黑龙江省	30	0.98	—	—
上海市	246	8.03	6	2.44
江苏省	328	10.71	9	2.74
浙江省	444	14.50	5	1.13
安徽省	101	3.30	3	2.97
福建省	109	3.56	5	4.59
江西省	53	1.73	3	5.66
山东省	194	6.34	12	6.19
河南省	62	2.02	2	3.23

续表

地区	样本总体		100佳	
	数量	比例（%）	数量	占本地区比例（%）
湖北省	82	2.68	4	4.88
湖南省	85	2.78	2	2.35
广东省	431	14.08	22	5.10
广西	34	1.11	—	—
海南省	23	0.75	1	4.35
重庆市	55	1.80	2	3.64
四川省	98	3.20	3	3.06
贵州省	28	0.91	—	—
云南省	31	1.01	—	—
西藏	15	0.49	—	—
陕西省	42	1.37	—	—
甘肃省	30	0.98	—	—
青海省	10	0.33	1	10.00
宁夏	13	0.42	—	—
新疆	49	1.60	—	—
香港	2	0.06	—	—
合计	3062	100.00	100	—

资料来源：南开大学公司治理数据库。

第六节　主板上市公司董事会治理评价主要结论

本章在对2024年度主板非金融类3062家上市公司董事会治理状况进行分析及年度比较的基础上，总结我国上市公司董事会治理质量呈现的特征及变化趋势，并给出我国上市公司董事会治理质量在行业、控股股东性质、地区方面的差异：

第一，2024年中国上市公司主板市场非金融类公司样本量为3062家，董事会治理指数的平均值为65.11，中位数为65.13，最大值为72.44，最小值为52.48。从董事会治理的五个主要因素来看，董事会组织结构指数最高，平均值为69.73；董事会运作效率指数的平均值次之，为67.50；董事权利与义务指数和董事薪酬指数，其平均值分别为63.06和63.06；独立董事制度指数的平均值最低，为61.47。

第二，董事会治理指数的平均水平在2019—2024年总体呈现上升态势，2019—2022年增长，2023年下降，2024年上升。从董事会治理的五个主要因素来看，董事权利与义务指数在六年间呈现出了一定的波动性，董事权利与义务指数在2023年下降明显，2024 年回升；董事会运作效率指数在 2019 年后一直维持在相对较高水平，较为稳定；董事会组织结构一直遥遥领先，尽管略有波动；董事薪酬指数一直是主板上市公司董事会治理的短板，2023 年改善明显，达到了最近几年的最高值，2024 年略有下降；独立董事制度指数在 2021－2023 有所下降，2024 年增长明显。

第三，2024 年中国主板非金融类上市公司董事会治理指数的平均水平较 2023 年有所提高，董事会治理质量的提高主要体现在董事权利与义务、董事会运作效率、独立董事制度、董事会组织结构方面，但是董事薪酬有所下降。

第四，主板非金融类上市公司的董事会治理质量因行业和地区差异而呈现不同特征。从董事会治理质量的平均水平来说，科学研究和技术服务业，住宿和餐饮业，信息传输、软件和信息技术服务业的平均水平位居前三；电力、热力、燃气及水生产和供应业，农、林、牧、渔业，租赁和商务服务业上市公司董事会治理质量相对较差。各地区在董事会治理质量方面呈现出一定的差异性。内蒙古、贵州省和河北省董事会治理平均水平位居地区前三位，而云南省、甘肃省、宁夏董事会治理的平均水平处于地区后三位（排除香港）。

第五，民营控股类上市公司 2024 年董事会治理指数继续领先于国有控股类上市公司，民营控股类上市公司 2024 年董事会治理指数高过国有控股类上市公司的主要原因在于，民营控股类上市公司在董事权利与义务、董事薪酬方面均好于国有控股类上市公司，但在董事会运作效率、董事会组织结构方面与国有控股上市公司还存在差距。

第六，2024 年董事会治理 100 佳上市公司的董事会治理质量明显高于主板非金融类上市公司，2024 年 100 佳公司董事会治理质量的平均值为 69.65，比主板全样本高 4.54。100 佳公司董事会治理质量的优势主要体现在董事薪酬、董事会组织结构、独立董事制度方面。从 100 佳公司的行业分布来说，制造业入围 100 佳的公司数量较多。从控股股东性质分布来说，民营控股和国有控股上市公司居多。从地区分布来说，广东省、山东省、北京市在数量上位居前三位。

第十三章　主板上市公司监事会治理评价

第一节　主板上市公司监事会治理总体分析

一、2024 年主板上市公司监事会治理总体描述

2024 年中国上市公司主板市场非金融类公司样本量为 3062 家，由于 2 家上市公司注册地为香港，适用境外注册地公司法等法律法规规定，且在年报中披露未设立监事会，故对于这类样本不评价监事会治理状况，因此监事会治理最终评价样本为 3060 家上市公司。监事会治理指数的平均值为 59.82，标准差为 5.52，监事会治理指数基本服从正态分布。从监事会治理指数的三个主要因素来看，样本公司运行状况指数平均值为 75.13，规模结构指数平均值为 47.13，胜任能力指数平均值为 59.37。统计详情见表 13-1。

表 13-1　主板上市公司监事会治理总体状况描述性统计

项目	平均值	中位数	标准差	极差	最小值	最大值
监事会治理指数	59.82	58.20	5.52	35.46	40.85	76.31
运行状况	75.13	80.00	5.49	50.00	30.00	80.00
规模结构	47.13	40.00	12.56	50.00	30.00	80.00
胜任能力	59.37	59.50	5.63	57.54	23.36	80.90

资料来源：南开大学公司治理数据库。

二、2019－2024 年主板上市公司监事会治理比较

从 2019－2024 年监事会治理指数的发展趋势看（见表 13-2、图 13-1），主板上市公司监事会治理指数平均值自 2021 年呈小幅下降趋势。其中，主板上市公司运行状况指数在 2019－2023 年呈现逐年上升趋势，2024 年略有下降；规模结构指数呈现下降趋势，2024 年下降为 47.13；胜任能力指数在 2019－2020 年间较为平稳，2021 年有所提升，2022 年小幅下降，2023－2024 年略有回升。

表 13-2　主板上市公司监事会治理指数描述性统计六年比较

项目	2019 年	2020 年	2021 年	2022 年	2023 年	2024 年
监事会治理指数	60.67	60.44	60.64	60.03	59.90	59.82

续表

项目	2019年	2020年	2021年	2022年	2023年	2024年
运行状况	74.99	75.06	75.20	75.65	75.71	75.13
规模结构	51.17	50.53	49.53	47.84	47.28	47.13
胜任能力	57.89	57.83	59.26	58.82	58.97	59.37

资料来源：南开大学公司治理数据库。

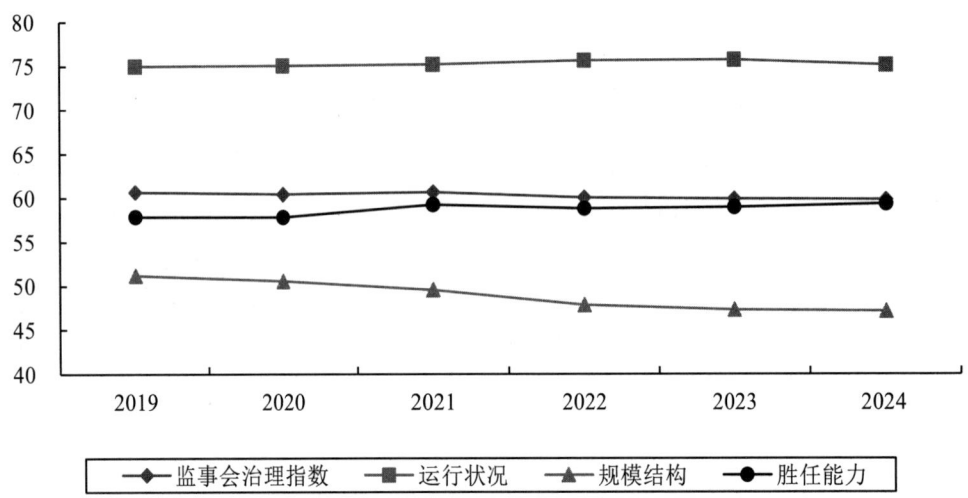

图13-1 主板上市公司监事会治理指数平均值六年折线图比较

资料来源：南开大学公司治理数据库。

第二节 主板上市公司监事会治理分行业评价

一、2024年主板上市公司监事会治理分行业总体描述

从行业分布状况可以看出，各行业监事会治理指数存在差异。其中平均值居前两位的行业是交通运输、仓储和邮政业以及采矿业，平均值分别为63.15和62.92；水利、环境和公共设施管理业以及制造业上市公司的平均值较低，分别为59.33和59.12。统计详情见表13-3。

从分指数看，导致交通运输、仓储和邮政业以及采矿业居于前列的主要因素是规模结构指数和胜任能力指数明显高于平均值，其规模结构指数分别为54.11和52.78，胜任能力指数分别为62.07和62.01；导致水利、环境和公共设施管理业以及制造业上市公司监事会治理指数较低的原因是这两类行业的规模结构指数为44.89

和45.95，均低于平均值47.13。见表13-4。

表13-3 主板上市公司监事会治理指数分行业描述性统计

行业	数量	比例（%）	平均值	中位数	标准差	极差	最小值	最大值
农、林、牧、渔业	33	1.08	59.88	58.23	5.52	19.59	52.01	71.60
采矿业	79	2.58	62.92	60.68	6.29	21.95	53.69	75.64
制造业	1989	65.00	59.12	57.67	5.21	33.29	43.02	76.31
电力、热力、燃气及水生产和供应业	135	4.41	62.21	60.47	6.10	25.22	50.18	75.39
建筑业	97	3.17	60.29	59.00	5.76	25.10	48.65	73.75
批发和零售业	165	5.39	60.75	59.21	5.12	22.79	52.01	74.80
交通运输、仓储和邮政业	107	3.50	63.15	62.08	6.40	29.62	46.56	76.17
住宿和餐饮业	8	0.26	60.10	59.16	4.95	13.50	54.60	68.10
信息传输、软件和信息技术服务业	149	4.87	59.94	58.13	5.52	24.05	50.48	74.53
房地产业	97	3.17	61.12	59.56	6.42	34.42	40.85	75.28
租赁和商务服务业	57	1.86	59.69	57.47	5.57	19.78	52.95	72.73
科学研究和技术服务业	28	0.92	60.30	58.67	5.22	17.86	53.45	71.30
水利、环境和公共设施管理业	47	1.54	59.33	58.16	4.46	17.65	53.76	71.41
教育	10	0.33	62.29	61.42	6.28	17.82	53.80	71.62
卫生和社会工作	11	0.36	59.34	59.66	2.93	11.27	54.60	65.87
文化、体育和娱乐业	42	1.37	61.92	58.95	6.04	23.04	50.80	73.84
综合	6	0.20	62.69	60.21	6.22	16.13	56.31	72.44
合计	3060	100.00	59.82	58.20	5.52	35.46	40.85	76.31

资料来源：南开大学公司治理数据库。

表13-4 主板上市公司监事会治理分指数分行业描述性统计

行业	数量	比例（%）	监事会治理指数	运行状况	规模结构	胜任能力
农、林、牧、渔业	33	1.08	59.88	76.97	46.67	58.46
采矿业	79	2.58	62.92	75.82	52.78	62.01
制造业	1989	65.00	59.12	75.17	45.95	58.55
电力、热力、燃气及水生产和供应业	135	4.41	62.21	75.19	51.89	61.42
建筑业	97	3.17	60.29	75.57	47.32	60.17
批发和零售业	165	5.39	60.75	74.73	48.67	60.84

续表

行业	数量	比例（%）	监事会治理指数	运行状况	规模结构	胜任能力
交通运输、仓储和邮政业	107	3.50	63.15	74.95	54.11	62.07
住宿和餐饮业	8	0.26	60.10	73.75	46.25	62.24
信息传输、软件和信息技术服务业	149	4.87	59.94	75.57	46.78	59.71
房地产业	97	3.17	61.12	73.71	49.48	61.95
租赁和商务服务业	57	1.86	59.69	73.86	46.67	60.57
科学研究和技术服务业	28	0.92	60.30	76.43	46.79	59.99
水利、环境和公共设施管理业	47	1.54	59.33	74.89	44.89	60.42
教育	10	0.33	62.29	75.00	53.00	60.70
卫生和社会工作	11	0.36	59.34	77.27	42.73	60.59
文化、体育和娱乐业	42	1.37	61.92	74.29	51.79	61.45
综合	6	0.20	62.69	75	53.33	61.49
合计	3060	100.00	59.82	75.13	47.13	59.37

资料来源：南开大学公司治理数据库。

二、2019－2024年主板上市公司监事会治理分行业比较

从表13-5的统计数据可以看出，2019－2024年交通运输、仓储和邮政业，教育，电力、热力、燃气及水生产和供应业上市公司监事会治理指数一直居于行业前列，而卫生和社会工作，制造业上市公司的监事会治理指数的排名较为靠后。由六年数据分析认为行业因素会导致监事会治理水平的差异。

表13-5　主板上市公司监事会治理指数分行业描述性统计六年比较

行业	2019年	2020年	2021年	2022年	2023年	2024年
农、林、牧、渔业	60.13	61.37	60.60	59.33	58.98	59.88
采矿业	63.70	62.58	62.83	63.07	63.05	62.92
制造业	59.89	59.65	59.89	59.40	59.32	59.12
电力、热力、燃气及水生产和供应业	63.48	63.43	63.68	62.98	62.31	62.21
建筑业	61.02	61.45	62.11	60.39	61.01	60.29
批发和零售业	61.52	61.10	60.70	60.64	60.43	60.75
交通运输、仓储和邮政业	63.02	63.03	64.02	63.40	63.22	63.15
住宿和餐饮业	62.35	61.43	62.29	61.51	61.43	60.10
信息传输、软件和信息技术服务业	59.24	59.29	59.30	59.46	59.48	59.94
房地产业	61.49	61.19	61.12	60.97	60.84	61.12
租赁和商务服务业	60.23	61.19	60.38	60.75	59.69	59.69
科学研究和技术服务业	60.22	60.36	60.99	60.66	60.19	60.30

续表

行业	2019年	2020年	2021年	2022年	2023年	2024年
水利、环境和公共设施管理业	60.44	60.51	59.64	59.81	59.21	59.33
教育	64.78	66.33	65.78	63.02	63.18	62.29
卫生和社会工作	58.80	58.16	58.14	59.65	57.70	59.34
文化、体育和娱乐业	61.98	61.03	62.69	60.72	61.22	61.92
综合	60.79	60.07	61.30	61.01	60.23	62.69
合计	60.67	60.44	60.64	60.03	59.90	59.82

资料来源：南开大学公司治理数据库。

第三节 主板上市公司监事会治理分控股股东性质评价

一、2024年主板上市公司监事会治理分控股股东性质总体描述

由表13-6数据可知，控股股东性质为国有控股的上市公司监事会治理指数平均值为62.86，集体控股上市公司为59.22，民营控股上市公司为57.91，社会团体控股上市公司为58.49，外资控股上市公司为57.91，其他类型上市公司为57.80，无实际控制人上市公司为59.98。国有控股上市公司监事会治理水平明显高于其他上市公司。

表13-6 主板上市公司监事会治理指数分控股股东性质描述性统计

控股股东性质	数量	比例（%）	平均值	中位数	标准差	极差	最小值	最大值
国有控股	1112	36.34	62.86	60.82	6.21	35.46	40.85	76.31
集体控股	16	0.52	59.22	58.31	3.62	12.48	54.05	66.53
民营控股	1600	52.29	57.91	57.04	4.12	31.78	43.02	74.80
社会团体控股	6	0.20	58.49	58.10	2.12	6.50	55.72	62.22
外资控股	121	3.95	57.91	56.97	3.85	20.91	52.24	73.16
无实际控制人	155	5.07	59.98	59.03	4.83	31.16	44.13	75.30
其他类型	50	1.63	57.80	57.34	4.21	17.01	51.87	68.88
合计	3060	100.00	59.82	58.20	5.52	35.46	40.85	76.31

资料来源：南开大学公司治理数据库。

从分指数看，国有控股监事会治理指数高于其他上市公司的原因主要是国有控股上市公司的三项分指数的平均值都较高且较为均衡，特别是规模结构（53.12）和胜任能力（62.17），说明国有控股上市公司监事会治理各方面都表现较好。统计数据详情见表13-7。

表 13-7　主板上市公司监事会治理分指数分控股股东性质描述性统计

控股股东性质	数量	比例（%）	监事会治理指数	运行状况	规模结构	胜任能力
国有控股	1112	36.34	62.86	75.02	53.12	62.17
集体控股	16	0.52	59.22	73.75	46.25	59.74
民营控股	1600	52.29	57.91	75.31	43.54	57.35
社会团体控股	6	0.20	58.49	71.67	40.00	65.68
外资控股	121	3.95	57.91	75.21	42.23	58.75
无实际控制人	3060	100.00	59.82	75.13	47.13	59.37
其他类型	155	5.07	59.98	74.39	46.71	60.91
合计	3060	100.00	62.86	75.02	53.12	62.17

资料来源：南开大学公司治理数据库。

二、2019－2024 年主板上市公司监事会治理分控股股东性质比较

表 13-8 列出了 2019－2024 年的国有控股和民营控股上市公司监事会治理指数，总体来看六年内国有控股上市公司的监事会治理质量优于民营控股上市公司；从监事会运行状况看，民营控股上市公司一直要好于国有控股上市公司；从监事会的规模结构和胜任能力来看，国有控股上市公司要明显好于民营控股上市公司。

表 13-8　主板国有和民营控股上市公司监事会治理指数描述性统计六年比较

年份	控股股东性质	监事会治理指数	运行状况	规模结构	胜任能力
2019	国有	63.44	74.66	56.92	60.34
	民营	58.03	75.35	45.79	55.42
2020	国有	63.29	74.80	56.22	60.48
	民营	57.77	75.33	45.42	55.07
2021	国有	63.61	74.81	55.61	62.01
	民营	58.10	75.66	44.47	56.67
2022	国有	63.24	75.32	54.38	61.74
	民营	58.09	75.85	44.05	56.90
2023	国有	63.06	75.59	53.56	61.81
	民营	57.96	75.87	43.52	57.05
2024	国有	62.86	75.02	53.12	62.17
	民营	57.91	75.31	43.54	57.35

资料来源：南开大学公司治理数据库。

第四节　主板上市公司监事会治理分地区评价

一、2024年主板上市公司监事会治理分地区总体描述

2024 年主板上市公司监事会治理指数平均值排在前三名的是山西省（63.80）、云南省（63.30）和新疆（63.24）的上市公司；监事会治理指数平均值排名后三位的地区是浙江省（57.93）、江苏省（58.44）和西藏（58.96）的上市公司。各地区上市公司监事会治理指数统计详情见表 13-9。

表 13-9　主板上市公司监事会治理指数分地区描述性统计

地区	数量	比例（%）	平均值	中位数	标准差	极差	最小值	最大值
北京市	223	7.29	61.06	59.29	5.85	31.64	43.16	74.80
天津市	49	1.60	60.19	58.27	5.82	31.75	40.85	72.60
河北省	48	1.57	60.70	58.48	6.03	22.97	53.34	76.31
山西省	33	1.08	63.80	64.34	6.47	23.45	52.19	75.64
内蒙古	21	0.69	59.10	59.28	7.23	29.09	45.12	74.20
辽宁省	57	1.86	60.90	59.24	5.26	20.27	52.60	72.88
吉林省	36	1.18	60.62	58.67	5.43	21.52	50.16	71.69
黑龙江省	30	0.98	59.77	58.18	5.06	19.61	52.53	72.14
上海市	246	8.04	59.73	58.02	5.45	28.65	46.56	75.20
江苏省	328	10.72	58.44	57.13	4.94	30.66	44.14	74.80
浙江省	444	14.51	57.93	56.88	4.52	26.30	46.58	72.88
安徽省	101	3.30	60.40	58.51	5.80	22.69	52.64	75.33
福建省	109	3.56	59.52	57.92	5.15	22.80	52.24	75.05
江西省	53	1.73	60.59	58.09	6.12	18.61	52.47	71.08
山东省	194	6.34	59.81	58.16	5.46	24.16	52.01	76.17
河南省	62	2.03	62.16	60.31	5.65	22.34	52.19	74.52
湖北省	82	2.68	60.67	58.35	6.06	22.88	52.01	74.89
湖南省	85	2.78	59.78	57.92	5.66	25.57	50.18	75.74
广东省	431	14.08	59.17	57.98	4.89	30.82	44.13	74.96
广西	34	1.11	60.31	58.83	5.06	18.14	53.80	71.93
海南省	23	0.75	62.33	58.34	6.64	19.66	53.94	73.59
重庆市	55	1.80	61.01	58.44	6.61	20.01	52.67	72.69
四川省	98	3.20	61.83	60.03	6.10	30.57	43.02	73.59
贵州省	28	0.92	60.52	59.23	4.48	17.42	53.80	71.22
云南省	31	1.01	63.30	61.22	6.04	16.90	54.95	71.84

续表

地区	数量	比例（%）	平均值	中位数	标准差	极差	最小值	最大值
西藏	15	0.49	58.96	57.30	5.72	18.60	52.81	71.41
陕西省	42	1.37	61.94	59.65	6.47	21.59	53.69	75.28
甘肃省	30	0.98	61.57	58.83	6.04	21.36	53.38	74.73
青海省	10	0.33	60.04	58.21	5.92	15.30	53.62	68.92
宁夏	13	0.42	60.37	58.37	5.65	17.78	52.69	70.46
新疆	49	1.60	63.24	64.60	5.36	18.17	54.32	72.49
合计	3060	100.00	59.82	58.20	5.52	35.46	40.85	76.31

资料来源：南开大学公司治理数据库。

二、2019—2024 年主板上市公司监事会治理分地区比较

由表 13-10 可以看出，山西省和云南省等地区的监事会治理状况总体相对较好，而江苏省、浙江省等地区的监事会治理状况相对较差。

表 13-10　主板上市公司监事会治理指数分地区描述性统计六年比较

地区	2019 年	2020 年	2021 年	2022 年	2023 年	2024 年
北京市	61.57	61.48	61.47	60.98	61.16	61.06
天津市	62.57	60.72	62.41	60.83	60.62	60.19
河北省	61.89	62.35	62.84	60.55	60.23	60.70
山西省	64.46	65.30	64.20	64.42	64.46	63.80
内蒙古	60.93	59.84	61.03	59.27	61.00	59.10
辽宁省	61.04	60.67	61.39	61.00	60.91	60.90
吉林省	60.12	60.70	60.29	60.26	60.47	60.62
黑龙江省	58.94	57.45	59.65	59.37	60.62	59.77
上海市	60.49	59.88	60.03	59.96	59.60	59.73
江苏省	58.97	58.49	58.97	58.81	58.48	58.44
浙江省	58.03	57.70	57.65	58.07	58.12	57.93
安徽省	60.62	60.82	61.31	60.69	60.80	60.40
福建省	61.30	61.16	60.65	59.29	59.72	59.52
江西省	64.87	63.47	63.58	62.31	61.32	60.59
山东省	61.04	61.02	60.57	59.97	59.61	59.81
河南省	62.05	61.91	63.62	62.00	61.97	62.16
湖北省	61.58	62.07	62.07	61.29	60.57	60.67
湖南省	61.22	61.63	61.76	60.19	60.05	59.78
广东省	60.65	60.27	60.84	59.57	59.37	59.17
广西	60.82	61.19	62.03	60.20	59.86	60.31

续表

地区	2019年	2020年	2021年	2022年	2023年	2024年
海南省	60.63	61.59	59.88	61.44	62.20	62.33
重庆市	63.36	61.87	62.90	60.78	61.31	61.01
四川省	61.95	61.63	62.99	61.29	61.78	61.83
贵州省	59.71	59.98	58.59	59.75	60.14	60.52
云南省	64.67	64.38	64.42	64.11	63.51	63.30
西藏	58.48	56.45	56.19	59.51	58.29	58.96
陕西省	59.79	61.13	61.86	61.81	61.40	61.94
甘肃省	60.75	62.31	62.28	61.77	60.98	61.57
青海省	60.92	61.31	60.44	60.03	59.03	60.04
宁夏	61.10	61.65	61.33	60.93	61.36	60.37
新疆	62.52	63.13	61.86	63.69	62.55	63.24
合计	60.67	60.44	60.64	60.03	59.90	59.82

资料来源：南开大学公司治理数据库。

第五节 主板上市公司监事会治理100佳评价

一、主板上市公司监事会治理100佳比较分析

如表13-11所示，监事会治理100佳上市公司监事会治理指数平均值为73.10，监事会治理运行状况指数、规模结构指数、胜任能力指数的平均值依次为79.00、73.70和67.45；100佳上市公司的监事会治理水平较为集中，监事会治理水平的标准差为1.18，最小值为71.81，最大值为76.31，极差为4.50。

表13-11 主板上市公司监事会治理100佳描述性统计

项目	样本	平均值	中位数	标准差	极差	最小值	最大值
监事会治理指数	100佳	73.10	72.74	1.18	4.50	71.81	76.31
	样本总体	59.82	58.20	5.52	35.46	40.85	76.31
运行状况	100佳	79.00	80.00	3.02	10.00	70.00	80.00
	样本总体	75.13	80.00	5.49	50.00	30.00	80.00
规模结构	100佳	73.70	70.00	4.85	10.00	70.00	80.00
	样本总体	47.13	40.00	12.56	50.00	30.00	80.00
胜任能力	100佳	67.45	67.56	3.68	19.10	56.60	75.70
	样本总体	59.37	59.50	5.63	57.54	23.36	80.90

资料来源：南开大学公司治理数据库。

二、主板上市公司监事会治理 100 佳公司行业分布

表 13-12 关于上市公司监事会治理 100 佳行业分布数据表明，入选监事会治理 100 佳上市公司最多的行业是制造业，有 51 家，占本行业比例为 2.56%；从相对比例来看，综合以及交通运输、仓储和邮政业入选公司数量行业占比较高，为 16.67% 和 10.89%；农、林、牧、渔业，住宿和餐饮业，科学研究和技术服务业，水利、环境和公共设施管理业，教育，卫生和社会工作行业没有公司入选。分析可知，监事会治理较好的上市公司存在行业差异。

表 13-12　主板上市公司监事会治理 100 佳公司行业分布

行业	样本总体		100 佳		
	数量	比例（%）	数量	比例（%）	占本行业比例（%）
农、林、牧、渔业	33	1.08	—	—	—
采矿业	79	2.58	7	7.00	8.86
制造业	1989	65.00	51	51.00	2.56
电力、热力、燃气及水生产和供应业	135	4.41	5	5.00	3.70
建筑业	97	3.17	3	3.00	3.09
批发和零售业	165	5.39	4	4.00	2.42
交通运输、仓储和邮政业	107	3.50	11	11.00	10.89
住宿和餐饮业	8	0.26	—	—	—
信息传输、软件和信息技术服务业	149	4.87	7	7.00	4.70
房地产业	97	3.17	5	5.00	5.15
租赁和商务服务业	57	1.86	2	2.00	3.51
科学研究和技术服务业	28	0.92	—	—	—
水利、环境和公共设施管理业	47	1.54	—	—	—
教育	10	0.33	—	—	—
卫生和社会工作	11	0.36	—	—	—
文化、体育和娱乐业	42	1.37	4	4.00	9.52
综合	6	0.20	1	1.00	16.67
合计	3060	100.00	100	100.00	3.27

资料来源：南开大学公司治理数据库。

三、主板上市公司监事会治理 100 佳公司控股股东性质分布

表 13-13 显示，控股股东性质为国有控股、民营控股、外资控股和无实际控制

人的监事会治理 100 佳上市公司,所占比例分别为 87.00%、9.00%、2.00%和 2.00%,分别占国有控股上市公司的 7.82%、民营控股上市公司的 0.56%、外资控股的 1.65%和无实际控制人的 1.29%。

表 13-13 主板上市公司监事会治理 100 佳公司控股股东分布

控股股东性质	样本总体		100 佳		
	数量	比例(%)	数量	比例(%)	占本组比例(%)
国有控股	1112	36.34	87	87.00	7.82
集体控股	16	0.52	—	—	—
民营控股	1600	52.29	9	9.00	0.56
社会团体控股	6	0.20	—	—	—
外资控股	121	3.95	2	2.00	1.65
无实际控制人	155	5.07	2	2.00	1.29
其他类型	50	1.63	—	—	—
合计	3060	100.00	100	100.00	3.27

资料来源:南开大学公司治理数据库。

四、主板上市公司监事会治理 100 佳公司地区分布

在入选监事会治理 100 佳上市公司中,数量位居前三位的是北京市、广东省和上海市,依次为 14 家、12 家和 10 家;占本地区比例较高的地区是陕西省和湖北省,分别为 11.90%和 7.32%;吉林省、江西省、贵州省、西藏、青海省以及宁夏没有公司进入 100 佳。见表 13-14。

表 13-14 主板上市公司监事会治理 100 佳公司地区分布

地区	样本总体		100 佳		
	数量	比例(%)	数量	比例(%)	占本地区比例(%)
北京市	223	7.29	14	14.00	6.28
天津市	49	1.60	2	2.00	4.08
河北省	48	1.57	3	3.00	6.25
山西省	33	1.08	2	2.00	6.06
内蒙古	21	0.69	1	1.00	4.76
辽宁省	57	1.86	1	1.00	1.75
吉林省	36	1.18	—	—	—
黑龙江省	30	0.98	2	2.00	6.67
上海市	246	8.04	10	10.00	4.07
江苏省	328	10.72	5	5.00	1.52
浙江省	444	14.51	3	3.00	0.68

续表

地区	样本总体		100佳		
	数量	比例（%）	数量	比例（%）	占本地区比例（%）
安徽省	101	3.30	7	7.00	6.93
福建省	109	3.56	1	1.00	0.92
江西省	53	1.73	—	—	—
山东省	194	6.34	6	6.00	3.09
河南省	62	2.03	4	4.00	6.45
湖北省	82	2.68	6	6.00	7.32
湖南省	85	2.78	3	3.00	3.53
广东省	431	14.08	12	12.00	2.78
广西	34	1.11	1	1.00	2.94
海南省	23	0.75	1	1.00	4.35
重庆市	55	1.80	2	2.00	3.64
四川省	98	3.20	6	6.00	6.12
贵州省	28	0.92	—	—	—
云南省	31	1.01	1	1.00	3.23
西藏	15	0.49	—	—	—
陕西省	42	1.37	5	5.00	11.90
甘肃省	30	0.98	1	1.00	3.33
青海省	10	0.33	—	—	—
宁夏	13	0.42	—	—	—
新疆	49	1.60	1	1.00	2.04
合计	3060	100.00	100	100.00	3.27

资料来源：南开大学公司治理数据库。

第六节 主板上市公司监事会治理评价主要结论

第一，2024年中国上市公司主板市场非金融类公司监事会治理评价样本量为3060家。监事会治理指数的平均值为59.82，标准差为5.52，监事会治理指数基本服从正态分布。

第二，从2019—2024年监事会治理指数的发展趋势看，主板上市公司监事会治理指数平均值自2021年呈小幅下降趋势。其中，主板上市公司运行状况指数在2019—2023年呈现逐年上升趋势，2024年略有下降；规模结构指数呈现下降趋势，2024年下降为47.13；胜任能力指数在2019—2020年间较为平稳，2021年有所提升，2022

年小幅下降，2023－2024年略有回升。

第三，从行业来看，交通运输、仓储和邮政业以及采矿业上市公司监事会治理水平较高，而水利、环境和公共设施管理业以及制造业上市公司监事会治理水平较低，有待改善。

第四，从控股股东性质来看，2024年国有控股上市公司监事会治理平均水平明显高于民营控股上市公司。从分指数看，导致国有控股监事会治理指数高于其他上市公司的原因是国有控股上市公司的三项分指数都较高且较为均衡，特别是规模结构和胜任能力，说明国有控股主板上市公司监事会治理的各方面表现相对较好。

第五，从地区来看，各地区上市公司监事会治理水平分布呈现出不平衡性。其中，山西省、云南省和新疆等地区的监事会治理状况总体相对较好，而浙江省、江苏省和西藏等地区的监事会治理状况欠佳。

第六，主板上市公司监事会治理100佳上市公司中，国有控股上市公司所占比例高于民营控股上市公司，而且国有控股上市公司监事会治理100佳上市公司占本组比例也高于民营控股上市公司。从行业来看，制造业上市公司所占比例最高；从地区来看，北京市、广东省和上海市上市公司在监事会治理100佳所占比例较高。

第十四章　主板上市公司经理层治理评价

第一节　主板上市公司经理层治理总体分析

一、2024年主板上市公司经理层治理总体描述

表14-1显示，2024年样本上市公司的经理层治理指数最大值为79.61，最小值为34.34，平均值为59.44，标准差为6.29。从经理层评价的三个主因素来看，样本公司经理层任免制度指数平均值为64.24，样本标准差为9.60，极差最大，为79.76，主板上市公司样本间任免制度指数的差异程度较大；执行保障指数的平均值为61.51，样本标准差13.66；激励约束指数平均值为53.24，标准差为12.09。与上一年度相比较，主板上市公司样本经理层治理指数的平均值下降了0.15，其中经理层任免制度指数平均值比去年下降了0.66，执行保障指数较去年下降了0.07，而激励约束指数较去年上升了0.27。

表14-1　主板上市公司经理层治理总体状况描述性统计

项目	平均值	中位数	标准差	极差	最小值	最大值
经理层治理指数	59.44	59.60	6.29	45.27	34.34	79.61
任免制度	64.24	67.30	9.60	79.76	19.94	99.70
执行保障	61.51	57.42	13.66	66.26	22.09	88.34
激励约束	53.24	56.76	12.09	49.66	17.74	67.40

资料来源：南开大学公司治理数据库。

二、2019－2024年主板上市公司经理层治理比较

表14-2和图14-1列明了2019－2024年中国主板上市公司治理经理层治理状况与趋势特征。2019－2024年经理层治理指数的发展趋势显示，样本公司经理层治理指数平均值分别为59.44（2024年）、59.59（2023年）、59.47（2022年）、58.71（2021年）、58.32（2020年）、57.80（2019年），六年间数值变化较平稳，前2年在58数值附近波动，2020年和2021年超过58，2022年、2023年和2024年超过59。任免制度指数2019－2021年逐年下降，2022－2023年回升，2024年又略有下降至64.24。执行保障指数变化较平稳，2019－2024年略下降了0.47。激励约束指数自

2019年以来呈现上升趋势，年度激励强度增大，2024年为53.24，较2019年上升了5.04。

表14-2　主板上市公司经理层治理指数描述性统计六年比较

项目	2019年	2020年	2021年	2022年	2023年	2024年
经理层治理指数	57.80	58.32	58.71	59.47	59.59	59.44
任免制度	64.33	64.23	62.88	64.87	64.90	64.24
执行保障	61.98	61.82	63.27	61.97	61.58	61.51
激励约束	48.20	49.86	50.96	52.35	52.97	53.24

资料来源：南开大学公司治理数据库。

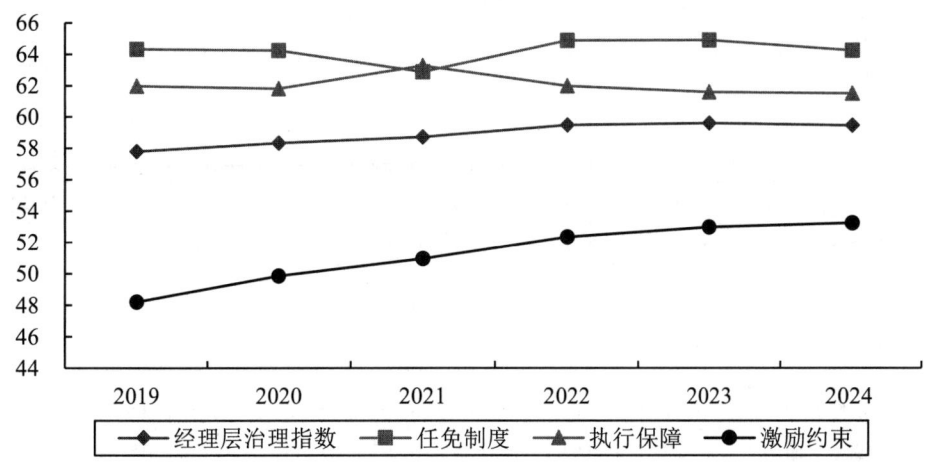

图14-1　主板上市公司经理层治理指数平均值六年折线图比较

资料来源：南开大学公司治理数据库。

第二节　主板上市公司经理层治理分行业评价

一、2024年主板上市公司经理层治理分行业总体描述

表14-3显示2024年度样本公司经理层治理评价指数行业分布情况。样本公司的平均值为59.44，其中制造业，租赁和商务服务业，信息传输、软件和信息技术服务业，房地产业，批发和零售业，科学研究和技术服务业，水利、环境和公共设施管理业，卫生和社会工作，住宿和餐饮业的经理层治理指数均高于全行业平均值。其中，住宿和餐饮业的经理层治理指数平均值为62.09，居于首位；综合，文化、体

育和娱乐业，交通运输、仓储和邮政业的经理层治理指数水平列于样本公司治理指数的最后三位。在主板上市公司样本中，经理层治理状况最佳的上市公司出现在制造业，最大值达到79.61；治理状况最差的公司同样出现在制造业，经理层治理指数最小值为34.34。各行业上市公司之间的经理层治理存在一定差距。

表14-3 主板上市公司经理层治理指数分行业描述性统计

行业	数量	比例（%）	平均值	中位数	标准差	极差	最小值	最大值
农、林、牧、渔业	33	1.08	57.16	57.44	6.39	28.84	45.95	74.79
采矿业	80	2.61	59.08	59.75	6.36	32.21	41.23	73.43
制造业	1989	64.96	59.66	59.62	6.19	45.27	34.34	79.61
电力、热力、燃气及水生产和供应业	135	4.41	58.08	58.99	6.49	32.99	42.63	75.62
建筑业	97	3.17	58.62	59.72	6.66	35.49	38.86	74.34
批发和零售业	165	5.39	60.29	60.32	6.77	34.26	41.36	75.62
交通运输、仓储和邮政业	107	3.49	56.89	57.12	6.07	31.79	42.63	74.42
住宿和餐饮业	8	0.26	62.09	61.59	6.45	20.78	52.28	73.07
信息传输、软件和信息技术服务业	150	4.90	59.85	60.05	5.67	27.58	44.43	72.00
房地产业	97	3.17	59.93	60.43	5.94	29.96	41.96	71.92
租赁和商务服务业	57	1.86	59.80	60.08	6.62	27.33	45.95	73.28
科学研究和技术服务业	28	0.91	60.55	60.91	6.96	26.90	45.18	72.08
水利、环境和公共设施管理业	47	1.53	60.93	61.14	6.27	26.04	50.11	76.15
教育	10	0.33	58.61	58.64	6.38	23.63	44.30	67.93
卫生和社会工作	11	0.36	61.07	63.77	7.43	22.39	48.34	70.73
文化、体育和娱乐业	42	1.37	55.70	56.19	5.63	27.55	42.71	70.27
综合	6	0.20	54.89	50.81	9.46	20.87	47.09	67.96
合计	3062	100.00	59.44	59.60	6.29	45.27	34.34	79.61

资料来源：南开大学公司治理数据库。

表14-4显示样本公司在经理层治理评价三个维度分指数行业分布情况。任免指数平均值为64.24，排在前三位的行业是住宿和餐饮业，文化、体育和娱乐业，水利、环境和公共设施管理业，任免指数平均值分别为71.66、66.23、65.92；教育，科学研究和技术服务业，信息传输、软件和信息技术服务业的任免指数平均值最低，分别为59.82、61.78、62.10，这些相关行业在高管行政任职、高管变更等方面有较大改进空间。样本公司在执行保障维度表现较好的行业依次是住宿和餐饮业、采矿业、房地产，执行保障指数平均值分别为66.26、66.04、65.94；而综合的执行保障指数

值最低，为57.42，同时文化、体育和娱乐业，交通运输、仓储和邮政业的执行保障水平也较低，执行保障指数平均值分别为58.90和60.23。激励约束指数平均值排名前三位的行业为信息传输、软件和信息技术服务业，卫生和社会工作，科学研究和技术服务业，行业指数平均值分别为56.97、56.11、55.49，而综合，文化、体育和娱乐业，农、林、牧、渔业的激励约束机制最弱，行业指数平均值分别为43.16、43.25、46.12。

表14-4 主板上市公司经理层治理分指数分行业描述性统计

行业	数量	比例（%）	经理层治理指数	任免制度	执行保障	激励约束
农、林、牧、渔业	33	1.08	57.16	63.67	63.05	46.12
采矿业	80	2.61	59.08	65.80	66.04	46.92
制造业	1989	64.96	59.66	64.02	60.60	54.81
电力、热力、燃气及水生产和供应业	135	4.41	58.08	65.49	64.00	46.17
建筑业	97	3.17	58.62	63.39	60.84	52.30
批发和零售业	165	5.39	60.29	65.70	65.59	50.76
交通运输、仓储和邮政业	107	3.49	56.89	65.41	60.23	46.15
住宿和餐饮业	8	0.26	62.09	71.66	66.26	49.66
信息传输、软件和信息技术服务业	150	4.90	59.85	62.10	60.78	56.97
房地产业	97	3.17	59.93	65.34	65.94	49.77
租赁和商务服务业	57	1.86	59.80	63.54	62.00	54.46
科学研究和技术服务业	28	0.91	60.55	61.78	65.15	55.49
水利、环境和公共设施管理业	47	1.53	60.93	65.92	65.79	52.16
教育	10	0.33	58.61	59.82	63.61	53.21
卫生和社会工作	11	0.36	61.07	65.71	61.84	56.11
文化、体育和娱乐业	42	1.37	55.70	66.23	58.90	43.25
综合	6	0.20	54.89	65.22	57.42	43.16
合计	3062	100.00	59.44	64.24	61.51	53.24

资料来源：南开大学公司治理数据库。

二、2019－2024年主板上市公司经理层治理分行业比较

表14-5显示样本公司经理层治理评价2019－2024年行业分布及发展趋势。2019－2024年，经理层治理状况最好的三个行业为卫生和社会工作，房地产业，科学研究和技术服务业，经理层治理指数平均值分别为60.20、60.30、60.53，而经理层治理指数相对较低的行业为综合，农、林、牧、渔业，交通运输、仓储和邮政业，经理层治理指数平均值分别为56.33、56.52、57.46。

各行业指数平均值基本呈小幅波动,其中2023年经理层治理指数平均值较2022年有所提高的行业有科学研究和技术服务业,卫生和社会工作,住宿和餐饮业,水利、环境和公共设施管理业,制造业,采矿业,租赁和商务服务业,电力、热力、燃气及水生产和供应业,交通运输、仓储和邮政业以及综合。2024年经理层治理指数平均值较2023年有所提高的行业有建筑业,批发和零售业,住宿和餐饮业。

表14-5 主板上市公司经理层治理指数分行业描述性统计六年比较

行业	2019年	2020年	2021年	2022年	2023年	2024年
农、林、牧、渔业	55.59	55.83	55.51	57.68	57.32	57.16
采矿业	60.45	57.07	58.30	59.46	59.72	59.08
制造业	57.12	58.31	59.10	59.72	59.83	59.66
电力、热力、燃气及水生产和供应业	57.73	57.92	57.05	57.88	58.12	58.08
建筑业	59.71	60.82	57.26	58.78	58.77	58.62
批发和零售业	58.81	58.16	58.74	60.28	60.20	60.29
交通运输、仓储和邮政业	58.63	58.34	56.32	56.82	57.77	56.89
住宿和餐饮业	60.99	53.94	61.28	58.93	61.11	62.09
信息传输、软件和信息技术服务业	55.54	58.19	58.29	59.57	59.23	59.85
房地产业	61.26	58.68	60.32	60.88	60.75	59.93
租赁和商务服务业	56.17	60.14	57.04	58.52	59.13	59.80
科学研究和技术服务业	58.56	58.47	62.07	61.53	61.97	60.55
水利、环境和公共设施管理业	59.01	57.22	58.22	58.98	59.61	60.93
教育	60.10	63.32	59.66	59.78	59.45	58.61
卫生和社会工作	58.29	57.99	60.72	61.11	62.04	61.07
文化、体育和娱乐业	59.21	60.51	57.49	56.32	55.82	55.70
综合	56.06	56.29	55.99	57.20	57.57	54.89
合计	60.45	58.32	58.71	59.47	59.59	59.44

资料来源:南开大学公司治理数据库。

第三节 主板上市公司经理层治理分控股股东性质评价

一、2024年主板上市公司经理层治理分控股股东性质总体描述

表14-6、表14-7给出了按控股股东性质分类的2024年各组样本公司的经理层治理指数统计指标。我国控股股东性质主要有国有控股和民营控股,占样本企业总比例达88.63%。国有和民营控股公司的经理层治理指数平均值分别为58.67和59.77,

最大值分别为 79.61 和 77.96，极差分别为 45.27 和 39.10，标准差分别为 6.64 和 6.03。社会团体控股的样本公司经理层治理指数平均值最高，为 63.52。

表 14-6 主板上市公司分控股股东性质经理层治理指数描述性统计

控股股东性质	数量	比例（％）	平均值	中位数	标准差	极差	最小值	最大值
国有控股	1114	36.38	58.67	58.78	6.64	45.27	34.34	79.61
民营控股	1600	52.25	59.77	59.86	6.03	39.10	38.86	77.96
集体控股	16	0.52	59.35	60.16	5.61	23.78	45.58	69.37
社会团体控股	6	0.20	63.52	63.80	7.69	19.13	53.93	73.07
外资控股	121	3.95	59.86	59.94	5.91	30.95	45.95	76.90
无实际控制人	155	5.06	60.92	60.43	6.45	43.01	35.25	78.25
其他类型	50	1.63	60.06	59.86	4.87	22.31	47.14	69.45
合计	3062	100.00	59.44	59.60	6.29	45.27	34.34	79.61

资料来源：南开大学公司治理数据库。

表 14-7 主板上市公司经理层治理分指数分控股股东性质描述性统计

控股股东性质	经理层治理指数	任免制度	执行保障	激励约束
国有控股	58.67	65.50	65.21	46.76
集体控股	59.77	63.71	61.29	53.66
民营控股	59.35	63.04	59.24	57.21
社会团体控股	63.52	74.36	72.15	46.12
外资控股	59.86	65.07	58.04	56.58
无实际控制人	60.92	66.19	61.76	55.34
其他类型	60.06	65.25	58.22	56.83
合计	59.44	64.24	61.51	53.24

资料来源：南开大学公司治理数据库。

二、2019－2024 年主板上市公司经理层治理分控股股东性质比较

表 14-8 主要呈现了国有和民营控股性质的主板上市公司经理层治理指数在 2019－2024 年的变动。从经理层治理指数总体来看，2021－2024 年，民营控股公司经理层治理指数高于国有控股公司，平均高出 0.64，2019 年和 2020 年，民营控股公司经理层治理指数比国有控股公司低 4.04 和 1.44，面对宏观经济的变动，民营控股公司表现出较高的治理敏感度。

具体而言，在任免制度维度方面，2019 年和 2020 年，国有控股公司比民营控股公司分别高出 8.91 和 9.45，2021－2024 年则各高出 2.33、4.62、3.50 和 1.79；在执行保障方面，民营控股公司的执行保障指数始终低于国有控股公司，2024 年国有和

民营公司执行保障指数差为 3.92；在激励约束机制方面，除了 2019 年民营较国有公司激励约束指数低 2.13，自 2020 年以来，民营控股公司的激励约束指数始终高于国有控股公司，2024 年民营较国有公司激励约束指数高 6.9。

表 14-8 主板国有和民营控股公司经理层治理指数描述性统计六年比较

年份	控股股东性质	经理层治理指数	任免制度	执行保障	激励约束
2019	国有	59.81	68.85	62.51	49.15
	民营	55.77	59.94	61.49	47.02
2020	国有	59.13	69.13	64.43	45.36
	民营	57.69	59.68	59.64	54.17
2021	国有	58.04	63.96	65.92	45.83
	民营	59.17	61.63	60.71	55.58
2022	国有	59.07	67.55	65.37	45.84
	民营	59.67	62.93	59.98	56.38
2023	国有	59.03	66.83	65.17	46.56
	民营	59.22	63.33	59.4	56.78
2024	国有	58.67	65.50	65.21	46.76
	民营	59.77	63.71	61.29	53.66

资料来源：南开大学公司治理数据库。

第四节 主板上市公司经理层治理分地区评价

一、2024 年主板上市公司经理层治理分地区总体描述

表 14-9 显示，经理层治理指数各地区有一定差异，平均值最高的为海南省，为 61.13，最低的青海省，为 56.00，最高和最低的差异达到 5.13。治理指数平均值排名前十的地区依次是海南省、重庆市、香港、内蒙古、福建省、安徽省、四川省、宁夏、上海市、北京市，指数平均值最低的五个地区分别是青海省、甘肃省、黑龙江省、云南省、贵州省。关注各省市的指数极差和标准差可以发现，贵州省、黑龙江省、甘肃省范围内的企业经理层治理指数极差和标准差较大，说明这些区域内企业的经理层治理水平参差不齐。

表 14-9 主板经理层治理指数分地区描述性统计

地区	数量	比例（%）	平均值	中位数	标准差	极差	最小值	最大值
北京市	223	7.28	59.76	60.27	6.83	34.35	41.36	75.70
天津市	49	1.60	58.25	58.99	5.27	29.29	42.63	71.92

续表

地区	数量	比例（%）	平均值	中位数	标准差	极差	最小值	最大值
河北省	48	1.57	59.21	58.98	7.31	28.61	44.67	73.28
山西省	33	1.08	58.09	57.88	6.97	33.22	38.86	72.07
内蒙古	21	0.69	60.27	60.31	7.50	25.75	45.05	70.81
辽宁省	57	1.86	59.24	59.09	6.01	31.79	45.18	76.98
吉林省	36	1.18	59.33	59.83	6.25	25.98	48.20	74.18
黑龙江省	30	0.98	57.44	58.66	7.97	34.21	41.41	75.62
上海市	246	8.03	59.88	59.90	6.17	34.94	41.96	76.90
江苏省	328	10.71	59.14	59.09	5.95	33.83	40.60	74.42
浙江省	444	14.50	59.54	59.09	5.59	29.98	43.53	73.51
安徽省	101	3.30	60.10	60.19	6.95	31.79	46.46	78.25
福建省	109	3.56	60.13	60.32	6.02	31.03	45.12	76.15
江西省	53	1.73	58.66	59.03	7.13	31.19	44.43	75.62
山东省	194	6.34	59.40	59.90	6.07	30.95	45.95	76.90
河南省	62	2.02	59.21	59.16	6.42	30.65	42.63	73.28
湖北省	82	2.68	59.71	59.63	6.01	27.28	45.78	73.07
湖南省	85	2.78	58.48	58.50	7.49	34.35	41.80	76.15
广东省	431	14.08	59.75	59.70	5.92	29.75	44.59	74.34
广西	34	1.11	58.18	57.64	6.95	31.92	47.69	79.61
海南省	23	0.75	61.13	62.16	5.06	17.77	51.22	68.99
重庆市	55	1.80	60.66	60.43	5.98	27.58	44.43	72.00
四川省	98	3.20	60.07	59.74	6.70	34.56	43.40	77.96
贵州省	28	0.91	57.96	60.33	9.36	39.70	34.34	74.04
云南省	31	1.01	57.90	59.48	7.21	28.68	42.05	70.73
西藏	15	0.49	58.55	56.24	7.11	24.48	46.09	70.56
陕西省	42	1.37	59.53	58.47	6.50	26.35	46.93	73.28
甘肃省	30	0.98	57.10	57.96	7.51	30.56	40.16	70.73
青海省	10	0.33	56.00	56.10	7.43	24.18	41.87	66.05
宁夏	13	0.42	59.92	57.80	7.09	25.28	46.64	71.92
新疆	49	1.60	58.73	58.88	5.74	23.71	46.56	70.27
香港	2	0.07	60.53	60.53	6.14	8.68	56.19	64.87
合计	3062	100.00	59.44	59.60	6.29	45.27	34.34	79.61

资料来源：南开大学公司治理数据库。

二、2019－2024年主板上市公司经理层治理分地区比较

表14-10反映了各省市经理层治理指数平均值2019－2024年的变化趋势。从区域范围来看，青海省、甘肃省、山西省、广西、黑龙江省、天津市、云南省等地区

上市公司经理层治理指数平均值处于相对较低水平，低于58。青海省、甘肃省、黑龙江省、云南省、贵州省等地区上市公司样本2024年度的经理层治理指数相对较低，低于58。

香港、广东省、宁夏、海南省、重庆市等地区连续年度的经理层治理水平要高于其他地区。广西、陕西省、湖南省、河北省、江苏省、福建省、湖北省、四川省、宁夏、香港的公司经理层治理指数平均值2024年较2023年有提高。海南省、重庆市、香港上市公司样本2024年度的经理层治理水平位居前列。

表14-10 主板经理层治理指数分地区描述性统计六年比较

地区	2019年	2020年	2021年	2022年	2023年	2024年
北京市	58.34	58.55	58.44	60.12	60.23	59.76
天津市	57.89	57.42	57.24	58.50	58.53	58.25
河北省	59.79	55.18	57.81	58.80	58.66	59.21
山西省	58.25	56.66	54.96	57.09	58.99	58.09
内蒙古	57.58	56.95	57.70	61.21	60.48	60.27
辽宁省	58.45	60.02	58.84	58.11	60.43	59.24
吉林省	60.07	56.17	59.64	59.53	60.54	59.33
黑龙江省	55.63	56.42	57.32	58.92	59.48	57.44
上海市	57.24	57.90	58.60	59.59	60.25	59.88
江苏省	55.86	58.15	58.47	59.39	59.03	59.14
浙江省	56.54	59.57	59.39	59.61	59.7	59.54
安徽省	57.36	59.81	59.31	59.74	60.32	60.10
福建省	55.52	57.56	58.56	59.15	59.7	60.13
江西省	60.04	59.88	59.10	59.29	59.06	58.66
山东省	58.82	57.05	58.77	59.69	59.83	59.40
河南省	59.09	59.28	58.17	59.87	61.05	59.21
湖北省	57.53	58.74	59.04	59.14	59.52	59.71
湖南省	58.44	56.81	58.66	58.93	58.11	58.48
广东省	59.44	60.78	60.07	59.88	59.86	59.75
广西	55.48	57.01	57.89	58.30	57.55	58.18
海南省	62.08	55.07	58.50	59.79	62.36	61.13
重庆市	58.07	59.72	59.01	60.60	60.87	60.66
四川省	60.32	58.62	59.53	59.74	59.78	60.07
贵州省	58.96	58.15	58.71	59.83	61.79	57.96
云南省	58.49	58.84	56.88	57.05	58.73	57.90
西藏	56.32	55.00	59.38	59.56	62.99	58.55
陕西省	56.07	58.70	58.62	58.45	57.55	59.53

续表

地区	2019年	2020年	2021年	2022年	2023年	2024年
甘肃省	60.02	53.98	56.50	57.69	57.96	57.10
青海省	53.34	54.25	56.08	53.20	56.79	56.00
宁夏	60.29	60.48	59.89	60.81	57.8	59.92
新疆	58.48	55.20	57.54	60.14	58.93	58.73
香港	—	—	—	—	59.59	60.53
合计	57.54	57.80	58.32	58.71	59.68	59.44

资料来源：南开大学公司治理数据库。

第五节 主板上市公司经理层治理100佳评价

一、主板上市公司经理层治理100佳比较分析

表14-11是样本公司和100佳公司经理层治理指数以及各分项指标的描述统计结果，经理层治理100佳主板上市公司经理层治理指数平均值为72.95，任免制度、执行保障、激励约束指数的平均值依次为77.17、80.70和62.44。100佳公司各项指标的平均水平显著高于全体样本，且各项指标标准差和极差均明显小于总体样本，说明其治理水平相差较小。

表14-11 主板上市公司经理层治理100佳描述性统计

项目	样本	平均值	中位数	标准差	极差	最小值	最大值
经理层治理指数	100佳	72.95	72.08	1.85	8.89	70.73	79.61
	样本总体	59.44	59.60	6.29	45.27	34.34	79.61
任免制度	100佳	77.17	69.79	8.16	32.40	67.30	99.70
	样本总体	64.24	67.30	9.60	79.76	19.94	99.70
执行保障	100佳	80.70	83.93	6.02	44.17	44.17	88.34
	样本总体	61.51	57.42	13.66	66.26	22.09	88.34
激励约束	100佳	62.44	63.85	5.07	21.28	46.12	67.40
	样本总体	53.24	56.76	12.09	49.66	17.74	67.40

资料来源：南开大学公司治理数据库。

二、主板上市公司经理层治理100佳公司行业分布

表14-12显示，经理层治理100佳主板上市公司的行业分布有较大的差异。100佳企业中制造业及批发和零售业，占比最大，分别为69.00%和9.00%。从100佳公

司占本行业比例来看，住宿和餐饮业，卫生和社会工作，租赁和商务服务业，水利、环境和公共设施管理业,批发和零售业较大比例的上市公司样本经理层治理达到100佳水平，比例分别达到12.50%、9.09%、7.02%、6.38%和5.45%。

表14-12 主板上市公司经理层治理100佳公司行业分布

行业	样本总体		100佳		
	数量	比例（%）	数量	比例（%）	占本行业比例
农、林、牧、渔业	33	1.08	1	1.00	3.03
采矿业	80	2.61	2	2.00	2.50
制造业	1989	64.96	69	69.00	3.47
电力、热力、燃气及水生产和供应业	135	4.41	3	3.00	2.22
建筑业	97	3.17	1	1.00	1.03
批发和零售业	165	5.39	9	9.00	5.45
交通运输、仓储和邮政业	107	3.49	1	1.00	0.93
住宿和餐饮业	8	0.26	1	1.00	12.50
信息传输、软件和信息技术服务业	150	4.90	3	3.00	2.00
房地产业	97	3.17	1	1.00	1.03
租赁和商务服务业	57	1.86	4	4.00	7.02
科学研究和技术服务业	28	0.91	1	1.00	3.57
水利、环境和公共设施管理业	47	1.53	3	3.00	6.38
教育	10	0.33	—	—	—
卫生和社会工作	11	0.36	1	1.00	9.09
文化、体育和娱乐业	42	1.37	—	—	—
综合	6	0.20	—	—	—
合计	3062	100.00	100	100.00	3.27

资料来源：南开大学公司治理数据库。

三、主板上市公司经理层治理100佳公司控股股东性质分布

表14-13显示，经理层治理100佳主板上市公司中比例较高的是控股股东性质为国有控股和民营控股的上市公司，所占比例分别为38.00%和48.00%。国有控股公司和民营控股公司中进入100佳的分别占比3.41%和3.00%。社会团体控股、无实际控制人和外资控股的公司样本总体有6家、155家和121家，其中分别有1家、10家和3家进入了100佳，该性质企业的经理层治理水平较高。

表 14-13　主板上市公司经理层治理 100 佳公司控股股东性质分布

控股股东性质	样本总体		100 佳		
	数量	比例（%）	数量	比例（%）	占本组比例（%）
国有控股	1114	36.38	38	38.00	0.03
民营控股	1600	52.25	48	48.00	0.03
集体控股	16	0.52	—	—	—
社会团体控股	6	0.20	1	1.00	0.17
外资控股	121	3.95	3	3.00	0.02
无实际控制人	155	5.06	10	10.00	0.06
其他类型	50	1.63	—	—	—
合计	3062	100.00	100	100.00	0.03

资料来源：南开大学公司治理数据库。

四、主板上市公司经理层治理 100 佳公司地区分布

表 14-14 显示，公司经理层治理水平高的企业具有区域分散的特征。100 佳公司中，安徽省、宁夏、陕西省占本地区比例较高，分别为 7.92%、7.69%、7.14%，入选 100 佳最多的两个地区为广东省和上海市，分别有 16 家和 9 家企业入选。

表 14-14　主板上市公司经理层治理 100 佳公司地区分布

地区	样本总体		100 佳		
	数量	比例（%）	数量	比例（%）	占本地区比例（%）
北京市	223	7.28	8	8.00	3.59
天津市	49	1.60	1	1.00	2.04
河北省	48	1.57	2	2.00	4.17
山西省	33	1.08	2	2.00	6.06
内蒙古	21	0.69	1	1.00	4.76
辽宁省	57	1.86	2	2.00	3.51
吉林省	36	1.18	1	1.00	2.78
黑龙江省	30	0.98	1	1.00	3.33
上海市	246	8.03	9	9.00	3.66
江苏省	328	10.71	2	2.00	0.61
浙江省	444	14.50	8	8.00	1.80
安徽省	101	3.30	8	8.00	7.92
福建省	109	3.56	4	4.00	3.67
江西省	53	1.73	2	2.00	3.77
山东省	194	6.34	7	7.00	3.61
河南省	62	2.02	3	3.00	4.84

续表

地区	样本总体		100 佳		
	数量	比例（%）	数量	比例（%）	占本地区比例（%）
湖北省	82	2.68	4	4.00	4.88
湖南省	85	2.78	3	3.00	3.53
广东省	431	14.08	16	16.00	3.71
广西	34	1.11	1	1.00	2.94
海南省	23	0.75	—	—	—
重庆市	55	1.80	2	2.00	3.64
四川省	98	3.20	6	6.00	6.12
贵州省	28	0.91	1	1.00	3.57
云南省	31	1.01	1	1.00	3.23
西藏	15	0.49	—	—	—
陕西省	42	1.37	3	3.00	7.14
甘肃省	30	0.98	1	1.00	3.33
青海省	10	0.33	—	—	—
宁夏	13	0.42	1	1.00	7.69
新疆	49	1.60	—	—	—
香港	2	0.07	—	—	—
合计	3062	100.00	100	100.00	3.27

资料来源：南开大学公司治理数据库。

第六节　主板上市公司经理层治理评价主要结论

第一，2024年样本上市公司的经理层治理指数最大值为79.61，最小值为34.34，平均值为59.44，标准差为6.29。从经理层评价的三个主因素来看，样本公司经理层任免制度指数平均值为64.24，样本标准差为9.60，极差最大，为79.76，主板上市公司样本间任免制度指数的差异程度较大；执行保障指数的平均值为61.51，样本标准差13.66；激励约束指数平均值为53.24，标准差为12.09。与上一年度相比较，主板上市公司样本经理层治理指数的平均值下降了0.15，其中经理层任免制度指数平均值比去年下降了0.66，执行保障指数较去年下降了0.07，而激励约束指数较去年上升了0.27。

第二，2019－2024年经理层治理指数的发展趋势显示，样本公司经理层治理指数平均值分别为59.44（2024年）、59.59（2023年）、59.47（2022年）、58.71（2021年）、58.32（2020年）和57.80（2019年），六年间数值变化较平稳，前2年在58数值附近波动，2020年和2021年超过58，2022年、2023年和2024年超过59。任免制度指数2019－2021年逐年下降，2022－2023年回升，2024年又略有下降至64.24。执行保障指数变化较平稳，2019－2024年略下降了0.47。激励约束指数自2019年以来呈现上升趋势，年度激励强度增大，2024年为53.24，较2019年上升了5.04。

第三，从2024年度样本公司在经理层治理评价指数行业分布情况来看，制造业，租赁和商务服务业，信息传输、软件和信息技术服务业，房地产业，批发和零售业，科学研究和技术服务业，水利、环境和公共设施管理业，卫生和社会工作，住宿和餐饮业的经理层治理指数均高于全行业平均值。其中，住宿和餐饮业的经理层治理指数平均值为62.09，居于首位。综合，文化、体育和娱乐业，交通运输、仓储和邮政业的经理层治理指数水平列于样本公司治理指数的最后三位。在主板上市公司样本中，经理层治理状况最佳的上市公司出现在制造业，最大值达到79.61；治理状况最差的公司同样出现在制造业，经理层治理指数最小值为34.34。各行业上市公司之间的经理层治理存在一定差距。

第四，从样本公司在经理层治理评价自2019－2024年行业分布及发展趋势情况来看，2019－2024年，经理层治理状况最好的三个行业为卫生和社会工作，房地产业，科学研究和技术服务业，经理层治理指数平均值分别为60.20、60.30和60.53，而经理层治理指数相对较低的行业为综合，农、林、牧、渔业，交通运输、仓储和邮政业，经理层治理指数平均值分别为56.33、56.52和57.46。各行业指数平均值基本呈小幅波动，其中2023年经理层治理指数平均值较2022年有所提高的行业有科学研究和技术服务业，卫生和社会工作，住宿和餐饮业，水利、环境和公共设施管理业，制造业，采矿业，租赁和商务服务业，电力、热力、燃气及水生产和供应业，交通运输、仓储和邮政业以及综合。2024年经理层治理指数平均值较2023年有所提高的行业有建筑业，批发和零售业，住宿和餐饮业。

第五，我国控股股东性质主要有国有控股和民营控股，占样本企业总比例达88.63%。国有和民营控股公司的经理层治理指数平均值分别为58.67和59.77，最大值分别为79.61和77.96，极差分别为45.27和39.10，标准差分别为6.64和6.03。社会团体控股的样本公司经理层治理指数平均值最高，为63.52。

第六，从国有和民营控股性质的主板上市公司经理层治理指数在2019－2024年的变动来看，从经理层治理指数总体来看，2021－2024年，民营控股公司经理层治理指数高于国有控股公司，平均高出0.64，2019年和2020年，民营控股公司经理层治理指数比国有控股公司低4.04和1.44，面对宏观经济的变动，民营控股公司表现出较高的治理敏感度。具体而言，在任免制度维度方面，2019年和2020年，国有控股公司比民营控股公司分别高出8.91和9.45，2021－2024年则各高出2.33、4.62、3.50和1.79；在执行保障方面，民营控股公司的执行保障指数始终低于国有控股公司，2024年国有和民营公司执行保障指数差为3.92；在激励约束方面，除了2019年民营较国有公司激励约束指数低 2.13，自 2020 年以来，民营控股公司的激励约束指数始终高于国有控股公司，2024 年民营较国有公司激励约束指数高 6.9。

第七，经理层治理指数各地区有一定差异，平均值最高的为海南省，为 61.13，最低的青海省，为 56.00，最高和最低的差异达到 5.13。治理指数平均值排名前十的地区依次是海南省、重庆市、香港、内蒙古、福建省、安徽省、四川省、宁夏、上海市、北京市，指数平均值最低的五个地区分别是青海省、甘肃省、黑龙江省、云南省、贵州省。关注各省市的指数极差和标准差可以发现，贵州省、黑龙江省、甘肃省范围内的企业经理层治理指数极差和标准差较大，说明这些区域内企业的经理层治理水平参差不齐。

第八，从各省市经理层治理指数平均值看 2019－2024 年的变化趋势。从区域范围来看，青海省、甘肃省、山西省、广西、黑龙江省、天津市、云南省等地区上市公司经理层治理指数处于相对较低水平。青海省、甘肃省、黑龙江省、云南省、贵州省等地区上市公司样本 2024 年度的经理层治理指数相对较低。香港、广东省、宁夏、海南省、重庆市等地区连续年度的经理层治理水平要高于其他地区。广西、陕西省、湖南省、河北省、江苏省、福建省、湖北省、四川省、宁夏、香港的公司经理层治理指数平均值 2024 年较 2023 年有提高。海南省、重庆市、香港上市公司样本 2024 年度的经理层治理水平位居前列。

第九，经理层治理 100 佳主板上市公司经理层治理指数平均值为 72.95，任免制度、执行保障、激励约束指数的平均值依次为 77.17、80.70 和 62.44。100 佳公司各项指标的平均水平显著高于全体样本，且各项指标标准差和极差均明显小于总体样本，说明其治理水平相差较小。

经理层治理 100 佳主板上市公司的行业分布有较大的差异。100 佳公司中制造业及批发和零售业，占比最大，分别为 69.00%和 9.00%。从 100 佳公司占本行业比例来看，住宿和餐饮业，卫生和社会工作，租赁和商务服务业，水利、环境和公共设施管理业，批发和零售业较大比例的上市公司样本经理层治理达到 100 佳水平，比例分别达到 12.50%、9.09%、7.02%、6.38%和 5.45%。

经理层治理 100 佳主板上市公司中比例较高的是控股股东性质为国有控股和民营控股的上市公司，所占比例分别为 38.00%和 48.00%。国有控股公司和民营控股公司中进入 100 佳的分别占比 3.41%和 3.00%。社会团体控股、无实际控制人和外资控股的公司样本总体有 6 家、155 家和 121 家，其中分别有 1 家、10 家和 3 家进入了 100 佳，该性质企业的经理层治理水平较高。

公司经理层治理水平高的企业具有区域分散的特征。100 佳公司中，安徽省、宁夏、陕西省占本地区比例较高，分别为 7.92%、7.69%和 7.14%，入选 100 佳最多的两个地区为广东省和上海市，分别有 16 家和 9 家企业入选。

第十五章　主板上市公司信息披露评价

第一节　主板上市公司信息披露总体分析

一、2024年主板上市公司信息披露总体描述

2024年中国上市公司主板市场非金融类公司样本量为3062家，信息披露指数的平均值为65.15，标准差为11.09，说明信息披露总体水平较为集中，上市公司之间的信息披露差距较小，但极差为50.50，信息披露最好和最差的公司仍存在较大差距。见表15-1。

表15-1　主板上市公司信息披露总体状况描述性统计

项目	平均值	中位数	标准差	极差	最小值	最大值
信息披露指数	65.15	65.27	11.09	50.50	38.90	89.40
真实性	64.31	60.02	16.27	52.40	38.36	90.76
相关性	65.27	67.35	8.50	58.15	32.20	90.35
及时性	67.07	71.48	17.08	66.55	27.82	94.37

资料来源：南开大学公司治理数据库。

从信息披露的三个主要因素来看，2024年主板上市公司信息披露的真实性、相关性和及时性的平均值依次为64.31、65.27和67.07。其中，信息披露的及时性表现最好，相关性次之，真实性最后，并且真实性低于指数平均水平。信息披露的真实性、相关性和及时性的标准差分别为16.27、8.50和17.08，说明真实性和及时性分散程度较大。信息披露的真实性、相关性和及时性的极差分别为52.40、58.15和66.55，说明信息披露最好和最差的公司在真实性、相关性和及时性方面都存在非常大的差距。

二、2019-2024年主板上市公司信息披露比较

表15-2和图15-1列明了2019-2024年连续六年中国主板上市公司治理信息披露状况与趋势特征。2019-2024年，主板上市公司信息披露指数平均值分别为64.80、65.56、65.37、64.59、65.34和65.15。2019-2024年的信息披露指数值较为稳定，2019-2020年的信息披露指数逐年提升，从64.80上升至65.56，达到六年间

的最高值。2021—2022 年信息披露指数开始小幅度降低，下滑至 64.59。2023 年，信息披露指数又回升到 65.34，2024 年下降到 65.15。

从分指数来看，三个分指数在六年间具有一定幅度的上下波动。真实性指数变化趋势类似于信息披露总指数，2019—2020 年真实性指数上升到六年中的最高值 65.49。2021—2022 年真实性指数连续下降，2022 年降至 63.81。2023 年真实性指数实现较大幅度回升，升至 64.86，2024 年降至 64.31。相关性指数 2019—2021 年稳步提升，由 63.67 升至 64.68，经过 2022 年的小幅度降低后，2024 年回升到 65.27。及时性指数在六年间呈波动状变化，2024 年的平均值为 67.07，较 2023 年回升了 0.23。

相比 2023 年，上市公司信息披露分指数都有不同程度的改变，其中真实性降低，相关性和及时性提升。从信息披露指数的横向比较来看，主板上市公司在信息披露方面及时性做得最好，2019—2024 年连续六年都是及时性指数最大。

表 15-2　主板上市公司信息披露指数描述性统计六年比较

项目	2019 年	2020 年	2021 年	2022 年	2023 年	2024 年
信息披露指数	64.80	65.56	65.37	64.59	65.34	65.15
真实性	64.70	65.49	64.56	63.81	64.86	64.31
相关性	63.67	64.68	65.43	65.02	65.15	65.27
及时性	67.76	67.07	67.30	65.89	66.84	67.07

资料来源：南开大学公司治理数据库。

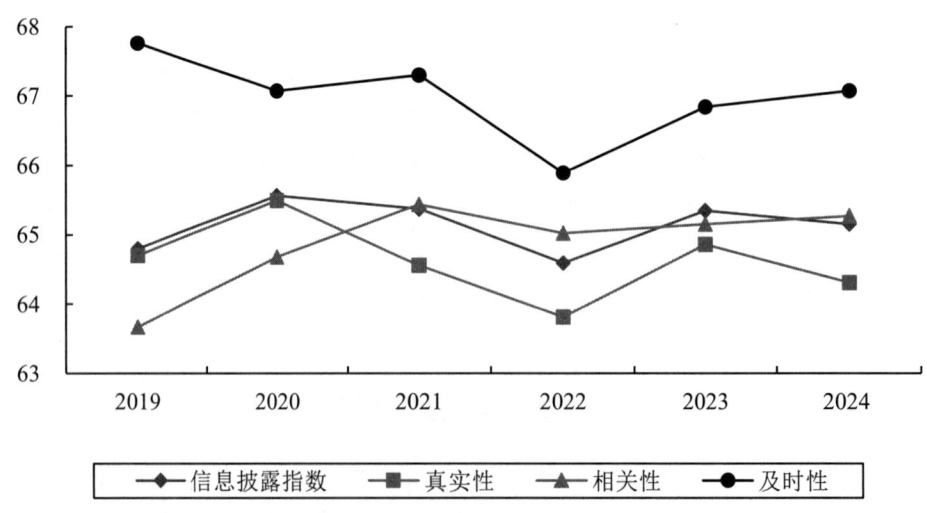

图 15-1　主板上市公司信息披露指数平均值六年折线图比较

资料来源：南开大学公司治理数据库。

第二节 主板上市公司信息披露分行业评价

一、2024年主板上市公司信息披露分行业总体描述

表15-3显示2024年度主板上市公司信息披露指数行业分布情况。2024年主板上市公司各行业的信息披露水平存在一定差异，行业平均值指数最高与最低相差12.17。在17个行业分类中，信息披露指数水平大于主板上市公司平均值的行业有7个。平均值居于前三位的分别为住宿和餐饮业，科学研究和技术服务业及交通运输、仓储和邮政业，平均值分别为71.32、70.45和70.19。房地产业，教育及农、林、牧、渔业这三个行业的信息披露指数靠后，分别为59.15、59.22和59.39。

表15-3 主板上市公司信息披露指数分行业描述性统计

行业	数量	比例（%）	平均值	中位数	标准差	极差	最小值	最大值
农、林、牧、渔业	33	1.08	59.39	58.40	10.19	36.41	45.30	81.71
采矿业	80	2.61	67.13	69.08	12.19	46.62	42.78	89.40
制造业	1989	64.94	65.75	65.71	10.75	48.06	40.64	88.70
电力、热力、燃气及水生产和供应业	135	4.41	67.47	69.39	11.05	40.70	45.27	85.97
建筑业	97	3.17	61.28	62.38	12.35	43.05	42.06	85.11
批发和零售业	165	5.39	61.67	60.60	11.38	45.48	40.04	85.52
交通运输、仓储和邮政业	107	3.49	70.19	71.85	8.60	41.39	43.88	85.27
住宿和餐饮业	8	0.26	71.32	74.65	10.83	31.32	48.51	79.83
信息传输、软件和信息技术服务业	150	4.90	62.72	62.19	11.22	39.83	43.64	83.47
房地产业	97	3.17	59.15	57.88	10.03	42.02	38.90	80.92
租赁和商务服务业	57	1.86	61.93	62.63	11.34	40.44	41.90	82.34
科学研究和技术服务业	28	0.91	70.45	76.23	11.44	35.29	48.36	83.65
水利、环境和公共设施管理业	47	1.53	64.01	66.27	11.98	38.87	43.96	82.83
教育	10	0.33	59.22	56.95	14.62	40.66	43.62	84.28
卫生和社会工作	11	0.36	61.83	59.43	10.38	34.89	42.90	77.79
文化、体育和娱乐业	42	1.37	66.13	70.06	11.52	41.06	43.94	85.00
综合	6	0.20	62.94	59.70	12.06	30.97	53.79	84.76
合计	3062	100.00	65.15	65.27	11.09	50.50	38.90	89.40

资料来源：南开大学公司治理数据库。

表15-4显示样本公司在信息披露三个维度分指数行业分布情况。住宿和餐饮业排名首位是由于真实性和及时性表现较好，为71.53和77.21。科学研究和技术服务

业居于第二位也是因为较高的真实性和及时性表现较好，分别为 72.08 和 71.20，远超行业平均值。交通运输、仓储和邮政业排名第三，主要源于较高的真实性指数和较低的相关性指数的影响，为 75.14 和 60.80。

导致房地产业，教育及农、林、牧、渔业分值较低的原因是其信息披露真实性指数远远均低于主板相应平均值，主板真实性指数平均值为 64.31，三个行业真实性指数平均值分别为 58.79、58.47 和 55.49。除了真实性表现差外，及时性表现也不好，分别为 64.43、57.71 和 62.98，低于行业相关性平均值 67.07。三个行业的相关性也不同程度的小于行业平均值 65.27。

表 15-4　主板上市公司信息披露分指数分行业描述性统计

行业	数量	比例（%）	信息披露指数	真实性	相关性	及时性
农、林、牧、渔业	33	1.08	59.39	55.49	63.49	62.98
采矿业	80	2.61	67.13	67.79	63.76	70.52
制造业	1989	64.96	65.75	64.41	66.76	67.56
电力、热力、燃气及水生产和供应业	135	4.41	67.47	69.52	62.94	69.12
建筑业	97	3.17	61.28	59.70	63.73	61.59
批发和零售业	165	5.39	61.67	60.10	61.51	65.84
交通运输、仓储和邮政业	107	3.49	70.19	75.14	60.80	71.89
住宿和餐饮业	8	0.26	71.32	71.53	67.06	77.21
信息传输、软件和信息技术服务业	150	4.90	62.72	60.76	65.74	63.08
房地产业	97	3.17	59.15	58.79	56.23	64.43
租赁和商务服务业	57	1.86	61.93	60.59	61.68	65.66
科学研究和技术服务业	28	0.91	70.45	72.08	67.22	71.20
水利、环境和公共设施管理业	47	1.53	64.01	63.96	63.46	64.94
教育	10	0.33	59.22	58.47	61.48	57.71
卫生和社会工作	11	0.36	61.83	61.95	62.73	60.16
文化、体育和娱乐业	42	1.37	66.13	69.49	63.14	62.22
综合	6	0.20	62.94	60.46	60.17	73.31
合计	3062	100.00	65.15	64.31	65.27	67.07

资料来源：南开大学公司治理数据库。

二、2019－2024 年主板上市公司信息披露分行业比较

从表 15-5 的统计数据可以看出，2019－2024 年六年间各行业的信息披露指数平均水平总体呈波动状变化。交通运输、仓储和邮政业及制造业在六年间表现较好，各年信息披露指数均大于主板总体平均值。电力、热力、燃气及水生产和供应业，科学研究和技术服务业及住宿和餐饮业共五年的信息披露指数大于主板总体平均

值。教育表现较差，六年里有三年排名最后一位。房地产业的信息披露质量表现也较差，六年中有三年排名后三位，其中2024年排在最后。

与2023年信息披露指数平均水平相比，2024年主板上市公司行业的信息披露指数升降分布较为均衡，其中文化、体育和娱乐业上升幅度最大，从60.74到66.13，升幅达8.87%；而下降最多的是农、林、牧、渔业，下降了5.24。在8个信息披露指数下降的行业里，降幅前三的是农、林、牧、渔业，批发和零售业以及租赁和商务服务业，分别下降了5.24、2.75和1.43，这说明主板上市公司信息披露质量整体上略有下降。

表15-5 主板上市公司信息披露指数分行业描述性统计六年比较

行业	2019年	2020年	2021年	2022年	2023年	2024年
农、林、牧、渔业	63.51	64.19	61.24	59.06	64.63	59.39
采矿业	64.87	65.04	62.92	63.59	65.93	67.13
制造业	65.02	66.16	66.43	66.20	66.01	65.75
电力、热力、燃气及水生产和供应业	65.16	66.82	66.54	63.30	67.34	67.47
建筑业	65.15	65.09	65.78	60.62	61.65	61.28
批发和零售业	64.16	64.08	62.52	60.01	64.42	61.67
交通运输、仓储和邮政业	65.95	66.35	66.05	66.71	70.43	70.19
住宿和餐饮业	66.77	70.54	60.11	64.95	68.85	71.32
信息传输、软件和信息技术服务业	62.80	62.91	62.63	61.52	63.06	62.72
房地产业	63.98	63.55	62.27	57.21	58.25	59.15
租赁和商务服务业	64.43	62.14	60.84	60.55	63.36	61.93
科学研究和技术服务业	63.06	67.54	68.68	69.68	70.86	70.45
水利、环境和公共设施管理业	66.34	65.67	64.81	61.48	61.79	64.01
教育	61.89	64.15	53.89	56.73	57.83	59.22
卫生和社会工作	63.16	57.68	62.39	56.46	58.78	61.83
文化、体育和娱乐业	64.89	64.83	64.11	62.92	60.74	66.13
综合	62.86	63.54	62.64	61.46	61.06	62.94
合计	64.80	65.56	65.37	64.59	65.34	65.15

资料来源：南开大学公司治理数据库。

第三节　主板上市公司信息披露分控股股东性质评价

一、2024年主板上市公司信息披露分控股股东性质总体描述

表15-6给出了主板上市公司按控股股东性质分类的信息披露指数统计指标。控股股东性质为国有控股的上市公司信息披露指数为66.36、集体控股为65.93、民营控股为64.20、社会团体控股为70.57、外资控股为66.63、无实际控制人为64.62和其他类型为65.83。我国主板上市公司的控股股东性质主要为国有控股和民营控股，占样本企业总比例达88.63%。其中国有控股和民营控股上市公司的信息披露指数最大值分别为89.40和88.70，极差分别为48.76和48.66，标准差分别为10.79和11.21，表明主板国有控股上市公司总体信息披露水平略高于民营控股上市公司，国有控股上市公司信息披露水平的波动程度小于民营控股上市公司。

表15-6　主板上市公司信息披露指数分控股股东性质描述性统计

控股股东性质	数量	比例（%）	平均值	中位数	标准差	极差	最小值	最大值
国有控股	1114	36.38	66.36	66.61	10.79	48.76	40.64	89.40
集体控股	16	0.52	65.93	65.52	8.97	32.18	48.42	80.60
民营控股	1600	52.25	64.20	64.24	11.21	48.66	40.04	88.70
社会团体控股	6	0.20	70.57	71.08	13.02	33.77	51.00	84.77
外资控股	121	3.95	66.63	67.00	10.88	43.81	41.72	85.53
无实际控制人	155	5.06	64.62	64.79	11.41	47.74	38.90	86.64
其他类型	50	1.63	65.83	66.58	10.82	36.92	47.76	84.68
合计	3062	100.00	65.15	65.27	11.09	50.50	38.90	89.40

资料来源：南开大学公司治理数据库。

如表15-7所示，从分指数看，导致主板国有控股上市公司信息披露指数高于民营控股上市公司的主要原因是国有控股上市公司的真实性和及时性指数高于民营控股上市公司，分别高出2.95和5.86，国有控股上市公司的相关性低于民营控股上市公司，差距为1.62。

表15-7　主板上市公司信息披露分指数分控股股东性质描述性统计

控股股东性质	信息披露指数	真实性	相关性	及时性
国有控股	66.36	66.00	64.22	70.46
集体控股	65.93	65.12	65.28	68.94
民营控股	64.20	63.05	65.84	64.60
社会团体控股	70.57	65.15	69.58	85.59

续表

控股股东性质	信息披露指数	真实性	相关性	及时性
外资控股	66.63	66.75	65.88	67.48
无实际控制人	64.62	62.94	65.90	66.91
其他类型	65.83	64.99	66.43	67.02
合计	65.15	64.31	65.27	67.07

资料来源：南开大学公司治理数据库。

二、2019－2024 年主板上市公司信息披露分控股股东性质比较

由表 15-8 可看出，2019－2024 年国有控股的主板上市公司各年的信息披露指数均高于民营控股上市公司，幅度在 0.5－2.6，两类公司在不同年份之间相对波动比较小。国有控股上市公司在 2019－2020 年信息披露指数持续提升，在 2020 年达到 66.52，但 2021 年下降为 65.80，2022 年进一步下降至 65.07，直至 2023 年回升至 66.96，达到六年中的最高值，但在 2024 年又降至 66.36；民营控股的信息披露指数公司从 2019 年开始持续上升，2021 年升至 65.31，而在 2022 年开始持续下降，2024 年降至 64.20。从及时性分指数看，2019－2024 年，国有控股上市公司一直优于民营控股上市公司。从真实性分指数看，除 2021 年外，其他五个年度国有控股上市公司的真实性优于民营控股上市公司。从相关性分指数看，民营控股上市公司总体表现比较好，2022 年至 2024 年，民营控股上市公司的相关性指数一直高于国有控股上市公司。

表 15-8 主板国有和民营控股上市公司信息披露指数描述性统计六年比较

年份	控股股东性质	信息披露指数	真实性	相关性	及时性
2019	国有	65.71	65.33	65.03	68.58
	民营	63.91	64.10	62.33	66.95
2020	国有	66.52	66.94	63.88	69.42
	民营	64.86	64.44	65.62	64.79
2021	国有	65.80	64.52	66.07	68.60
	民营	65.31	65.21	64.86	66.26
2022	国有	65.07	65.62	63.57	67.73
	民营	64.36	63.30	65.93	64.63
2023	国有	66.96	67.58	64.62	68.88
	民营	64.31	63.15	65.50	65.42
2024	国有	66.36	66.00	64.22	70.46
	民营	64.20	63.05	65.84	64.60

资料来源：南开大学公司治理数据库。

第四节　主板上市公司信息披露分地区评价

一、2024年主板上市公司信息披露分地区总体描述

表15-9显示，在三十二个地区中，上市公司信息披露指数高于总体平均值的地区有14个，低于总体平均值的有18个。主板上市公司信息披露指数排在前五名的是香港（81.84）、宁夏（67.82）、河南省（67.38）、天津市（67.24）和四川省（67.23）的上市公司。信息披露指数排名后五名的是西藏（56.18）、海南省（56.55）、辽宁省（59.87）、贵州省（59.99）和陕西省（60.96）的上市公司。以上分析说明各地区的主板上市公司信息披露水平分布不平衡，且差距较大。

表15-9　主板上市公司信息披露指数分地区描述性统计

地区	数量	比例（%）	平均值	中位数	标准差	极差	最小值	最大值
北京市	223	7.28	65.99	66.27	10.69	43.09	42.88	85.97
天津市	49	1.60	67.24	67.30	10.88	43.78	44.46	88.24
河北省	48	1.57	65.94	67.45	10.44	39.30	45.62	84.92
山西省	33	1.08	64.14	63.04	10.38	37.35	45.30	82.65
内蒙古	21	0.69	65.05	64.79	11.93	39.70	45.30	85.00
辽宁省	57	1.86	59.87	59.24	11.13	42.17	42.68	84.85
吉林省	36	1.18	62.37	63.76	11.96	40.42	44.60	85.02
黑龙江省	30	0.98	61.95	63.55	13.05	41.03	42.28	83.31
上海市	246	8.03	65.25	65.11	11.17	42.59	42.68	85.27
江苏省	328	10.71	65.28	65.35	10.85	43.75	42.90	86.64
浙江省	444	14.50	66.29	66.79	10.78	43.84	43.76	87.60
安徽省	101	3.30	65.97	65.20	10.29	40.60	45.00	85.60
福建省	109	3.56	62.87	63.65	10.68	44.45	40.64	85.09
江西省	53	1.73	64.76	64.24	11.19	41.46	45.30	86.76
山东省	194	6.34	66.57	67.24	11.59	44.91	40.04	84.95
河南省	62	2.02	67.38	68.72	11.64	41.20	43.28	84.48
湖北省	82	2.68	63.72	63.16	10.87	40.25	43.94	84.19
湖南省	85	2.78	64.66	64.80	12.72	43.85	43.88	87.73
广东省	431	14.07	65.51	66.02	11.03	50.50	38.90	89.40
广西	34	1.11	65.06	64.22	10.16	36.51	46.18	82.69
海南省	23	0.75	56.55	53.98	9.34	37.29	44.19	81.48
重庆市	55	1.80	63.77	64.20	11.67	38.10	44.31	82.41
四川省	98	3.20	67.23	67.53	10.77	40.98	43.70	84.68

续表

地区	数量	比例（%）	平均值	中位数	标准差	极差	最小值	最大值
贵州省	28	0.91	59.99	61.10	10.20	31.52	45.30	76.82
云南省	31	1.01	63.73	64.77	9.76	40.26	42.06	82.32
西藏	15	0.49	56.18	57.21	9.36	35.99	43.05	79.04
陕西省	42	1.37	60.96	59.17	10.16	36.00	45.55	81.55
甘肃省	30	0.98	67.06	68.37	11.42	38.44	47.87	86.31
青海省	10	0.33	63.07	68.58	13.75	36.58	43.04	79.62
宁夏	13	0.42	67.82	67.60	12.09	39.42	45.69	85.11
新疆	49	1.60	62.65	61.81	9.26	37.17	45.05	82.22
香港	2	0.07	81.84	81.84	0.40	0.56	81.56	82.12
合计	3062	100.00	65.15	65.27	11.09	50.50	38.90	89.40

资料来源：南开大学公司治理数据库。

二、2019－2024年主板上市公司信息披露分地区比较

从表15-10主板分地区信息披露指数平均值的六年比较中可以看出，北京市、天津市、安徽省、浙江省、江苏省主板上市公司的信息披露质量表现较好且很稳定，连续六年的信息披露指数都大于平均值。内蒙古、重庆市、吉林省、黑龙江省、海南省、新疆、广西、贵州省、湖北省、山西省、青海省和辽宁省的主板上市公司信息披露质量较差，连续六年的信息披露指数都小于平均值。其中海南省连续六年都在地区排名的最后五名之内，2019－2021年连续三年排在最后。青海省的信息披露质量也相对较差，六年中有五年都在地区排名的最后五名之内，其中2022年和2023年垫底。此外，西藏、黑龙江省和吉林省的信息披露指数较低，六年中有三年排在最后五名。

表15-10 主板上市公司信息披露指数分地区描述性统计六年比较

地区	2019年	2020年	2021年	2022年	2023年	2024年
北京市	65.81	65.99	66.07	64.7	66.68	65.99
天津市	66.94	66.64	66.60	65.41	66.64	67.24
河北省	64.75	67.20	65.52	65.61	65.78	65.94
山西省	62.49	65.03	62.89	60.8	62.34	64.14
内蒙古	64.57	64.07	60.67	63.69	65.22	65.05
辽宁省	63.58	64.78	62.87	60.66	59.91	59.87
吉林省	64.46	62.53	60.60	61.26	59.47	62.37
黑龙江省	61.63	63.16	60.72	62.81	64.54	61.95
上海市	64.21	65.65	66.50	63.74	64.19	65.25

续表

地区	2019年	2020年	2021年	2022年	2023年	2024年
江苏省	64.82	66.42	66.44	65.67	66.22	65.28
浙江省	65.21	66.52	67.70	66.56	66.20	66.29
安徽省	65.62	66.68	68.20	67.26	67.10	65.97
福建省	65.86	66.78	66.34	63.91	64.91	62.87
江西省	66.21	65.74	66.41	64.15	65.08	64.76
山东省	65.04	65.47	66.67	65.46	66.35	66.57
河南省	65.78	64.46	64.15	65.49	68.23	67.38
湖北省	62.98	62.79	62.47	63.62	64.26	63.72
湖南省	65.69	65.69	64.58	63.56	64.68	64.66
广东省	65.73	65.50	65.73	64.31	65.97	65.51
广西	62.54	64.90	61.31	62.88	61.99	65.06
海南省	60.48	61.27	55.96	56.21	58.28	56.55
重庆市	63.10	64.34	62.66	62.91	64.97	63.77
四川省	65.19	66.31	64.45	66.4	69.05	67.23
贵州省	64.67	64.53	62.43	64.22	58.83	59.99
云南省	66.77	68.96	66.81	63.39	61.74	63.73
西藏	65.95	63.34	63.55	60.05	56.43	56.18
陕西省	65.24	65.11	64.99	62.18	61.50	60.96
甘肃省	62.22	63.74	62.23	64.32	66.34	67.06
青海省	62.49	62.21	59.27	55.83	55.36	63.07
宁夏	62.49	64.81	65.09	64.29	67.46	67.82
新疆	64.72	64.77	62.11	62.73	62.24	62.65
香港	—	—	—	—	79.56	81.84
合计	64.80	65.56	65.37	64.59	65.34	65.15

资料来源：南开大学公司治理数据库。

第五节 主板上市公司信息披露100佳评价

一、主板上市公司信息披露100佳比较分析

如表15-11所示，主板上市公司100佳信息披露评价指数平均值为84.59，信息披露真实性、相关性、及时性的平均值依次为88.42、75.73和88.31，其中真实性指标最好，及时性次之，相关性最差。100佳上市公司信息披露水平的标准差为1.23，

极差为 6.35，说明 100 家主板上市公司的信息披露水平相比于总体样本，分布更为集中。

表 15-11　主板上市公司信息披露 100 佳描述性统计

项目	样本	平均值	中位数	标准差	极差	最小值	最大值
信息披露指数	100 佳	84.59	84.51	1.23	6.35	83.05	89.40
	样本总体	65.15	65.27	11.09	50.50	38.90	89.40
真实性	100 佳	88.42	88.26	1.69	12.12	78.64	90.76
	样本总体	64.31	60.02	16.27	52.40	38.36	90.76
相关性	100 佳	75.73	73.44	4.37	20.83	69.52	90.35
	样本总体	65.27	67.35	8.50	58.15	32.20	90.35
及时性	100 佳	88.31	88.95	4.66	14.65	79.72	94.37
	样本总体	67.07	71.48	17.08	66.55	27.82	94.37

资料来源：南开大学公司治理数据库。

二、主板上市公司信息披露 100 佳公司行业分布

表 15-12 关于主板上市公司信息披露 100 佳行业分布表明，信息披露 100 佳上市公司中有 74 家属于制造业，占制造业的 3.72%；采矿业有 7 家，占其行业的 8.75%；电力、热力、燃气及水生产和供应业有 7 家，占其行业的 5.19%；批发和零售业有 3 家，占其行业的 1.81%；交通运输、仓储和邮政业及科学研究和技术服务业各有 2 家，分别占其行业的 1.87% 和 7.14%；建筑业，信息传输、软件和信息技术服务业，教育，文化、体育和娱乐业，综合类各有 1 家，分别占其行业的 1.03%、0.67%、10.00%、2.38%、16.67%。

从行业比例来看，超过 1 家入选 100 佳公司的行业中，表现最好的是采矿业，有 7 家入选，占其行业的 8.75%。农、林、牧、渔业，住宿和餐饮业，房地产业，租赁和商务服务业，水利、环境和公共设施管理业及卫生和社会工作六个行业没有一家入选 100 佳公司。可以看出，信息披露最好的上市公司分布在各行业中，存在一定的行业差异。

表 15-12　主板上市公司信息披露 100 佳公司行业分布

行业	样本总体		100 佳		
	数量	比例（%）	数量	比例（%）	占本行业比例（%）
农、林、牧、渔业	33	1.08	—	—	—
采矿业	80	2.61	7	7.00	8.75
制造业	1989	64.94	74	74.00	3.72

续表

行业	样本总体		100佳		
	数量	比例（%）	数量	比例（%）	占本行业比例（%）
电力、热力、燃气及水生产和供应业	135	4.41	7	7.00	5.19
建筑业	97	3.17	1	1.00	1.03
批发和零售业	165	5.39	3	3.00	1.81
交通运输、仓储和邮政业	107	3.49	2	2.00	1.87
住宿和餐饮业	8	0.26	—	—	—
信息传输、软件和信息技术服务业	150	4.90	1	1.00	0.67
房地产业	97	3.17	—	—	—
租赁和商务服务业	57	1.86	—	—	—
科学研究和技术服务业	28	0.91	2	2.00	7.14
水利、环境和公共设施管理业	47	1.53	—	—	—
教育	10	0.33	1	1.00	10.00
卫生和社会工作	11	0.36	—	—	—
文化、体育和娱乐业	42	1.37	1	1.00	2.38
综合	6	0.20	1	1.00	16.67
合计	3062	100.00	100	100.00	3.14

资料来源：南开大学公司治理数据库。

三、主板上市公司信息披露100佳公司控股股东性质分布

表15-13显示，主板上市公司信息披露100佳上市公司中，入选数量较多的公司控股股东性质为国有控股和民营控股，分别有37家和48家，分别占国有控股主板上市公司的3.32%和民营控股主板上市公司的3.00%。剩余15家公司中，无实际控制人类的有7家，其他类型有4家，外资控股有3家，社会团体控股有1家。

表15-13 主板上市公司信息披露100佳公司控股股东分布

控股股东性质	样本总体		100佳		
	数量	比例（%）	数量	比例（%）	占本组比例（%）
国有控股	1114	36.38	37	37.00	3.32
集体控股	16	0.52	—	—	—
民营控股	1600	52.25	48	48.00	3.00
社会团体控股	6	0.20	1	1.00	16.67
外资控股	121	3.95	3	3.00	2.48
无实际控制人	155	5.06	7	7.00	4.52
其他类型	50	1.63	4	4.00	8.00
合计	3062	100.00	100	100.00	3.27

资料来源：南开大学公司治理数据库。

四、主板上市公司信息披露100佳公司地区分布

表15-14表明，在入选信息披露100佳上市公司中，各地区分布比较均匀，除了山西省、广西、海南省、重庆市、贵州省、云南省、西藏、陕西省、青海省、新疆和香港11个地区无公司入选100佳，其他各地区都有入选公司。江苏省、浙江省、山东省和广东省四个省的上市公司入选100佳公司较多，共占53.00%，依次为12家、15家、11家、15家，北京市、上海市2个地区也都有不少于5家入选100佳公司，剩余32家零散分布在其他地区。

表15-14 主板上市公司信息披露100佳公司地区分布

地区	样本总体		100佳		
	数量	比例（%）	数量	比例（%）	占本地区比例（%）
北京市	223	7.28	7	7.00	3.14
天津市	49	1.60	3	3.00	6.12
河北省	48	1.57	2	2.00	4.17
山西省	33	1.08	—	—	—
内蒙古	21	0.69	2	2.00	9.52
辽宁省	57	1.86	2	2.00	3.51
吉林省	36	1.18	1	1.00	2.78
黑龙江省	30	0.98	1	1.00	3.33
上海市	246	8.03	8	8.00	3.25
江苏省	328	10.71	12	12.00	3.66
浙江省	444	14.50	15	15.00	3.38
安徽省	101	3.30	2	2.00	1.98
福建省	109	3.56	2	2.00	1.83
江西省	53	1.73	2	2.00	3.77
山东省	194	6.34	11	11.00	5.67
河南省	62	2.02	3	3.00	4.84
湖北省	82	2.68	1	1.00	1.22
湖南省	85	2.78	4	4.00	4.71
广东省	431	14.07	15	15.00	3.48
广西	34	1.11	—	—	—
海南省	23	0.75	—	—	—
重庆市	55	1.80	—	—	—
四川省	98	3.20	3	3.00	3.06
贵州省	28	0.91	—	—	—
云南省	31	1.01	—	—	—

续表

地区	样本总体		100 佳		
	数量	比例（%）	数量	比例（%）	占本地区比例（%）
西藏	15	0.49	—	—	—
陕西省	42	1.37	—	—	—
甘肃省	30	0.98	2	2.00	6.67
青海省	10	0.33	—	—	—
宁夏	13	0.42	2	2.00	15.38
新疆	49	1.60	—	—	—
香港	2	0.07	—	—	—
合计	3062	100.00	100	100.00	3.27

资料来源：南开大学公司治理数据库。

第六节　主板上市公司信息披露评价主要结论

主板上市公司作为中国上市公司中最重要的一部分，其信息披露的状况整体上与所有公司的信息披露状况相似，但也有其特点。

第一，2024 年中国上市公司主板市场非金融类公司样本量为 3062 家，信息披露指数的平均值为 65.15，标准差为 11.09，说明信息披露总体水平较为集中，上市公司之间的信息披露差距较小，但极差为 50.50，信息披露最好和最差的公司仍存在较大差距。

从信息披露的三个主要因素来看，2024 年主板上市公司信息披露的真实性、相关性和及时性的平均值依次为 64.31、65.27 和 67.07。其中，信息披露的及时性表现最好，相关性次之，真实性最后，并且真实性低于指数平均水平。

第二，从连续六年中国主板上市公司治理信息披露状况与趋势特征来看，主板上市公司信息披露指数六年间波动较大，2023 年回升至 65.34，2024 年下降到 65.15。从信息披露指数的横向比较来看，主板上市公司在信息披露方面及时性做得最好，2019—2024 年连续六年都是及时性指数最大。

第三，从主板上市样本公司在信息披露指数行业分布情况来看，2024 年主板上市公司各行业的信息披露水平存在一定差异，行业平均值指数最高与最低相差 12.17。在 17 个行业分类中，平均值居于前三位的分别住宿和餐饮业，科学研究和技术服务业及交通运输、仓储和邮政业，而房地产业，教育及农、林、牧、渔业这三个行业的信息披露指数靠后。从长期来看，六年间各行业的信息披露指数平均水平时而下降、时而上升，呈波动状变化。

第四，从股权性质来看，我国主板上市公司的控股股东性质主要为国有控股和民营控股，占样本企业总比例达 88.63%。主板国有控股上市公司总体信息披露水平略高于民营控股上市公司，国有控股上市公司信息披露水平的波动程度小于民营控股上市公司。从分指数看，导致主板国有控股上市公司信息披露指数高于民营控股上市公司的主要原因是国有控股上市公司的真实性和及时性指数高于民营控股上市公司，分别高出 2.95 和 5.86，国有控股上市公司的相关性低于民营控股上市公司，差距为 1.62。

第五，从地区来看，2024 年主板上市公司信息披露指数高于总体平均值的地区有 14 个，低于总体平均值的有 18 个。主板上市公司信息披露指数排在前五名的是香港、宁夏、河南省、天津市和四川省的上市公司。信息披露指数排名后五名的是西藏、海南省、辽宁省、贵州省和陕西省的上市公司。以上分析说明各地区的主板上市公司信息披露水平分布不平衡，且差距较大。

第六，主板上市公司 100 佳信息披露评价指数平均值为 84.59，信息披露真实性、相关性、及时性的平均值依次为 88.42、75.73 和 88.31，其中真实性指标最好，及时性次之，相关性最差。100 佳上市公司信息披露水平的标准差为 1.23，极差为 6.35，说明 100 家主板上市公司的信息披露水平相比于总体样本，分布更为集中。

主板上市公司信息披露 100 佳行业分布表明，信息披露 100 佳上市公司中有 74 家属于制造业，其他行业涉及数量较少。按控股股东性质分，在信息披露 100 佳上市公司中，较高比例的主板上市公司控股股东性质为国有控股和民营控股，分别有 37 家和 48 家。剩余 15 家公司中，无实际控制人类的有 7 家，其他类型有 4 家，外资控股有 3 家，社会团体控股有 1 家。从地区分布角度，在入选信息披露 100 佳上市公司中，来自江苏省、浙江省、山东省和广东省四个省的上市公司入选 100 佳公司较多，共占 53.00%，北京市、上海市 2 个地区也都有不少于 5 家入选 100 佳公司，剩余 32 家零散分布在其他地区。

第十六章 主板上市公司利益相关者治理评价

第一节 主板上市公司利益相关者治理总体分析

一、2024年主板上市公司利益相关者治理总体描述

2024年主板非金融类（本章简称主板）上市公司样本3062家，较2023年增加23家。主板上市公司利益相关者治理指数的平均值为69.70，高于A股平均值0.15，最大值为85.66，低于A股1.58，最小值为37.85，A股最小值出现在主板，极差为47.82，标准差为6.64。见表16-1。

表16-1 主板利益相关者治理总体状况描述性统计

项目	平均值	中位数	标准差	极差	最小值	最大值
利益相关者治理指数	69.70	70.25	6.64	47.82	37.85	85.66
参与程度	63.79	63.88	7.79	48.25	40.00	88.25
协调程度	76.94	78.50	9.70	69.00	26.50	95.50

资料来源：南开大学公司治理数据库。

从利益相关者治理指数的分指数来看，参与程度分指数的平均值为63.79，低于A股平均值0.10，中位数为63.88，与A股一致，最大值为88.25，最小值为40.00，极差为48.25，标准差为7.79；协调程度分指数的平均值为76.94，高于A股平均值0.46，中位数为78.50，比A股高0.50，最大值为95.50，最小值为26.50，极差为69.00，标准差为9.70。

二、2019－2024年主板上市公司利益相关者治理比较

从2019－2024年的数据和折线图来看（见表16-2、图16-1），主板利益相关者治理指数的平均值总体上呈上升趋势，除2020年出现下降外均有上升，六年间指数平均值由61.74升至69.70，改变了过去低于A股整体的局面。参与程度分指数的平均值总体呈上升趋势，其中2021年和2024年出现下降，六年间指数平均值由52.91升至63.79，继2023年超过A股后被反超。协调程度分指数的平均值总体上亦呈上升趋势，2022年前波动较大，之后持续上升，六年间指数平均值由72.54升至76.94，近六年首次超过A股。

表 16-2 主板利益相关者治理指数描述性统计六年比较

项目	2019 年	2020 年	2021 年	2022 年	2023 年	2024 年
利益相关者治理指数	61.74	61.32	64.71	67.91	69.30	69.70
参与程度	52.91	59.03	56.91	63.49	65.13	63.79
协调程度	72.54	64.12	74.25	73.31	74.40	76.94

资料来源：南开大学公司治理数据库。

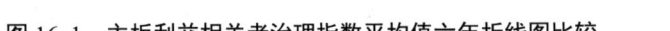

图 16-1 主板利益相关者治理指数平均值六年折线图比较

资料来源：南开大学公司治理数据库。

在同比变化方面，与 2023 年相比，2024 年主板利益相关者治理指数的平均值由 69.30 升至 69.70，增长 0.40；参与程度分指数的平均值由 65.13 降至 63.79，降低 1.34，降低幅度大于 A 股；协调程度分指数的平均值则由 74.40 升至 76.94，增长 2.54，增长幅度高于 A 股。

在参与程度方面，员工参与程度得分平均值由 61.91 下降到 60.34（较 A 股高 1.06），主要因职工监事超过三分之一的公司的比例由 25.96%下降至 23.84%，较 A 股高 5.15%。投资者关系管理得分平均值由 68.35 下降到 67.12（较 A 股低 1.39），主要因网址更新得分下降明显，网址更新及时率由 68.71%下降至 63.68%，较 A 股高 1.34%，网址停更率由 12.18%上升至 13.88%，较 A 股高 1.28%。

在协调程度方面，社会责任履行得分平均值由 64.10 提升至 68.29（较 A 股高 1.48），主要因发布社会责任报告的比例由 42.18%升至 49.35%，较 A 股高 8.80%，供应商、客户和环保相关披露质量有所提高。违规和处罚得分平均值由 91.42 降至 90.44（较 A 股低 1.01），主要因受到公开谴责的公司比例由 7.40%上升至 9.70%，较 A 股高 1.03%（受到公开处罚的公司比例较 A 股高 0.24%）。

第二节　主板上市公司分行业利益相关者治理评价

一、2024年主板上市公司利益相关者治理分行业总体描述

从行业分布状况可以看出，主板利益相关者治理指数平均值最高的 3 个行业分别为采矿业，交通运输、仓储和邮政业以及科学研究和技术服务业，平均值分别为 71.21、70.27 和 70.05，三甲行业与 A 股第 2 至第 4 名一致（A 股第 1 的金融业在本章不被计入主板）；平均值最低的 3 个行业分别是卫生和社会工作，教育以及建筑业，平均值分别为 62.52、65.34 和 67.40。卫生和社会工作在 A 股排第 12 名，到主板却排名最后，可见该行业主板与创业板（该行业无科创板和北交所上市公司，创业板平均值高达 76.34）上市公司利益相关者治理状况相差很大；教育以及建筑业的表现与其在 A 股的表现一致。见表 16-3。

表 16-3　主板利益相关者治理指数分行业描述性统计

行业	数量	比例（%）	平均值	中位数	标准差	极差	最小值	最大值
农、林、牧、渔业	33	1.08	68.75	67.36	7.47	29.81	54.75	84.57
采矿业	80	2.61	71.21	71.75	5.57	31.79	52.32	84.12
制造业	1989	64.96	70.02	70.39	6.38	47.82	37.85	85.66
电力、热力、燃气及水生产和供应业	135	4.41	69.88	70.76	5.95	34.73	48.50	83.23
建筑业	97	3.17	67.40	68.91	8.20	34.81	46.38	81.19
批发和零售业	165	5.39	68.89	70.07	6.76	36.84	46.70	83.54
交通运输、仓储和邮政业	107	3.49	70.27	70.75	5.51	30.25	50.22	80.47
住宿和餐饮业	8	0.26	69.26	68.17	4.85	14.53	64.24	78.77
信息传输、软件和信息技术服务业	150	4.90	68.76	70.10	7.63	38.39	42.81	81.19
房地产业	97	3.17	67.52	68.20	6.48	36.49	45.26	81.75
租赁和商务服务业	57	1.86	68.25	69.57	7.73	33.16	48.95	82.11
科学研究和技术服务业	28	0.91	70.05	71.62	6.96	27.63	53.66	81.29
水利、环境和公共设施管理业	47	1.53	68.37	69.70	7.72	34.57	46.17	80.74
教育	10	0.33	65.34	65.46	7.79	19.81	55.38	75.19
卫生和社会工作	11	0.36	62.52	63.11	12.55	38.34	44.29	82.64
文化、体育和娱乐业	42	1.37	67.44	69.62	7.72	33.27	44.58	77.85
综合	6	0.20	67.52	66.19	6.76	17.55	58.23	75.78
合计	3062	100.00	69.70	70.25	6.64	47.82	37.85	85.66

资料来源：南开大学公司治理数据库。

如表 16-4 所示,参与程度分指数平均值最高的 3 个行业是教育,信息传输、软件和信息技术服务业以及采矿业(在 A 股排名第 3、第 7 和第 4),平均值分别为 64.88、64.55 和 64.40;参与程度分指数平均值最低的 3 个行业是卫生和社会工作,住宿和餐饮业以及文化、体育和娱乐业(在 A 股排名第 8、第 17 和第 18),平均值分别为 59.45、61.70 和 61.76。协调程度分指数平均值最高的 3 个行业是采矿业,住宿和餐饮业以及电力、热力、燃气及水生产和供应业(在 A 股排名第 2、第 3 和第 4),平均值分别为 79.55、78.50 和 77.98;协调程度分指数平均值最低的 3 个行业是教育,卫生和社会工作以及综合(在 A 股排名第 19、第 16 和第 15),平均值分别为 65.90、66.27 和 73.00。采矿业在 2 个分指数上表现都很好,在参与程度和协调程度方面分列第 3 和第 1;卫生和社会工作则在 2 个分指数上表现不佳,在参与程度和协调程度方面分列第 17 和第 16。另有行业在分指数的排名方面较为分化,利益相关者治理指数平均值排名第 16 位的教育,其参与程度分指数平均值排名高居第 1 位,但协调程度只能排名第 17 位;利益相关者治理指数平均值排名第 6 位的住宿和餐饮业,其参与程度分指数平均值排名第 16 位,而协调程度却排名第 2 位。

表 16-4 主板利益相关者治理分指数分行业描述性统计

行业	数量	比例(%)	利益相关者治理指数	参与程度	协调程度
农、林、牧、渔业	33	1.08	68.75	63.53	75.14
采矿业	80	2.61	71.21	64.40	79.55
制造业	1989	64.96	70.02	63.83	77.59
电力、热力、燃气及水生产和供应业	135	4.41	69.88	63.27	77.98
建筑业	97	3.17	67.40	62.71	73.14
批发和零售业	165	5.39	68.89	64.25	74.57
交通运输、仓储和邮政业	107	3.49	70.27	63.99	77.95
住宿和餐饮业	8	0.26	69.26	61.70	78.50
信息传输、软件和信息技术服务业	150	4.90	68.76	64.55	73.91
房地产业	97	3.17	67.52	61.84	74.47
租赁和商务服务业	57	1.86	68.25	63.42	74.16
科学研究和技术服务业	28	0.91	70.05	64.19	77.21
水利、环境和公共设施管理业	47	1.53	68.37	63.63	74.16
教育	10	0.33	65.34	64.88	65.90
卫生和社会工作	11	0.36	62.52	59.45	66.27
文化、体育和娱乐业	42	1.37	67.44	61.76	74.39
综合	6	0.20	67.52	63.04	73.00
合计	3062	100.00	69.70	63.79	76.94

资料来源:南开大学公司治理数据库。

二、2019－2024年分行业的主板上市公司利益相关者治理比较

2024年较2019年，主板16个行业的利益相关者治理指数平均值实现上升，卫生和社会工作的平均值出现下降。其中增长最大的3个行业为采矿业，住宿和餐饮业以及综合（在A股排名第1、第2和第3），分别增长13.15、12.54和9.29；增长最小的2个行业为教育以及水利、环境和公共设施管理业（在A股排名第18和第17），分别增长0.42和4.41；卫生和社会工作（在A股排名第14）下降0.44。见表16-5。

表16-5 主板利益相关者治理指数分行业描述性统计六年比较

行业	2019年	2020年	2021年	2022年	2023年	2024年
农、林、牧、渔业	59.85	58.92	63.41	66.25	67.54	68.75
采矿业	58.06	58.24	64.26	67.56	70.03	71.21
制造业	62.74	62.44	65.53	68.51	69.88	70.02
电力、热力、燃气及水生产和供应业	60.95	60.10	65.31	66.64	69.03	69.88
建筑业	59.75	58.88	62.81	66.30	66.84	67.40
批发和零售业	60.29	58.97	62.14	66.31	68.11	68.89
交通运输、仓储和邮政业	62.54	63.57	66.89	69.34	70.69	70.27
住宿和餐饮业	56.72	56.76	60.79	66.56	71.50	69.26
信息传输、软件和信息技术服务业	60.23	58.95	62.22	66.78	68.08	68.76
房地产业	59.26	59.64	62.57	66.28	67.92	67.52
租赁和商务服务业	60.45	57.74	61.48	66.97	66.39	68.25
科学研究和技术服务业	62.35	62.75	65.27	64.91	67.22	70.05
水利、环境和公共设施管理业	63.96	63.65	63.22	67.93	67.70	68.37
教育	64.92	62.97	64.87	68.40	68.26	65.34
卫生和社会工作	62.96	58.90	64.19	66.70	62.83	62.52
文化、体育和娱乐业	61.36	60.24	64.01	65.97	67.76	67.44
综合	58.23	54.07	59.74	65.68	65.22	67.52
合计	61.74	61.32	64.71	67.91	69.30	69.70

资料来源：南开大学公司治理数据库。

六年来利益相关者治理水平最高的3个行业为交通运输、仓储和邮政业，制造业以及水利、环境和公共设施管理业（在A股排名第2、第3和第7），年度平均值的平均值为67.22、66.52和65.80。六年来利益相关者治理水平最低的3个行业为综合，卫生和社会工作以及租赁和商务服务业（在A股排名第19、第6和第15），年度平均值的平均值为61.74、63.02和63.55。

2024 年利益相关者治理指数平均值同比上升的行业有 11 个，同比下降的行业有 6 个。其中增长最大的 3 个行业为科学研究和技术服务业，综合以及租赁和商务服务业（在 A 股排名第 3、第 1 和第 5），分别增长 2.83、2.30 和 1.86；下降最大的 3 个教育，住宿和餐饮业以及交通运输、仓储和邮政业（在 A 股排名第 18、第 17 和第 15），分别下降 2.93、2.24 和 0.42。

第三节 主板上市公司分控股股东性质利益相关者治理评价

一、2024 年主板上市公司利益相关者治理分控股股东性质总体描述

主板利益相关者治理指数平均值由高到低分别为集体控股、国有控股、无实际控制人、其他类型、民营控股、外资控股和社会团体控股上市公司（相对于 A 股，民营控股和外资控股调换了位置），平均值分别为 70.78、70.02、69.76、69.37、69.36、68.98 和 68.95。国有控股上市公司的利益相关者治理水平高于无实际控制人、民营控股和外资控股上市公司。与 A 股一样，最小值和最大值同时出现在民营控股上市公司，一些治理状况不佳的公司拉低了民营控股的整体表现。见表 16-6。

表 16-6 主板利益相关者治理指数分控股股东性质描述性统计

控股股东性质	数量	比例（%）	平均值	中位数	标准差	极差	最小值	最大值
国有控股	1114	36.38	70.02	70.73	6.00	39.68	44.58	84.26
集体控股	16	0.52	70.78	70.22	4.91	19.89	59.14	79.04
民营控股	1600	52.25	69.36	69.78	6.97	47.82	37.85	85.66
社会团体控股	6	0.20	68.95	68.25	9.13	26.32	57.94	84.26
外资控股	121	3.95	68.98	70.29	6.95	35.78	47.36	83.14
无实际控制人	155	5.06	69.76	70.70	7.66	39.91	45.26	85.16
其他类型	50	1.63	69.37	69.76	5.32	21.80	58.22	80.02
合计	3062	100.00	69.70	70.25	6.64	48.25	37.85	85.66

资料来源：南开大学公司治理数据库。

从分指数来看，参与程度分指数平均值由高到低分别为集体控股、无实际控制人、民营控股、社会团体控股、国有控股、其他类型和外资控股上市公司；协调程度分指数平均值由高到低分别为国有控股、其他类型、外资控股、集体控股、民营控股、无实际控制人和社会团体控股上市公司。见表 16-7。

表 16-7　主板利益相关者治理分指数分控股股东性质描述性统计

控股股东性质	数量	比例（%）	利益相关者治理指数	参与程度	协调程度
国有控股	1114	36.38	70.02	63.16	78.41
集体控股	16	0.52	70.78	66.34	76.22
民营控股	1600	52.25	69.36	64.14	75.75
社会团体控股	6	0.20	68.95	63.94	75.08
外资控股	121	3.95	68.98	62.19	77.29
无实际控制人	155	5.06	69.76	64.93	75.66
其他类型	50	1.63	69.37	62.24	78.09
合计	3062	100.00	69.70	63.79	76.94

资料来源：南开大学公司治理数据库。

二、2019－2024 年分控股股东性质主板上市公司利益相关者治理比较

表 16-8 列出了 2019－2024 年的主板国有控股和民营控股上市公司的利益相关者治理指数平均值。总体来看，2019－2024 年，国有控股上市公司的利益相关者治理指数平均值上升 8.65（高于 A 股的 8.13），民营控股上升 7.21（高于 A 股的 5.84），国有控股上市公司自 2021 年超过民营控股上市公司后持续领先。从分指数来看，国有控股上市公司参与程度分指数平均值上升 10.26，民营控股上升 11.23；国有控股上市公司协调程度分指数平均值上升 6.69，民营控股上升 2.31。

2024 年国有控股上市公司的利益相关者治理指数平均值同比下降 0.19（表现弱于 A 股），民营控股上升 0.57（表现强于 A 股）。从分指数来看，国有控股上市公司参与程度分指数平均值下降 2.33，民营控股下降 0.83；国有控股上市公司协调程度分指数平均值上升 2.41，民营控股上升 2.28。

表 16-8　主板国有和民营控股公司利益相关者治理指数描述性统计六年比较

年份	控股股东性质	利益相关者治理指数	参与程度	协调程度
2019	国有	61.37	52.9	71.72
	民营	62.15	52.91	73.44
2020	国有	61.09	59.44	63.1
	民营	61.56	58.55	65.24
2021	国有	64.93	57.04	74.58
	民营	64.76	56.82	74.47
2022	国有	68.66	63.65	74.78
	民营	67.67	63.52	72.76
2023	国有	70.22	65.49	76.00
	民营	68.79	64.97	73.46
2024	国有	70.02	63.16	78.41
	民营	69.36	64.14	75.75

资料来源：南开大学公司治理数据库。

第四节　主板上市公司利益相关者治理分地区评价

一、2024年主板上市公司利益相关者治理分地区总体描述

主板上市公司利益相关者治理指数平均值排在前 3 名的是云南省（72.01）、内蒙古（71.48）和河南省（71.24），在 A 股排名第1、第 3 和第 4；排在后 3 位的是辽宁省（65.42）、黑龙江省（66.89）和陕西省（67.73），在 A 股排名第 33、第 31 和第 28。从行政分区上看，华北（70.40）、西南（70.35）地区表现较好，东北（66.92）表现较差。见表 16-9。

表 16-9　主板分地区利益相关者治理指数描述性统计

地区	数量	比例（%）	平均值	中位数	标准差	极差	最小值	最大值
北京市	223	7.28	69.61	70.53	6.38	34.96	49.31	84.26
天津市	49	1.60	71.06	72.27	6.29	35.63	47.00	82.64
河北省	48	1.57	70.88	71.24	5.41	22.87	57.70	80.57
山西省	33	1.08	68.96	69.04	5.60	30.86	46.70	77.56
内蒙古	21	0.69	71.48	72.58	5.31	22.37	57.87	80.23
辽宁省	57	1.86	65.42	67.32	8.40	33.81	45.74	79.55
吉林省	36	1.18	68.45	67.02	6.84	30.37	55.29	85.66
黑龙江省	30	0.98	66.89	69.42	9.79	38.94	42.81	81.75
上海市	246	8.03	68.47	68.56	5.99	38.40	46.76	85.16
江苏省	328	10.71	68.39	68.06	6.81	41.16	43.55	84.71
浙江省	444	14.50	69.80	70.02	6.17	41.53	43.18	84.71
安徽省	101	3.30	70.56	71.13	5.83	35.56	48.26	83.81
福建省	109	3.56	70.52	71.66	6.02	30.45	52.59	83.05
江西省	53	1.73	70.24	70.81	6.58	29.57	53.66	83.23
山东省	194	6.34	70.08	70.29	6.33	40.01	45.65	85.66
河南省	62	2.02	71.24	72.14	6.49	38.49	46.08	84.57
湖北省	82	2.68	68.14	70.26	8.84	38.95	44.58	83.54
湖南省	85	2.78	69.28	69.68	6.08	33.25	47.86	81.11
广东省	431	14.08	70.42	71.15	7.09	46.28	37.85	84.13
广西	34	1.11	69.94	70.91	6.05	27.05	53.84	80.89
海南省	23	0.75	69.15	71.82	8.95	31.06	48.65	79.71
重庆市	55	1.80	70.67	71.99	6.78	31.98	47.73	79.71
四川省	98	3.20	70.61	70.72	5.88	31.82	51.63	83.46
贵州省	28	0.91	70.37	71.17	5.02	19.10	59.89	78.98

续表

地区	数量	比例（%）	平均值	中位数	标准差	极差	最小值	最大值
云南省	31	1.01	72.01	73.21	5.89	23.09	57.48	80.57
西藏	15	0.49	68.08	69.04	6.47	21.78	54.86	76.64
陕西省	42	1.37	67.73	68.10	5.85	26.23	55.38	81.60
甘肃省	30	0.98	70.71	69.43	6.62	25.47	59.07	84.54
青海省	10	0.33	70.72	71.22	7.81	23.11	56.58	79.69
宁夏	13	0.42	69.63	71.40	8.67	28.73	49.13	77.86
新疆	49	1.60	69.60	70.04	6.44	28.75	55.46	84.21
香港	2	0.07	69.57	69.57	0.60	0.84	69.14	69.99
合计	3062	100.00	69.70	70.25	6.64	47.82	37.85	85.66

资料来源：南开大学公司治理数据库。

二、2019－2024年主板上市公司利益相关者治理分地区比较

由表16-10可以看出，与2019年相比，主板利益相关者治理指数平均值增幅较大的3个地区为宁夏、重庆市和甘肃省（在A股排名第1、第9和第5），分别提升13.89、12.31和11.91；增幅较小的3个地区为江苏省、辽宁省和陕西省（在A股排名第29、第26和第20），分别提升5.16、5.29和5.39。河南省、安徽省和福建省六年以来利益相关者治理状况最好（在A股排名第2、第3和第1），年度平均值的平均值分别为67.73、67.50和67.47；而黑龙江省、海南省和辽宁省的六年利益相关者治理平均状况最差（在A股排名第31、第29和第30），年度平均值的平均值分别为61.37、62.17和62.86。

表16-10　主板分地区利益相关者治理指数描述性统计六年比较

地区	2019年	2020年	2021年	2022年	2023年	2024年
北京市	61.17	61.97	65.88	68.17	70.01	69.61
天津市	64.50	61.70	65.09	68.00	71.33	71.06
河北省	61.00	63.65	65.60	69.35	70.33	70.88
山西省	58.37	60.29	62.38	67.33	69.27	68.96
内蒙古	60.16	58.73	63.86	67.45	71.14	71.48
辽宁省	60.13	59.27	61.73	64.78	65.80	65.42
吉林省	61.59	60.19	65.59	67.52	67.60	68.45
黑龙江省	57.64	53.60	59.59	63.74	66.77	66.89
上海市	61.57	60.78	65.42	67.21	68.98	68.47
江苏省	63.23	61.88	64.27	67.05	68.48	68.39
浙江省	62.65	62.38	65.87	67.74	69.44	69.80

续表

地区	2019年	2020年	2021年	2022年	2023年	2024年
安徽省	62.83	64.29	66.29	70.62	70.42	70.56
福建省	64.15	62.90	67.21	69.36	70.67	70.52
江西省	61.57	62.87	66.45	69.16	68.68	70.24
山东省	62.52	62.98	65.91	69.34	71.12	70.08
河南省	64.11	60.92	67.64	70.07	72.40	71.24
湖北省	60.68	62.35	64.51	67.69	68.81	68.14
湖南省	61.32	60.89	63.56	68.15	68.52	69.28
广东省	62.54	61.32	64.74	68.10	68.91	70.42
广西	59.58	57.59	60.48	64.85	66.93	69.94
海南省	57.64	57.67	58.16	65.02	65.35	69.15
重庆市	58.36	59.82	63.20	67.24	69.12	70.67
四川省	61.96	60.85	64.29	68.36	69.77	70.61
贵州省	61.56	60.99	63.94	68.47	68.95	70.37
云南省	61.51	59.20	62.34	68.98	69.80	72.01
西藏	60.07	60.86	58.23	67.87	67.37	68.08
陕西省	62.34	61.75	64.00	68.78	69.50	67.73
甘肃省	58.80	59.26	61.06	65.85	69.38	70.71
青海省	60.16	56.80	63.34	65.82	68.16	70.72
宁夏	55.74	57.91	61.88	67.09	69.77	69.63
新疆	59.72	60.15	62.80	67.18	67.58	69.60
香港	-	-	-	-	75.69	69.57
合计	61.74	61.32	64.71	67.91	69.30	69.70

资料来源：南开大学公司治理数据库。

与2023年相比，主板19个地区的利益相关者治理指数平均值实现同比上升，增幅较大的地区为海南省、广西和青海省（在A股排名第3、第2和第5），分别提升3.80、3.00和2.56；下跌幅度最大的3个地区为香港、陕西省、河南省（在A股排名第33、第32和第31），分别下降6.13、1.77和1.16。开曼群岛没有主板上市公司。

第五节 主板上市公司利益相关者治理100佳评价

一、主板上市公司利益相关者治理100佳比较分析

如表16-11所示，主板利益相关者治理100佳上市公司的指数平均值为82.30，

参与程度分指数和协调程度分指数的平均值分别为 79.69 和 85.49。

表 16-11 主板利益相关者治理 100 佳描述性统计

项目	样本	平均值	中位数	标准差	极差	最小值	最大值
利益相关者治理指数	100 佳	82.30	82.05	1.36	5.10	80.56	85.66
	样本总体	69.70	70.25	6.64	47.82	37.85	85.66
参与程度	100 佳	79.69	79.50	3.28	15.63	72.63	88.25
	样本总体	63.79	63.88	7.79	48.25	40.00	88.25
协调程度	100 佳	85.49	85.50	3.28	18.00	77.50	95.50
	样本总体	76.94	78.50	9.70	69.00	26.50	95.50

资料来源：南开大学公司治理数据库。

二、主板上市公司利益相关者治理 100 佳公司行业分布

表 16-12 主板上市公司利益相关者治理 100 佳行业分布表明，从绝对数量角度看，进入利益相关者治理 100 佳上市公司最多的行业是制造业，有 77 家，100 佳入选率 3.87%；批发和零售业以及采矿业分别有 5 和 4 家公司入选，分列第 2 位、第 3 位；交通运输、仓储和邮政业，住宿和餐饮业，教育，文化、体育和娱乐业以及综合没有公司进入 100 佳。从入选 100 佳公司占行业比重角度看，卫生和社会工作，农、林、牧、渔业以及采矿业上市公司占比较高，入选率分别为 9.09%、6.06% 和 5.00%。

表 16-12 主板利益相关者治理 100 佳公司行业分布

行业	样本总体		100 佳		
	数量	比例（%）	数量	比例（%）	占本行业比例（%）
农、林、牧、渔业	33	1.08	2	2.00	6.06
采矿业	80	2.61	4	4.00	5.00
制造业	1989	64.96	77	77.00	3.87
电力、热力、燃气及水生产和供应业	135	4.41	2	2.00	1.48
建筑业	97	3.17	2	2.00	2.06
批发和零售业	165	5.39	5	5.00	3.03
交通运输、仓储和邮政业	107	3.49	—	—	—
住宿和餐饮业	8	0.26	—	—	—
信息传输、软件和信息技术服务业	150	4.90	2	2.00	1.33
房地产业	97	3.17	1	1.00	1.03
租赁和商务服务业	57	1.86	2	2.00	3.51
科学研究和技术服务业	28	0.91	1	1.00	3.57
水利、环境和公共设施管理业	47	1.53	1	1.00	2.13
教育	10	0.33	—	—	—

续表

行业	样本总体		100佳		
	数量	比例（%）	数量	比例（%）	占本行业比例（%）
卫生和社会工作	11	0.36	1	1.00	9.09
文化、体育和娱乐业	42	1.37	—	—	—
综合	6	0.20	—	—	—
合计	3062	100.00	100	100.00	3.27

资料来源：南开大学公司治理数据库。

三、主板上市公司利益相关者治理100佳公司控股股东性质分布

表16-13显示，主板利益相关者治理100佳中，控股股东性质为国有控股、民营控股、外资控股、无实际控制人的上市公司所占比例分别为15.00%、71.00%、6.00%和7.00%，分别占国有控股上市公司的1.35%、民营控股上市公司的4.44%、外资控股上市公司的4.96%和无实际控制人上市公司的4.52%。

表16-13 主板利益相关者治理100佳公司控股股东分布

控股股东性质	样本总体		100佳		
	数量	比例（%）	数量	比例（%）	占本组比例（%）
国有控股	1114	36.38	15	15.00	1.35
集体控股	16	0.52	0	0.00	0.00
民营控股	1600	52.25	71	71.00	4.44
社会团体控股	6	0.20	1	1.00	16.67
外资控股	121	3.95	6	6.00	4.96
无实际控制人	155	5.06	7	7.00	4.52
其他类型	50	1.63	0	0.00	0.00
合计	3062	100.00	100	100.00	3.27

资料来源：南开大学公司治理数据库。

四、主板上市公司利益相关者治理100佳公司地区分布

在入选主板利益相关者治理100佳上市公司中，从数量来看，广东省、浙江省和江苏省进入100佳上市公司较多，分别为19家、18家和10家，山西省、内蒙古、辽宁省、海南省、重庆市、贵州省、西藏、青海省、宁夏和香港没有公司进入利益相关者治理100佳。从地区入选比例来看，占本组比例较高的地区是甘肃省、新疆和吉林省，分别为10.00%、6.12%和5.56%。见表16-14。

表 16-14 主板利益相关者治理 100 佳公司地区分布

地区	样本总体		100 佳		
	数量	比例（%）	数量	比例（%）	占本地区比例（%）
北京市	223	7.28	6	6.00	2.69
天津市	49	1.60	1	1.00	2.04
河北省	48	1.57	2	2.00	4.17
山西省	33	1.08	—	—	—
内蒙古	21	0.69	—	—	—
辽宁省	57	1.86	—	—	—
吉林省	36	1.18	2	2.00	5.56
黑龙江省	30	0.98	1	1.00	3.33
上海市	246	8.03	5	5.00	2.03
江苏省	328	10.71	10	10.00	3.05
浙江省	444	14.50	18	18.00	4.05
安徽省	101	3.30	4	4.00	3.96
福建省	109	3.56	3	3.00	2.75
江西省	53	1.73	2	2.00	3.77
山东省	194	6.34	7	7.00	3.61
河南省	62	2.02	3	3.00	4.84
湖北省	82	2.68	3	3.00	3.66
湖南省	85	2.78	1	1.00	1.18
广东省	431	14.08	19	19.00	4.41
广西	34	1.11	1	1.00	2.94
海南省	23	0.75	—	—	—
重庆市	55	1.80	—	—	—
四川省	98	3.20	3	3.00	3.06
贵州省	28	0.91	—	—	—
云南省	31	1.01	1	1.00	3.23
西藏	15	0.49	—	—	—
陕西省	42	1.37	2	2.00	4.76
甘肃省	30	0.98	3	3.00	10.00
青海省	10	0.33	—	—	—
宁夏	13	0.42	—	—	—
新疆	49	1.60	3	3.00	6.12
香港	2	0.07	—	—	—
合计	3062	100.00	100	100.00	3.27

资料来源：南开大学公司治理数据库。

第六节 主板上市公司利益相关者治理评价主要结论

第一，主板上市公司利益相关者治理指数的平均值为 69.70，高于 A 股平均值 0.15，A 股最小值出现在主板。参与程度分指数的平均值为 63.79，低于 A 股平均值 0.10。其中，员工参与程度得分平均值由 61.91 下降到 60.34（较 A 股高 1.06），主要因职工监事超过三分之一的公司的比例由 25.96%下降至 23.84%，较 A 股高 5.15%。投资者关系管理得分平均值由 68.35 下降到 67.12（较 A 股低 1.39），主要因网址更新得分下降明显，网址更新及时率由 68.71%下降至 63.68%，较 A 股高 1.34%，网址停更率由 12.18%上升至 13.88%，较 A 股高 1.28%。协调程度分指数的平均值为 76.94，高于 A 股平均值 0.46。其中，社会责任履行得分平均值由 64.10 提升到 68.29（较 A 股高 1.48），主要因发布社会责任报告的比例由 42.18%升至 49.35%，较 A 股高 8.80%，供应商、客户和环保相关披露质量有所提高。违规和处罚得分平均值由 91.42 降至 90.44（较 A 股低 1.01），主要因受到公开谴责的公司比例由 7.40%上升至 9.70%，较 A 股高 1.03%（受到公开处罚的公司比例较 A 股高 0.24%）。

第二，从行业分布状况可以看出，主板利益相关者治理指数平均值最高的 3 个行业分别为采矿业，交通运输、仓储和邮政业以及科学研究和技术服务业，三甲行业与 A 股第 2 至第 4 名一致；平均值最低的 3 个行业分别是卫生和社会工作，教育以及建筑业。卫生和社会工作在 A 股还排第 12 名，到主板却排名最后，可见该行业主板与创业板上市公司利益相关者治理状况相差很大；教育以及建筑业的表现与其在 A 股的表现一致。参与程度分指数平均值最高的 3 个行业是教育，信息传输、软件和信息技术服务业以及采矿业（在 A 股排名第 3、第 7 和第 4），参与程度分指数平均值最低的 3 个行业是卫生和社会工作，住宿和餐饮业以及文化、体育和娱乐业（在 A 股排名第 8、第 17 和第 18）。协调程度分指数平均值最高的 3 个行业是采矿业，住宿和餐饮业以及电力、热力、燃气及水生产和供应业（在 A 股排名第 2、第 3 和第 4），协调程度分指数平均值最低的 3 个行业是教育，卫生和社会工作以及综合（在 A 股排名第 19、第 16 和第 15）。采矿业在 2 个分指数上表现都很好，在参与程度和协调程度方面分列第 3 和第 1；卫生和社会工作则在 2 个分指数上表现不佳，在参与程度和协调程度方面分列第 17 和第 16。另有行业在 2 个分指数的排名方面较为分化，利益相关者治理指数平均值排名第 16 位的教育，其参与程度分指数平均值排名高居第 1 位，但协调程度只能排名第 17 位；利益相关者治理指数平均值排名第 6 位的住宿和餐饮业，其参与程度分指数平均值排名第 16 位，而协调程度却排名第 2 位。

第三，从控股股东性质来看，主板国有控股上市公司的利益相关者治理水平高于无实际控制人、民营控股和外资控股上市公司（相对于 A 股，民营控股和外资控股调换了位置)。与 A 股一样,最小值和最大值同时出现在民营控股上市公司,一些治理状况不佳的公司拉低了民营控股的整体表现。主板国有控股上市公司自 2021 年超过民营控股上市公司后持续领先,优势来源于协调程度进步较大。2024 年国有控股上市公司的利益相关者治理指数平均值同比下降(表现弱于 A 股),民营控股上升(表现强于 A 股),国有控股上市公司参与程度分指数平均值下降幅度大于民营控股;国有控股上市公司协调程度分指数平均值上升幅度小于民营控股。

第四,从地区分布来看,主板上市公司利益相关者治理指数平均值排在前 3 名的是云南省、内蒙古和河南省,在 A 股排名第 1、第 3 和第 4;排在后 3 位的是辽宁省、黑龙江省和陕西省,在 A 股排名第 33、第 31 和第 28。从行政分区来看,华北、西南地区表现较好,东北表现较差。与 2019 年相比,主板利益相关者治理指数平均值增幅较大的 3 个地区为宁夏、重庆市和甘肃省(在 A 股排名第 1、第 9 和第 5),增幅较小的 3 个地区为江苏省、辽宁省和陕西省(在 A 股排名第 29、第 26 和第 20)。河南省、安徽省和福建省六年以来利益相关者治理状况最好(在 A 股排名第 2、第 3 和第 1),而黑龙江省、海南省和辽宁省的六年利益相关者治理平均状况最差(在 A 股排名第 31、第 29 和第 30)。与 2023 年相比,主板 19 个地区的利益相关者治理指数平均值实现同比上升,增幅较大的地区为海南省、广西和青海省(在 A 股排名第 3、第 2 和第 5),下跌幅度最大的 3 个地区为香港、陕西省、河南省(在 A 股排名第 33、第 32 和第 31)。

第五,在行业分布方面,入选主板利益相关者治理 100 佳上市公司最多的行业是制造业;批发和零售业以及采矿业紧随其后;交通运输、仓储和邮政业,住宿和餐饮业,教育,文化、体育和娱乐业以及综合没有公司进入 100 佳。卫生和社会工作,农、林、牧、渔业以及采矿业上市公司入选率较高。在控股股东性质方面,民营控股入选总量最大,外资控股上市公司的入选率在样本量过百的类别中最高,其他类别自将无实际控制人从中剔除后连续两年未能入选 100 佳。在地区方面,广东省、浙江省和江苏省进入 100 佳的上市公司最多,入选率最高的是甘肃省、新疆和吉林省,山西省、内蒙古、辽宁省、海南省、重庆市、贵州省、西藏、青海省、宁夏和香港没有公司入选。

$CCGI^{NK}$

第四篇 其他板块治理评价

第十七章　创业板上市公司治理评价

第一节　创业板上市公司治理评价总体分析

一、创业板上市公司治理总体描述

自 2011 年起，中国公司治理研究院持续关注创业板上市公司治理状况，2024 年继续对创业板上市公司治理评价进行专门研究。本年度共有 1327 家创业板上市公司样本，与 2023 年相比增加了 99 家，公司治理指数的平均值为 65.34，中位数为 65.66，最小值为 54.62，最大值为 73.97，标准差为 3.36。见表 17-1。

从创业板上市公司治理的六个分指数来看，股东治理指数、董事会治理指数、监事会治理指数、经理层治理指数、信息披露指数和利益相关者治理指数的平均值分别为 72.80、65.35、57.69、60.22、67.10 和 69.26。其中，股东治理指数最高为 72.80；而监事会治理指数偏低，尚不足 60，成为创业板上市公司治理水平提升的短板。

表 17-1　创业板上市公司治理指数描述性统计

项目	平均值	中位数	标准差	极差	最小值	最大值
中国上市公司治理指数	65.34	65.66	3.36	19.36	54.62	73.97
股东治理指数	72.80	74.03	7.84	43.92	43.86	87.78
董事会治理指数	65.35	65.47	2.19	18.40	52.19	70.59
监事会治理指数	57.69	57.08	3.61	24.97	48.47	73.44
经理层治理指数	60.22	59.94	5.76	35.48	42.86	78.34
信息披露指数	67.10	67.02	10.33	46.53	42.87	89.40
利益相关者治理指数	69.26	69.59	6.19	47.05	40.19	87.24

资料来源：南开大学公司治理数据库。

二、2019－2024 年创业板上市公司治理比较

表 17-2、图 17-1 显示的是创业板上市公司 2019－2024 年上市公司治理指数、股东治理指数、董事会治理指数、监事会治理指数、经理层治理指数、信息披露指数以及利益相关者治理指数六年的变化趋势。从表中我们可以看出，创业板上市公司治理指数总体处于上升趋势，其中股东治理指数涨幅较大，与上年相比上升 1.93；

与 2023 年相比，股东治理指数、董事会治理指数、利益相关者治理指数有所上升，其他治理指数都略有下降。

表 17-2　创业板上市公司治理指数描述性统计六年比较

项目	2019 年	2020 年	2021 年	2022 年	2023 年	2024 年
中国上市公司治理指数	63.96	64.15	64.89	65.03	65.03	65.34
股东治理指数	69.67	70.40	71.43	70.88	70.87	72.80
董事会治理指数	64.83	65.13	65.10	65.13	65.11	65.35
监事会治理指数	57.47	58.09	57.91	57.98	57.94	57.69
经理层治理指数	59.58	60.73	60.34	60.35	60.33	60.22
信息披露指数	66.68	64.61	66.93	67.81	67.18	67.10
利益相关者治理指数	64.52	65.75	67.54	67.76	69.01	69.26

资料来源：南开大学公司治理数据库。

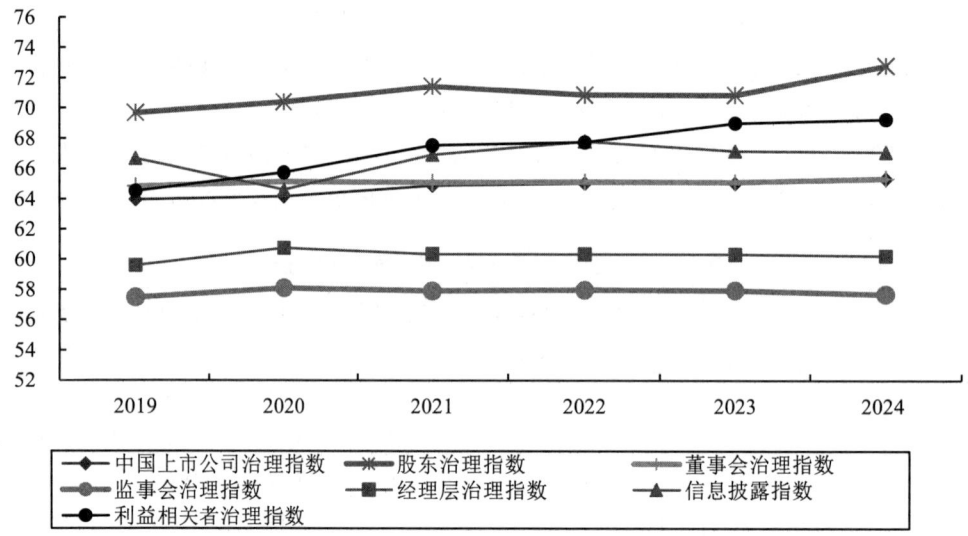

图 17-1　创业板上市公司治理指数平均值六年折线图比较

资料来源：南开大学公司治理数据库。

三、创业板股东治理状况总体描述

股东治理评价三个主要影响因素独立性、中小股东权益保护和关联交易的平均值分别为 69.98、73.80、73.20。其中关联交易和中小股东权益保护相对较高，而独立性指数最低，因此创业板上市公司在提升股东治理水平时应当首先注重切实强化独立性的机制。其中，各样本公司之间独立性和关联交易两项分指标差距较大，样本公司独立性最大值为 95.00，而最小值仅 33.14；关联交易最大值为 88.00，最小值仅为 16.00，两项分指标极差非常大。股东治理指数三项分指标的描述性统计情况如表 17-3 所示。

表 17-3 创业板上市公司股东治理指数描述性统计

项目	平均值	中位数	标准差	极差	最小值	最大值
股东治理指数	72.80	74.03	7.84	43.92	43.86	87.78
独立性	69.98	71.00	10.98	61.86	33.14	95.00
中小股东权益保护	73.80	74.67	8.41	52.99	41.43	94.42
关联交易	73.20	75.73	14.19	72.00	16.00	88.00

资料来源：南开大学公司治理数据库。

四、创业板董事会治理状况总体描述

创业板上市公司董事会治理的五个主要影响因素中最高的是董事会组织结构，平均值为 68.65，反映出我国大多数创业板上市公司已经建立了相对比较完善的董事会组织结构，并能够发挥一定作用。最低的是独立董事制度，平均值为 61.65，相比于 2023 年 60.99，创业板上市公司中的独立董事制度为 2024 年五个主要影响因素中上升幅度最大的影响因素，可见独立董事制度的作用有所加强，但在提升董事会治理水平时仍需在静态的结构之外注重加强独立董事制度的作用。具体指标的描述性统计情况如表 17-4 所示。

表 17-4 创业板上市公司董事会治理指数描述性统计

项目	平均值	中位数	标准差	极差	最小值	最大值
董事会治理指数	65.35	65.47	2.19	18.40	52.19	70.59
董事权利与义务	64.11	64.00	4.87	29.00	46.50	75.50
董事会运作效率	66.55	66.41	4.29	20.41	54.05	74.46
董事会组织结构	68.65	70.00	6.82	70.50	17.50	88.00
董事薪酬	65.77	64.50	5.88	26.50	50.00	76.50
独立董事制度	61.65	61.75	4.01	23.75	48.75	72.50

资料来源：南开大学公司治理数据库。

五、创业板监事会治理状况总体描述

监事会治理状况具体指标如表 17-5 所示，监事会治理分指数一直以来是各分指数中的短板，并且三项分指标差距较大。其中监事会运行状况指数最高，达到 76.16。各公司规模结构指数普遍偏低，平均值仅为 42.40，说明创业板公司监事会的结构有

待加强和完善。

表 17-5　创业板上市公司监事会治理指数描述性统计表

项目	平均值	中位数	标准差	极差	最小值	最大值
监事会治理指数	57.69	57.08	3.61	24.97	48.47	73.44
运行状况	76.16	80.00	4.87	10.00	70.00	80.00
规模结构	42.40	40.00	7.46	40.00	40.00	80.00
胜任能力	57.15	56.90	4.83	41.80	29.90	71.70

资料来源：南开大学公司治理数据库。

六、创业板经理层治理状况总体描述

经理层治理的各个影响因素差别较小，其中最高的是任免制度，为62.99；最低的是激励约束，为57.40，有待于进一步完善。三个指标各公司间差距较大，这表明不同公司之间经理层治理水平有较大差距。见表17-6。

表 17-6　创业板上市公司经理层治理指数描述性统计表

项目	平均值	中位数	标准差	极差	最小值	最大值
经理层治理指数	60.22	59.94	5.76	35.48	42.86	78.34
任免制度	62.99	59.82	9.26	59.82	39.88	99.70
执行保障	60.52	57.42	13.05	61.84	26.50	88.34
激励约束	57.40	60.31	9.79	46.12	21.28	67.40

资料来源：南开大学公司治理数据库。

七、创业板信息披露状况总体描述

信息披露评价三个主要影响因素真实性、相关性和及时性的平均值分别为65.38、69.76和67.45。在三个分指标中，相关性最高为69.76，说明信息披露的相关性较好；真实性指标的最低，为65.38，且真实性指标的极差较高，可见样本在公司信息披露的真实性方面差别很大，创业板上市公司需要注意提高披露信息的真实性。见表17-7。

表 17-7　创业板上市公司信息披露指数描述性统计表

项目	平均值	中位数	标准差	极差	最小值	最大值
信息披露指数	67.10	67.02	10.33	46.53	42.87	89.40
真实性	65.38	62.88	15.45	52.40	38.36	90.76

续表

项目	平均值	中位数	标准差	极差	最小值	最大值
相关性	69.76	70.84	7.57	64.55	25.80	90.35
及时性	67.45	76.94	16.52	66.54	27.82	94.37

资料来源：南开大学公司治理数据库。

八、创业板利益相关者治理状况总体描述

从利益相关者治理的两个主要因素来看，创业板上市公司的参与程度和协调程度平均值分别为 64.53 和 75.04。参与程度和协调程度标准差和极差都较大，说明创业板上市公司利益相关者的参与程度和协调水平差别较大，有些公司应在该指标方面有待进一步提升。见表 17-8。

表 17-8 创业板上市公司利益相关者治理指数描述性统计表

项目	平均值	中位数	标准差	极差	最小值	最大值
利益相关者治理指数	69.26	69.59	6.19	47.05	40.19	87.24
参与程度	64.53	64.25	7.10	47.00	41.25	88.25
协调程度	75.04	76.50	9.05	68.50	23.50	92.00

资料来源：南开大学公司治理数据库。

第二节 创业板上市公司治理评价分组比较

在对我国创业板上市公司的治理状况作总体描述之后，为了进一步深入考察不同类型公司治理状况的差异，本报告分别对控股股东性质、地区等不同类别进行了对比分析。

一、创业板上市公司治理分控股股东性质比较

本年度 1327 家创业板上市公司样本中，民营控股比重最大，共 1051 家，占比 79.20%，其公司治理总指数平均值为 65.51；其次是国有控股公司 136 家，占比 10.25%，公司治理总指数平均值为 64.66；无实际控制人 72 家，占比 5.43%，公司治理总指数平均值为 64.26；其他类型控股 26 家，占比 1.96%，公司治理总指数平均值为 64.83；外资控股 40 家，占比 3.01%，公司治理总指数平均值为 65.44；集体控股 2 家，占比 0.15%，公司治理总指数平均值为 64.35。民营控股公司数量最多，外资控股公司治理指数平均值最高，集体控股公司治理指数最低。具体情况见表 17-9。

表 17-9 创业板上市公司按控股股东性质的总指数分类统计

控股股东性质	数量	比例（%）	平均值	中位数	标准差	极差	最小值	最大值
国有控股	136	10.25	64.66	64.91	3.46	17.06	55.36	72.43
民营控股	1051	79.20	65.51	65.89	3.29	19.26	54.71	73.97
外资控股	40	3.01	65.44	65.94	3.59	17.1	54.62	71.72
集体控股	2	0.15	64.35	64.35	2.00	2.83	62.93	65.77
无实际控制人	72	5.43	64.26	64.74	3.74	16.55	55.56	72.11
其他类型	26	1.96	64.83	65.12	3.27	12.31	57.75	70.06
合计	1327	100.00	65.34	65.66	3.36	19.36	54.62	73.97

资料来源：南开大学公司治理数据库。

按照控股股东进行分类，创业板上市公司本年度公司治理分指数状况如表 17-10 所示。在股东治理方面，民营控股、外资控股公司表现较好，董事会治理指数显著高于其他公司。在董事会治理方面，集体控股和其他类型公司表现较差，监事会治理指数尚未达到 65。在监事会治理方面，集体公司表现最好，国有控股公司表现较好，外资控公司表现最差。在经理层治理方面，国有控股公司最高，显著高于其他类型的公司。在信息披露方面，外资控股和集体控股公司最好，其他类型和民营控股公司较好，无实际控制人公司最差。在利益相关者治理方面，民营控股、无实际控制人和其他类型控股公司表现较差，尚未超过 70。

表 17-10 创业板上市公司按控股股东性质的各分指数统计

控股股东性质	股东治理指数	董事会治理指数	监事会治理指数	经理层治理指数	信息披露指数	利益相关者治理指数
国有控股	65.32	64.48	60.69	61.05	66.77	70.60
民营控股	73.90	65.48	57.25	60.22	67.30	69.24
外资控股	73.37	65.59	56.63	57.50	69.52	70.21
集体控股	58.41	63.71	65.46	54.47	69.11	78.75
无实际控制人	71.23	65.41	58.83	60.72	63.37	66.34
其他类型	71.97	64.21	57.74	59.16	67.65	68.73
合计	72.80	65.35	57.69	60.22	67.10	69.26

资料来源：南开大学公司治理数据库。

二、创业板上市公司分地区比较

从地区分布来看，本年度 1327 家创业板上市公司样本中，广东省、江苏省和浙江省数量最多，分别为 306 家、190 家和 172 家。青海省没有一家公司进入样本。从治理指数平均值水平来看，重庆市最高，达到 66.81，而新疆最低，为 62.74，各省都突破 60 大关。具体分布见表 17-11。

表 17-11 创业板上市公司分地区的总指数描述性统计表

地区	数量	公司治理指数	股东治理指数	董事会治理指数	监事会治理指数	经理层治理指数	信息披露指数	利益相关者治理指数
北京市	129	65.35	70.96	65.93	59.27	61.53	66.16	68.50
天津市	14	65.52	70.30	65.68	56.91	60.16	70.84	68.12
河北省	19	65.11	72.18	65.37	58.03	61.79	64.65	69.48
山西省	4	64.04	66.64	65.45	59.69	62.07	61.21	71.06
内蒙古	3	66.12	73.79	64.04	62.16	59.68	66.15	74.14
辽宁省	17	64.51	73.10	64.96	57.78	60.04	63.98	68.09
吉林省	7	63.55	70.41	63.89	60.06	57.41	62.12	69.89
黑龙江省	5	65.01	72.41	65.72	55.76	61.66	65.27	69.56
上海市	78	64.75	72.91	65.55	57.80	59.45	64.86	68.65
江苏省	190	66.13	66.13	66.13	66.13	66.13	66.13	66.13
浙江省	172	64.86	72.09	65.24	56.73	59.26	67.05	68.95
安徽省	39	65.09	65.09	65.09	65.09	65.09	65.09	65.09
福建省	45	65.13	71.85	65.67	56.87	60.39	66.72	69.49
江西省	24	65.74	73.18	64.76	57.37	59.87	68.51	71.71
山东省	66	65.95	73.16	65.17	57.43	61.32	68.21	71.06
河南省	28	65.70	75.94	65.1	58.45	60.23	65.89	69.89
湖北省	38	64.98	71.46	64.9	58.26	60.36	67.15	67.84
湖南省	37	65.47	70.77	66.13	58.07	61.53	67.19	69.09
广东省	306	65.32	73.74	65.31	57.31	60.04	66.6	69.47
广西	3	62.86	65.95	65.36	56.72	57.68	64.11	67.24
海南省	2	65.49	65.49	65.49	65.49	65.49	65.49	65.49
重庆市	11	66.81	75.83	64.22	57.93	60.42	71.78	71.23
四川省	44	65.60	73.74	65.44	57.68	60.53	67.45	69.02
贵州省	3	63.35	72.99	65.09	59.17	56.10	58.61	71.69
云南省	6	66.78	72.67	65.86	61.60	61.60	66.86	74.51
西藏	6	64.44	69.45	64.76	57.32	54.98	71.93	67.21
陕西省	17	64.58	70.34	64.84	57.79	61.29	65.65	67.67
甘肃省	4	63.88	63.60	64.97	60.03	61.58	64.03	70.01
青海省	0	—	—	—	—	—	—	—
宁夏	2	66.29	76.04	65.64	56.78	65.56	65.47	68.35
新疆	8	62.74	66.02	65.09	60.49	59.63	61.70	63.44
合计	1327	65.34	72.80	65.35	57.69	60.22	67.10	69.26

资料来源：南开大学公司治理数据库。

第三节 创业板上市公司治理评价主要结论

2024年创业板上市公司治理评价结果表明,创业板上市公司治理具有以下特征:

第一,本年度共有1327家创业板上市公司样本,与2023年相比增加了99家,公司治理指数的平均值为65.34,中位数为65.66,最小值为54.62,最大值为73.97,标准差为3.36。从创业板上市公司治理的六个分指数来看,股东治理指数最高为72.80;而监事会治理指数偏低,尚不足60,成为创业板上市公司治理水平提升的短板。

第二,在股东治理评价三个主要影响因素中,关联交易和中小股东权益保护相对较高,而独立性指数最低,因此创业板上市公司在提升股东治理水平时应当首先注重切实强化独立性的机制。

第三,在创业板上市公司董事会治理的五个主要影响因素中最高的是董事会组织结构,反映出我国大多数创业板上市公司已经建立了相对比较完善的董事会组织结构,并能够发挥一定作用。最低的是独立董事制度,在提升董事会治理水平时需要在静态的结构之外注重加强独立董事制度的作用。

第四,在监事会治理的影响因素中,监事会运行状况指数最高,达到76.16。各公司规模结构指数普遍偏低,平均值仅为42.40,说明创业板公司监事会的结构有待加强和完善。

第五,在经理层治理的各个影响因素中,最高的是任免制度,最低的是激励约束,且三个指标各公司间差距较大,这表明不同公司之间经理层治理水平有较大差距,有待于进一步完善。

第六,在样本公司信息披露指数的三个影响因素中,相关性最高,说明信息披露的相关性较好;真实性指标的最低,为65.38,且真实性指标的极差较高,可见样本在公司信息披露的真实性方面差别很大,创业板上市公司需要注意提高披露信息的真实性。

第七,从利益相关者治理的两个主要因素来看,创业板上市公司的参与程度和协调程度平均值分别为64.53和75.04。参与程度和协调程度标准差和极差都较大,说明创业板上市公司利益相关者的参与程度和协调水平差别较大,有些公司应在该指标方面有待进一步提升。

第八,民营控股公司数量最大且公司治理指数平均值最高,无实际控制人公司治理指数最低,说明创业板上市公司样本中民营控股公司治理状况优于其余性质的公司。

第九,从地区分布来看,本年度1327家创业板上市公司样本中,广东省、江苏省和浙江省数量最多,分别为306家、190家和172家。青海省没有一家公司进入样本。从治理指数平均值水平来看，重庆市最高，达到 66.81，而新疆最低，为 62.74，各省都突破 60 大关。

第十八章　科创板上市公司治理评价

第一节　科创板上市公司治理评价总体分析

一、科创板上市公司治理总体描述

科创板，英文是 Sci-Tech innovation board（STAR Market），是由国家主席习近平于 2018 年 11 月 5 日在首届中国国际进口博览会开幕式上宣布设立，是独立于现有主板市场的新设板块，该板块公司在上海证券交易所上市，与在深圳上市的创业板交相呼应。2019 年 6 月 13 日科创板正式开板，7 月 22 日首批公司上市，8 月 8 日第二批科创板公司挂牌上市。设立科创板并试点注册制是提升服务科技创新企业能力、增强市场包容性、强化市场功能的一项资本市场重大改革举措。在科创板设立之初就确定了其试行注册制的股票发行方式，对其高起点、严要求充分说明了国家层面和社会层面对科创板的关注和重视程度，对公司治理的发展也具有一定的导向作用。因此，中国公司治理研究院在 2020－2023 年对科创板上市公司的治理状况进行重点关注的基础上，2024 年对科创板公司治理状况继续进行评价，以其为公司治理的发展实践和相关的学术研究作出理论方面的贡献。

与 2023 年的 499 家公司相比，2024 年科创板上市公司共有 566 家，增加了 67 家。公司治理指数的平均值为 66.87，中位数为 67.03，最小值为 58.29，最大值为 73.77，标准差为 2.71，表明科创板上市公司治理水平较为平均，差距不是太大。见表 18-1。

从科创板上市公司治理的六个分指数来看，股东治理指数、董事会治理指数、监事会治理指数、经理层治理指数、信息披露指数和利益相关者治理指数的平均值分别为 72.50、65.38、58.34、65.07、69.65 和 76.06。其中，股东治理指数最高，为 72.50；而监事会治理指数偏低，尚不足 60，是科创板上市公司治理水平的短板。

表 18-1 科创板上市公司治理指数描述性统计

项目	平均值	中位数	标准差	极差	最小值	最大值
中国上市公司治理指数	66.87	67.03	2.71	15.48	58.29	73.77
股东治理指数	72.50	73.78	6.70	36.39	51.37	87.76
董事会治理指数	65.38	65.37	1.94	17.68	53.49	71.17
监事会治理指数	58.34	57.56	3.87	29.73	43.06	72.79
经理层治理指数	65.07	65.60	5.39	34.89	44.43	79.32
信息披露指数	69.65	71.75	9.60	40.17	45.17	85.34
利益相关者治理指数	70.06	70.29	4.65	26.35	55.97	82.32

资料来源：南开大学公司治理数据库。

二、2020—2024 年科创板上市公司治理比较

表 18-2、图 18-1 显示的是科创板上市公司 2020—2024 年上市公司治理指数、股东治理指数、董事会治理指数、监事会治理指数、经理层治理指数、信息披露指数以及利益相关者治理指数五年的变化趋势。从图和表中我们可以看出，科创板上市公司治理指数总体处于上升趋势，其中经理层治理指数稳步上升，董事会治理指数、监事会治理指数和信息披露指数总体处于上升趋势。经理层治理指数和股东治理指数与 2023 年相比上升幅度较大，但利益相关者治理指数与 2023 年相比略有下降；股东治理指数前三年处于下降趋势，近两年虽有所回升，但仍未超过 2020 年的 74.59。

表 18-2 科创板上市公司治理指数描述性统计五年比较

项目	2020 年	2021 年	2022 年	2023 年	2024 年
中国上市公司治理指数	64.24	64.49	65.48	66.05	66.87
股东治理指数	74.59	72.37	69.67	70.43	72.50
董事会治理指数	64.07	64.67	65.34	65.20	65.38
监事会治理指数	55.82	57.42	57.39	57.36	58.34
经理层治理指数	57.74	58.44	59.31	63.01	65.07
信息披露指数	67.21	66.97	70.62	69.04	69.65
利益相关者治理指数	65.67	67.09	70.22	70.58	70.06

资料来源：南开大学公司治理数据库。

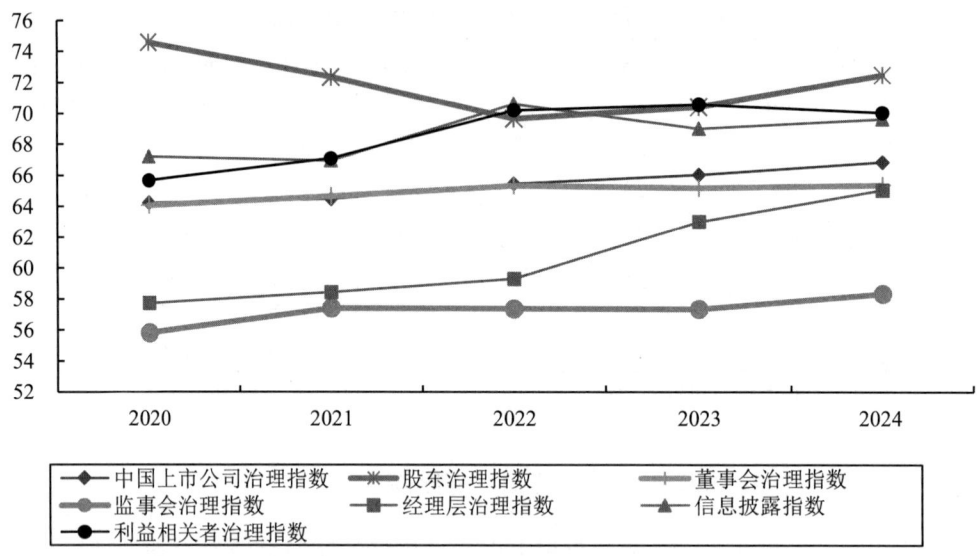

图 18-1　科创板上市公司治理指数平均值五年折线图比较

资料来源：南开大学公司治理数据库。

三、科创板股东治理状况总体描述

如表 18-3 所示，股东治理评价三个主要影响因素独立性、中小股东权益保护和关联交易的平均值分别为 72.15、72.30 和 72.88。样本公司股东治理指数及其三个影响因素普遍较高，都在 72 以上，并且各指标标准差较小，说明目前各公司都比较重视股东治理，能够按照制度的要求进行股东治理。另外，独立性指数极差最大，为 55.52，这表明不同的上市公司之间独立性水平存在较大的差异，应注重强化独立性的机制以缩小差异。

表 18-3　科创板上市公司股东治理指数描述性统计

项目	平均值	中位数	标准差	极差	最小值	最大值
股东治理指数	72.50	73.78	6.70	36.39	51.37	87.76
独立性	72.15	71.95	9.51	55.52	39.48	95.00
中小股东权益保护	72.30	72.36	7.22	54.59	38.93	93.53
关联交易	72.88	75.94	14.01	54.00	34.00	88.00

资料来源：南开大学公司治理数据库。

四、科创板董事会治理状况总体描述

科创板上市公司董事会治理的五个主要影响因素中最高的是董事会组织结构，

平均值为 69.78，反映出我国大多数科创板上市公司已经建立了相对比较完善的董事会组织结构，并能够发挥一定作用。同时董事薪酬也较高，平均值为 67.40。最低的是独立董事制度，为 60.54，可见在提升董事会治理水平时需要在静态的结构之外注重加强独立董事制度的作用。具体指标的描述性统计情况如表 18-4 所示。

表 18-4　科创板上市公司董事会治理指数描述性统计

项目	平均值	中位数	标准差	极差	最小值	最大值
董事会治理指数	65.38	65.37	1.94	17.68	53.49	71.17
董事权利与义务	61.76	61.75	4.38	26.00	49.50	75.50
董事会运作效率	66.53	66.27	4.11	19.55	54.91	74.46
董事会组织结构	69.78	70.00	4.31	70.50	17.50	88.00
董事薪酬	67.40	67.50	6.07	25.50	51.00	76.50
独立董事制度	60.54	60.88	3.89	20.50	50.75	71.25

资料来源：南开大学公司治理数据库。

五、科创板监事会治理状况总体描述

据中国公司治理研究院的数据统计，监事会治理分指数一直以来是各分指数中的短板，科创板也是如此。监事会治理状况具体指标如表 18-5 所示，三项分指标差距较大，监事会运行状况指数最高，达到 76.65，各公司规模结构指数普遍偏低，平均值仅为 42.68，说明科创板公司监事会的结构有待加强和完善。

表 18-5　科创板上市公司监事会治理指数描述性统计表

项目	平均值	中位数	标准差	极差	最小值	最大值
监事会治理指数	58.34	57.56	3.87	29.73	43.06	72.79
运行状况	76.65	80.00	5.49	50.00	30.00	80.00
规模结构	42.68	40.00	8.05	40.00	40.00	80.00
胜任能力	58.30	57.95	5.07	43.30	30.60	73.90

资料来源：南开大学公司治理数据库。

六、科创板经理层治理状况总体描述

经理层治理的各个影响因素差别较小，其中执行保障的平均值最高，为 75.30；最低的是激励约束，为 59.47，有待于进一步完善。具体结果见表 18-6。

表 18-6　科创板上市公司经理层治理指数描述性统计表

项目	平均值	中位数	标准差	极差	最小值	最大值
经理层治理指数	65.07	65.60	5.39	34.89	44.43	79.32
任免制度	61.65	54.84	8.76	59.82	39.88	99.70
执行保障	75.30	79.51	11.29	61.84	26.50	88.34
激励约束	59.47	60.31	9.78	46.12	21.28	67.40

资料来源：南开大学公司治理数据库。

七、科创板信息披露状况总体描述

信息披露评价三个主要影响因素真实性、相关性和及时性的平均值分别为72.76、65.65 和 67.89。在三个分指标中，真实性最高，为 72.76，说明信息披露的真实性较好；相关性指标最低，为 65.65，表明科创板上市公司需要提高信息披露的相关性。见表 18-7。

表 18-7　科创板上市公司信息披露指数描述性统计表

项目	平均值	中位数	标准差	极差	最小值	最大值
信息披露指数	69.65	71.75	9.60	40.17	45.17	85.34
真实性	72.76	75.10	15.36	52.40	38.36	90.76
相关性	65.65	67.32	6.37	33.50	46.36	79.86
及时性	67.89	76.94	15.76	51.84	42.53	94.37

资料来源：南开大学公司治理数据库。

八、科创板利益相关者治理状况总体描述

从利益相关者治理的两个主要因素来看，科创板上市公司的参与程度和协调程度平均值分别为 62.98 和 78.72，两者差别较大，参与程度平均值仅有 62.98，表明科创板需要提升利益相关者的参与程度。见表 18-8。

表 18-8　科创板上市公司利益相关者治理指数描述性统计表

项目	平均值	中位数	标准差	极差	最小值	最大值
利益相关者治理指数	70.06	70.29	4.65	26.35	55.97	82.32
参与程度	62.98	63.25	7.19	42.00	40.00	82.00
协调程度	78.72	79.50	5.54	34.00	56.00	90.00

资料来源：南开大学公司治理数据库。

第二节 科创板上市公司治理评价分组比较

在对我国科创板上市公司的治理状况作总体描述之后，为了进一步深入考察不同类型公司治理状况的差异，本报告分别对控股股东性质、地区等不同类别进行了对比分析。

一、科创板上市公司治理分控股股东性质比较

本年度 566 家科创板上市公司样本中，民营控股比重最大，共 400 家，占比 70.67%，其公司治理总指数平均值为 66.79；其次是国有控股公司 57 家，占比 10.07%，公司治理总指数平均值为 66.71；外资控股 42 家，占比 7.42%，公司治理总指数平均值为 67.69；无实际控制人 40 家，占比 7.07%，公司治理总指数平均值为 66.49；集体控股 1 家，占比 0.18%，公司治理总指数平均值为 71.04。民营控股公司数量最多，集体控股类型公司治理指数平均值最高，无实际控制人公司治理指数最低。具体情况见表 18-9。

表 18-9 科创板上市公司按控股股东性质的总指数分类统计

控股股东性质	数量	比例（%）	平均值	中位数	标准差	极差	最小值	最大值
国有控股	57	10.07	66.71	66.49	2.58	11.71	61.92	73.63
民营控股	400	70.67	66.79	66.98	2.72	14.74	58.36	73.10
外资控股	42	7.42	67.69	67.82	2.50	11.25	61.80	73.05
集体控股	1	0.18	71.04	71.04	—	0.00	71.04	71.04
无实际控制人	40	7.07	66.49	66.90	3.17	15.48	58.29	73.77
其他类型	26	4.59	67.61	67.62	2.08	8.74	62.18	70.92
合计	566	100.00	66.87	67.03	2.71	15.48	58.29	73.77

资料来源：南开大学公司治理数据库。

按照控股股东进行分类，科创板上市公司本年度公司治理分指数状况如表 18-10 所示。在股东治理方面，国有控股公司和无实际控制人表现最差，仍低于 70，集体控股表现最好，其他不同类型公司表现较好均大于 73。在董事会治理方面，不同类型公司之间差异较小，表现较为平均。在监事会治理方面，国有控股表现最好，集体控股表现最差。在经理层治理方面，集体控股公司最高，显著高于其他类型的公司。在信息披露方面，不同类型公司之间差异较大，集体控股公司最好，其次是国有控股和外资控股公司较好，民营控股公司表现最差。在利益相关者治理方面，民营控股和无实际控制人表现较差，尚未突破 70，集体控股表现最好。

表 18-10　科创板上市公司按控股股东性质的各分指数统计

控股股东性质	股东治理指数	董事会治理指数	监事会治理指数	经理层治理指数	信息披露指数	利益相关者治理指数
国有控股	64.90	64.24	62.04	64.04	73.78	70.84
民营控股	73.93	65.57	57.83	64.91	68.57	69.87
外资控股	73.14	65.05	58.89	65.80	72.31	70.48
集体控股	74.55	65.75	55.58	70.81	82.98	73.82
无实际控制人	67.26	65.27	58.45	65.76	71.19	69.68
其他类型	74.19	65.52	57.44	67.28	70.09	70.90
合计	72.50	65.38	58.34	65.07	69.65	70.06

资料来源：南开大学公司治理数据库。

二、科创板上市公司分地区比较

从地区分布来看，本年度566家科创板上市公司样本分布在25个地区，其中江苏省、广东省、上海市和北京市数量较多，分别为109家、88家、86家和72家。从治理指数平均值水平来看，吉林省最高，达到70.09，而河北省、黑龙江省、香港公司治理指数低于65，分别为64.41、62.14、61.92，其他各省都突破65大关。具体分布情况见表18-11。

表 18-11　科创板上市公司分地区的总指数描述性统计表

地区	数量	公司治理指数	股东治理指数	董事会治理指数	监事会治理指数	经理层治理指数	信息披露指数	利益相关者治理指数
北京市	72	66.23	71.52	65.28	58.80	64.90	67.62	69.31
天津市	7	66.66	66.62	65.40	58.62	68.41	68.06	73.20
河北省	1	64.41	58.00	65.22	58.65	60.43	71.53	71.86
山西省	0	—	—	—	—	—	—	—
内蒙古	0	—	—	—	—	—	—	—
辽宁省	8	66.43	71.25	64.77	60.28	65.89	67.03	70.04
吉林省	3	70.09	77.92	66.95	62.44	66.79	75.22	70.67
黑龙江省	2	62.14	62.18	64.57	62.50	57.70	63.06	62.51
上海市	86	67.82	72.70	65.54	58.87	66.31	72.21	70.70
江苏省	109	66.89	73.71	65.39	57.52	64.90	69.62	69.90
浙江省	48	66.28	72.40	65.11	57.71	64.33	69.06	68.58
安徽省	24	67.50	72.76	65.48	59.17	64.73	72.46	69.70
福建省	8	65.99	73.63	65.69	56.54	60.97	68.23	71.39
江西省	6	66.18	71.41	65.94	58.37	64.91	66.12	70.95

续表

地区	数量	公司治理指数	股东治理指数	董事会治理指数	监事会治理指数	经理层治理指数	信息披露指数	利益相关者治理指数
山东省	21	67.87	72.62	65.72	58.20	65.81	73.13	70.89
河南省	5	66.41	68.57	65.34	60.60	63.25	68.73	73.10
湖北省	14	65.53	71.83	65.85	61.22	62.45	63.81	69.42
湖南省	16	67.28	69.41	65.41	58.97	66.77	71.51	71.04
广东省	88	66.62	74.10	65.51	57.49	64.22	68.51	69.88
广西	0	—	—	—	—	—	—	—
海南省	1	67.68	78.42	65.14	57.42	69.20	63.78	74.51
重庆市	3	66.80	72.61	63.10	60.50	67.38	67.95	70.30
四川省	19	66.98	71.59	65.58	57.01	64.68	71.38	71.04
贵州省	3	65.11	63.41	66.05	58.29	65.12	65.85	72.28
云南省	0	—	—	—	—	—	—	—
西藏	0	—	—	—	—	—	—	—
陕西省	14	68.16	74.18	64.43	60.54	68.22	71.18	70.61
甘肃省	0	—	—	—	—	—	—	—
青海省	0	—	—	—	—	—	—	—
宁夏	0	—	—	—	—	—	—	—
新疆	1	68.23	70.91	65.10	59.70	63.88	76.90	71.99
香港	1	61.92	56.88	56.86	0.00	57.88	78.43	61.30
开曼群岛	6	67.00	64.96	64.77	0.00	68.81	67.72	72.17
合计	566	66.87	72.50	65.38	58.34	65.07	69.65	70.06

资料来源：南开大学公司治理数据库。

第三节 科创板上市公司治理评价主要结论

2024年科创板上市公司治理评价结果表明，科创板上市公司治理具有以下特征：

第一，2024年科创板上市公司共有566家，公司治理指数的平均值为66.87，中位数为67.03，最小值为58.29，最大值为73.77，标准差为2.71，表明科创板上市公司治理水平较为平均，差距不是太大。从科创板上市公司治理的六个分指数来看，股东治理指数最高为72.50；而监事会治理指数偏低，尚不足60，是科创板上市公司治理水平的短板。

第二，样本公司股东治理指数及其三个影响因素普遍较高，都在72以上，并且各指标标准差较小，说明目前各公司都比较重视股东治理，能够按照制度的要求进行股东治理。另外，独立性指数极差最大，为 55.52，这表明不同的上市公司之间独立性水平存在较大的差异，应注重强化独立性的机制以缩小差异。

第三，科创板上市公司董事会治理的五个主要影响因素中，最高的是董事会组织结构，反映出我国大多数科创板上市公司已经建立了相对比较完善的董事会组织结构，并能够发挥一定作用；最低的是独立董事制度，在提升董事会治理水平时需要在静态的结构之外注重加强独立董事制度的作用。

第四，监事会治理的影响因素中，监事会运行状况指数最高，达到 76.65。各公司规模结构指数普遍偏低，平均值仅为 42.68，监事会治理分指数一直以来是各分指数中的短板，对于科创板也是如此，监事会治理有待加强和完善。

第五，经理层治理的各个影响因素差别较小，其中执行保障的平均值最高，为 75.30；最低的是激励约束，为 59.47，有待于进一步完善。

第六，信息披露评价三个主要影响因素真实性、相关性和及时性的平均值分别为 72.76、65.65 和 67.89。在三个分指标中，真实性最高，为 72.76，说明信息披露的真实性较好；相关性指标最低，为 65.65，表明科创板上市公司需要提高信息披露的相关性。

第七，从利益相关者治理的两个主要因素来看，科创板上市公司的参与程度和协调程度平均值分别为 62.98 和 78.72，两者差别较大，参与程度平均值仅有 62.98，表明科创板需要提升利益相关者的参与程度。

第八，民营控股公司数量最大，集体控股公司治理指数平均值最高，无实际控制人治理指数平均值最低，表明不同类型的公司之间治理水平有较大的差异。

第九，从地区分布来看，本年度 566 家科创板上市公司样本分布在 25 个地区，其中江苏省、广东省、上海市和北京市数量较多，分别为 109 家、88 家、86 家和 72 家。从治理指数平均值水平来看，吉林省最高，达到 70.09，而河北省、黑龙江省、香港公司治理指数低于 65，分别为 64.41、62.14、61.92，其他各省都突破 65 大关。

第十九章 北交所上市公司治理评价

第一节 北交所上市公司治理评价总体分析

一、北交所上市公司治理总体描述

2024年度公司治理样本中共有239家北交所上市公司，治理评价指数描述性统计见表19-1。其中，公司治理指数的平均值为65.57，中位数为65.91，最小值为56.42，最大值为71.94，标准差为2.68。

从公司治理评价的六个分指数来看，北交所上市公司的股东治理指数、董事会治理指数、监事会治理指数、经理层治理指数、信息披露指数和利益相关者治理指数的平均值分别为74.61、62.61、57.30、63.49、67.82和67.99。其中，北交所上市公司股东治理指数最高，利益相关者治理指数、信息披露指数、经理层治理指数较高，而监事会和董事会治理指数较低。监事会治理成为中小上市公司治理水平提升的短板。信息披露指数、董事会治理指数、经理层治理指数在北交所上市公司中的差异较大，标准差为分别为8.55、5.36和4.94。

表19-1 北交所上市公司治理指数描述性统计

项目	平均值	中位数	标准差	极差	最小值	最大值
中国上市公司治理指数	65.57	65.91	2.68	15.51	56.42	71.94
股东治理指数	74.61	75.72	6.38	36.58	51.72	88.31
董事会治理指数	62.61	64.93	5.36	20.93	50.71	71.64
监事会治理指数	57.30	56.55	3.33	19.78	51.52	71.30
经理层治理指数	63.49	64.10	4.94	25.43	50.19	75.62
信息披露指数	67.82	69.25	8.55	47.92	35.64	83.56
利益相关者治理指数	67.99	68.43	4.38	25.81	53.49	79.30

资料来源：南开大学公司治理数据库。

二、2022－2024年北交所上市公司治理比较

北交所上市公司治理指数在2022年到2024年整体提升。其中，股东治理指数和董事会治理指数在三年内一直保持上升趋势，而监事会治理指数、经理层治理指

数、信息披露指数和利益相关者治理指数在 2023 年下降。见表 19-2 和图 19-1。

表 19-2　2022－2024 年北交所上市公司治理指数比较

项目	2022 年	2023 年	2024 年
中国上市公司治理指数	64.25	63.61	65.57
股东治理指数	69.49	72.41	74.61
董事会治理指数	57.55	58.70	62.61
监事会治理指数	57.66	56.91	57.30
经理层治理指数	65.03	63.39	63.49
信息披露指数	67.67	63.43	67.82
利益相关者治理指数	69.95	69.33	67.99

资料来源：南开大学公司治理数据库。

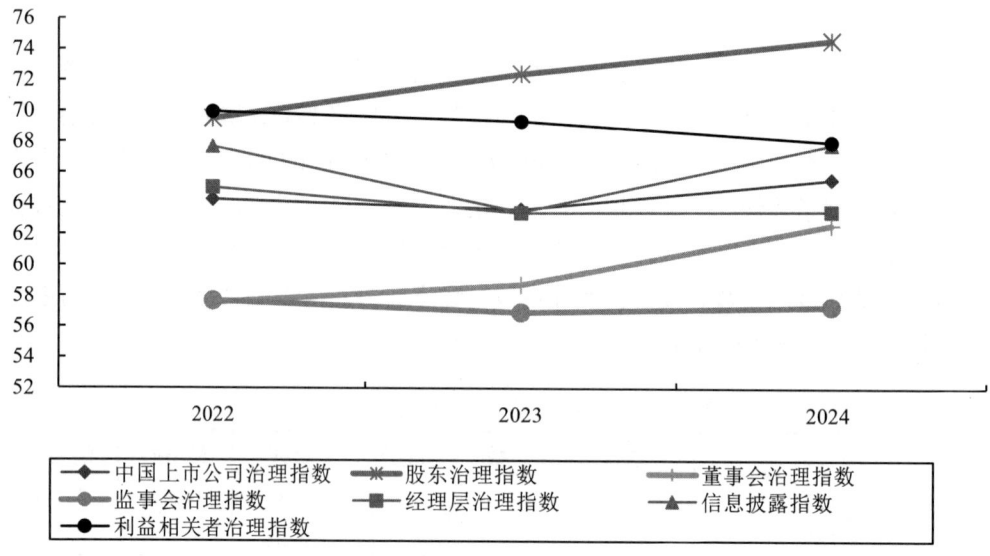

图 19-1　北交所上市公司治理指数平均值三年折线图比较

资料来源：南开大学公司治理数据库。

第二节　北交所上市公司治理评价分维度分析

一、北交所上市公司股东治理状况总体描述

北交所上市公司股东治理指数是 74.61，中位数是 75.72，标准差是 6.38。从股东治理评价的三个主要因素来看，样本公司独立性、中小股东权益保护、关联交易

的平均值分别为 81.08、71.34 和 74.66，中位数分别是 80.71、71.90 和 78.21，标准差分别是 9.72、7.36 和 13.79。股东治理指数三项分指标的描述性统计情况如表 19-3 所示。

表 19-3 北交所上市公司股东治理指数描述性统计

项目	平均值	中位数	标准差	极差	最小值	最大值
股东治理指数	74.61	75.72	6.38	36.58	51.72	88.31
独立性	81.08	80.71	9.72	39.52	55.48	95.00
中小股东	71.34	71.90	7.36	45.77	39.50	85.27
关联交易	74.66	78.21	13.79	66.35	21.65	88.00

资料来源：南开大学公司治理数据库。

二、北交所上市公司董事会治理状况总体描述

北交所上市公司董事会治理指数是 62.61，中位数是 64.93，标准差是 5.36。从分指数指标来看，董事权利与义务指数最高，为 69.73；董事会运作效率、董事薪酬、独立董事制度分别是 67.12、65.01 和 63.10，董事会组织结构最低，为 50.38。从标准差来看，董事会组织结构标准差最大，为 25.21；董事权利与义务和独立董事制度的标准差较小。北交所上市公司董事会治理指数的短板主要在于董事会组织结构不完善。见表 19-4。

表 19-4 北交所上市公司董事会治理指数描述性统计

项目	平均值	中位数	标准差	极差	最小值	最大值
董事会治理指数	62.61	64.93	5.36	20.93	50.71	71.64
董事权利与义务	69.73	69.50	2.81	13.25	62.25	75.50
董事会运作效率	67.12	67.27	4.29	19.55	54.91	74.46
董事会组织结构	50.38	70.00	25.21	79.00	0.00	79.00
董事薪酬	65.01	64.50	4.91	23.50	53.00	76.50
独立董事制度	63.10	62.00	3.60	17.25	50.75	68.00

资料来源：南开大学公司治理数据库。

三、北交所上市公司监事会治理状况总体描述

2024 年北交所上市公司监事会治理指数是 57.30，中位数是 56.55，标准差是 3.33。从监事会治理指数的三个主要因素来看，样本公司的监事会运行状况指数表现最好，平均值为 76.90，胜任能力指数平均值为 55.92；而监事会规模结构指数水平最低，平均值只有 41.88。监事会的规模结构及胜任能力是今后监事会治理的重点。

见表 19-5。

表 19-5　北交所上市公司监事会治理指数描述性统计表

项目	平均值	中位数	标准差	极差	最小值	最大值
监事会治理指数	57.30	56.55	3.33	19.78	51.52	71.30
规模结构	41.88	40.00	6.56	30.00	40.00	70.00
运行状况	76.90	80.00	4.63	10.00	70.00	80.00
胜任能力	55.92	55.20	4.56	26.90	47.00	73.90

资料来源：南开大学公司治理数据库。

四、北交所上市公司经理层治理状况总体描述

2024 年北交所上市公司经理层治理指数是 63.49，中位数是 64.10，标准差是 4.94。从经理层的三个主要评价维度来看，各个维度表现较为不平衡，最高的是执行保障指数，平均值为 71.49，标准差 9.81。北交所上市公司的经理层任免制度指数为 62.87，标准差为 8.52。激励约束指数表现相对薄弱，平均值为 57.23，标准差是 7.55。见表 19-6。

表 19-6　北交所上市公司经理层治理指数描述性统计表

项目	平均值	中位数	标准差	极差	最小值	最大值
经理层治理指数	63.49	64.10	4.94	25.43	50.19	75.62
任免制度	62.87	64.80	8.52	44.86	39.88	84.74
执行保障	71.49	70.68	9.81	44.17	44.17	88.34
激励约束	57.23	56.76	7.55	39.02	28.38	67.40

资料来源：南开大学公司治理数据库。

五、北交所上市公司信息披露治理状况总体描述

2024 年北交所上市公司信息披露指数是 67.82，中位数是 69.25，标准差是 8.55。从信息披露的三个主要因素来看，北交所上市公司信息披露的真实性、相关性和及时性的平均值依次为 72.69、57.56 和 71.01。从标准差来看，信息披露最好和最差的公司在真实性和相关性方面存在非常大的差距，标准差是 11.39 和 7.85，及时性的标准差是 16.11。见表 19-7。

表 19-7　北交所上市公司信息披露治理指数描述性统计表

项目	平均值	中位数	标准差	极差	最小值	最大值
信息披露治理指数	67.82	69.25	8.55	47.92	35.64	83.56
真实性	72.69	76.17	11.39	49.83	38.36	88.18

续表

项目	平均值	中位数	标准差	极差	最小值	最大值
相关性	57.56	55.33	7.85	47.78	25.48	73.26
及时性	71.01	78.15	16.11	66.54	27.82	94.37

资料来源：南开大学公司治理数据库。

六、北交所上市公司利益相关者治理状况总体描述

2024 年北交所上市公司利益相关者治理指数是 67.99，中位数是 68.43，标准差是 4.38。从分指标指数来看，参与程度是 63.97，标准差是 6.21；协调程度是 72.90，标准差是 6.07。见表 19-8。

表 19-8 北交所上市公司利益相关者治理指数描述性统计表

项目	平均值	中位数	标准差	极差	最小值	最大值
利益相关者治理指数	67.99	68.43	4.38	25.81	53.49	79.30
参与程度	63.97	64.25	6.21	38.25	40.00	78.25
协调程度	72.90	74.00	6.07	39.50	49.50	89.00

资料来源：南开大学公司治理数据库。

第三节 北交所上市公司治理评价分组比较

在对我国北交所上市公司的治理状况作总体描述之后，为了深入考察不同类型公司治理状况的差异，本报告分别对控股股东性质、地区等不同类别进行了对比分析。

一、北交所上市公司治理分控股股东性质比较

从 239 家北交所上市公司控股股东来看，国有控股为 22 家，其治理指数平均值为 64.89；民营控股 203 家，治理指数平均值为 65.63；外资控股 3 家，治理指数平均值为 65.91；集体控股 1 家，治理指数平均值为 67.51；无实际控制人类型 6 家，治理指数平均值为 67.29；其他类型 4 家，治理指数平均值是 62.89。民营控股公司所占比重最高，其次是国有控股。从治理指数标准差来看，外资控股较高。见表 19-9。

表 19-9 北交所上市公司按控股股东性质的总指数分类统计

控股股东性质	数量	比例（%）	平均值	中位数	标准差	极差	最小值	最大值
国有控股	22	9.21	64.89	65.55	3.35	13.39	56.42	69.81

续表

控股股东性质	数量	比例（%）	平均值	中位数	标准差	极差	最小值	最大值
集体控股	1	0.42	67.51	67.51	0.00	0.00	67.51	67.51
民营控股	203	84.94	65.63	65.91	2.60	14.90	57.04	71.94
外资控股	3	1.26	65.91	67.10	2.13	3.72	63.46	67.18
无实际控制人	6	2.51	67.29	67.17	1.02	3.09	65.90	68.99
其他类型	4	1.67	62.89	63.76	3.29	7.66	58.19	65.85
合计	239	100.00	65.57	65.91	2.68	15.51	56.42	71.94

资料来源：南开大学公司治理数据库。

不同控股股东各分指数统计特征见表 19-10。从六个公司治理分指数看，在股东治理方面，其他类型、民营控股公司表现较好，其次是外资控股、无实际控制人、集体控股、国有控股。在董事会治理方面，外资控股、集体控股、无实际控制人、民营控股表现较好，国有控股和其他类型较差。在监事会治理和经理层治理方面，国有控股和无实际控制人类型较高，民营控股和外资控股公司相对较低。在信息披露方面，集体控股、外资控股、民营控股较好，国有控股、无实际控制人、其他类型较差。在利益相关者治理方面，集体控股、无实际控制人和国有控股较高，民营控股、其他类型和外资控股上市公司较低。

表 19-10　北交所上市公司按控股股东性质的各分指数统计

控股股东性质	中国上市公司治理指数	股东治理指数	董事会治理指数	监事会治理指数	经理层治理指数	信息披露治理指数	利益相关者治理指数
国有控股	64.89	66.44	62.09	58.82	65.06	67.29	70.58
集体控股	67.51	67.78	63.70	57.11	61.84	80.91	71.74
民营控股	65.63	75.60	62.64	57.02	63.13	68.02	67.68
外资控股	65.91	73.72	67.11	55.97	61.65	69.67	65.24
无实际控制人	67.29	71.40	63.35	61.45	70.55	67.19	70.95
其他类型	62.89	76.53	58.85	58.25	64.28	56.80	66.00
合计	65.57	74.61	62.61	57.30	63.49	67.82	67.99

资料来源：南开大学公司治理数据库。

二、北交所上市公司治理分地区比较

从地区分布来看，239 家北交所上市公司中，江苏省、广东省和浙江省最多，分别有 43、29 和 25 家，贵州省仅有 1 家。从公司治理指数水平来看，山西省、陕西省、内蒙古的北交所上市公司治理水平较高；贵州省、云南省和吉林省的公司治理水平的平均值较低。见表 19-11。

表 19-11 北交所上市公司治理指数分地区描述性统计表

地区	数量	比例（%）	中国上市公司治理指数	股东治理指数	董事会治理指数	监事会治理指数	经理层治理指数	信息披露治理指数	利益相关者治理指数
北京市	22	9.21	65.38	72.71	60.47	58.52	65.70	67.25	68.83
天津市	2	0.84	64.60	74.24	61.12	56.95	67.45	61.27	68.52
河北省	8	3.35	65.60	76.41	63.54	56.41	60.80	68.84	67.61
山西省	3	1.26	67.99	74.94	65.08	60.15	67.48	69.33	71.74
内蒙古	2	0.84	66.98	72.66	65.51	55.59	62.95	76.22	65.76
辽宁省	5	2.09	64.13	72.72	61.40	56.73	62.13	65.38	67.29
吉林省	2	0.84	61.22	72.45	54.85	54.35	58.42	63.77	65.85
上海市	10	4.18	65.21	74.28	62.21	58.31	63.37	66.61	67.13
江苏省	43	17.99	65.58	74.37	64.04	56.72	62.68	68.01	67.46
浙江省	25	10.46	64.72	76.17	61.55	56.71	61.15	66.68	66.90
安徽省	8	3.35	65.70	72.19	64.80	55.68	64.61	67.84	68.51
福建省	3	1.26	64.35	68.04	65.43	58.25	65.90	61.04	68.00
江西省	3	1.26	66.05	75.63	62.89	56.59	67.56	65.69	68.55
山东省	20	8.37	65.77	75.56	61.07	56.89	61.21	72.66	66.88
河南省	12	5.02	65.18	74.70	63.18	56.94	62.72	65.79	68.69
湖北省	9	3.77	65.61	73.72	64.56	56.12	63.18	68.59	66.57
湖南省	5	2.09	65.70	75.92	58.55	60.52	64.75	67.63	69.25
广东省	29	12.13	66.49	75.75	63.37	56.61	64.86	69.23	69.32
广西	3	1.26	66.61	73.44	63.10	57.53	62.81	73.48	68.57
重庆市	6	2.51	66.04	76.80	59.70	60.15	62.30	71.13	67.17
四川省	9	3.77	65.57	73.47	63.44	58.32	65.19	65.44	68.30
贵州省	1	0.42	63.01	81.56	65.91	57.32	64.23	45.12	69.09
云南省	2	0.84	62.69	73.36	65.76	56.02	68.88	45.75	70.65
陕西省	5	2.09	67.81	73.86	60.39	63.65	68.79	70.75	71.50
宁夏	2	0.80	65.92	76.86	66.17	56.29	66.01	64.11	65.38
合计	239	100.00	65.57	74.61	62.61	57.30	63.49	67.82	67.99

资料来源：南开大学公司治理数据库。

第四节 北交所上市公司治理评价主要结论

2024年北交所上市公司治理评价结果表明，北交所上市公司治理具有以下特征：

第一，2024年度公司治理样本中共有239家北交所上市公司，公司治理指数的平均值为 65.57，中位数为 65.91，最小值为 56.42，最大值为 71.94，标准差为 2.68。从公司治理评价的六个分指数来看，北交所上市公司股东治理指数最高，利益相关者治理指数、信息披露指数、经理层治理指数较高，而监事会和董事会治理指数较低。监事会治理成为中小上市公司治理水平提升的短板。

第二，在股东治理方面，独立性指数最高，中小股东权益保护指数最低；在董事会治理方面，北交所上市公司董事会组织结构表现较差，是董事会治理指数偏低的主要原因；在监事会治理方面，北交所上市公司的监事会运行状况指数表现最好，监事会规模结构水平最低，监事会的规模结构及胜任能力仍是今后监事会治理的重点；在经理层治理方面，最高的是执行保障指数，激励约束指数表现相对薄弱；在信息披露治理方面，信息披露的真实性表现最好，相关性较差；在利益相关者治理方面，北交所上市公司的利益相关者参与程度较低，协调程度指标较高。

第三，对于 239 家北交所上市公司，从其控股股东看，国有控股为 22 家，其治理指数平均值为 64.89；民营控股 203 家，治理指数平均值为 65.63；外资控股 3 家，治理指数平均值为 65.91；集体控股 1 家，治理指数平均值为 67.51；无实际控制人类型 6 家，治理指数平均值为 67.29；其他类型 4 家，治理指数平均值是 62.89。民营控股公司所占比重最高，其次是国有控股。从治理指数标准差来看，外资控股较高。

第四，从地区分布来看，239 家北交所上市公司中，江苏省、广东省和浙江省最多，分别有 43、29 和 25 家，贵州省仅有 1 家。从公司治理指数水平来看，山西省、陕西省、内蒙古的北交所上市公司治理水平较高；贵州省、云南省和吉林省的公司治理水平的平均值较低。

第二十章 金融业上市公司治理评价

我国金融机构的高质量发展是金融强国建设的重要微观基础。完善金融机构公司治理、提升公司治理水平是保障金融业健康和持续发展，有效防范金融风险的重要前提。相对于一般企业，金融机构的经营内容、代理关系及其面临的监管环境具有行业特殊性。为此，本章聚焦于金融业上市公司样本，讨论其公司治理特征和变化趋势。

第一节 金融业上市公司治理评价总体分析

一、金融业上市公司治理总体描述

2024年，在国内上市的金融类上市公司共有125家，与2023年相比减少2家，原因在于有5家原有金融业上市公司退市或变更了所属行业，同时新增了3家金融业上市公司。金融业上市公司中，122家在主板上市，其余3家在创业板上市。125家样本中超过一半集中在北京市、上海市、广东省、江苏省和浙江省，其中北京市21家，上海市17家，江苏省15家，广东省13家，浙江省11家。在控股股东性质方面，125家金融业上市公司样本中，有55家为国有控股，15家为民营控股，集体控股1家，社会团体控股1家，另有53家为无实际控制人。此外，125家样本中，银行类上市公司占47家，证券类占56家，保险类7家，其他金融类15家。

表20-1给出了金融业公司治理指数及各分指数的描述性统计指标，2024年度金融行业的公司治理指数平均值为65.55，中位数为65.15，标准差为3.39，最小值为56.60，最大值为73.00。

表20-1 金融业上市公司治理指数总体描述性统计

项目	平均值	中位数	标准差	极差	最小值	最大值
中国上市公司治理指数	65.55	65.15	3.39	16.40	56.60	73.00
股东治理指数	66.21	66.23	6.43	35.26	48.03	83.29
董事会治理指数	67.59	67.23	2.85	12.45	61.82	74.27
监事会治理指数	66.36	68.14	6.69	27.35	51.09	78.44
经理层治理指数	59.90	59.81	6.98	33.98	44.36	78.34
信息披露指数	63.67	64.79	8.74	45.64	41.81	87.45
利益相关者治理指数	71.92	71.96	5.10	26.05	57.85	83.91

资料来源：南开大学公司治理数据库。

表 20-2 给出了金融业和非金融上市公司治理指数和各分指数的描述性统计对比，从平均值来看，金融业上市公司的治理状况继续高于非金融行业。在各项分指数中，金融业上市公司的董事会治理指数、监事会治理指数和利益相关者治理指数高于非金融样本，其中在监事会治理维度优势最为明显。但是，金融业上市公司的股东治理指数、经理层治理指数和信息披露指数低于非金融样本。其中，在股东治理和信息披露维度，金融业上市公司与非金融样本的差距较大。

表 20-2　非金融与金融行业治理指数描述性统计比较

项目	样本	平均值	中位数	标准差	极差	最小值	最大值
中国上市公司治理指数	5194	64.85	65.18	3.52	22.37	51.61	73.97
	125	65.55	65.15	3.39	16.40	56.60	73.00
股东治理指数	5194	69.50	70.41	8.81	51.01	37.30	88.31
	125	66.21	66.23	6.43	35.26	48.03	83.29
董事会治理指数	5194	65.08	65.24	2.44	21.73	50.71	72.44
	125	66.36	68.14	6.69	27.35	51.09	78.44
监事会治理指数	5194	59.00	57.67	4.95	35.46	40.85	76.31
	125	66.36	68.14	6.69	27.35	51.09	78.44
经理层治理指数	5194	60.44	60.32	6.28	45.27	34.34	79.61
	125	59.90	59.81	6.98	33.98	44.36	78.34
信息披露指数	5194	66.26	66.59	10.74	53.77	35.64	89.40
	125	63.67	64.79	8.74	45.64	41.81	87.45
利益相关者治理指数	5194	69.50	70.00	6.26	49.39	37.85	87.24
	125	71.92	71.96	5.10	26.05	57.85	83.91

资料来源：南开大学公司治理数据库。

二、金融业上市公司股东治理状况总体描述

表 20-3 给出了 2024 年金融行业 125 家样本股东治理评价方面的各指标的描述性统计，独立性和中小股东权益保护指数平均值较高，分别达到了 69.31 和 72.89；关联交易指数平均值较低，为 57.99，是制约金融业上市公司股东治理水平的主要因素；股东治理指数的平均值为 66.21，标准差为 6.43。

表 20-3　金融业上市公司股东治理指数描述性统计

项目	平均值	中位数	标准差	极差	最小值	最大值
股东治理指数	66.21	66.23	6.43	35.26	48.03	83.29
独立性	69.31	69.92	10.61	50.67	36.76	87.43
中小股东权益保护	72.89	73.73	8.64	45.08	44.43	89.51
关联交易	57.99	56.73	12.52	54.00	34.00	88.00

资料来源：南开大学公司治理数据库。

三、金融业上市公司董事会治理状况总体描述

表20-4给出了2024年金融业125家样本董事会治理方面的描述性统计,从平均值来看,董事会组织结构最高,平均值达到了81.71,但不同金融业上市公司间差异较大,标准差达到了10.28;董事会运作效率指数次之,平均值为69.52;董事权利与义务、董事薪酬指数和独立董事制度指数相对较低,平均值分别为63.37、60.22和61.94;董事会治理指数的平均值为67.59,标准差为2.85,表明不同金融业上市公司董事会治理水平的差异较小。

表20-4 金融业上市公司董事会治理指数描述性统计

项目	平均值	中位数	标准差	极差	最小值	最大值
董事会治理指数	67.59	67.23	2.85	12.45	61.82	74.27
董事权利与义务	63.37	62.50	3.91	18.25	56.25	74.50
董事会运作效率	69.52	69.86	3.41	13.51	60.95	74.46
董事会组织结构	81.71	79.00	10.28	44.50	52.50	97.00
董事薪酬	60.22	60.00	4.60	26.50	50.00	76.50
独立董事制度	61.94	61.75	3.51	14.75	53.25	68.00

资料来源:南开大学公司治理数据库。

四、金融业上市公司监事会治理状况总体描述

表20-5给出了2024年125家样本监事会治理方面的描述性统计,从表中可以看出,监事会的运行状况指数相对较高,平均值为75.04;监事会的胜任能力指数次之,平均值为63.09;规模结构指数平均值较低,平均值为62.20;同时,不同金融类公司的监事会规模结构差异较大,样本的标准差为14.40;监事会治理指数的平均值为66.36,标准差为6.69。

表20-5 金融业上市公司监事会治理指数描述性统计

项目	平均值	中位数	标准差	极差	最小值	最大值
监事会治理指数	66.36	68.14	6.69	27.35	51.09	78.44
运行状况	75.04	80.00	5.02	10.00	70.00	80.00
规模结构	62.20	70.00	14.40	40.00	40.00	80.00
胜任能力	63.09	65.80	10.19	44.11	31.71	75.83

资料来源:南开大学公司治理数据库。

五、金融业上市公司经理层治理状况总体描述

表20-6给出了2024年125家样本经理层治理方面的描述性统计，在经理层治理的各分指数中，激励约束指数的平均值较低，为50.03；任免制度和执行保障较高，平均值分别为65.12和65.80；各分指数的标准差相对较大，表明金融业上市公司在经理层治理的各方面存在较大差异；经理层治理指数的平均值为59.90，标准差为6.98。

表20-6 金融业上市公司经理层治理指数描述性统计

项目	平均值	中位数	标准差	极差	最小值	最大值
经理层治理指数	59.90	59.81	6.98	33.98	44.36	78.34
任免制度	65.12	67.30	11.30	59.82	39.88	99.70
执行保障	65.80	61.84	14.33	48.59	39.76	88.34
激励约束	50.03	42.57	10.30	31.93	35.47	67.40

资料来源：南开大学公司治理数据库。

六、金融业上市公司信息披露状况总体描述

表20-7给出了2024年125家样本经理层治理方面的描述性统计，从平均值来看，金融业上市公司信息披露的及时性相对较好，指数平均值为70.36；真实性指数次之，平均值为66.01；相关性指数平均值相对较低，为55.31；信息披露指数的平均值为63.67，标准差为8.74。

表20-7 金融业上市公司信息披露评价指数描述性统计

项目	平均值	中位数	标准差	极差	最小值	最大值
信息披露指数	63.67	64.79	8.74	45.64	41.81	87.45
真实性	66.01	67.75	13.74	49.23	39.49	88.72
相关性	55.31	52.93	8.86	53.45	34.20	87.65
及时性	70.36	76.94	15.61	51.84	42.53	94.37

资料来源：南开大学公司治理数据库。

七、金融业上市公司利益相关者治理状况总体描述

表20-8给出了2024年125家样本公司利益相关者治理方面的描述性统计，从表中可以看出，参与程度的平均值为65.18；而协调程度的平均值较高，达到了80.18；利益相关者治理指数的平均值为71.91，标准差为5.10。

表 20-8　金融业上市公司利益相关者治理指数描述性统计

项目	平均值	中位数	标准差	极差	最小值	最大值
利益相关者治理指数	71.92	71.96	5.10	26.05	57.85	83.91
参与程度	65.18	66.13	7.21	36.63	48.50	85.13
协调程度	80.18	83.00	8.68	46.00	45.50	91.50

资料来源：南开大学公司治理数据库。

第二节　金融业上市公司治理评价分组比较

本节按照控股性质、地区分布和主营业务三个方面对 125 家金融业上市公司进行分组，然后比较各组的公司治理状况。

一、金融业上市公司治理分控股股东性质比较

按照控股性质分组，虽然金融业上市公司的控股性质可以分为六种，即国有控股、民营控股、集体控股、社会团体控股、无实际控制人及其他类型，但集体控股、社会团体控股和其他类型控股只包含一个样本，故不将其纳入统计分析之中。表 20-9 给出了按最终控制人性质分组的金融业上市公司治理指数统计指标对比，从平均值来看，无实际控制人的金融业上市公司治理指数最高，其次为国有控股，民营控股金融业上市公司的治理水平相对较低。

表 20-9　金融业上市公司治理分控股股东性质比较

控股股东性质	样本数	平均值	中位数	标准差	极差	最小值	最大值
国有控股	55	64.38	64.33	1.93	11.24	58.62	69.87
民营控股	15	62.29	63.20	3.29	11.13	56.60	67.73
无实际控制人	53	67.76	68.58	3.21	11.87	61.13	73.00
金融业上市公司总体	125	65.55	65.15	3.39	16.40	56.60	73.00

资料来源：南开大学公司治理数据库。

二、金融业上市公司治理分地区比较

按照金融业上市公司所属地区分组，大部分的金融业上市公司集中于北京市、上海市、广东省、江苏省、浙江省等经济发达地区，所以本报告仅比较这五个省份和直辖市金融业上市公司的治理状况，如表 20-10 所示，从平均值来看，江苏省和浙江省金融业上市公司治理水平最高，平均值为 68.40 和 66.63，高于金融业上市公司总体平均值；北京市金融业上市公司治理指数平均值与金融业上市公司总体平均

值接近，为 65.63；上海市、广东省的平均值低于金融业上市公司总体平均值，分别为 65.42 和 64.89。

表 20-10 金融业上市公司治理指数分地区描述性统计

地区	样本数	平均值	中位数	标准差	极差	最小值	最大值
北京市	21	65.63	65.25	2.83	10.66	61.60	72.26
上海市	17	65.42	64.11	3.30	11.46	61.53	73.00
广东省	13	64.89	65.21	3.73	13.92	56.60	70.52
江苏省	15	68.40	70.06	3.49	10.42	62.00	72.42
浙江省	11	66.63	65.59	2.92	10.51	61.97	72.48

资料来源：南开大学公司治理数据库。

三、金融业上市公司治理分行业比较

按照金融业上市公司不同业务性质分组，金融业上市公司可以分为证券公司、银行、保险公司以及包括信托和投资公司在内的其他金融业上市公司等，表 20-11 给出了这四类金融业上市公司治理指数的描述性统计，从平均值来看，银行业上市公司的治理水平较高，其平均值达到了 70.27；保险类金融业上市公司次之，平均值为 69.37；证券类、其他类金融业上市公司相对较低，平均值分别为 65.84 和 63.78。

表 20-11 金融业上市公司分银行与非银行公司治理比较

行业	样本数	平均值	中位数	标准差	极差	最小值	最大值
银行	47	70.27	70.13	2.29	8.46	65.71	74.17
证券	56	65.84	66.07	2.31	9.36	60.70	70.05
保险	7	69.37	68.12	3.34	8.77	66.55	75.33
其他	15	63.78	64.34	3.96	12.58	56.38	68.96
合计	125	67.18	67.18	3.62	18.95	56.38	75.33

资料来源：南开大学公司治理数据库。

第三节 金融业上市公司治理年度比较

一、金融业上市公司治理总体状况分年度比较

从整体趋势来看，金融业上市公司治理指数的平均值在近六年表现出平稳波动的状态。2023 年金融业上市公司治理指数出现了一定提升，但 2024 年有所下滑。

在六个分指数中，2024 年董事会治理指数、利益相关者治理指数出现了小幅上

升,且均达到了近年来的最高水平,其他四个分指数在 2024 年出现了不同程度的下滑。其中,股东治理指数和信息披露指数下滑较为明显,股东治理指数出现了近年来的最低值。监事会治理指数和经理层治理指数小幅下降,但经理层治理指数亦下降到近年最低水平。见表 20-12 和图 20-1。

表 20-12 金融业上市公司治理指数年度比较

项目	2019 年	2020 年	2021 年	2022 年	2023 年	2024 年
公司治理指数	65.03	65.64	65.42	65.05	67.18	65.55
股东治理指数	68.12	71.59	71.79	69.98	69.15	66.21
董事会治理指数	66.66	67.43	66.82	67.23	67.12	67.59
监事会治理指数	65.63	66.78	66.90	67.15	67.74	66.36
经理层治理指数	62.29	60.07	60.11	60.19	60.73	59.90
信息披露指数	63.31	64.16	62.45	59.52	68.75	63.67
利益相关者治理指数	64.50	64.39	66.05	69.09	71.19	71.92

资料来源:南开大学公司治理数据库。

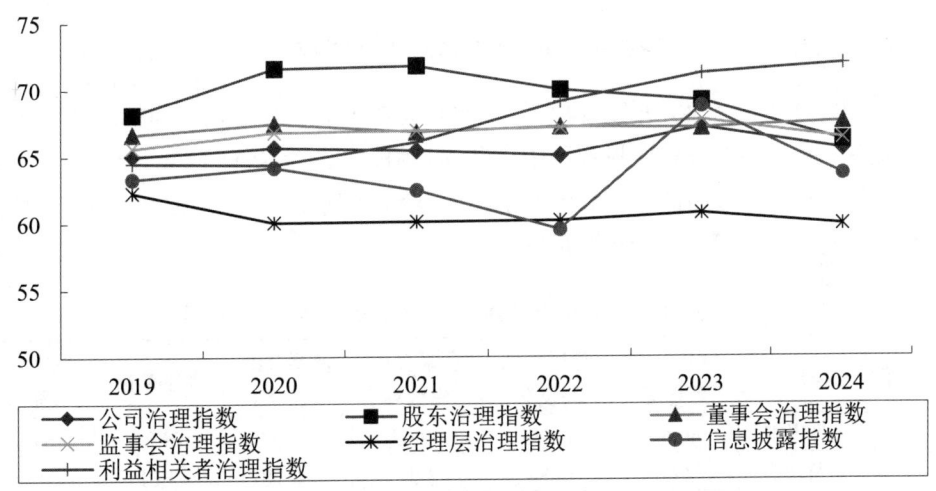

图 20-1 金融业上市公司治理指数平均值六年折线图比较

资料来源:南开大学公司治理数据库。

二、金融业上市公司股东治理状况分年度比较

表 20-13 给出了 2019—2024 年六年间股东治理指数的平均值与标准差的对比,从平均值来看,股东治理指数在 2019 年到 2021 年间连续上升,并在 2021 年达到了近年最高值,但 2022 年以来连续三年下滑,并在 2024 年达到近年最低值。三个分指数在 2024 年均出现了不同程度的下降,其中独立性指数和关联交易指数下滑较为明显,是导致股东治理指数下降的主要原因。

表 20-13　金融业上市公司股东治理指数分年度比较

年份与指标		股东治理指数	独立性	中小股东权益保护	关联交易
2019	平均值	68.12	73.25	68.17	65.50
	标准差	6.91	15.27	10.04	12.06
2020	平均值	71.59	72.93	70.40	72.12
	标准差	7.31	15.35	10.76	12.30
2021	平均值	71.79	73.14	70.86	72.04
	标准差	7.20	15.04	10.16	12.13
2022	平均值	69.98	72.33	71.26	67.52
	标准差	6.70	14.89	9.37	10.27
2023	平均值	69.15	73.34	73.42	62.77
	标准差	8.60	13.77	9.61	16.16
2024	平均值	66.21	69.31	72.89	57.99
	标准差	6.43	10.61	8.64	12.52

资料来源：南开大学公司治理数据库。

三、金融业上市公司董事会治理状况分年度比较

表 20-14 给出了 2019—2024 年董事会治理方面各指标平均值与标准差的对比。在此期间，董事会治理指数呈现稳中有升的趋势，2023 年略有下降，但 2024 年有所提升，并达到近年最高值。在五个分指数中，除董事薪酬指数在 2024 年略有下降外，其他四个分指数在 2024 年均有所提升。

表 20-14　金融业上市公司董事会治理指数分年度比较

年份与指标		董事会治理指数	董事权利与义务	董事会运作效率	董事会组织结构	董事薪酬	独立董事制度
2019	平均值	66.66	62.45	69.63	79.07	59.27	61.35
	标准差	3.05	3.84	3.31	10.78	3.61	4.15
2020	平均值	67.43	63.78	69.19	81.13	59.85	62.25
	标准差	3.23	4.37	3.86	11.50	4.05	4.16
2021	平均值	66.82	63.21	68.47	79.65	60.61	61.33
	标准差	3.49	3.98	3.59	13.43	4.27	4.09
2022	平均值	67.23	62.96	68.91	81.02	60.64	61.50
	标准差	2.75	3.71	3.37	10.32	4.54	3.84
2023	平均值	67.12	62.31	68.94	81.44	60.53	61.04
	标准差	2.82	4.51	3.33	10.11	4.54	4.16
2024	平均值	67.59	63.37	69.52	81.71	60.22	61.94
	标准差	2.85	3.91	3.41	10.28	4.60	3.51

资料来源：南开大学公司治理数据库。

四、金融业上市公司监事会治理状况分年度比较

表 20-15 给出了 2019－2024 年六年间监事会治理方面各指标的平均值与标准差对比，监事会治理指数在 2019 年后处于稳步提升的状态，但在 2024 年出现了下滑。三个分指数均在 2024 年有所下降，其中监事会运行情况和胜任能力指数下滑较为明显。

表 20-15 金融业上市公司监事会治理指数分年度比较

年份与指标		监事会治理指数	运行状况	规模结构	胜任能力
2019	平均值	65.63	74.09	60.00	64.01
	标准差	6.15	4.94	14.34	5.59
2020	平均值	66.78	75.93	62.87	62.85
	标准差	6.92	5.30	14.90	8.16
2021	平均值	66.90	76.23	60.45	65.35
	标准差	6.80	4.87	14.95	6.34
2022	平均值	67.15	75.20	61.89	65.53
	标准差	6.85	8.34	14.83	7.31
2023	平均值	67.74	76.30	62.87	65.26
	标准差	6.57	4.85	14.85	6.85
2024	平均值	66.36	75.04	62.20	63.09
	标准差	6.69	5.02	14.40	10.19

资料来源：南开大学公司治理数据库。

五、金融业上市公司经理层治理状况分年度比较

表 20-16 给出了 2019－2024 年六年间金融业上市公司经理层治理指数的描述性统计对比，2020 金融业上市公司经理层治理指数有所下降，并在此后保持相对稳定，但在 2024 年下滑至近年来最低值。在各分指数中，任免制度和执行保障分指数在 2024 年有所下降，其中任免制度下降较为明显，是导致 2024 年经理层治理指数下滑的主要原因；激励约束分指数略有上升，保持在近年来平均水平。

表 20-16 金融业上市公司经理层治理指数分年度比较

年份与指标		经理层治理指数	任免制度	执行保障	激励约束
2019	平均值	62.29	66.81	58.76	61.14
	标准差	8.28	14.84	18.62	13.96
2020	平均值	60.07	64.16	67.40	50.03
	标准差	9.64	18.78	15.32	12.11

续表

年份与指标		经理层治理指数	任免制度	执行保障	激励约束
2021	平均值	60.11	64.27	65.86	51.35
	标准差	7.88	12.02	15.00	11.75
2022	平均值	60.19	66.41	65.74	49.69
	标准差	6.96	9.69	14.2	10.68
2023	平均值	60.73	67.43	66.15	49.89
	标准差	6.66	9.10	14.69	10.47
2024	平均值	59.90	65.12	65.80	50.03
	标准差	6.98	11.30	14.33	10.30

资料来源：南开大学公司治理数据库。

六、金融业上市公司信息披露状况分年度比较

表 20-17 给出了 2019－2024 年金融业上市公司信息披露指标的描述性统计结果，从表中可以看出，信息披露指数的平均值近年来波动明显。在经历了 2021 年到 2022 年的下降后，2023 年信息披露指数显著提升，但在 2024 年出现了下滑，但依旧高于 2022 年以前的水平。各维度在 2024 年均有所下降，其中真实性和相关性分指数下降较为明显，是导致信息披露指数下降的主要原因。

表 20-17　金融业上市公司信息披露指数分年度比较

年份与指标		信息披露指数	真实性	相关性	及时性
2019	平均值	63.31	60.62	64.59	69.27
	标准差	4.10	4.94	7.15	9.58
2020	平均值	64.16	67.36	54.51	70.64
	标准差	5.92	9.75	10.28	8.45
2021	平均值	62.45	61.43	61.16	66.94
	标准差	8.12	12.68	6.40	11.41
2022	平均值	59.52	61.97	49.33	68.70
	标准差	7.92	13.24	10.02	13.67
2023	平均值	68.75	71.30	62.67	71.52
	标准差	8.40	11.96	3.88	11.92
2024	平均值	63.67	66.01	55.31	70.36
	标准差	8.74	13.74	8.86	15.61

资料来源：南开大学公司治理数据库。

七、金融业上市公司利益相关者治理状况分年度比较

表 20-18 给出了 2019—2024 年六年间金融业上市公司利益相关者治理指数的平均值和标准差,从表中可以看出,利益相关者治理指数在 2020 年后表现出持续上升态势,并在 2024 年达到近年来最高值。在各分指数中,参与程度分指数在 2024 年有所下降,而协调程度指数在 2024 年显著提升,其平均值达到 80.18。

表 20-18 金融业上市公司利益相关者治理指数分年度比较

年份与指标		利益相关者治理指数	参与程度	协调程度
2019	平均值	64.50	55.59	75.40
	标准差	7.01	8.47	12.19
2020	平均值	64.39	61.63	67.77
	标准差	9.39	10.48	14.92
2021	平均值	66.05	60.61	72.69
	标准差	9.16	11.22	14.27
2022	平均值	69.09	63.26	76.22
	标准差	8.11	9.57	12.82
2023	平均值	71.19	67.24	76.02
	标准差	7.10	7.13	12.22
2024	平均值	71.92	65.18	80.18
	标准差	5.10	7.21	8.68

资料来源:南开大学公司治理数据库。

八、金融业上市公司治理分控股股东性质的年度比较

如表 20-19 所示,2024 年国有控股和民营控股金融业上市公司治理水平均有所下降,民营控股金融业上市公司下降更为明显,两者的差距有所增大。国有控股金融业上市公司的治理水平在 2019 年后稳中有升,但在 2024 年下降至近年来最低水平。民营控股金融业上市公司的治理指数平均值在 2023 年显著提升后,在 2024 年出现了下滑,但依旧高于 2022 年之前的水平。

表 20-19 金融业上市公司治理指数分控股股东性质的年度描述统计性比较

控股股东性质	年份	平均值	标准差
国有控股	2019	65.44	2.43
	2020	65.70	2.57
	2021	65.71	3.09
	2022	65.56	2.81

续表

控股股东性质	年份	平均值	标准差
国有控股	2023	66.24	2.49
	2024	64.38	1.93
民营控股	2019	63.24	2.87
	2020	61.45	4.29
	2021	61.31	3.76
	2022	60.31	4.13
	2023	64.29	3.89
	2024	62.29	3.29

资料来源：南开大学公司治理数据库。

九、金融业中银行业与非银行业上市公司治理比较

表 20-20 给出了银行与非银行金融业上市公司治理指数在 2019－2024 年上六年间的平均值与标准差对比，从表中可以看出，银行业上市公司在这六年间的公司治理指数平均值一直高于非银行业上市公司。银行业和非银行业上市公司在 2023 年上市公司治理指数均有所下降，两者的差距略有缩小。

表 20-20　金融业中银行业与非银行业上市公司的年度描述性统计比较

性质	年份	样本数	平均值	标准差
银行	2019	29	65.90	2.20
	2020	37	67.83	2.20
	2021	39	67.48	3.35
	2022	43	68.26	3.36
	2023	43	70.27	2.29
	2024	42	68.50	2.68
非银行	2019	59	64.60	3.13
	2020	71	64.49	3.48
	2021	83	64.45	3.59
	2022	84	63.39	3.31
	2023	84	65.60	3.13
	2024	83	64.06	2.67

资料来源：南开大学公司治理数据库。

第四节 金融业上市公司治理评价主要结论

第一，从平均值来看，金融业上市公司治理指数在2024年有所下降，其平均值由2023年的67.18下降至65.55。在各项分指数中，董事会治理指数、利益相关者治理指数出现了小幅上升，且均达到了近年来的最高水平，其他四个分指数在2024年出现了不同程度的下滑。其中股东治理指数平均值由2023年的69.15下降至66.21，信息披露指数的平均值由2023年的68.75下降至63.67，两者下降较为明显，是导致2024年金融业上市公司治理指数下滑的主要原因。

第二，2024年金融业上市公司的治理状况继续高于非金融行业。在各项分指数中，金融业上市公司的董事会治理指数、监事会治理指数和利益相关者治理指数高于非金融上市公司，而金融业上市公司的股东治理指数、经理层治理指数和信息披露指数低于非金融样本，特别是股东治理和信息披露指数平均值与非金融样本具有明显差距。

第三，2024年，国有控股金融业上市公司和民营控股金融业上市公司治理指数平均值均有所下降，两者的差距有所增大。国有金融业上市公司治理指数下降至近六年最低值。各主要省市中，江苏省金融业上市公司的治理指数高于其他省市，并显著高于总体平均值。银行业上市公司和非银行业上市公司治理指数平均值均有所下降，两者的差距略有缩小。

$CCGI^{NK}$

第五篇

公司治理评价结论与展望

第二十一章　上市公司治理评价结论与建议

第一节　中国上市公司治理评价研究总体结论

第一，公司治理指数有所上升，增长幅度继续趋缓。自2010年以来，中国上市公司治理指数持续提升，由2009年的57.62提升到2024年的64.87，平均每年提升0.48，但2024年提升幅度仅为0.11，为近15年的新低；同时，近三年提升幅度均未超过年平均提升幅度，显示出我国上市公司治理质量的提升遭遇天花板。

第二，民营控股公司治理质量提升明显，连续四年超过国有控股公司。自2021年起，民营控股上市公司治理指数持续领先国有控股上市公司。2024年，民营控股上市公司治理指数为65.07，同比提高0.33；其中股东治理维度的关联交易、信息披露维度的真实性和相关性改善明显，且改善幅度超过其他控股股东性质上市公司。

第三，监事会治理质量持续下降，规模结构进一步缩小。监事会治理指数为59.17，较上年下降0.17，是公司治理六大维度中唯一下降的维度，并且连续三年下降。其中，监事会规模逐年缩小，监事会人数超过最低人数规定的公司比例仅为15.46%，相比上年的16.62%进一步降低，而2021年时的比例能达到20.42%；同时，有28家公司监事会主席空缺，上年则为零空缺。

第四，信息披露质量有所提升，但及时性有所降低。信息披露指数为66.20，较上年小幅提升0.02。分指数中真实性、相关性分别上升0.03和0.06，及时性下降0.05。真实性提升因收入增长异常和毛利率异常减少，相关性提升因主要业务、产品或服务说明以及下一年度经营计划和目标披露质量提高。但季报实际披露时滞加大，受到重大事项延误处罚增多，导致及时性降低。

第五，科创板公司治理水平居各板块之首，北交所提升明显。得益于经理层治理和信息披露，科创板公司治理指数位居各板块之首；其次是北交所、金融业和创业板，与上年相比，北交所得益于董事会组织结构和信息披露真实性、及时性的改善，进步最明显，提升1.96；主板最低，因关联交易增多等原因下降0.17。

第六，金融业公司治理表现下滑，信息披露质量下降明显。金融业公司治理指数为65.55，较上年下降1.63，从大幅领先其他行业到落后科学研究和技术服务业。信息披露的真实性和相关性、股东治理的独立性和关联交易大幅下降，共同导致了金融业公司治理的明显下滑。从控股股东性质看，民营控股金融业上市公司下滑更多。

第二节　提升我国上市公司治理水平政策建议

第一，升级公司治理准则，解决治理准则滞后于《公司法》问题。新《公司法》正式落地，OECD对《公司治理准则》和《国企公司治理准则》进行了更新。而我国《上市公司治理准则》距上次修订已过六年，其内容已滞后于《公司法》、公司治理实践和国际公司治理发展新趋势。同时，伴随可持续披露准则制定工作逐步推进，需要将环境和社会嵌入治理并强化相关信息披露。

第二，导入商业化代表人诉讼制度，重构以投资者为导向的资本市场。只有重构以投资者为导向的资本市场才能突破公司治理质量和估值的天花板。从融资导向转变成投资者导向为主的市场不能仅靠行政手段，还需进一步放开股东商业化、社会化的诉讼通道，破解全面注册制实施后如何实行过程治理的难题。

第三，深化国有控股公司董事会治理改革，解决决策的行政化问题。为适应市场配置资源的落实，重点是董事会决策的市场化转向，一是转变观念，改变主要由行政人决策的倾向，推进董监高市场化改革，并由插花式引进到全面引进；二是在优化短期货币薪酬激励的同时，下决心推进股票期权、薪酬延期支付等长期市场化激励机制，从公司治理上完善决策行为长期化的动力机制。

第四，出台监事会和审计委员会二选一相关细则，防止监督职能空位。新《公司法》实施后，对于不设监事会的公司，审计委员会的转型规定尚不健全。例如，如何赋予监事会主要职能，原有的职工监事是取消还是以职工董事的形式行使职工民主监督的权利，都需要予以明确，避免选择取消前监事会职能的虚化。

第五，完善金融业的股东治理，防止治理风险引发金融风险。金融业股东治理和信息披露出现下滑，迫切需要改善董事在控股股东公司兼职、减少经营类关联交易、提高定期报告质量并减少重述、加强对风险的分析与披露，要从这些薄弱环节入手防范治理风险，从而避免引发系统性金融风险。

第六，适应数字人工智能发展新趋势，推出数字人工智能治理准则。面对数字人工智能治理向善还是向利的治理新逻辑，一是要建立数字人工智能企业新型的治理结构和机制，导入首席数字官或者人工智能官，防范人工智能私利；二是导入和应用数字和人工智能为基础的监管手段；三是进一步制定关于数字关联交易等相关监管规定。

参考文献

[1] 安占强. 中国上市公司治理溢价研究[J]. 生产力研究，2009（01）：68-72.

[2] 白重恩，刘俏，陆洲，等. 中国上市公司治理结构的实证研究[J]. 经济研究，2005（02）：81-91.

[3] 陈德球，胡晴. 数字经济时代下的公司治理研究：范式创新与实践前沿[J]. 管理世界，2022（06）：213-240.

[4] 陈德球，张雯宇. 企业数字化转型与管理层激励[J]. 经济管理，2023（05）：132-150.

[5] 成思危. 中国股市回顾与展望：2002－2013[M]. 北京：科学出版社，2015.

[6] 程新生，杜舒康，程昱. 行业信息助推下的长效激励决策与创新绩效跃升研究[J]. 管理世界，2023（08）：172-195.

[7] 程新生，谭有超，刘建梅. 非财务信息、外部融资与投资效率——基于外部制度约束的研究[J]. 管理世界，2012（07）：137-150.

[8] 程新生，武琼，修浩鑫，柳扬. 企业研发投入波动与信息披露：投资者创新包容视角[J]. 经济研究，2022（06）：191-208.

[9] 方红星，金玉娜. 公司治理、内部控制与非效率投资：理论分析与经验证据[J]. 会计研究，2013（07）：63-69.

[10] 傅传锐，洪运超. 公司治理、产品市场竞争与智力资本自愿信息披露——基于我国 A 股高科技行业的实证研究[J]. 中国软科学，2018（05）：123-134.

[11] 傅传锐. 公司治理、产权性质与智力资本价值创造效率——来自我国 A 股上市公司的经验证据[J]. 山西财经大学学报，2016（08）：65-76.

[12] 高明华，苏然，方芳. 中国上市公司董事会治理评价及有效性检验[J]. 经济学动态，2014（02）：24-35.

[13] 高明华，谭玥宁. 董事会治理、产权性质与代理成本——基于中国上市公司的实证研究[J]. 经济与管理研究，2014（02）：5-13.

[14] 韩少真，潘颖，张晓明. 公司治理水平与经营业绩——来自中国 A 股上市公司的经验证据[J]. 中国经济问题，2015（01）：50-62.

[15] 韩少真，潘颖. 公司治理水平、产权性质对债务合约的影响——基于中国 A 股上市公司的经验证据[J]. 西北大学学报（哲学社会科学版），2016（01）：114-119.

[16] 郝臣，崔光耀，李浩波，王励翔. 中国上市金融机构公司治理的有效性——基

于 2008－2015 年 CCGI^{NK} 的实证分析[J]．金融论坛，2016（03）：64-71．

[17] 郝臣．公司治理、治理指数与公司绩效——来源于沪深两市 231 家民营上市公司的经验数据[J]．上海立信会计学院学报，2006（06）：33-39．

[18] 郝臣．公司治理的价值相关性研究——来自沪深两市 2002—2005 的面板数据[J]．证券市场导报，2009（03）：40-46．

[19] 郝臣．金融机构治理手册[M]．北京：清华大学出版社，2023．

[20] 郝臣．现代企业学[M]．北京：清华大学出版社，2021．

[21] 郝臣．中国上市公司治理案例[M]．北京：中国发展出版社，2009．

[22] 李璟雯．EVA 理论在业绩评价体系中的应用研究[J]．南京财经大学学报，2008（01）：69-71．

[23] 李维安，程新生．公司治理评价及其数据库建设[J]．中国会计评论，2005（02）：387-400．

[24] 李维安，郝臣，崔光耀，郑敏娜，孟乾坤．公司治理研究四十年：脉络与展望[J]．外国经济与管理，2019（12）：161-185．

[25] 李维安，郝臣．公司治理手册[M]．北京：清华大学出版社，2015．

[26] 李维安，唐跃军．公司治理评价、治理指数与公司业绩——来自 2003 年中国上市公司的证据[J]．中国工业经济，2006（04）：98-107．

[27] 李维安，唐跃军．上市公司利益相关者治理机制、治理指数与企业业绩[J]．管理世界，2005（09）：127-136．

[28] 李维安，唐跃军．上市公司利益相关者治理评价及实证研究[J]．证券市场导报，2005（03）：37-43．

[29] 李维安，王世权．中国上市公司监事会治理绩效评价与实证研究[J]．南开管理评论，2005（01）：4-9．

[30] 李维安，张国萍．公司治理评价指数：解析中国公司治理现状与走势[J]．经济理论与经济管理，2005（09）：19-26．

[31] 李维安，张国萍．经理层治理评价指数与相关绩效的实证研究——基于中国上市公司治理评价的研究[J]．经济研究，2005（11）：87-98．

[32] 李维安，张立党，张苏．公司治理、投资者异质信念与股票投资风险——基于中国上市公司的实证研究[J]．南开管理评论，2012（06）：135-146．

[33] 李维安，张耀伟，郑敏娜，李晓琳，崔光耀，李惠．中国上市公司绿色治理及其评价研究[J]．管理世界，2019（05）：126-133．

[34] 李维安等．公司治理评价与指数研究[M]．北京：高等教育出版社，2005．

[35] 李维安等．中国公司治理与发展报告 2012[M]．北京：北京大学出版社，2012．

[36] 李维安等．中国公司治理与发展报告 2013[M]．北京：北京大学出版社，2014．

[37] 李维安等．中国公司治理与发展报告 2014[M]．北京：北京大学出版社，2016．

[38] 李维安等. 中国公司治理与发展报告2015[M]. 北京：北京大学出版社，2020.
[39] 李维安等. 中国公司治理与发展报告2018[M]. 北京：北京大学出版社，2022.
[40] 李维安等. 中国公司治理与发展报告2019[M]. 北京：北京大学出版社，2022.
[41] 柳建华，魏明海，刘峰. 中国上市公司投资者保护测度与评价[J]. 金融学季刊，2013，7（01）：26-58.
[42] 鲁桐，吴国鼎. 中小板、创业板上市公司治理评价[J]. 学术研究，2016（05）：79-86+159-160.
[43] 鲁桐，仲继银，叶扬，于换军，吴国鼎，党印. 中国中小上市公司治理研究[J]. 学术研究，2014（06）：95-104+178.
[44] 南开大学中国公司治理研究院公司治理评价课题组. 2003中国上市公司治理评价研究报告[M]. 北京：商务印书馆，2007.
[45] 南开大学中国公司治理研究院公司治理评价课题组. 2004中国上市公司治理评价研究报告[M]. 北京：商务印书馆，2007.
[46] 南开大学中国公司治理研究院公司治理评价课题组. 2005中国上市公司治理评价研究报告[M]. 北京：商务印书馆，2012.
[47] 南开大学中国公司治理研究院公司治理评价课题组. 2006中国上市公司治理评价研究报告[M]. 北京：商务印书馆，2012.
[48] 南开大学中国公司治理研究院公司治理评价课题组. 2007中国上市公司治理评价研究报告[M]. 北京：商务印书馆，2014.
[49] 南开大学中国公司治理研究院公司治理评价课题组. 2008中国上市公司治理评价研究报告[M]. 北京：商务印书馆，2011.
[50] 南开大学中国公司治理研究院公司治理评价课题组. 2009中国上市公司治理评价研究报告[M]. 北京：商务印书馆，2019.
[51] 南开大学中国公司治理研究院公司治理评价课题组. 2010中国上市公司治理评价研究报告[M]. 北京：商务印书馆，2019.
[52] 南开大学中国公司治理研究院公司治理评价课题组. 2011中国上市公司治理评价研究报告[M]. 北京：商务印书馆，2019.
[53] 南开大学中国公司治理研究院公司治理评价课题组. 2012中国上市公司治理评价研究报告[M]. 北京：商务印书馆，2018.
[54] 南开大学中国公司治理研究院公司治理评价课题组. 2013中国上市公司治理评价研究报告[M]. 北京：商务印书馆，2018.
[55] 南开大学中国公司治理研究院公司治理评价课题组. 2014中国上市公司治理评价研究报告[M]. 北京：商务印书馆，2017.
[56] 南开大学中国公司治理研究院公司治理评价课题组. 2015中国上市公司治理评价研究报告[M]. 北京：商务印书馆，2016.

[57] 南开大学中国公司治理研究院公司治理评价课题组. 2016 中国上市公司治理评价研究报告[M]. 北京：商务印书馆，2021.

[58] 南开大学中国公司治理研究院公司治理评价课题组. 2017 中国上市公司治理评价研究报告[M]. 北京：商务印书馆，2021.

[59] 南开大学中国公司治理研究院公司治理评价课题组. 2018 中国上市公司治理评价研究报告[M]. 北京：商务印书馆，2021.

[60] 南开大学中国公司治理研究院公司治理评价课题组. 2019 中国上市公司治理评价研究报告[M]. 北京：商务印书馆，2022.

[61] 南开大学中国公司治理研究院公司治理评价课题组. 2020 中国上市公司治理评价研究报告[M]. 北京：商务印书馆，2022.

[62] 南开大学中国公司治理研究院公司治理评价课题组. 2021 中国上市公司治理评价研究报告[M]. 北京：商务印书馆，2022.

[63] 南开大学中国公司治理研究院公司治理评价课题组. 2022 中国上市公司治理评价研究报告[M]. 北京：商务印书馆，2023.

[64] 南开大学中国公司治理研究院公司治理评价课题组. 2023 中国上市公司治理评价研究报告[M]. 天津：南开大学出版社，2024.

[65] 南开大学中国公司治理研究院公司治理评价课题组. 中国上市公司治理评价系统研究[J]. 南开管理评论，2003（03）：4-12.

[66] 南开大学中国公司治理研究院公司治理评价课题组. 中国上市公司治理评价与指数报告——基于2007年1162家上市公司[J]. 管理世界，2008（01）：145-151.

[67] 南开大学中国公司治理研究院公司治理评价课题组. 中国上市公司治理评价与指数分析——基于2006年1249家公司[J]. 管理世界，2007（05）：104-114.

[68] 南开大学中国公司治理研究院公司治理评价课题组. 中国上市公司治理评价与指数研究——基于中国1149家上市公司的研究[J]. 南开管理评论，2006（01）：4-10.

[69] 南开大学中国公司治理研究院公司治理评价课题组. 中国上市公司治理指数与公司绩效的实证分析——基于中国1149家上市公司的研究[J]. 管理世界，2006（03）：104-113.

[70] 南开大学中国公司治理研究院公司治理评价课题组. 中国上市公司治理指数与治理绩效的实证分析[J]. 管理世界，2004（02）：63-74.

[71] 南开大学中国公司治理研究院公司治理评价课题组. 中国上市公司治理状况评价研究——来自2008年1127家上市公司的数据[J]. 管理世界，2010（01）：142-151.

[72] 沈艺峰,肖珉,林涛. 投资者保护与上市公司资本结构[J]. 经济研究,2009,44(07):131-142.

[73] 王福胜,刘仕煜. 基于联立方程模型的公司治理溢价研究——兼谈如何检验公司治理评价指标的有效性[J]. 南开管理评论,2009(05):151-160.

[74] 王化成,刘俊勇,孙薇. 企业业绩评价[M]. 中国人民大学出版社,2004.

[75] 王鹏程,李建标. 利益相关者治理能缓解企业融资约束吗[J]. 山西财经大学学报,2014(12):96-106.

[76] 王曙光,冯璐,徐余江. 混合所有制改革视野的国有股权、党组织与公司治理[J]. 改革,2019(07):27-39.

[77] 武立东. 中国民营上市公司治理及其评价研究[M]. 天津:南开大学出版社,2007.

[78] 徐国祥,檀向球. 上市公司经营业绩综合评价及其实证研究[J]. 统计研究,2000(09):44-51.

[79] 薛有志,西贝天雨. 公司治理视角下企业社会责任行为的制度化探索[J]. 南开学报(哲学社会科学版),2022(02):183-192.

[80] 杨典. 公司治理与企业绩效——基于中国经验的社会学分析[J]. 中国社会科学,2013(01):72-94.

[81] 杨国彬,李春芳. 企业绩效评价指标——EVA[J]. 经济管理,2001(09):21-24.

[82] 叶银华,李存修,柯承恩. 公司治理与评等系统[M]. 台湾:商智文化出版社,2002.

[83] 俞肖云. 1995-1998年中国大中型工业企业经营业绩总评[J]. 统计研究,2000(11):39-43.

[84] 张国萍,徐碧琳. 公司治理评价中经理层评价指标体系设置研究[J]. 南开管理评论,2003(03):21-22.

[85] 张宁,才国伟. 国有资本投资运营公司双向治理路径研究——基于沪深两地治理实践的探索性扎根理论分析[J]. 管理世界,2021,37(01):108-127.

[86] 祝继高,李天时,YANG Tianxia. 董事会中的不同声音:非控股股东董事的监督动机与监督效果[J]. 经济研究,2021,56(05):180-198.

[87] Alev Dilek Aydin, Ahmet Ozcan. Corporate Governance and Firm Performance: Recent Evidence from Borsa Istanbul (BIST) Corporate Governance Index (XKURY)[J]. Research Journal of Finance and Accounting, 2015, 14(06): 198-204.

[88] Asma Houcine, Mouna Zitouni, Samir Srairi. The Impact of Corporate Governance and IFRS on the Relationship between Financial Reporting Quality and Investment

Efficiency in a Continental Accounting System[J]. EuroMed Journal of Business, 2021, 17(02): 246-269.

［89］Black S Black, Antonio Gledson De Carvalho, Joelson O Sampaio. The Evolution of Corporate Governance in Brazil [J]. Emerging Markets Review, 2014 (20): 176-195.

［90］Bogdan Aurelian Mihail, Dalina Dumitrescu. Corporate Governance from A Cross-Country Perspective and A Comparison with Romania[J]. Journal of Risk and Financial Management, 2021, 14(12): 600.

［91］Christian Strenger. The Corporate Governance Scorecard: A Tool for the Implementation of Corporate Governance[J]. Corporate Governance: An International Review, 2004, 12(01): 11-15.

［92］Douglas Gale, Martin Hellwig. Incentive-Compatible Debt Contracts: The One-Period Problem[J]. The Review of Economic Studies, 1985, 52(04): 647-663.

［93］Douglas Kruse, Margaret M Blair. Worker Capitalists? Giving Employees an Ownership Stake[J]. The Brookings Review, 1999, 17(04): 23.

［94］DVFA. Scorecard for German Corporate Governance[R]. Working Paper, 2000.

［95］Esen Kara, Duygu Acar Erdur. Analyzing the Effects of Corporate Social Responsibility Level on the Financial Performance of Companies: An Application on BIST Corporate Governance Index Included Companies[J]. Journal of Management Economics and Business, 2014, 10(23): 227-227.

［96］GMI Pioneering Accountablity Ratings. Average Rated Company[R]. New York: Governance Metrics International, Inc. (GMI), 2004.

［97］Guluzar Gumus Kurt, Bener Gungor, Yusuf Gumus. The Relationship between Corporate Governance and Stock Returns[J]. Dumlupinar University Journal of Social Science, 2014 (07): 124-143.

［98］Husam-Aldin N Al-Malkawi, Rekha Pillai, Muhammad Bhatti. Corporate Governance Practices in Emerging Markets: The Case of GCC Countries[J]. Economic Modelling, 2014 (38): 133-141.

［99］Jean C Behard, Karlam. Johnstone. Earnings Manipulation Risk, Corporate Governance Risk, and Auditors' Planning and Pricing Decisions[J]. The Accounting Review, 2004, 29(02): 277-304.

［100］Jean J Chen, Xinsheng Cheng, Stephen X Gong, Youchao Tan. Do Higher Value Firms Voluntarily Disclose More Information? Evidence from China[J]. The British Accounting Review, 2014, 46(01): 6-32.

[101] Jeremy Bertomeu, Robert P Magee. Mandatory Disclosure and Asymmetry in Financial Reporting[J]. Journal of Accounting and Economics, 2016 (59): 284-299.

[102] Jie Li, Jian Yang, Zhuangxiong Yu. Does Corporate Governance Matter in Competitive Industries? Evidence from China[J]. Pacific-Basin Finance Journal, 2017, 43(06): 238-255.

[103] Joseph E Stiglitz, Andrew Weiss. Credit Rationing in Markets with Imperfect Information[J]. The American Economic Review, 1981, 71(03): 393-410.

[104] Kenneth Lehn. Corporate Governance and Corporate Agility[J]. Journal of Corporate Finance, 2021, 66(01): 101929.

[105] Kevin J Murphy. Corporate Performance and Managerial Remuneration: An Empirical Analysis[J]. Journal of Accounting and Economics, 1985 (07): 11-42.

[106] Li Wei An. Corporate Governance in China: Research and Evaluation[M]. John Wiley & Sons, 2008.

[107] Maen F Nsour, Samer A M Al-Rjoub. Building a Corporate Governance Index (JCGI) for An Emerging Market: Case of Jordan[J]. International Journal of Disclosure and Governance, 2022, 19(02): 232-248.

[108] Margaret M Blair. Ownership And Control: Rethinking Corporate Governance for The Twenty-First Century[M]. Brookings Institution Press, 1995.

[109] Mark L Defond, Mingyi Hung. Investor Protection and Corporate Governance: Evidence from Worldwide CEO Turnover[J]. Journal of Accounting Research, 2004, 42(02): 269-312.

[110] Melsa Ararat, Bernard S Black and B Burcin Yurtoglu. The Effect of Corporate Governance on Firm Value and Profitability: Time-Series Evidence from Turkey[J]. Emerging Markets Review, 2016, 30(03): 113-132.

[111] Michael S Gibson. Is Corporate Governance Ineffective in Emerging Markets?[J]. Journal of Financial and Quantitative Analysis, 2003, 38(01): 231-252.

[112] Muhammad Azeem Naz, Rizwan Ali, Ramiz Ur Rehman, Collins G Ntim. Corporate Governance, Working Capital Management, and Firm Performance: Some New Insights from Agency Theory[J]. Managerial and Decision Economics, 2022, 43(05): 1448-1461.

[113] Nikos Vafeas. Board Meeting Frequency and Firm Performance[J]. Journal of Financial Economics, 1999, 53 (06): 113-142.

[114] R Edward Freeman, David L Reed. Stockholders and Stakeholders: A New Perspective on Corporate Governance[J]. California Management Review, 1983, 25(03): 88-106.

［115］Ruth V Aguilera, Gregory Jackson. The Cross-national Diversity of Corporate Governance: Dimensions and Determinants[J]. Academy of Management Review, 2003, 28(03): 447-465.

［116］Saseela Balagobei. Corporate Governance and Non -Performing Loans: Evidence from Listed Banks in Sri Lanka[J]. Journal of Business Finance & Accounting, 2020, 5(01): 72-85.

［117］Sivathaasan Nadarajah, Searat Ali, Benjamin Liu, Allen Haung. Stock Liquidity, Corporate Governance and Leverage: New Panel Evidence[J]. Pacific-Basin Finance Journal, 2017, Forthcoming.

［118］Standard & Poor's. Standard & Poor's Corporate Governance Scores: Criteria, Methodology and Definitions[R]. Working Paper, 1998.

［119］Standards and Poors' Company. Standard & Poors' Corporate Governance Scores: Criteria, Methodology and Definitions[S]. Standardization, 2002 (2004 revised).

［120］Stephen P Baginski, Sarah Clinton and Sean T Mcguire. Forward-Looking Voluntary Disclosure in Proxy Contests[J]. Contemporary Accounting Research, 2014, 31(04): 1008-1046.

［121］Steve Z Fan, Linda Q Yu. Identifying Missing Information of the Conventional Corporate Governance Index[R]. Working Paper, 2012.

［122］Stewart C Myers, Nicholas S Majluf. Corporate Financing and Investment Decisions When Firms Have Information That Investors Do Not Have[J]. Journal of Financial Economics, 1984, 13(02): 187-221.

［123］Subhash Chandra Das. Corporate Governance in India: An Evaluation[M]. PHI Learning Pvt. Ltd., 2012.

［124］Tsai-Ling Liao, Wen-Chun Lin. Corporate Governance, Product Market Competition, and the Wealth Effect of R&D Spending Changes[J]. Financial Management, 2016, (11): 112-147.

［125］Weian Li, Jian Xu, Minna Zheng. Green Governance: New Perspective from Open Innovation[J]. Sustainability, 2018, 10(11): 1-19.

［126］Weian Li, Yuejun Tang. An Evaluation of Corporate Governance Evaluation, Governance Index (CCGI^{NK}) and Performance: Evidence from Chinese Listed Companies in 2003[J]. Frontiers of Business Research in China, 2007, 1(1): 1-18.

［127］Weian Li. Corporate Governance Evaluation of Chinese Listed Companies[J]. Nankai Business Review International, 2018, 9(04): 437-456.

［128］Weian Li. Corporate Governance in China: Research and Evaluation[M]. John Wiley & Sons Pte Ltd, 2008.